科学版精品课程立体化教材·经济学系列

宏观经济学

（第二版）

经济学教材编写组　编

科学出版社

北京

内 容 简 介

本书是国家级精品课程主干教材。本书吸收了国内外主流宏观经济学教材的优点，及时跟踪当代宏观经济学研究的最新进展，比较系统地介绍了宏观经济学的主要理论。本书在编写上注重理论联系实际，在讲解经济学原理的同时，紧密结合中国经济发展的实际，引入了大量鲜活的教学案例，努力摈除单纯讲解原理的空洞性，在讲授宏观经济学基本内容的基础上，培养学生形成运用经济学的原理与方法分析和解释社会现象的能力。

本书配有多媒体教学课件、教学指导手册、习题集、教学支持网站等多种立体化教学支持系统。本书既可作为高等院校经济、管理类在校本科生的教材，也可作为各类成人高等院校教育及自学考试教材。

图书在版编目（CIP）数据

宏观经济学/经济学教材编写组编.—2版.—北京：科学出版社，2013.3
科学版精品课程立体化教材·经济学系列
ISBN 978-7-03-036936-9

Ⅰ.①宏⋯ Ⅱ.①经⋯ Ⅲ.①宏观经济学-高等学校-教材 Ⅳ.①F015

中国版本图书馆 CIP 数据核字（2013）第 042371 号

责任编辑：张 宁 陈 亮/责任校对：桂伟利
责任印制：徐晓晨/封面设计：蓝正设计

科 学 出 版 社 出版
北京东黄城根北街16号
邮政编码：100717
http://www.sciencep.com

保定市中画美凯印刷有限公司 印刷
科学出版社发行 各地新华书店经销
*
2005 年 9 月第 一 版 开本：787×1092 1/16
2013 年 3 月第 二 版 印张：19 1/2
2016 年 1 月第十一次印刷 字数：440 000

定价：37.00元
（如有印装质量问题，我社负责调换）

第二版序言

西方经济学的逻辑起点：从价值观到价值论

西方经济学是发达国家经济学专业的必修课程，各发达国家的经济学教材千差万别，但所有教材无一例外都会有"一般均衡理论"，它既是相对价格决定的理论也是资源配置的理论，它所体现的理论逻辑一直是西方经济学中的经典。从斯密到瓦尔拉斯，再到阿罗、德布鲁，其基本逻辑完全一致。斯密用文字来叙述逻辑，论证在分散决策下，"看不见的手"怎样使市场经济有秩序和效率；瓦尔拉斯和帕雷托用线性代数和微积分的数学逻辑来演绎经济中的因果关系，推导效用最大化的消费者行为和利润最大化的厂商行为如何使市场经济的资源配置自动达到最优均衡状态；阿罗和德布鲁则将这个数学逻辑过程"公理化"。但是他们的逻辑起点都是一样的，这就是理性人假定。在学习西方经济学的理论之前，了解这个假定是十分重要的。这要从人类的社会价值观讲起。

所谓价值观就是人们判断事物好坏，评价品行高低的价值标准。社会价值观则是一个社会中占统治地位的价值观，它可以是封建社会少数贵族统治者崇尚的价值观，也可以是现代社会中多数人崇尚的价值观。由于价值观与利益、信仰都有密切关系，只要社会存在信仰和利益冲突，就有价值观的冲突。当社会越来越民主和人性化的时候，占统治地位的价值观即社会价值观就会越来越与普通大众的利益和信仰趋于一致，当占统治地位的价值观是多数人的价值观的时候，这个价值观就具有"普世性"。经济学是社会科学的一个基本门类，它不可能绕开社会价值观。

一、经典理论的逻辑起点"理性人假定"体现的社会价值观

在欧洲的封建社会时期，贵族是世袭的统治者。贵族社会需要"忠诚、勇敢、负责任、重视名誉"等"高贵"品质来维系他们的统治，更需要"纯正"、"高贵"的血统来延续这个社会严格的等级制度。从王、公、伯的高等爵位到骑士等下级爵位普遍实行着世袭制度，其间等级森严，并无"普世"的民主、自由、平等可言，也根本谈不上维护人权的普世价值观。中国以郡县制为基础的封建社会与欧洲略有不同，在中国，维系皇族统治的机器是官僚制度，官僚并不世袭。到汉朝以后，贵族的世袭制度就只在皇族一

家实行（自"非刘姓不封王"的"白马之盟"开始），旧王朝灭亡时，旧皇族往往要被灭族，而官僚们有的尚可留用。因此，"贵族血统"在中国的受重视程度远不如欧洲。中国的官僚体系虽然依附于贵族，但它却相对独立于世袭的贵族系统。官僚产生的主要机制是"科考"和"战功"，因此，中国人崇尚"书香门第"，崇尚"经邦济世"之学和"经天纬地"之能。中国古代知识分子一直有机会与有为的皇帝一样名留青史，当然，由于科考与战功可以靠做假被"夸大"或"无中生有"，"腐败"也就一直伴随官僚制度。无论是中国还是欧洲，"服从整体利益"、"勇敢"、"牺牲精神"及"忠、孝、仁、义"等观念都是封建社会崇尚的道德观和价值观。中国和欧洲古代价值观的一致性还突出表现在对商人"唯利是图"的鄙视，对"自私自利"的不屑和对"金钱"的淡漠。

　　"金钱"在封建社会是一种长期浸渍着专制制度的力量，也是培养商人和资本的社会营养。重商主义是第一个为金钱和商人正名的经济理论，亚当·斯密则是第一个系统为"个人主义"正名的经济理论家，也是第一个将人的基本权利镶嵌进市场经济逻辑的经济学家。他的"经济人"假定（也就是理性人假定的原型）实际上是宣布每个普通人都有追求自己经济利益的正当权利，它来自人的本性，而经济利益则是人权的基础，只有个人的经济权利得到尊重，才可能谈及其他人权。从追求个人利益的行为出发，他论证了"看不见的手"如何在分散决策时形成最合理的社会秩序。从此，理性人假定就一直是自由主义经济理论中的逻辑起点，效用最大化则是个人在消费行为上的基本准则，于是，效用价值论就被看做是"以人为本"的经济学的价值论基础。自由主义经济学也被看做是"人权、人性"，"民主、自由、平等"这些价值观在经济学中的逻辑延伸。

二、马克思主义的价值观与价值论

　　当欧洲真的进入资本主义社会的时候，社会底层的普通人发现，自由、民主离他们还很远，不平等与贫困依然伴随着他们。于是社会主义思想开始在这些人中间传播，马克思主义就是其中的经典学说，它在全世界掀起了工人运动。马克思认为，资本主义社会并不能真正实现对广大人民的民主、自由和平等，资本主义替代了专制制度之后，替代贵族统治的是资本与金钱的统治，其深厚的社会基础其实是"雇佣奴隶制"。在资本和金钱统治之下，不可能有真正的民主、自由和平等。只有劳动成为这个社会中决定一切的力量时才不会再有两极分化的贫富差距，才不会再有少数人对多数人的统治，社会才会有真正的平等、自由和民主。马克思不但不反对"人权、民主、自由、平等"这些现代西方标榜的普世价值观，而且还指出了保证它们实现的路径。在马克思那里，人权既不能建立在"血统"的基础上也不能建立在"资本"和"金钱"的基础上，人权的唯一基础是每个人天生就有的劳动能力。保护每个人劳动的权利和分享社会劳动的成果的权利才能实现自由、平等和民主的社会。因此马克思以劳动价值论为其全部经济理论的基础。

　　自由主义经济理论中的效用价值论虽然体现了以人为本的价值观，但是，其追求个人利益的保证却来自私有财产权的确立。以私人财产权为前提是这个理论的基石。于是靠资本和土地获得收入与靠劳动获取收入在这个理论中是平等的，这实际上默认了财产积累引起的贫富两极分化，也就默认了少数人对多数人的统治。马克思将个人的一切权利（人权）建立在劳动的基础上，否定劳动以外任何力量（包括资本和贵族权利）对人权的压迫与干涉。马克思的人权概念中不包括金钱和资本的权利，因此收入分配不应在劳动、资本和土地之间进行，而是只应在劳动者之间进行。以劳动为基础的人权社会可以存在差别，却不存在财富和权利集中在少数人手中的机制，因此就不会发生少数人对多数人的统治。无论是靠血统世袭的权力还是靠金钱累计的权利来获取收入并获得统治权，都是与人权和民主背道而驰的，只要是不劳而获就是不道德的，只要是少数人对多数人的统治就是不民主的，这就是以天生的劳动能力为基础的价值论所体现的人权和民主的理念。

　　西方经济学是若干代发达国家学院派经济学家们心血的结晶，应该受到尊重，马克思主义也是人类智慧的结晶，也应受到尊重。正视其间的争议，增强自己思考和判断的能力才是学习的基本目的。经济学不是宗教，没有权威，只有学者，他们只需要尊重不需要盲从。经济学与其他学科的重要区别在于，其学派众多，读者要面对的往往不是简单的"学以致用"的问题，而是常常要面对对理论本身的价值判断。这一点无法回避，教材和教师也无法替学生解决。我们对初学者的唯一忠告就是要努力培养自己的思考能力和判断能力，这些能力不但常常要面对现实经济，也常常要面对现有的理论。

刘骏民

2013 年 1 月于南开大学

第一版序言

经济学，无论是马克思主义经济学还是西方主流经济学都是外来的，这显然与中国经济在近代一直处于落后状态有关。但是，令世人惊叹不已的是，中国在进入21世纪之后，很快就被看做正在崛起的经济大国，世界正在感受中国经济的强劲影响。20世纪80年代末90年代初，几乎没有一个经济学家会预测到中国将在十几年的时间内崛起。越是使用那些对发达国家通行的预测指标和方法，如"国家竞争力指标体系"等，就越是不会预测出中国十几年后会如此。真不知是传统理论和方法出了问题还是中国经济出了"问题"。

自改革开放以来，对中国经济的指责之声从来就没有停止过，中国即将遇到大麻烦的预言也不绝于耳，但中国经济至今却是成功的。中国经济的成功不但推动了世界经济的发展，而且也具有推动经济学发展的巨大潜力。世界不能再忽视中国经济的存在，同样，经济理论的发展也将进入不能忽视中国经济存在的新时期。这也是20世纪90年代末以来几乎所有诺贝尔经济学奖获得者都纷纷来访中国的重要原因之一。今天，当一些中国学者正在对照西方经济学的经典反复查找我们做错了什么、应怎样改进的时候，西方经济学家却在研究按照西方标准漏洞百出的中国经济为什么会持续地高速增长。事实一旦与理论发生冲突就一定会推动理论的发展。我们相信在不久的将来，经济学教科书中就会出现从中国经济中悟出的新理论、新方法。

经济学与经济的关系是耐人寻味的，经济学还不能提供像物理学中爱因斯坦的相对论与核工业那样直接的关系。对中国而言，问题就更多了，最初是寻求适用的理论，而后就变成考验，甚至"拷问"某些在西方被看做成熟的理论。自20世纪70年代末以来，在西方经济学迅速传播的同时，马克思主义政治经济学也开始了它应用型的发展和转型，至少政治经济学社会主义部分一直紧跟中国改革的进程。如果说中国的改革曾经寻求过经济理论支撑的话，则这种支撑并不仅仅是来自传统的马克思主义经济学，也不仅仅是来自主流的西方经济学；而是来自这些理论与中国经济的碰撞。碰撞的结果往往是得出与传统理论相左的认识，以及在这些认识基础上的政策和方案。它们大多被认为是临时性或过渡性的政策和措施，没有学术价值和理论意义。近年来，这样的认识正在被许多国内外学者抛弃，他们开始重视那些与西方有悖、却又长期存在的现象，以及在中国有明显效果的各类措施背后的理论意义。当然，这一切还仅仅是开始，到底怎样还要等等看。没有人能够保证某个经济理论一定具有普遍适用性，但也没有人能够令人信服地否定这种可能性。经济学理论与经济实践的关系是密切的，也是复杂的，因为经济理论与经济实践是互动的。我们必须重视那些在长期市场经济发展中提取出来的经济理论，但是也不应不顾实际情况、机械地套用这些理论于所有国家。"实事求是"对经济学似乎比其他学科更重要，也更难把握。

本书提供的仍然是西方主流经济学的基础理论，无论是微观经济学还是宏观经济学，都是从西方主流经济学中提取的精要。它们的应用价值虽然有争议，但是作为系统的理论还没有其他理论可以替代。将人们对主流经济学的疑问展示给初学者并没有什么不妥，因为主流经济学之所以成为主流，就是由于它的兼收并蓄并被大多数人接受的性质。经济学是发展的，主流经济学最典型的代表就是通行的经济学教材，主流经济学的发展也集中体现在教材的不断吐故纳新上。新内容在其被改造吸收之前通常都是批评和反对主流经济学的，但是最终却被主流经济学吸收成为自己的一部分，它们可能被适当改造。与此同时，原来的主流观点和理论也被改造和补充。也正因为教材是活的、不断进步的，所以才被看做主流经济学的具体代表，它不是一个人的成果，而是若干代最优秀的经济学家最具影响的理论的结晶。经济学教材所提供的理论会随着时代的变化而改变，其实，经济学也正是由于这种改变和进步而得以长存。

本书的目标是提供系统的基础理论和知识，以便帮助读者理解市场经济的运行规律。我们的读者群是中国的广大高校学生和其他希望了解市场经济规律的各界人士。他们学习经济学是为了在经济活动中更自如地把握各种经济过程和机会，以便获取自身、集体，乃至国家的最大经济利益。同时他们也需要了解：是什么力量按照什么规律来协调这些利益。美国的经济学教材在提供美国经济学家对经济运行基本认识的基础上也为读者提供部分与美国实际经济活动相关的知识，如联邦储备制度、美国货币供给的控制手段等。在中国也有同样的相关知识需要告诉读者，在目前的这一版中还只是做些小的尝试，我们会在今后的再版中不断增加中国市场经济的知识，并在成熟的条件下提供一些中国特色体制下某些规律性经济关系的理论解释。还是邓小平那句话，不管黑猫白猫，能抓住耗子就是好猫。贴近中国经济实践并对中国经济实践有益的理论就是适当的理论。我们希望各方面的学者和关心理论经济学发展和教育的各界人士提出宝贵意见，也希望其他院校的同行们与我们加强交流和合作，共同建设中国的经济学教材。我们将努力把本教材建设成为一个开放的、不断改进的、不断适应中国经济学教育需要的教材。

刘骏民

2005 年 5 月

目 录

导　论

宏观经济学的产生与发展

宏观经济学是在凯恩斯主义的基础上形成的，宏观经济学建立之初的目的是为政府干预经济、熨平经济周期提供理论解释和政策指导。凯恩斯主义的兴盛造就了宏观经济学在 20 世纪 60 年代的辉煌。此后，一方面凯恩斯主义面对 70 年代的滞胀缺乏有效办法；另一方面理性预期学派以严谨的数学逻辑证明了政府干预政策的无效，于是自由主义的经济学重新占了上风。宏观经济学也随之发生了重大变化，经济增长理论从宏观经济学中一个较重要的问题转变成了宏观经济学的核心理论，这在"高级宏观经济学教材"中尤为明显。新自由主义的宏观经济学一改为政府干预经济提供理论指导的理论目的，重新以维持自由主义市场竞争为目标。新自由主义的逻辑也十分明确，自由主义的市场竞争可以刺激技术进步，而技术进步则是经济增长和国民生活水平提高的最主要因素。90 年代以后，虽然新凯恩斯主义依然在教材中叙述政府的财政政策和货币政策，但政策的有效性却被限制在短期以内。当代西方发达国家的几乎所有宏观经济学教材，都不再承认政府干预政策可以长期有效。2008 年的金融危机再次打破了政府是"守夜人"的理念，政府不但要在危机中扮演拯救者的角色，还要像当年凯恩斯主义一样采取多种积极扩张性的政策来刺激经济增长，美国和欧洲许多发达国家的政府财政赤字增加到了空前高的水平，"量化宽松的货币政策"也成了人们耳熟能详的新词汇，货币政策正在释放更多的货币，这些构成了对新自由主义宏观经济学的冲击。此次金融危机之后的时间尚短，经济学界尚未作出重大反应，可以肯定的是宏观经济学的重大变化已经在酝酿之中。

第一节　现代宏观经济学的产生

宏观经济学作为一个相对独立的理论体系，来源于凯恩斯 1939 年出版的《就业、利息与货币通论》简称《通论》，它从理论上建立了现代宏观经济学的基础；宏观经济学的实践基础是针对 1929～1933 年大危机的罗斯福新政，它丰富了宏观经济学的政策内容。但从马歇尔的新古典到凯恩斯主义的重大转变的基本背景却是 30 年代的大危机和随后的长期经济萧条。

一、1929~1933 年的大危机与罗斯福新政

资本主义国家的政府在 1929~1933 年大危机以前,一直是相信传统的古典经济学的。这一理论否认经济危机的必然性,认为市场经济可以自动对经济进行调整,市场机制可以纠正局部的和暂时的危机,使经济总是自动处于充分就业的均衡状态。对经济危机,不必做什么,只要有足够的耐心,经济危机总会过去。显然,古典经济学是一种消极的经济学,无为的经济学。它除去对市场经济的运行作近乎于"完美无缺"的解释以外,没有任何作为。在整个 19 世纪和 20 世纪初,周期性经济危机虽然一次次地对资本主义的生产力造成巨大的破坏,但资本主义经济总能在一定时期内恢复。尽管这种恢复往往十分痛苦,其期限也与古典经济学家所说暂时性和局部性的危机相去甚远,但政府还没有被逼到非采取措施不可的程度。

以 1929 年 10 月 21 日的"黑色星期一"(美国纽约股票市场暴跌)为标志,资本主义各国相继爆发了空前严重的经济危机。在此后到 1933 年的一段时期内,资本主义各国的存货大量积压,企业纷纷倒闭,失业大幅度增加。在这种情况下,市场经济可以自行调节到充分就业状态的信条从根本上被动摇了。政府如不及时采取有效措施恢复经济,整个资本主义制度将面临崩溃。为了增加就业、刺激生产,当时的美国总统罗斯福采取了一系列的干预经济的措施,这就是所谓的"罗斯福新政"。"新政"从 1933 年 3 月开始实行,其主要措施可以分为两大类:一类旨在整顿经济秩序,加强政府对经济活动的监管;另一类是为了提高有效需求增加就业。

在大危机期间,整个经济秩序处于极度混乱的状态,金融秩序又首当其冲。由于大危机期间整个金融系统几乎被破坏殆尽,为了恢复金融秩序,新政在对旧有的银行等金融机构进行整顿的同时对金融体制也进行了重大的改革:放弃金本位,禁止黄金在国内流通;建立联邦储蓄保险公司,对小额存款进行保险;在加强对大银行进行监管的同时,由复兴金融公司在必要时予以贷款支持。新政对金融体制的整顿和改革使金融秩序得以恢复,金融体制的良好运行为国民经济的全面恢复打下了基础。

罗斯福新政对现代财政政策的重大影响是其通过增加政府开支提高有效需求的一系列措施。如果说罗斯福新政中的货币政策还与对金融业的整顿和监管措施混在一起,只是现代货币政策雏形的话,那么其财政政策则可以名副其实地称作现代财政政策的开端了。新政中旨在提高有效需求的措施主要有:建立社会保障体系,对低收入家庭进行补贴,提高他们的收入水平;增加政府开支,举办公共工程;对农业生产进行补贴等。这些政策后来被作为扩张性财政政策的基本内容,对战后财政政策的制定和执行产生了重大的影响。

二、凯恩斯主义与现代宏观经济政策

西方资本主义世界在 1929～1933 年爆发了一场历史上从未有过的深刻、持久、广泛的世界性的经济危机，这使整个资本主义世界工业倒退到 1908 年的水平，20 多年积累的财富荡然无存。这场震撼世界的经济危机给传统的经济理论以沉重的打击，受到传统经济学界教条束缚的西方政治家和经济学者却无法对危机作出理性的和合理的解释，从而也提不出有效的对策。正是在这样的历史背景下，1936 年凯恩斯发表了《就业、利息和货币通论》，对当时的经济现象给出了一个理性的、系统的、全面的解释，并提出了自己的对策，即加强政府的宏观管理。这一理论得到了当时以美国为首的西方国家的认可，并把它付之于实践，这就是所谓的凯恩斯革命，标志着经济学发展史上的又一个里程碑，它实际上宣告了宏观经济学的诞生。《就业、利息和货币通论》成为现代宏观经济学诞生的标志。

第二次世界大战后，凯恩斯主义已为西方各国所普遍接受，成为正统的西方经济学的一个组成部分。国家对经济的干预几乎在任何国家的近代史中都不乏先例，但是凯恩斯主义将这种干预理论化了，这就使国家对经济生活的干预活动被系统化和规范化了。这种理论化、系统化、规范化的干预同时作为政府的一项经常性的职能固定在国民经济中。现代宏观经济政策的基本含义不是政府偶然对经济的宏观干预，而是政府对经济生活进行的系统化和规范化的日常性干预。这种更具理性的干预与宏观经济理论的发展有密切的关系。

凯恩斯主义理论认为，资本主义经济不能自动保证总是处于充分就业状态。在现实经济中，就业不是实际工资的函数，劳动的供给量要受到名义工资假象的蒙蔽。一方面，名义工资存在着刚性，一旦名义工资确定，即使经济出现衰退，工资也不会下降，这样，在经济衰退时就会出现失业率上升的现象，这就否定了古典理论关于工资有充分灵活性从而就业总会自动保持在充分就业水平的观点；另一方面，工人提供劳动的多寡会受到货币假象的蒙蔽，从而在货币工资上升时，会提供更多的劳动使经济扩张。这意味着当执行扩张性的财政政策的时候，总需求会增加，从而导致对劳动的需求增加，引起名义工资上升和就业增加。

凯恩斯否定了古典理论的"两分法"，"人们不会受货币假象蒙蔽"的观点也被凯恩斯否定了。他提出，当货币供给量增加的时候可以通过增加总需求促进就业的提高。凯恩斯指出，总需求由总消费、总投资和政府支出三大部分构成。随着经济的增长，人们的收入会逐步提高，但人们的消费却会因边际消费倾向递减而以递减的速度上升。这就是说，在经济正常的扩张时期，会出现总消费不足的现象。凯恩斯否定了古典经济学家将总投资看做利息率函数的观点，认为利息率是预期利润的函数，随着经济的扩张，资本的边际效率是递减的，因此资本的预期利润将随着经济的增长而下降，这将导致投资需求不足。鉴于这样的认识，凯恩斯论证了资本主义经济将随着经济增长自动出现总需求不足的现象，导致经济衰退。同时，他也论证了纠正市场经济出现这种偏差的方法，就是由政府通过增加政府开支提高有效需求、刺激经济、增加就业。这就为宏观经济政策奠定了理论基础。

宏观经济政策的目标从一开始就被牢牢地盯在充分就业上，而且主要是针对经济衰退的。其手段主要是两个，一是财政政策，二是货币政策。在经济衰退时，政府可以通过增加政府开支和降低税收来有效地提高有效需求，刺激经济增长，降低失业率。中央银行也可以通过增加货币供给量降低利息率，刺激投资，使总需求增加。由于凯恩斯的这些基本观点，国家财政的职能不再仅限于为政府各项开支和建立公共设施提供资金的范围，它扩大到了为整个经济服务的范围。国家财政的新的立足点，使传统的理财方式受到了挑战，凯恩斯提出了在经济衰退时期实行赤字财政的主张。在经济衰退时，税收会因人们收入的下降而下降。在这种时候，要实行凯恩斯主义的扩张性财政政策，增加政府开支和减少税收，就会引起财政赤字。这就冲击了传统的"节俭"观念和"量入为出"及"平衡预算"的理财思想。赤字财政必然会引起政府债务的增加，凯恩斯认为借债是经济衰退时的权宜措施，在经济繁荣时期政府将出现财政盈余。因此在现代宏观经济政策创立的初期，长期出现财政赤字的情况并不在考虑的范围之内。在提出财政政策的同时，凯恩斯也提出了货币政策主张。对货币总量进行有效的宏观控制并针对经济的景气情况适当地调节货币供给量，以帮助实现充分就业的均衡，应成为中央银行的基本职能之一。但是初期的货币政策主张，还是将协助刺激经济、消除失业作为其主要目标。中央银行在第二次世界大战前，其主要经济职能还没有转到对国民经济进行控制和调节的轨道上来，随着凯恩斯主义关于货币政策的理论，对中央银行职能的重新认识和相应的改革已经提到资本主义各国政府的议事日程上来。

在理论上为宏观经济政策奠定基础的还有瑞典的米尔达尔和波兰的卡莱茨基。英国经济学家琼·罗宾逊在对"凯恩斯革命"的定义中，将这三位经济学家并列为凯恩斯主义经济学的创始人。

三、计划经济与国家干预经济

以 20 世纪 30 年代大危机为标志的生产无政府状态给人类的经济生产带来了灾难性的后果。而原苏联模式的计划经济正是作为没有宏观调控的市场经济的对立物而产生的。在大危机发生之时，原苏联正在实行第一个五年计划，避免了这场大危机，成为沙漠中的一片绿洲。原苏联的计划经济体制能够集中全国的财力、物力、人力，因此可以在较短时期内造成经济的快速增长。原苏联经过十几年的社会主义建设，到第二次世界大战爆发前，其工农业生产总量已跃居世界第二位。原苏联模式的计划经济在相当程度上推动了西方国家走向有宏观调控的市场经济。

有鉴于此，西方的理论界和政界不得不认真面对和思索原苏联的制度，注意从中吸收有用的做法。罗斯福新政就借用了原苏联计划经济的某些做法，加强国家对经济的干预，从而完善了美国的市场经济，使美国最先走上了有宏观调控的市场经济的道路。国家应该在干预经济中扮演更重要的角色，这是第二次世界大战后西方经济理论界压倒性的意见。西方各国也都有意识或是无意识地受原苏联实践及其成就的影响，这首先是反思两次世界大战和大危机后作出的改革。在英国，战争时期的英雄人物——保守党的丘吉尔在战后的大选中失败下台，主张搞二元经济和计划经济的工党领袖艾德礼却上了台。艾德礼提出，要对一些重要的经济力量实行公有制，并根据公众的利益对其他许多经济活动实施计划管理。第二次世界大战后的法国，反思在战争中遭到德国法西斯铁蹄的踩躏的教训时，认为落后的经济是其军事和政治衰弱的一个重大根源，于是从 20 世纪 50 年代就开始制订经济计划，掀起国有化浪潮。第二次世界大战后，一些新独立的发展中国家在 20 世纪 50～60 年代几乎全部都实行经济计划和部分的国有化，在相当程度上吸收了原苏联的经验。

第二节　凯恩斯主义宏观经济学的鼎盛时期

第二次世界大战以后，经过较短的国民经济恢复时期，从 20 世纪 50 年代开始，资本主义各国相继进入了"混合经济"时期，也就是国家干预下的市场经济时期。宏观经济学从此与资本主义经济结下了不解之缘。与国家偶然对经济的干预不同，第二次世界大战后西方政府逐步接受了凯恩斯主义理论指导下的一系列宏观经济政策。20 世纪 50～60 年代，是现代宏观经济学的形成时期，也是凯恩斯主义的鼎盛时期。

一、新古典综合派的宏观经济学

第二次世界大战后，以萨缪尔森为代表的"新古典综合派"把一系列在凯恩斯基本理论基础上的最新研究成果综合在一起，形成了所谓的"宏观经济学"。而传统的经济学理论，包括价格理论、消费理论、生产理论、市场理论，以及分配理论和一般均衡理论与福利经济学则被冠以"微观经济学"的名称。

首先，新古典综合派对凯恩斯的理论做了自己的解释。他们认为，国家干预经济的主要理论依据是在一定条件下出现的有效需求不足，而对有效需求不足的基本立足点是凯恩斯的三大心理规律（边际消费倾向递减、预期利润率递减和灵活偏好）和工资刚性，而不是新剑桥学派强调的收入分配不公平问题。他们吸收了菲利浦斯提出的工资（从而物价）与失业率成反比的所谓的"菲利浦斯曲线"所表明的观点，将通货膨胀与失业率对立起来，并用凯恩斯创立的"总收入-总支出"模型来阐述所谓的"需求决定论"。他们充分利用了希克斯创立的"IS-LM"模型，从而更明确地阐述了凯恩斯关于货币并非实际经济上覆盖的一层"面纱"，而是对总需求有重大影响，从而影响整个经济状态的思想。

其次，新古典综合派吸收了哈罗德和多马的经济增长理论，从而在宏观经济学中增加了动态的和长期的研究。经济增长理论后来成为宏观经济学一个重要的分支，对经济增长的研究直到现在仍然是不断深入的一个重要的课题。

再次，新古典综合派对总需求进行了专门研究，包括对消费函数和投资函数的研究。消费函数的研究增加了持久收入理论和生命周期理论，投资需求理论则重点将对预期收入的分析和对投资成本的分析做了更深入的研究。

最后，宏观经济政策的研究也是新古典综合派的一个重要的贡献。他们继承了凯恩斯的理财思想，强调赤字财政对消除失业的积极作用，并将政府借新债还老债看做一种基本无害的游戏；在货币政策方面，他们强调利息率对投资的调节作用，强调货币供给量对利息率的控制作用。新古典综合派形成了需求决定论指导下的宏观经济政策。

二、新古典综合派的政策实践

宏观经济学的基本目的在于指导政府对经济的干预，因此早期的财政政策和货币政策就成了宏观经济学最初的重要成果。从第二次世界大战到 20 世纪 60 年代末，是新古典综合派的兴盛时期，这时它居于西方经济学的统治地位，并作为"官方经济学"而被广泛用于实践。

1. 财政政策的实施

美英等国家是从干预经济的短期效果角度重视财政政策的，在这些国家兴起的宏观经济学将需求管理作为制定宏观经济政策的理论基础，重视短期的总需求调节。财政政策主要通过增加或减少税收及政府开支来调节经济。美国在 1963 年肯尼迪政府时期提供了一个需求管理的典范。肯尼迪政府在 1961～1963 年，不断扩大政府支出，并实行减税，以刺激总需求，使经济加快增长。肯尼迪的成功，使在此后到 20 世纪 70 年代中期的一段时期内，西方政府对财政政策在短期内的作用深信不疑。在其他国家，当经济出现衰退迹象的时候，通过增加政府开支和减税来刺激经济、提高经济增长率、降低失业率，已经成为一种工作中的常识。在整个 20 世纪的 50 年代和 60 年代，西方资本主义国家财政政策的主要方向还是扩张性的，紧缩性政策相对很少。这个时期，凯恩斯主义刚刚兴起，通货膨胀也还没有严重得足以使人们对凯恩斯主义政策发生怀疑，因此这个时期财政政策的扩张性特征主要是针对经济衰退和加速经济增长的。对于财政赤字而言，多数西方政府并没有给予重视，因为这个时期的凯恩斯主义经济学认为财政赤字除去有一些微小的挤出效应以外，基本是无害的。不断积累的公共债务，也被认为是一种基本无害的再分配游戏。

社会福利政策在这个时期也受到了充分的重视，在欧美发达国家，执政的大多数是受到一定社会主义思潮影响的"民主党"、"工党"等主张社会改革应朝着更公平方向进行的政党，他们在相当程度上重视提高社会福利对稳定经济，从而稳定社会的重要意义。因此，在 20 世纪 60 年代，西方各国政府基本上都重视财政政策，社会福利开支不断提高。例如，美国 1965 年中后期约翰逊实行的"大社会计划"（社会福利计划）；当时，法国和英国也随国有化浪潮使政府的福利支出迅速扩大，以至靠政府支付收入的就业者占了就业总量的近 1/3；瑞典就更典型，其福利政策可以追溯到 20 世纪初，到 60 年代已经建立了相当完备的社会保障体系。

福利政策的基本内容包括：制定最低工资法、实行收入贫困线的补助政策、对贫困人口的补贴、养老金计划、医疗保险制度，以及对遗产和高收入者课以较高税率的税收措施，等等。福利政策的作用有两个方面：一是对收入分配起长期调节的作用，能够较长时期使因收入差距过大而产生的总需求不足得到改善；二是在短期也可以起调节总需求的作用，如短期增减某项福利开支等措施。福利政策的执行使西方国家有效需求不足的现象在 20 世纪 50～60 年代得到了相当大的改善，从而对稳定其经济发展的环境、刺激经济增长起到了重要的作用。

2. 货币政策的实施

经常性地通过中央银行的货币政策来调节经济是 20 世纪 50 年代和 60 年代逐步固定在西方资本主义国家的经济生活中的。在这个时期，货币政策的主要工具在各国间稍有不同，在美国、英国和德国等国家，货币政策基本上是通过买卖二级市场的政府短期债券、调整中央银行的再贴现率和法定准备金比例来实现的，这是货币政策的主要执行手段，但也有一些例外。例如，在日本，一方面，日本的中央银行一直缺乏独立性，从而直到 1997 年新的银行法公布之前，多是在大藏省的直接干预下执行货币政策的；另一方面，日本大藏省属下的"资金运用部"以直接控制信贷规模的方式来实现其货币政策目标。在 1986 年以前，法国中央银行——法兰西银行也缺乏独立性，并基本以直接控制信贷规模的方式来实行其货币政策。在这个时期，意大利中央银行也将直接控制信贷规模作为其货币政策的一个重要工具。总之，到 20 世纪 60 年代末，西方发达国家已经建立起了中央银行制度，货币政策也已经成为发达国家宏观经济政策中的一个基本内容。

当然，这个时期的宏观经济政策基本上是在菲利浦斯曲线的认识基础上制定的。菲利浦斯曲线描述了通货膨胀率与失业率之间的替代关系，这种关系是在经验研究基础上由英国经济学家菲利普斯于 20 世纪 50 年代末创立的。根据菲利普斯曲线，通货膨胀与经济衰退不可能同时发生，因此在制定宏观经济政策的时候，主要是在通货膨胀率和失业率的不同组合之间进行选择。高失业率总是伴以低通货膨胀率，而高通货膨胀率又总是伴以低失业率。制定宏观经济政策时不必考虑同时采取紧缩的货币政策与扩张的财政政策这种相反方向政策的结合。在 20 世纪 60 年代，财政政策和货币政策在采取的方向上基本是一致的。

3. 其他宏观政策的实施

在 20 世纪 50 年代和 60 年代，宏观经济政策之所以引人注目，在一定程度上与凯恩斯主义在美国的成功关系密切。美国和英国在这个时期，基本上是通过财政政策、货币政策和立法手段来干预经济的。但是，在欧洲大陆，各国政府的干预手段和宏观经济政策的内容却更加丰富多彩。法国在这个时期却更多的利用"经济计划"的形式来干预经济，并辅以国有化的政策。在意大利，国有化和指导性经济计划也起着重要的作用；政府直接对经济的行政性干预在意大利也是一个不可忽视的干预方式。在日本，产业政策实现的方式虽然离不开税收优惠、财政补贴、优惠贷款等措施，但其目的却与美、英传统的财政政策和货币政策大相径庭。在原西德，人们早就已经注意长期性的干预措施，并十分注意政策的连续性，这在一定程度上符合 20 世纪 80 年代以后普遍实行的供给派政策，因为供给方面的问题实际上就是长期的问题。或者说，旨在长期起作用的政策必然会影响到供给方面。20 世纪 60 年代欧洲和日本的这些非传统的干预政策，为其后来宏观经济政策的本国特色奠定了基础，也使这些国家在后来的发展中获益匪浅。

随着全球经济的国际化发展，发达国家对外贸易和对外投资迅速增长，因此调整对外经济关系就成了政府干预经济的又一项重要内容。在这个时期，国际货币体系尚维持着固定汇率制度，各国政府的财政政策在刺激对外贸易中起着重要的作用。特别是关税政策，非关税壁垒的贸易政策，以及其他以贸易保护主义为基础的政策和以贸易自由主义为基础的政策等。一般地说，发达国家虽然基本上实行贸易自由主义，但在多大程度上实行贸易自由主义，往往要看当时的具体情况。这个时期，多数发达国家都制定了刺激出口、鼓励对外贸易的政策，有些国家还制定了吸引外资的优惠政策。总的来说，布雷顿森林体系创造了相对稳定的国际货币环境，刺激了国际贸易的发展。这个时期，国际收支的不平衡，通常不是通过调节汇率来纠正的，在对外政策中，汇率也基本上不是调节的对象。但是，到 20 世纪 60 年代末，美国由于连年贸易逆差，美元贬值的压力越来越大，美国政府不得不在外汇市场上用黄金和其他国家的硬通货买进美元以稳定美元的汇率。虽然这个时期汇率本身不是调节的对象，但是为了维持固定汇率，各国政府和货币当局就必须经常在外汇市场上通过买卖本国的货币来稳定汇率。这种经常性的外汇干预，成了一些国家的沉重负担，并严重地影响着发达国家的经济正常运行，也严重抑制了其货币政策的效果。

第三节　新古典学派与新凯恩斯主义

20 世纪 70 年代，西方经济开始进入了严重的滞胀阶段，20 世纪 60 年代被几乎公认的菲利普斯曲线所描述的通货膨胀率与失业率之间的替代关系不再存在了。传统的凯恩斯主义经济学家将其解释为"成本推起的通货膨胀"，即将通货膨胀归因于石油输出国组织提高石油价格和工会提高工资。传统的凯恩斯主义宏观经济政策遇到了严重的挑战。

一、70 年代的"滞胀"与新古典学派的兴起

当凯恩斯主义陷入危机时，被西方经济学界统称为"新古典经济学"的货币学派、理性预期学派和供给学派等学派挺身而出。它们的共同特点是强调市场自发调节机制的作用，反对频繁使用需求管理政策来干预经济。为此，它们试图证明宏观经济政策是无效的，甚至是有害的。

1. "滞胀"与凯恩斯主义政策

理论上的混乱导致了政府政策的混乱，在更加频繁地交替使用扩张性政策和紧缩性政策的同时，西方各国政府不同程度地采取了"收入政策"，其目的是通过对收入的控制来抑制通货膨胀，最典型的措施是尼克松政府在 1971 年采取的冻结工资和物价 90

天。其结果是完全失败的，通货膨胀不但没有控制住，而且在解除冻结以后，物价上涨得更厉害。英国的情况与美国十分类似，只是英国的工党政府反应更加迟钝一些。在意大利，政府采取"指数化工资"的措施来抑制通货膨胀。在法国对付通货膨胀的手段中，行政性措施也占有重要的地位。这些国家的政策虽然有所不同，但是，其共同的特点是在传统财政政策和货币政策作用不明显或基本失效时就转而加强行政性的手段，其效果很差。传统凯恩斯主义基础上的宏观经济政策根本对付不了"滞胀"的局面，必须寻找更有效的政策措施。

2. 货币学派的政策主张

早在 20 世纪 60 年代就颇有影响的货币学派最先站出来反对凯恩斯主义宏观经济政策，它们认为，"滞胀"的基本原因是政府频繁使用凯恩斯主义政策。实际上，财政政策基本上是不会对经济中的实际变量起作用的，它只对经济的名义变量起作用，所以必然会破坏市场经济自发的运行机制，导致市场信息扭曲。加上政府频繁交替使用紧缩性和扩张性的货币政策，通货膨胀日益严重。它们主张政府基本上放弃对经济的宏观干预，让市场机制自发地起作用，中央银行只要将货币供给量控制在与实际经济增长率水平相适应的水平上，通货膨胀就会被控制住，而经济增长率将会在市场机制的自动作用下达到一个自然的增长率，失业率也会固定在自然失业率的水平上。

3. 理性预期学派的政策主张

货币学派对宏观经济政策失效机制的论证，导致理性预期学派的产生和发展。理性预期学派的一个重要的理论命题是，人们在预期上不会犯系统性错误，当人们正确地预期到政策的结果时，政策就会失效。只有预期不到的政策才会起作用，而政府是不能长期蒙蔽公众的，人们会很快熟悉新政策，并对自己的预期作出调整。所以，宏观经济政策基本上是不起作用的，即使在短期内起作用，其效果也不可靠，而市场机制的自发作用要比政府政策可靠得多。理性预期的命题在经济学界引起了巨大的反响，宏观经济学也因此发生了重要的变化，经济学家不能不在政策的效果中考虑人们的预期问题。可以说，理性预期学派在相当程度上使宏观经济学的研究发展到了一个新水平。除了主张放弃国家干预经济的宏观经济政策之外，理性预期学派并没有提出政策上的建设性意见，只是它使政府更加重视市场机制自发的调节作用，避免那些可能破坏市场机制的干预性措施。

4. 供给学派的政策主张

供给学派对宏观经济学的深远影响丝毫不亚于理性预期学派。他们的政策主张主要是针对"滞胀"的，基本政策是通过减税来刺激供给的。这在凯恩斯主义者看来是荒唐的，因为，在通货膨胀严重时期，减税属于扩张性财政政策，它将会提高总需求，使本来已经十分严重的通货膨胀更加严重，会使"滞胀"雪上加霜。此外，当时美国政府连年出现巨额财政赤字，减税必然会带来更严重的财政问题。但供给学派的代表人物阿瑟·拉弗提出了税率变动与税收总额变动关系的著名曲线——拉弗曲线。拉弗曲线解释说，存在着一个最佳的税率，税率过低和税率过高都会使税收减少，而当时美国的税率正处于过高的水平。因此，减税不但可以医治持续已久的"滞胀"，而且也可以增加税收，减少财政赤字。供给学派的政策很快得到了政府的重视，而且在发达国家产生了巨大的影响。尽管供给学派也反对频繁地采取需求调节的政策，主张充分重视市场自发的调节机制，但是，供给学派并不像上述两个学派一味地反对宏观经济政策，而是提出了政府应该从供给方面来考虑宏观经济政策的新命题。供给方面的政策实际上是从长期调节角度来考虑政府的经济干预政策，这为后来各国普遍实行的长期性的税收调整计划和其他旨在长期对经济起作用的经济计划，在理论上铺平了道路。

二、20 世纪 80 年代的宏观经济政策转型

20 世纪 80 年代以后，发达国家先后开始了宏观经济政策的转型。政策的基本方向已经从凯恩斯主义的需求管理政策朝着更加自由化的方向转变。在相当长的一段时间内，通货膨胀被作为最主要的问题来对待，经济衰退则相对退居次要地位，因此，整个80 年代，经济增长缓慢一直伴随着西方发达国家。

1. 财政政策的转型

20 世纪 80 年代，发达国家先后改变了财政政策的传统做法，开始将消除财政赤字、巩固财政作为财政政策的基本目标。严重的财政赤字导致了巨额的公共债务，而公债的逐年扩大一方面导致财政负担扩大，税收的潜在负担日益沉重；另一方面，赤字的逐年扩大，或者意味着投资将越来越多地被挤掉，或者意味着国际收支将朝着逆差的方向发展。在世界经济一体化迅速发展的 80 年代，人们越来越意识到国内财政政策对国际收支从而对汇率的重大影响。到 80 年代中期以后，多数国家在考虑财政政策的同时，都将消除赤字、稳定国际收支作为一个需要重点考虑的方面。这时，减税也成为西方政府财政政策变化中一道亮丽的风景线。美国的里根政府实行了减税计划；英国的撒切尔夫人也在调整其税收结构，实行大规模的减税。减税的财政政策甚至被认为降低通货膨胀率的重要条件之一，同时也被看做一种长期性的措施，它在长期的作用是刺激人们的投资及工作的积极性，刺激劳动生产率的提高，刺激经济增长。税收结构也开始受到政策制定者们的普遍重视，通过税收结构的调整，可以对产业结构、收入分配结构、消费者和生产者的税收负担分配及进出口的产品结构等实行调整。在财政支出方面，多数国家试图削减财政支出，如英国就大规模地削减福利开支，尽管做起来困难重重。

总之，20 世纪 80 年代的财政政策发生了很大变化：首先是短期调节向长期调节转化；其次是普遍实行巩固性财政政策；最后是实行减税，削减政府开支等旨在刺激供给方面的措施，并开始注意税收政策对其他结构性调整政策的作用。

2. 货币政策的转型

20 世纪 80 年代初以后，西方发达国家普遍将通货膨胀作为头号敌人，开始了以治理通货膨胀为主要目标的货币政策转型。在凯恩斯主义盛行的 20 世纪 60 年代，货币政策还被作为控制总需求的一个主要手段，主要用来刺激总需求、降低失业率和促进经济

增长。但是，到了80年代初，货币政策已经被当做治理通货膨胀的主要手段了。根据货币学派的理论，通货膨胀的最根本原因在于货币供给量增长太快，而纯粹的财政政策对货币供给量是基本上不起作用的，因此，只有控制好货币供给量才能有效地控制通货膨胀。所以在80年代初，多数发达国家都采取了货币学派的主张，将货币政策的中间目标从控制利息率转移到控制货币供给量上。当货币供给量变动的时候，物价水平就一定会受到影响。他们认为，扩张性货币政策的时滞比紧缩性货币政策的时滞要短得多，货币供给量的频繁变动，只会引起越来越严重的通货膨胀。因此，以稳定物价为基本目标的货币政策就只能将货币供给量作为中间目标。在日本，中央银行的独立性仍然较差，货币政策在一定程度上仍然需要一定的行政性手段来支撑。意大利中央银行也在一定程度上采用一些信贷规模控制的办法来抑制通货膨胀。

此时，另一个引人注目的变化是在制定货币政策时更多地考虑到了国内利息率调整对汇率的影响。由于1973年以后浮动汇率制度的实行和资本市场的国际化发展，大量国际游资在国际流动，当发达国家之间发生较大的利息率差额时，资金的国际流动就会导致汇率的相应波动。在这种情况下，货币政策当局开始将调整利息率当做调整国际收支，特别是调整汇率的一个重要手段。这样，货币政策当局就在保持国内物价稳定的同时，还要考虑其汇率的稳定。这两个问题通常是矛盾的，为了稳定国内物价，一般要减少货币供给量，这时利息率通常会提高，导致外部资本的流入，大量流入的资金在一定程度上会增加中央银行的基础货币，导致货币供给量增加，冲击紧缩货币政策的效果，不利于维持原来的汇率，特别是对那些采取钉住汇率制度的国家，除非放弃原来的汇率使本国货币升值，而这样一来，又会打击本国的出口，同时刺激本国的进口，导致贸易逆差。例如，美国虽然不是钉住汇率制度的国家，但其在1982年也因为国内财政赤字的不断扩大和巨额公债，国内利息率大幅度提高，引起了国外资金的大量流入，导致美元升值，使美国在资本项目大量盈余的情况下出现了经常项目的赤字。这也是国内财政政策对货币变量产生影响，从而对汇率产生影响的一个典型例子。

3. 货币政策与财政政策的协调

在20世纪60年代，货币政策和财政政策在方向上通常是一致的，当财政政策采取扩张性措施的时候，货币政策通常也是扩张性的，反之也是如此。到了20世纪70年代，货币政策与财政政策虽然在大部分情况下，仍然保持着一致性，却在时间上出现了较大的错位。特别是在政策转向的时候，经常出现前一个扩张性的货币政策经过一段不长时期的时滞之后，紧跟一个相反的紧缩性的财政政策。但是，这种情况主要还不是有意识的，而是由政策转向过于频繁所至。20世纪80年代后，有意识地采取相反的货币政策和财政政策成了相当普遍的现象。例如，美国在80年代初到80年代中期的财政政策是扩张性的，货币政策却是紧缩性的，其目的是通过扩张性的财政政策来刺激经济增长，通过紧缩性的货币政策来抑制通货膨胀。而英国的撒切尔政府却实行了相反的政策组合，即财政政策是紧缩性的，货币政策却是扩张性的。这两种完全相反的政策组合在它们各自的国家都成功地降低了通货膨胀率，但又都在刺激经济增长方面显得软弱无力。财政政策和货币政策协调方面，从20世纪80年代开始有了较大的进步。

4. 结构性政策和其他政策

20世纪70年代由凯恩斯主义者针对成本推起的通货膨胀而采取的"收入政策"到80年代被彻底放弃了。代之而起的是旨在影响经济行为，从而导致经济结构变化的所谓的"结构性政策"。结构性政策包括：导致经济中所有制结构变化的私有化政策，导致微观行为变化和收入分配结构变化的税收结构政策，以及针对产业结构变化而采取的各种财政补贴、减免税、优惠贷款等政策。

结构性政策最引人注目的是私有化。多数发达国家为了提高经济效率、刺激私人从事经济活动的积极性，都先后实行了私有化政策，大量国有企业被出售，甚至一些通常被认为由私人经营必然会产生自然垄断的行业也被私有化了。除去法国直到80年代中期才开始私有化之外，其他发达国家都在80年代初就开始实行大规模的私有化计划。私有化的广泛实行，在一定程度上刺激了人们从事经济活动的积极性，使一些国家的经济有所好转。但是，在整个80年代，西方国家的经济增长率一直不高，私有化也没有使它们重新回到20世纪60年代那种高速经济发展的状态。

产业政策在当时也格外引人注目。日本在20世纪60年代就已经尝到了产业政策的甜头，70年代，日本受到"滞胀"打击的程度相对较小，其产业结构调整政策的执行起了很大的作用。日本产业政策的成功对新兴市场国家的影响较大，在发展中国家，产业政策也普遍受到了重视。发达国家普遍重视产业政策是从20世纪80年代开始的，此后一直给予充分的地位。产业政策的主要目的是扶植新兴产业的发展和高科技产业的发展，以加速产业结构的更新。同时，有些国家也有意识地扶植中小企业和第三产业的发展，以增加就业，促进经济的平稳发展。产业政策并没有独立的政策手段，它的实行主要靠政府的指导性计划和与其相配合的税收结构调整、优惠的税收、信贷条款，以及相应的法律、管理条例等的实施。

在20世纪80年代，各发达国家都十分重视对科技发展和教育发展，以及人力资本方面的国家投入，制定了发展高科技的政策及相关措施。这与西方经济学家关于人力资本在经济增长中作用的理论发展有密切的关系。一些旨在改善经济环境的政策也受到了重视，许多国家都将治理环境污染作为政府发展经济时需要特别给予重视的方面，制定了相关的法律，采取了税收上、补贴上的一些措施。其他一些政策，如交通政策、能源政策等的目标通常总是与其总的经济政策目标相配合的，其执行的手段也依然离不开财政政策所用的税收、补贴，以及相关的法律、管理条例的颁布等。

三、新凯恩斯主义的兴起与90年代的宏观经济政策

虽说20世纪80年代西方发达国家已经成功地控制住了通货膨胀，但是，其经济增长仍然普遍达不到60年代的水平，而且失业严重，经济走走停停。这使人们对新古典学派的理论产生了疑问。同时，一些凯恩斯主义者吸收了新古典学派的部分理论和方法，并加以发展，在坚持凯恩斯主义基本观点的基础上，逐步形成了新凯恩斯主义经济学。

1. 新凯恩斯主义的兴起

新凯恩斯主义经济学产生于20世纪80年代，其政策主张兴盛于90年代，其代表

人物多为美国经济学家，如乔治·阿克洛夫、詹纳特·耶伦、格列高里·曼昆等。新凯恩斯主义者继承了传统凯恩斯主义者关于国家应该干预经济的基本主张，既吸收了新古典经济学的一些合理的理论和政策主张，又在吸取80年代以来一些宏观经济实践中的经验教训的基础上，发展了国家干预经济的理论。

新凯恩斯主义经济学坚持政府干预经济的主张，但是，吸收了理性预期学派的理性预期的观点和"预期到的宏观经济政策无效"的观点。他们认为，在当代市场经济中信息是不对称的，而且工资和价格的变动具有黏性。这样，在短期仍然会出现偏离自然失业率的现象，出现有效需求不足。非市场出清是新凯恩斯主义最重要的假设。因此，需求管理政策仍然是必要的和起作用的。新凯恩斯主义并不仅仅是坚持传统凯恩斯主义短期需求管理的主张，他们还特别强调供给学派从供给方面调节经济的思路，主张从长期着手，从供给方面着手来考虑经济政策。新凯恩斯主义还强调巩固性的财政政策，认为财政赤字对经济是有害的，它可以引起投资的减少（基础效应）和贸易逆差的增加。此外，新凯恩斯主义者还研究了一些新的现象和机制，如提出了在货币政策起作用的机制方面，不应只考虑利息率，还应该考虑普遍存在的信贷配给机制。新凯恩斯主义同传统凯恩斯主义相比已经发生了一些重大的变化，他们所主张的宏观经济政策更全面，也更深入：既考虑需求方面也考虑供给方面；既考虑长期又考虑短期；既注重微调政策在短期的作用，又重视结构性政策在长期的效果。

2. 20世纪90年代的财政政策和货币政策

20世纪90年代，巩固性财政政策在各发达国家盛行。其基本目标是通过消除财政赤字，减少公共债务，改善经济增长的条件。多数发达国家还实行了长期的减税计划，降低了企业的成本，刺激了投资和人们工作的积极性。从1992年以后，发达国家先后进入经济增长的时期，尽管增长率还没有达到20世纪60年代的水平，但持续的经济增长使人们对经济的信心大大增强，生产率也不断提高，经济停滞的状态正在得到纠正。财政政策比80年代更具有长期性，而且，在90年代初通货膨胀率普遍较低、失业率普遍较高的情况下，多数发达国家都采取了扩张性的财政政策，刺激需求，恢复经济增长。

20世纪90年代，发达国家的货币政策基本上仍然以稳定物价为其基本目标，有的发达国家甚至将这个目标法律化。但是，由于新凯恩斯主义论证说，短期需求调节仍然是必要的，而且美国的一些旨在提高需求、刺激经济增长的政策已经见效，所以，降低利息率，有限度地增加货币供给量仍然不时地被用来进行短期的需求调节，刺激经济增长。

3. 20世纪90年代的政策组合与经济计划

20世纪90年代，宏观经济政策的整体性大大增强了，甚至使按传统政策分类来说明宏观经济政策已经变得十分困难。总的政策目标是，稳定物价水平，增强市场竞争性和有效性，刺激长期持续的经济增长，降低失业率，刺激对外经济关系的发展，提高人民的生活质量。在实行具体政策的时候，通常更加注意不同政策措施的整体配合。在整个宏观经济政策体系中，财政政策、货币政策、结构性政策、产业政策、科技和环境政策，以及区域性发展政策等正在形成更具整体性的政策组合。各种带有长期目标和阶段性目标，以及分步骤的经济计划越来越盛行。

四、2008 年的金融危机与宏观经济学的困境

20 世纪 30 年代的大危机极大地冲击了当时的经济学，在随后的几十年时间内孕育出了以凯恩斯主义为基础的宏观经济学，开始了经济学发展的新阶段。进入 21 世纪，美国 2008 年 9 月以雷曼兄弟银行倒闭为标志，爆发了自 30 年代大危机之后最严重的金融危机。4 年之后，美国依然笼罩在金融危机和欧洲债务危机的巨大阴影之下。金融危机不但像 30 年代的大危机那样严重地冲击了人们对资本主义制度的信心，也同样地冲击着现行的宏观经济学。克鲁格曼曾经说，当代的宏观经济学往好处说是一无是处，往坏处说则是贻害无穷。无论是凯恩斯主义经济学还是新自由主义经济学都拿不出有效的办法，甚至无法解释为什么会发生如此严重的金融危机。

1. 事实经过

2008 年美国全面爆发的金融危机也被称为"次贷危机"，其起因是房地产抵押贷款中的次级贷款违约率不断上升。美国的信贷评级被分为五等，其评分等级分别为优（750～850 分）、良（660～749 分）、中（620～659 分）、差（350～619 分）和不确定（350 分以下）。次级贷款的借款人信用评分多在 620 分以下。次级贷款人大都是低收入者和就业相对不稳定的人群，在房价下降和经济动荡时是最先受到冲击的人群。次级贷款人购房的首付款也往往很低甚至零首付，于是其违约率和赎回率较高。次级贷款在美国金融资产中的比例并不很大，但是其证券化后往往与其他金融资产捆在一起被投资者持有，因此它与整个金融系统的联系是十分紧密的。

早在 2007 年次级信贷危机信号就不断传出。2 月美国新世纪金融公司（New Century Finance）就发出了 2006 年第四季度赢利因次贷大幅缩水的预警，汇丰控股为在美次级房贷业务增加 18 亿美元坏账作准备。4 月 2 日，美国第二大次级抵押贷款公司——新世纪金融公司（New Century Financial Corp）宣布申请破产保护，裁减 54% 的员工。美国第十大抵押贷款机构——美国住房抵押贷款投资公司 8 月 6 日正式向法院申请破产保护。与此同时，美国第一大商业抵押贷款供应商——全国金融公司也濒临破产，后因获得 110 亿美元紧急贷款而躲过一劫。到 2008 年次贷危机继续发酵，美国第五大投资银行贝尔斯登在美国联邦储备委员会提供大约 300 亿美元担保的条件下，以每股 2 美元的极低价格被摩根大通收购。进入 2008 年 7 月份，美国金融市场再度紧张起来：美国住房抵押贷款市场巨头房利美联邦国民抵押贷款协会（Federal Home Loan Mortgage Corp.）和房地美联邦住宅贷款抵押公司（Federal Home Loan Mortgage Corp.）陷入困境，亏损达到了 140 亿美元，股价暴跌了约 90%。9 月 7 日，美国政府出资 2000 亿美元接管"两房"。9 月 15 日，美国第四大投资银行雷曼兄弟公司宣布破产。同日，美国第三大投资银行美林公司被美国银行收购。9 月 17 日，美国政府被迫对陷入困境的保险业巨头美国国际集团（AIG）提供高达 850 亿美元的紧急贷款。9 月 20 日，美国政府向国会提交了高达 7000 亿美元的金融救助计划。21 日，美国联邦储备局宣布批准美

国第一大投行高盛和第二大投行摩根士丹利实施业务转型，转为银行控股公司，即普通商业银行。至此，美国金融危机全面爆发。随后的 2009 年美国银行倒闭数目达到了 140 家，2010 年增加到 157 家，2011 年为 92 家。截止到 2012 年上半年，美国联邦储备局已经实行了两次量化宽松的货币政策和一次出售短期债券、购买长期债券的"扭曲"操作，经济复苏依然乏力。

2. 宏观经济学的困扰

当代宏观经济学遇到的第一个困扰是对市场经济自我恢复能力的解释。宏观经济学的核心就是论证市场经济自动均衡的机制，新自由主义的理念就是放弃政府积极干预经济的理念，恢复其"守夜人"的职能，并极力要人们相信市场自动均衡的机制就是自我恢复的能力。2008 年金融危机全面爆发之后，美国经济持续 4 年复苏乏力，可能还要持续几年。市场真的可以不用政府干预，自动恢复吗？这个始终都在争论的问题至今仍显得十分突出。

当代宏观经济学遇到的第二个困扰是传统凯恩斯主义对经济危机的解释。凯恩斯认为，经济危机的主要原因是有效需求不足，有效需求不足是由三大心理规律引起的，也就是随着经济增长和人们收入增加，由"边际消费倾向递减""投资预期收益率递减"和"人们的灵活性偏好"增大引起的。但本次金融危机并非有效需求不足所致。它是在美国消费过度、有效需求毫发未动的情况下由次级贷款导致金融杠杆断裂造成的。凯恩斯主义的刺激政策也不能有效地恢复美国经济。

第三个困扰是人们对经济危机的传统认识。在早期新古典综合派的宏观经济学中经济危机是由周期性有效需求波动造成的，其典型理论就是萨缪尔森的加速数-乘数原理，这显然已经不再有解释力。在新自由主义的理论中，经济周期是由技术冲击造成的，被称为真实周期理论。其他外部冲击理论的解释也较为空洞，且于事无补，如用信息不对称来解释本次金融危机的理论，虽然可以说得通，但其缺乏措施帮助恢复经济。此外，金融监管缺失的解释似乎在美国占了上风，于是新的监管法案出台，严格对金融衍生物、过度使用杠杆进行监管。这种监管即使是必要的也仅仅是用来防止以后的金融欺诈和过度膨胀，并不能对当前的经济恢复起到刺激作用，相反，在严格监管下，许多银行和金融机构暴露出更多的问题，导致更严格监管和非金融自由化的发展方向。而金融自由化则美国金融业和房地产业能在金融危机爆发前保持繁荣的基本制度保证。破坏了金融自由化的环境，至少金融房地产业要恢复到危机前的繁荣已经不再可能了。

第四个困扰是美国去工业化的事实。美国经济学家麦金农指出，自金融自由化之后，美国经济逐渐显现出了去工业化的趋势。根据美国国家经济分析局提供的数据，美国制造业创造的 GDP 在 1950 年占美国 GDP 的 27%，但到 2008 年已经不到 11.5%。就业就更明显，1950 年美国总就业中制造业占比也是 27%，到 2008 年则下降到 9.5%以下。金融危机之后这个现象更明显。美国制造业即使是恢复到 2008 年的水平对美国经济的贡献率也不再像 70 年代以前那样高。美国大量低端制造业移到国外，造成了美国经济过度依赖金融房地产业，造成了美国经济的虚拟化。因此，有人提出美国需要再工业化的问题。这些问题是迄今为止任何学派的宏观经济学都不曾涉及的新问题。当然还有许多新问题需要经济学界认真回答。

作为初学者，了解宏观经济学的发展脉络和面临的挑战是有益的，当剧烈的经济动荡频繁敲打经济学的时候，正是经济学发生重大进步的前夜，这当然是青年学者提升其经济学智商的绝好时机。

➤ 本章小结

宏观经济学的产生有两个主要的渊源：罗斯福新政和凯恩斯的《就业、利息与货币通论》。古典经济学的无为对大危机束手无策，罗斯福新政加强了政府对经济活动的监管，采取了为了提高有效需求增加就业的措施，它在实践上为国家干预经济提供了成功的例证；《通论》解释了大危机现象，并提出加强政府的宏观管理，它的出版从理论上建立了现代宏观经济学的基础，标志着宏观经济学的诞生。

20世纪50～60年代，是现代宏观经济学的形成时期，也是凯恩斯主义的鼎盛时期。在凯恩斯基本理论基础上，新古典综合派通过对凯恩斯的有效需求理论、经济增长理论及宏观经济政策等研究的综合，形成了所谓的"宏观经济学"。从第二次世界大战到20世纪60年代末，新古典综合派居于西方经济学的统治地位，指导政府采取财政政策和货币政策干预经济。

在传统凯恩斯主义基础上的宏观经济政策根本对付不了"滞胀"的局面，货币学派、理性预期学派和供给学派等新古典经济学学派挺身而出，强调市场自发调节机制的作用，反对频繁使用需求管理政策来干预经济。

20世纪80年代以后，发达国家宏观经济政策的基本方向已经从凯恩斯主义的需求管理政策朝着更加自由化的方向转变。但此时失业严重，经济走走停停。一些凯恩斯主义者继承了传统凯恩斯主义者关于国家应该干预经济的基本主张，又吸收了新古典经济学的一些合理的理论和政策主张，在吸取80年代以来一些宏观经济实践中经验教训的基础上，逐步形成了新凯恩斯主义经济学。

➤ 关键词

宏观经济学（Macroeconomics）
凯恩斯主义（Keynesianism）
新古典学派（Neo-classical School）

➤ 思考题

1. 宏观经济学产生的渊源是什么？

2. 新古典综合派的理论内容主要是什么？他们的宏观经济政策主要用来针对哪类经济问题？

3. 新古典学派主要由哪些学派构成？他们的基本主张是什么？

4. 新凯恩斯主义继承了凯恩斯主义的哪些观点？吸收了新古典经济学的哪些思想和理论？

第一章

国民收入的核算与循环

要研究宏观经济运行的关系，首先要详细了解国内生产总值和国民收入的概念，以及其他几个重要的宏观经济变量；其次要了解宏观经济的基本结构，即国民经济由哪些基本部分组成，总产出的循环流动是怎样把这些部分结成一个整体的。本章的任务就是要考察上述两个问题，这是建立宏观经济模型、分析宏观经济运行机制的基本前提。

第一节　国内生产总值的概念及核算

宏观经济学的研究对象是国民经济中的总量经济关系。在宏观经济学的所有概念中，国内生产总值是最具有代表性的经济总量指标。经济学家在判断一国经济发展水平时，也会把观察国内生产总值作为首要之选。在了解国内生产总值及其相关概念的基础上，我们再来看一国的国内生产总值是怎样核算出来的。

一、与国内生产总值相关的几个概念

除了国内生产总值是衡量一国经济整体状况最重要的指标之外，国民生产总值也是一个与其相近的总量指标。宏观经济总量也分为流量和存量两类。

1. 国内生产总值的概念

国内生产总值（gross domestic product，GDP），是指一个国家范围内在一定时期内（通常为 1 年）所生产的最终产品和劳务的市场总价值。关于 GDP，应从以下几方面把握。

首先，GDP 是用市场价值来计算的，即最终产品和劳务的市场价值是使用货币加以衡量的。为什么要用市场价值来衡量呢？一是因为市场需要的产品才是有社会意义的产品，在市场经济条件下企业不会去生产社会不需要的产品，故必须使用一个市场指标

去核算；二是因为社会生产的产品千差万别，用途大相径庭，通过市场价值我们可以把千差万别的产品统一成一个单一的标准，这样才可能进行统计核算。产品的市场价值是用这些最终产品的单位价格乘以产量得到的。例如，某国一年内生产了 10 万件上衣，每件上衣的市场价格为 50 元，则该国所生产上衣的市场总价值为 500 万元。

其次，计算 GDP 必须以最终产品为准，中间产品的价值不计入 GDP。最终产品是指生产出来的产品不再作为下一级生产的投入品，中间产品是指用于再出售、供生产别种产品用的产品。最终产品和中间产品的区别，不是取决于产品本身的物质属性，而是根据它在再生产的循环流转中的功能来区分的。一块布料卖给制衣厂做原料，是中间产品，卖给家庭主妇直接制衣就是最终产品了。一台机器卖给某一企业作设备，看来似乎是用于生产别种产品的中间产品，但由于它不再出售，和用作原料的中间产品不同，所以还是最终产品。GDP 是指最终产品而不是中间产品的价值，GDP 的核算只能计算最终产品和劳务的价值，而不能计算中间产品的价值，否则就会发生重复计算。例如，农民生产棉花，把棉花卖给纺纱厂，纺纱厂把棉花加工成棉纱卖给织布厂，织布厂再把棉纱加工成棉布卖给制衣厂，由制衣厂做成服装，每一道生产工序都相应增加了一定的价值，这个价值就是增加值。对于服装这个最终产品而言，棉花、棉纱和棉布都是中间产品。这个时候，能够计入 GDP 的只能是服装的价值，而不能包含棉花、棉纱和棉布这些中间产品的价值。

再者，GDP 指的是所生产出来的最终产品的价值，而不是所出售的最终产品的价值。某国生产了价值 500 万元的上衣，即使只卖出了 400 万元，剩下的 100 万元也被看做生产上衣的企业自己买下来的，即计入 GDP 的仍是 500 万元。也就是说，企业年终盘存时的库存货物也被当做最终产品，它可以看做企业自己卖给自己的最终产品，计算 GDP 时也应把库存品的价值计入。相反，即使生产了 500 万元的上衣，卖出了加上库存的 50 万元共 550 万元的上衣，计入 GDP 的也依然是 500 万元，只是库存少了 50 万元而已。

最后，GDP 一般仅指市场活动的价值。许多产品和劳务虽然与人们的经济福利也很有关系，但如果不是市场交换活动，就不包括在 GDP 中。自给自足的生产、慈善机构的活动、在家中做饭和打扫卫生的活动等，都不计入 GDP。举一个例子，如果一个男主人花钱请了一个女保姆，则保姆的收入应计入 GDP；如果该主人和保姆结婚了，也许这位妻子的生活费和她当保姆时的收入一样多，但由于不再是市场交易活动，所以不再计入 GDP。

2. GDP 与 GNP

需要指出的是，GDP 是一个地域概念，也就是说，在一国领土范围内，其居民无论国籍如何，在一定时期内所生产的最终产品和劳务价值都可算作本国的 GDP。GNP 是和 GDP 相近的概念，叫国民生产总值（gross national product，GNP），是指一个国家的国民一定时期内在国内和国外所生产的最终产品和劳务的价值。GDP 与 GNP 都是反映宏观经济的总量指标，但 GDP 的计算依据的是国土原则，GNP 的计算依据的是国民原则。所以

$$GDP＝GNP-国外要素净收入 \qquad (1-1)$$

其中，国外要素净收入等于本国居民在国外生产的产品和劳务的价值或收入减去外国居民在本国生产的产品和劳务所创造的价值或收入。其计算上的不同可用图 1-1 表示。

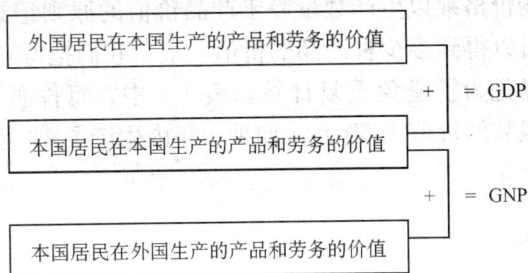

图 1-1 GDP 和 GNP

在一般情况下，发达国家国外要素净收入多为正数，因而 GNP 大于 GDP。而发展中国家国外要素净收入多为负数，故 GNP 小于 GDP。例如，我国 2010 年计算的 GNP 为 403 260 亿元，国外要素净收入为 2058 亿元，所以 GDP 为 401 202 亿元。

3. 流量和存量

宏观经济学在进行总量分析时，还把相关的经济变量区分为流量（flow）和存量（stock）。什么是流量呢？流量是指在一定时期内某种经济变量变动的数值。例如，我们问一个人一年收入是多少的时候，收入就是一个流量，因为它是以往 12 个月的收入相加所得，可见流量一定要讲明时间的长短，否则所测定的量就没有意义。例如，国内生产总值表示的是一年内整个经济社会所新生产出来的价值或最终产品的价值总量，是一定时期内发生变动的数值，故它是流量而不是存量。

存量是与流量相对应的概念。存量是指在某一时间点上某种经济变量的数值。例如，国民财富是一个存量，它表示在某一时刻社会所拥有的财富的总值。

二、GDP 的核算

根据前面所讲到的 GDP 定义和原理，GDP 的核算主要有生产法、收入法和增值法三种。我们以服装的生产过程为例（表 1-1），来说明 GDP 的计算。

表 1-1 服装生产过程中的市场价值增加 （单位：元）

生产阶段	产品收入	中间成本	增加值	要素收入
棉花	15	—	15	15
棉纱	20	15	5	5
棉布	30	20	10	10
服装	50	30	20	20
合计	115	65	50	50

1. 生产法

生产法只从最终产品来计算 GDP。只要是社会生产了一种产品,并且它不是中间产品,我们就按照市场价格乘以生产数量等于产品价值的原则记录下该产品的总价值。有多少种产品我们就可以得到多少种产品的价值,最后我们把所有产品的价值加总获得GDP。不计算中间产品是为了避免重复计算。表 1-1 中,每件服装的市场价值核算如下:若每件最终产品服装的价值为 50 元,如果一年内生产了 10 万件这种服装,则服装的市场总价值为 500 万元。

2. 收入法或支出法

收入法是从居民户向企业出售生产要素获得收入的角度看,是把生产要素在生产中所得到的各种收入相加。一个国家一年内用于生产的各种生产要素所得到的全部收入的加总,即工资、利息、租金和利润的总和,被称为国民收入(national income,NI)。

根据收入法计算表 1-1 中服装的价值,要素收入列相加:$50=15+5+10+20$。支出法是把一个国家一年期间投入的生产要素生产出来的产品和劳务按购买者支出的金额分类汇总而成。在宏观经济中,收入和支出是一回事,因为你的收入正是他人的支出,所以收入流也可以看做支出流。上述分析说明,在理论上国内生产总值 GDP 应与国民收入 NI 恒等,即

$$GDP \equiv NI \tag{1-2}$$

在现实经济活动中可能有些产品暂时没有卖出去,有生产却没有收入,对这种情况我们引进存货和存货投资的概念。没有卖出去的产品我们把它看做生产者自己买了自己的东西——存货,然后再把它作为投资支出——存货投资。

3. 增值法或部门法

增值法是从生产的角度出发,把所有企业单位投入的生产要素新创造出来的产品和劳务在市场上的销售价值,按产业部门分类汇总而成,也称为部门法。国内生产总值在计算时不应包括中间产品产值,以避免重复计算。但从全社会的角度来看,实际经济中最终产品和中间产品是很难分清的。从表 1-1 可以看出,如果不按最终产品计算,而是包含了中间产品的价值,最后得出的总价值为

15(棉花的价值)+20(棉纱的价值)+30(棉布的价值)
+50(服装的价值)=115

采用增值法,即只计算在生产各阶段上所增加的价值,无论把上例中哪种产品作为最终产品,都不会造成重复计算。从表 1-1 中我们可以看出,最终产品价值等于各增加值之和,即 $50=15+5+10+20$。在上例中,服装是最终产品,其产值为 50,用增值法计算也是 50,如果不去区分最终产品和中间产品,则会有 65 的产值被重复计算。

第二节　国民账户统计细节

GDP 是一个高度概括的宏观经济指标,其核算的基础是国民账户 (national accounts)。国民账户通俗地说就是一个国家的账户,以全面生产的概念为基础把国民经济各行各业都纳入核算范围。它与企业的账户并没有本质的区别,只不过统计范围由一个企业变为了一个国家。国民账户里面还有一些我们需要了解的细节,这些细节有助于我们对经济进行更为深入的研究。

一、名义 GDP 与实际 GDP

GDP 是一个市场价值概念,其价值的大小用货币来衡量,为最终产品和劳务数量与自身价格的乘积。因此,GDP 不仅要受实际产量的影响,还要受价格水平的影响。换言之,GDP 的变动可能是由实际产量的变动而引起的,也可能是由产品和劳务的价格变动而引起的。为了排除价格因素,确切反映经济的实际变动,就必须区分名义 GDP (nominal GDP) 与实际 GDP (real GDP)。

1. 名义 GDP 和实际 GDP

名义 GDP 是按当年价格计算的 GDP,实际 GDP 是按不变价格计算的 GDP。不变价格是指统计时确定的某一年(称为基年)的价格。计算实际 GDP 可以使我们了解从一个时期到另一个时期产量到底变化了多少,两个时期的差额可表现出这个变化。如果仅仅比较两个时期的名义 GDP,我们就无法知道这两个时期 GDP 的差额究竟是由产量变化引起的,还是由价格变化引起的。

某个时期名义 GDP 与实际 GDP 之间的差别,可以反映出这一时期和基期相比的价格变动的程度。因为通过计算名义 GDP 和实际 GDP 的比例,可以计算出价格变动的百分比。名义 GDP 与实际 GDP 之比,被称为 GDP 价格指数,我们用 P_t 表示。由此可知,名义 GDP、实际 GDP 和价格指数这三者的相互关系是

$$P_t = \frac{名义\ GDP}{实际\ GDP} \tag{1-3}$$

从这里可以看到,实际 GDP 是将名义 GDP 用相应的 GDP 价格指数"紧缩"而来的。因此,这相应的 GDP 价格指数又称为 GDP 缩减指数 (GDP deflator)。

2. 计算举例

假设一个经济体中只生产三种产品:汽车、苹果和服装,2003 年和 2004 年的产量和单位价格如表 1-2 所示。

计算名义 GDP:

2003 年的名义 GDP 为 1500×5+2×1000+200×40=17 500 (元)

2004 年的名义 GDP 为 2000×8+1×1000+250×40＝27 000（元）

表 1-2　关于计算名义 GDP 和实际 GDP 的例子 （单位：元）

产品	2003 年		2004 年	
	数量	价格	数量	价格
汽车	5	1400	6	2200
苹果	1000	2	1000	1
服装	200	40	250	40

若以 2003 年为基期，即用 2003 年的价格可计算 2004 年的实际 GDP。

2004 年的实际 GDP 为 1500×8+2×1000+250×40＝24 000（元）

由此可见，2004 年与 2003 年相比，名义 GDP 增加了 9500 元(27 000−17 500)，其中，6500 元(24 000−17 500)是由产量变化引起的，3000 元(27 000−24 000)是由价格变化引起的。可见，由于价格变动，名义 GDP 并不能真实地反映实际产出的变动。此时

$$GDP 缩减指数 P_t = \frac{27\ 000}{24\ 000} = 1.125$$

3. 我国的 GDP 增长

图 1-2 是根据《中国统计年鉴 2008》中的相关数据整理绘制的。在图中 1998 年时，名义 GDP 与实际 GDP 有一个交点，这说明我们是选择 1998 年作为基期，其余年份的实际 GDP 是根据 1998 年的价格水平计算出来的。

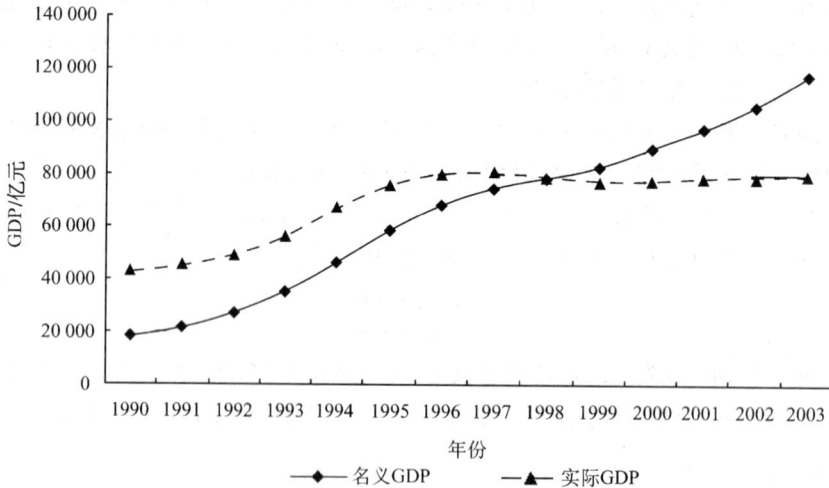

图 1-2　1990 年后我国名义 GDP 与实际 GDP 的增长

二、GDP 和 NI

在实际统计中，GDP 与 NI 是不同的，GDP 包括两项 NI 不包括的内容：资产折旧和企业的间接税。

1. 从 GDP 到 NDP

生产产品需要固定资产，如机器和设备。固定资产的价值不是一次性转移到新产品中去的，而是逐步转移到新产品中的，并通过算作成本的方式得到补偿，这就是固定资产的折旧。在计算 GDP 时，如果把它们的价值作为中间产品完全排除掉，那么当年新生产的机器的价值就有一部分被排除掉，从而使计算的 GDP 比实际的要少。为了解决这一问题，各国官方都规定，当年生产的新的固定资产价值计入当年的 GDP。但是，企业在固定资产使用期限内将折旧费摊到所生产的产品的价格上，这样一来，GDP 中就包括了折旧费，但是包含了折旧费而提高的价格部分并没有任何相应的实际价值被创造出来，企业从销售收入中提取的折旧费并不能作为收入分给任何一类要素所有者。因此，在国民收入 NI 中并不包括折旧费，这种差距是由 GDP 的具体核算方法产生的。

例如，一台新机器价值 100 万元，按照统计当局的规定，当年生产的新机器价值应计入当年的 GDP。假定该机器 10 年报废，其折旧费按年度平均提取，每年将有 10 万元的价值摊到用该机器生产的产品的价格上。每年的 GDP 统计中都包含了由于提取折旧费而提高了商品的价格部分，但折旧是用来补偿机器损耗的，它不会成为任何人的收入。所以，在 GDP 中扣除折旧我们就得到国内生产净值（net domestic product，NDP），即

$$NDP = GDP - 折旧 \tag{1-4}$$

可见，NDP 等于一个国家在一年内所生产的全部最终产品和劳务的价值。

2. 从 GDP 到 NI

除了折旧之外，政府的间接税，如经营烟、酒、食品等商品的营业税等，通常被企业当做成本计入产品的价格中，从而在计算 GDP 和 NDP 时包括了间接税。但是这部分由政府拿走的税收并不能成为任何要素所有者的收入，国民收入 NI 中不包括企业的间接税。所以，必须从 GDP 中减去折旧和间接税，才能与国民收入 NI 相等，即

$$NI = NDP - 间接税 \tag{1-5}$$

由以上分析可见，从 GDP 中减去折旧和间接税，才等于 NI，即

$$NI = GDP - 折旧 - 间接税 \tag{1-6}$$

折旧和间接税提高了最终产品的价格，但它并不代表当年新创造的价值，所以不是国民收入的组成部分。若从 GDP 中减去折旧和间接税这两项并不属于当年创造的新价值部分，仍然可以证明"有一元的最终产品就有一元的收入"的基本原理。

三、可支配收入

国民收入并不都是个人可以支配的收入，还需要减去个人所得税并加上转移支付。

1. 从 NI 到 PI

个人收入（personal income，PI）是指个人实际得到的收入。国民收入并不都会成为个人收入，国民收入必须扣除社会保险税、经营利润税和企业留存利润部分之后，才能分到要素所有者的手中。因此，从国民收入 NI 扣除上述部分之后的余额称为个人收入：

$$PI＝NI－社会保险税－经营利润税－企业留利 \tag{1-7}$$

2. 从 NI 到 DI

NI 是要素所有者挣得的收入或要素创造的收入，而 PI 是个人得到的收入。但是 PI 也不是完全可以由个人来支配，要素所有者在得到要素收入后，还必须缴纳收入税。另外，政府也给国民一些补贴等其他收入，国民获得这些收入时并没有付出相应的代价，这仅仅是因为他们具有中国居民的身份，或是生活在贫困地区，或是年老体衰等，这些收入统称为政府转移支付（government transfer payments），用 GT 表示。政府转移支付虽然不属于国民收入（生产要素报酬），却会成为个人收入。所以，减去个人所得税并加上转移支付后的收入才是个人可以支配的收入，称为可支配收入（disposable income，DI）：

$$DI＝PI－个人所得税＋GT \tag{1-8}$$

上述有关 GDP 核算的基本关系可概括如下：

$$NDP＝GDP－折旧$$
$$NI＝NDP－间接税$$
$$PI＝NI－社会保险税－经营利润税－企业留利$$
$$DI＝PI－个人所得税＋GT$$

为了简化分析，一般在经济中可以认为可支配收入直接由减去个人所得税并加上转移支付得到，即

$$DI＝NI－个人所得税＋GT \tag{1-9}$$

第三节　国民收入循环

从宏观角度看，市场可分为三大类：最终产品市场、生产要素市场和金融市场。企业、家庭和政府是经济活动的参与者，经济活动又有国内经济活动和对外经济活动之分。我们通常把企业、家庭、政府和国外作为四个部门来分析其活动。国民收入是一个流量概念，因为它表示的是某段时期内整个经济社会所新生产出来的价值或最终产品的

价值，是一定时期内发生变动的数值，是流量而不是存量。收入从一个部门到另一部门的循环流动，形成了宏观经济运行。在三大市场和四大部门组成的宏观经济结构中，国民收入流量的这种循环流转，可抽象概括为不同模型。

一、两部门的收入循环模型

为了能够更清楚地说明收入循环模型，我们以最简单的两部门、两市场模型为例。两部门模型中只包括了企业和家庭两个部门，两市场模型只包括要素市场和产品市场。

1. 两部门、两市场模型

企业和家庭是宏观经济活动的主体。企业部门是指所有生产最终产品和劳务的企业的总和；家庭部门是指生产要素占有者的总和，也是所有消费者的总和。家庭作为生产要素的占有者大致可分为占有劳动生产要素的劳动者、占有资本的资本所有者和占有土地等自然资源的资源所有者。作为消费者，所有成员都是一样的，都是用自己的收入购买最终产品。假定所有家庭把他们的收入全部用于消费支出，同时也假定所有企业也将其收入全部用于对生产要素的支付，该经济社会的活动体系如图 1-3 所示。

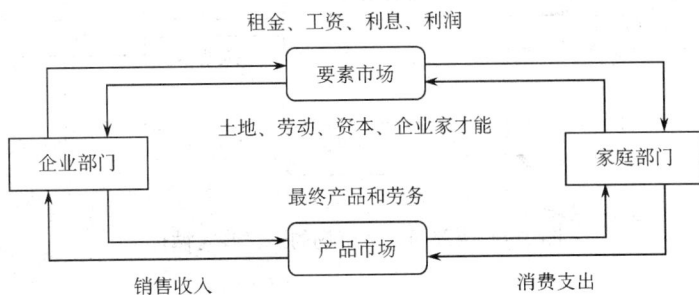

图 1-3 两部门、两市场的国民收入循环

图 1-3 中有两个市场和两个流程。图的上半部分是生产要素市场，即家庭部门向企业部门提供生产要素（如土地、劳动、资本等），企业部门则必须支付这些生产要素的代价（如租金、工资、利息、利润等）。家庭部门所得的全部收入就是国民收入 NI。图的下半部分是最终产品和劳务市场，即企业部门向家庭部门提供产品和劳务，而家庭部门则按产品和劳务的价格支付给企业部门。

从上述流程可见，此时整个经济处于一个均衡循环状态，生产要素市场中的要素收入即国民收入，与最终产品及劳务市场中的消费支出（或者说销售收入）完全相等，流动方向正好相反。此时产品市场上的总供给也就会等于总需求。总供给代表着企业部门的全部最终产品价值，总需求则代表着社会的总消费额。只有总供给等于总需求，最终产品市场上的全部产品才会出清。

例如，如果生产要素收入（租金、工资、利息、利润）为 1000 元，那么此时生产要素所有者即家庭部门的消费支出也等于 1000 元，企业部门的最终产品和劳务销售收入也等于 1000 元。

2. 两部门、三市场模型

在图 1-3 所示的国民收入循环模型中，只有家庭部门将其全部收入都用于消费开支，同时所有当年新生产的最终产品都是消费品时，最终产品市场才能出清。但是，消费者不会将其全部收入都用于消费，而会将其收入中的一部分存入金融机构，即储蓄起来，这样收入就被分成消费和储蓄两部分。储蓄是消费者收入中没有用于消费的部分，这部分资金将成为货币市场（或金融市场）中借贷资金的来源。这里，我们在两部门的模型中引入了第三个市场——货币市场或金融市场。储蓄的资金流入货币市场之后，运动并没有终止。如果同时企业部门将家庭部门的储蓄全部转化为投资，即储蓄等于投资，那么，收入流量循环的模型如图 1-4 所示。

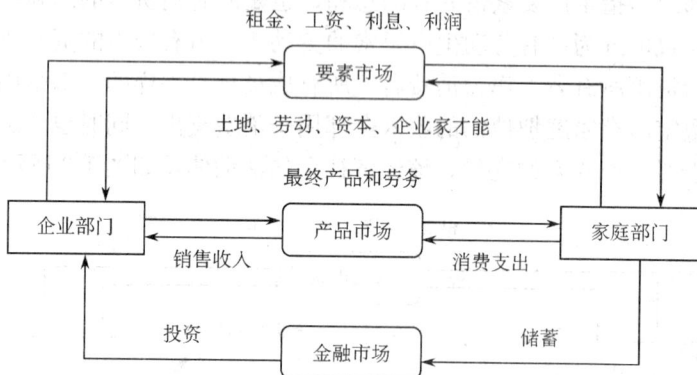

图 1-4　两部门、三市场的国民收入循环

在两部门、三市场的国民收入循环模型中，国民收入被分成消费（用 C 表示）和储蓄（用 S 表示）两部分，总供给即产品市场上产品和劳务的总价值等于消费加上储蓄，总需求由家庭的消费需求和企业的投资需求（用 I 表示）两部分组成。要使最终产品市场出清，经济处于均衡循环状态，即总供给等于总需求，必然要求

$$C+S=C+I \tag{1-10}$$

从公式两端消去 C，便可得

$$S=I \tag{1-11}$$

例如，生产要素收入为 1000 元，此时家庭部门的消费支出为 900 元，另外的 100 元为储蓄。如果企业部门将家庭部门的储蓄全部转化为投资，即投资也为 100 元，那么

$$C+S=1000=C+I$$

或者说

$$S=100=I$$

此时，经济仍处于均衡状态。

如图 1-4 所示，在两部门、三市场的收入循环模型中，储蓄好比收入循环流通管道

中的漏出（leakage），投资好比收入循环流通管道中的注入（injection）。漏出和注入是流程中的两个重要概念。如果企业愿意进行的投资正好同储蓄相等，漏出量等于注入量，那么最终产品市场上的总供求就必然相等，生产和收入会在原有水平上保持平衡。这一关系表明，储蓄和投资相等是两部门、三市场总供求均衡的基本条件。在上述模型中，储蓄和投资是由金融市场调节的。显然，在宏观经济中，金融市场对整个国民经济的状况起着重要的调节作用。

二、三部门的收入循环模型

假定一个国家的经济主体由企业、家庭和政府三部门组成。在这种经济中，政府的经济职能是通过税收与政府支出来实现的。政府通过税收与政府支出和家庭、企业发生联系，这时国民收入流量循环的模型如图 1-5 所示。

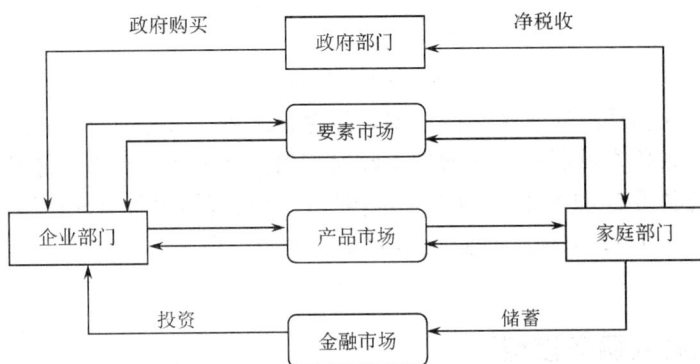

图 1-5　三部门的国民收入循环模型

税收 T 是政府从国民收入中抽走的一部分资金，因此是国民收入的漏出量。政府支出 G 又会将一部分资金注入国民收入的循环中，因此被看做国民收入的注入量。政府支出 G 分为两个部分：一部分是政府用来救济贫困家庭和支付社会保险费用的资金，这部分资金要流回家庭部门，因此被称为政府转移支付（GT）；另一部分是政府用来购买最终产品和劳务的资金，称作政府购买（government purchases，GP）。这样，政府开支 G 可写成

$$G=GT+GP \tag{1-12}$$

从税收 T 的构成看，转移支付 GT 是从税收中还给家庭部门的部分。因此，政府得到的净税收（net taxes，NT）为

$$NT=T-GT$$

或

$$T=GT+NT \tag{1-13}$$

当政府税收等于政府支出时，政府的财政收支平衡。由式（1-12）和式（1-13）可得 $T=G$ 即 GT＋NT＝GT＋GP，也就是说，当政府的净税收等于政府购买（NT＝

GP）时，政府收支就达到了平衡。当然，当政府的净税收大于政府购买（NT＞GP）时，政府财政出现盈余；当政府的净税收小于政府购买（NT＜GP）时，政府财政出现赤字。

图 1-5 表明了三部门经济中的收入流量循环。在三部门经济中，总需求不仅包括家庭的消费需求 C 与企业的投资需求 I，而且还包括政府的需求。可见加入政府部门后用支出法计算的 GDP 就是 C、I 和 G 三者之和。在三部门经济总供给中，除了家庭供给的各种生产要素之外，还有政府的供给。政府的供给是指政府为整个社会生产提供了国防、立法、基础设施等"公共物品"。政府由于提供了这些公共物品而得到相应的收入——税收，所以可以用政府税收 T 来代表政府的供给。这样一来，三部门经济中总需求与总供给相等，即

$$C+S+T=C+I+G \tag{1-14}$$

两边消去 C，得

$$S+T=I+G$$

或

$$S+NT=I+GP$$

在这里，收入循环流通管道中的漏出，除储蓄之外，又增加了税收；收入循环流通管道中的注入，除私人投资外，又增加了政府支出。从图 1-5 看出，储蓄 S 和投资 I 不一定相等，政府购买 G 和税收 T 也不一定相等，但储蓄加税收（S＋T）一定要等于投资加政府购买（I＋G），才能实现总供给和总需求的均衡。

三、四部门的收入循环模型

在更接近实际的经济结构中，经济活动的参加者不仅有企业、家庭和政府，还有国外部门，这就有必要建立一个包括企业、家庭、政府和国外部门在内的四部门的收入循环模型，说明整个经济的各个参与者如何通过三大市场中的国民收入循环密切地联系在一起。

现在把国外也包括在模型之中，这样就增加了进口（import，IM）和出口（export，EX）。在四部门经济中，国外部门有两方面作用：作为国外产品和劳务的供给者，向国内各部门提供其所需的产品和劳务，对国内而言，也就是进口。进口吸纳了国内的收入，因而对整个循环过程的意义与储蓄、政府税收相同，也是经济漏出量。作为国外产品和劳务的需求者，购买国内的产品和劳务，对国内而言，也就是出口。出口为国内带来了收入，因而与循环模型中投资、政府支出相同，是经济注入量，如图 1-6 所示。

图 1-6 是建立在图 1-5 基础上的，除了国外部门外，其余流程均与图1-5相同。具体的不同之处在于，在四部门经济中，总供给除了家庭供给的各种生产要素和政府的供给外，还有国外的供给，即进口 IM；总需求中不仅包括家庭的消费需求 C、厂商的投资需求 I 与政府的需求 G，而且还包括国外的需求，即出口 EX。四部门经济中总供给与总需求的相等就意味着

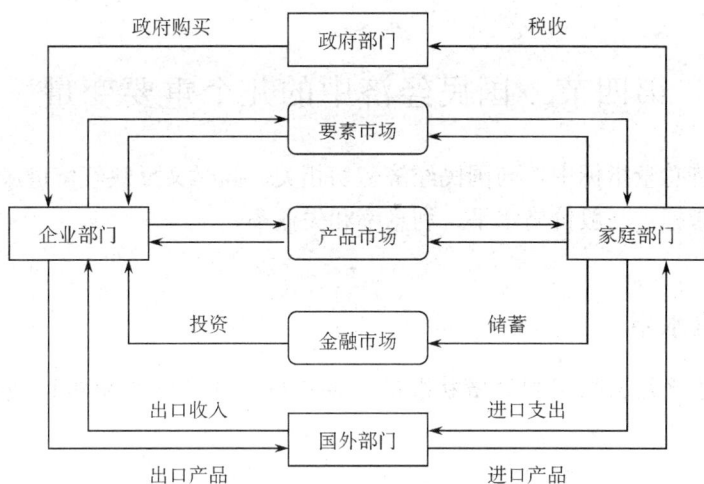

图 1-6　四部门的国民收入循环模型

$$C+S+T+\text{IM}=C+I+G+\text{EX} \tag{1-15}$$

两边消去 C，得

$$S+T+\text{IM}=I+G+\text{EX}$$

或

$$S+\text{NT}+\text{IM}=I+\text{GP}+\text{EX} \tag{1-16}$$

该式左边为全部国民收入的漏出量，右边为全部国民收入的注入量。该式表明，国民收入在三大市场、四大部门循环流动的均衡条件是，国民收入的漏出量的总和必须与注入量的总和相等。整理式（1-16）可得

$$S-I=(\text{GP}-\text{NT})+(\text{EX}-\text{IM}) \tag{1-17}$$

用出口价值总额减去进口价值总额后的余额为净出口（net export，NX）价值总额。NX 是国外部门对国内最终产品市场的净需求（可见，四部门中用支出法计算的 GDP 为 C、I、G 与 NX 之和）。用税收减去政府支出（$T-G$ 或 NT$-$GP）为政府预算赤字（盈余），用 BS（budget surplus）表示，此时式（1-17）可写成

$$S-I=-\text{BS}+\text{NX} \tag{1-18}$$

式（1-18）构成了整个宏观经济学分析的一个基础，它表明政府的财政赤字必须用该国多余的储蓄来弥补，如果没有多余的储蓄就必然要牺牲该国的投资或者净出口，这显然对一个国家的经济增长是极不利的。因而进入 20 世纪 90 年代以来，西方发达国家政府都在实行所谓的"巩固性财政政策"，努力避免政府赤字。

在三个市场、四个部门的宏观经济模型中，国民收入流量是最重要的经济总量，正是国民收入的循环将三大市场和四大部门紧密地结合起来，形成了整体的宏观经济运行。

第四节　国民经济中的几个重要变量

在许多经济总量指标中，与国民经济密切相关、同时又反映经济健康状况的当首推如下三个总量指标：一般价格水平、利息率和失业率。

一、一般价格水平

一般价格水平是反映宏观经济状况的重要指标，通货膨胀率可以通过价格水平来计算。

1. 一般价格水平的概念

不同的商品，价格千差万别；而同一个商品，价格也会不断变化。而对如此多变的价格我们可以用一个指标来加以抽象概括，即一般价格水平，用 P 来表示。一般价格水平是指产品市场上的物价总水平。在理论分析中，它是一个抽象的概念，用来概括种类繁多的产品价格。一般价格水平的变动泛指产品市场上物价的普遍变动趋势。

在实际国民经济统计中，价格水平是由价格指数来反映的。价格指数是以基期或报告期产量为权数计算的报告期价格与基期价格之比。基期是指假定价格不变的时期，报告期是指当前核算的时期。西方常用的价格指数有三个：消费者物价指数（consumer price index，CPI）、生产者物价指数（producer price index，PPI）和 GDP 缩减指数（GDP implicit price deflator）。

消费者物价指数是普通消费者所购买的一组固定产品与劳务价格水平的衡量指标。它是建立在人们日常生活中所购买的食品、衣服、住宿、燃料、交通、医疗、学费及其他商品的价格基础上的。例如，以基期的消费者物价指数为 100，计算 t 期的 CPI

$$\text{CPI}_t = \frac{\sum P_t Q_0}{\sum P_0 Q_0} \times 100 \tag{1-19}$$

其中，P_0 和 Q_0 是基期所选各种商品的价格和数量，P_t 是相应商品 t 期的价格。例如，2006 年购买一组产品的花费是 1200 元，而 2010 年购买同样的产品却需要 1500 元，如果将 2006 年的消费者物价指数看做 100，那么 2010 年的消费者物价指数是 1500/1200 ×100＝125。

生产者物价指数是生产企业所购买的一组固定产品与劳务价格水平的衡量指标。计算方法和 CPI 相同，只是所选的物品不同。GDP 缩减指数在第二节已经讲到了。如果有了一般价格水平的概念，我们就可以根据名义 GDP 来计算实际 GDP。用 P_0 表示基期价格水平，P_t 表示报告期价格水平，那么

$$\text{实际 GDP} = \text{名义 GDP} \Big/ \left(\frac{P_t}{P_0} \right) \tag{1-20}$$

2. 通货膨胀率

通货膨胀是指物价水平普遍而持续地上升。通货膨胀率是从一个时期到另一个时期价格水平变动的百分比。例如，t 期相对于 $t-1$ 期的通货膨胀率 π_t 就是

$$\pi_t = \frac{P_t - P_{t-1}}{P_{t-1}} \tag{1-21}$$

其中，P_t 和 P_{t-1} 分别表示 t 期和 $t-1$ 期的价格水平。

二、利息率

利息率在宏观经济学中的地位远比它在微观经济学中的地位显赫，它不仅是金融市场中的调节者，而且还通过影响投资来调节整个经济的运行状态。对利率的决定机制，宏观经济学与微观经济学完全一样，认为是由金融市场上的供求关系决定的。宏观经济学只是更强调利率对整个经济的调节作用。

在理论分析中，利率只有一个抽象的一般利率水平，但金融市场上的利率却因期限和风险不同存在着很多种。其中，期限最短、风险最小的利率称为基础利率（prime rate）。其他利率会根据期限的延长和风险的加大而相应提高。理论分析中的利息率水平可以近似看做基础利率。除去基础利率之外，宏观经济学在研究货币政策的时候，还要结合具体的银行制度。这里涉及两个重要的利率：贴现率和共同市场基金利率。贴现率特指中央银行对商业银行的准备金贷款利率。共同市场基金利率则指商业银行间准备金贷款的利率。

在考察利率的时候，还要区分名义利率和实际利率。名义利率是指现实中的市场利率，实际利率则指剔除了通货膨胀因素后的利率。其公式为

$$实际利率 = 名义利率 - 通货膨胀率 \tag{1-22}$$

假如名义利率为 15%，通货膨胀率为 10%，那么实际利率为 5%。

三、失业率

失业率是反映宏观经济状况的又一重要指标。西方政府和经济学家把凡是已经工作和正在积极找工作的人称为劳动力，其中不包括家庭妇女、医院的病人、退休人员和不急于找工作的人。失业率被定义为已经失业但正在积极找工作的人数占劳动力总人数的比例。

$$失业率 = \frac{已失业但正在找工作的人数}{劳动力人数} \times 100\% \tag{1-23}$$

该式表明，失业率不仅取决于失业人数，也取决于劳动力的总人数。

➤ 本章小结

国内生产总值（GDP）是衡量和表现整个社会宏观经济活动的重要指标，本章首先阐述了 GDP 的基本概念：一个国家范围内在一定时期内（通常为一年）所生产的最

终产品和劳务的市场总价值。并指出，计算 GDP 必须以最终产品为准，使用货币加以衡量。它和另一个宏观经济变量 GNP 的区别在于，前者的核算依据国土原则，而后者依据国民原则。GDP 的核算方法主要有三种：生产法、收入法（支出法）和增值法（部门法）。由于价格水平的影响，有名义 GDP 和实际 GDP 的区分。

国民收入（NI）是另一个重要的宏观经济变量，是指一个国家一年内用于生产的各种生产要素所得到的全部收入的加总。在实际统计中，NI 等于 GDP 减去两项内容：资本折旧和企业的间接税。因为折旧和间接税虽然提高了最终产品的价格，但提高的价格部分并没有任何相应的实际价值被创造出来。NI 减去税收等项目加上政府的转移支付才是个人的可支配收入(DI)。

国民收入流量的循环流动，形成了由三大市场和四大部门组成的宏观经济体运行。我们抽象概括了三种模型：一是包含了企业和家庭两个部门的模型，储蓄和投资相等是宏观经济均衡的条件；二是加入了政府部门的三部门模型，储蓄加税收等于投资加政府购买是宏观经济均衡的条件；三是进一步加入国外部门的四部门模型，储蓄加税收加进口等于投资加政府购买加出口是宏观经济均衡的条件。

本章最后介绍了与国民经济密切相关的三个经济变量：一般价格水平、利息率和失业率。一般价格水平是由价格指数来表示的，主要有消费者物价指数、生产者物价指数和 GDP 缩减指数；利息率主要有基础利率、贴现率和共同市场基金利率三种，考察利率时还要区分名义利率和实际利率；失业率被定义为已经失业但正在积极找工作的人数占劳动力总人数的比例。

➤ 关键词

国内生产总值（gross domestic product）
国民收入（national income）

➤ 思考题

1. 有一元的支出就会有一元的收入，但为什么国民收入还会比国内生产总值差两个量（折旧和间接税）？
2. "你不能将汽车和橘子加在一起。"也就是说，异质品是不能相加的。请说明，在计算 GDP 时，我们使用价格做到了这一点。
3. 我们以汽车的生产过程为例，使用生产法、收入法和增值法计算该过程创造的 GDP。

生产阶段	产品收入	中间成本	增加值	要素收入
铁矿	8	—	8	8
铁锭	11	8	3	3
钢板	20	11	9	9
汽车	30	20	10	10
合计	69	39	30	30

4. 假定一个经济体中生产三种商品：汽车、电脑和橘子。2010 年和 2011 年各商品的产量和每单位的价格（单位：元）如下表所示：

产品	2010 年		2011 年	
	数量	价格	数量	价格
汽车	10	2000	12	3000
电脑	4	1000	6	500
橘子	1000	1	1000	1

解答下列问题：

(1) 分别计算 2010 年和 2011 年的名义 GDP。

(2) 将 2010 年作为基期年（使用 2010 年的价格水平），分别计算 2010 年和 2011 年的实际 GDP。

(3) 将 2011 年作为基期年（使用 2011 年的价格水平），分别计算 2010 年和 2011 年的实际 GDP。

(4) 计算得出的经济增长率与所选取的基期年份有关系吗？为什么？

(5) 将 2010 年作为基期年，2010 年和 2011 年的 GDP 缩减指数是多少？这个时期的通货膨胀率是多少？

5. 某经济实体国民收入统计资料显示（单位：亿美元）净出口＝150、净投资＝1250、消费＝1600、资本折旧＝500、政府税收＝1000、企业间接税＝750、政府支出＝2000、社会保障基金＝1500、个人消费＝5000、公司未分配利润＝1000、公司所得税为500、个人所得税为800。试计算 GDP、NDP、NI、PI、DI。

6. 简述四部门、三市场的国民收入循环模型。

第二章

国民收入决定的 NI-AE 模型

国民收入是宏观经济运行中最重要的经济总量，因此国民收入决定理论是宏观经济学的核心。在国民收入决定理论中，产品市场居中心地位，以产品市场为中心建立的国民收入决定模型主要是总收入-总支出模型，即 NI-AE 模型。本章首先介绍 NI-AE 模型中总支出 AE 的内容，然后分别介绍只有两个部门的简单的 NI-AE 模型和包含了四部门的完全的 NI-AE 模型。

第一节　NI-AE 模型中的总支出

NI-AE 模型是凯恩斯根据总收入与总支出之间的基本关系而建立的宏观经济模型。它是用来研究最终产品市场总供求均衡状态的。需要指出的是，该模型使用的是用货币表现的价值概念。NI 是国民收入或总收入，AE 是最终产品市场上的总支出，也是用货币表现总需求，因此 NI-AE 模型可称为总收入-总支出模型。凯恩斯主义经济学认为，国民收入主要取决于总支出 AE 的水平。因此，在 NI-AE 模型中，总支出 AE 的构成及其水平如何，对国民收入在怎样的水平上起着决定性的作用。

一、NI-AE 模型概述

在一个简单的经济中，所有个人的收入总和就是总收入或国民收入 NI。在理论上，它等于总产品的价值 GDP，所以，国民收入就是用货币计算的总供给：

$$NI = C + S + NT + IM$$

总支出 AE 是指最终产品市场上所有用于产品和劳务的购买支出总额，是用货币表现的总需求。在一个完全的模型中，AE 由总消费支出 C、总投资支出 I、政府购买支出 GP 和国外部门的购买支出即出口 EX 构成：

$$AE = C + I + GP + EX$$

如果 NI＝AE，则意味着用货币计算的总供给等于用货币计算的总需求，最终产品市场达到均衡。NI-AE 模型研究的就是使最终产品市场达到均衡状态的那些调节机制，包括市场自动均衡机制，以及导致均衡状态变化的那些调节机制。NI 是国民收入或总收入，AE 是最终产品市场上的总支出，是用货币表现的总需求，因此 NI-AE 模型称为总收入-总支出模型。

NI 与 AE 相等时的 NI 是均衡的国民收入。在图 2-1 中，横轴表示总收入 NI，纵轴表示总支出 AE。由于 45°线到两轴的垂直距离相等，所以在 45°线上的任意一点都表示收入和支出相等，即 45°线表示 NI＝AE。AE 与 45°线相交于 E，决定了均衡的国民收入水平为 $\mathrm{NI_0}$。

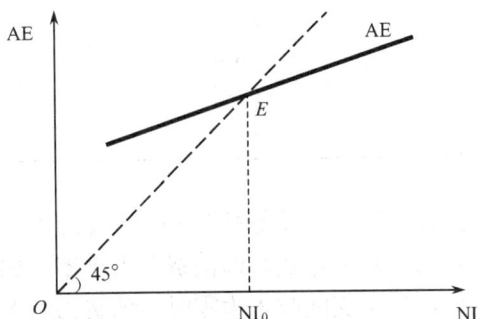

图 2-1　NI-AE 模型中的均衡国民收入决定

二、消费函数

在一个简单的经济中，由于没有政府和国外部门，总支出 AE 只包括消费支出 C 和投资支出 I。消费支出是总支出的重要组成部分，消费函数是反映消费支出与影响消费支出的因素之间的函数关系式。

1. 消费函数和边际消费倾向

国民收入 NI 减去净税收 NT 可得到消费者的个人可支配收入 DI。在一个简单经济中，由于不存在政府部门，可假定净税收 NT＝0。这样，国民收入 NI 可等同于个人可支配收入 DI，分析国民收入水平的决定只是考虑可支配收入 DI 的影响。人们的消费支出 C 可定义为人们可支配收入 DI 的函数

$$C = F(\mathrm{DI}) \tag{2-1}$$

消费者的可支配收入 DI 可以分为两大部分：一部分用于消费 C，另一部分用于储蓄 S。因此，可支配收入可以写为

$$\mathrm{DI}=C+S \tag{2-2}$$

消费是可支配收入的函数，而储蓄是由可支配收入减去消费部分的余额，因此，储蓄也是可支配收入的一个函数，只要确立了消费函数，储蓄函数也就确定了。例如，存在一个消费函数

$$C = 3000 + 0.8\,\text{DI}$$

可知，此时的储蓄函数为

$$S = \text{DI} - C = \text{DI} - (3000 + 0.8\,\text{DI}) = -3000 + 1/5\,\text{DI}$$

假定某消费者在一定时期内（假定为一年）的可支配收入可能发生从 0～20 000 元的变化，其消费 C 和储蓄 S 随收入变化而变化的情况如表 2-1 所示。该表也可看做不同收入水平的消费者的消费和储蓄的不同情况。

表 2-1   消费和储蓄举例   （单位：元）

可支配收入 DI	消费 C	储蓄 S
0	3000	−3 000
5 000	7 000	−2 000
10 000	11 000	−1 000
15 000	15 000	0
20 000	19 000	1 000

从表 2-1 中我们可以看出，消费与可支配收入的函数关系具有三个方面的特点。

第一，无论收入多少，消费总为正数，即消费总大于零。如果消费等于零，则社会无法继续存在下去。特别地，当可支配收入为零时，消费仍然大于零。此时，消费来源于从前的储蓄或借债。如上表中，当消费者收入为零时，仍存在 3000 元的消费支出。

第二，消费与可支配收入呈同方向变化，可支配收入增加，消费也就增加。当消费者的可支配收入 DI 从 0 增加到 5000 元时，其消费会从 3000 元增加到 7000 元，收入增加了 5000 元，消费增加了 4000 元。

第三，消费的增加不如可支配收入的增加快。也就是说，可支配收入的增加部分不是全部用于消费，也不是全部不用于消费，而是一部分用于消费，另一部分用于储蓄。如果全部用于消费，则消费的增加与可支配收入的增加一样快；如果全部不用于消费，则消费不随可支配收入增加。当消费者的可支配收入 DI 从 10 000 增加到 15 000 元时，其中：消费从 11 000 元增加到 15 000 元，增加了 4000 元；储蓄从 −1000 元增加到 0 元，增加了 1000 元。

一般来说，全部消费可以分为两部分：一部分是不取决于收入的自主消费，另一部分是随收入的变动而变动的引致消费。自主消费是由人的基本需求决定的最必需的消费，如维持生存的衣、食、住等。无论收入多少，这部分消费是不可少的。在经济分析中假设这部分消费不取决于收入，是一个固定的量，如上例消费函数中的 3000。引致消费是指由收入引起的消费，这部分消费的大小取决于收入与边际消费倾向，如上例消费函数中的 0.8 DI。

边际消费倾向（marginal propensity to consume，MPC）是指消费增量 ΔC 和可支配收入增量 ΔDI 之比，它表示每增加一个单位收入时消费的变动情况。其公式是

$$\text{MPC} = \frac{\Delta C}{\Delta \text{DI}} \qquad (2\text{-}3)$$

若收入增量和消费增量为极小时，上述公式可写成

$$MPC=\frac{dC}{dDI} \tag{2-4}$$

假定消费函数是线性的，消费函数的一般形式可写为

$$C=\bar{C}+MPC \cdot DI \tag{2-5}$$

其中，$\bar{C}$ 表示自主消费；MPC 与 DI 的乘积就是引致消费；$\bar{C}$、MPC 均为常数，且 $\bar{C}>$ 0，表示当收入为零时，消费仍然大于零；0<MPC<1，表示随着收入的增加，消费也增加，但消费的增加不如收入增加得快。

这一线性消费函数可用图 2-2 表示。在图中，横轴表示可支配收入 DI，纵轴表示消费 C，消费函数曲线如图所示，其特点：与纵轴相交在原点以上，向右上方倾斜且倾斜角小于 45°。与纵轴相交于原点以上表明，即使收入降低到零，消费也会大于零。例如，图 2-2 中收入为零时，自主消费 $\bar{C}=3000>0$。向右上方倾斜表明，随着收入的增加，消费也将增加，如收入增加 ΔDI，消费增加 $\Delta C>0$。倾斜角小于 45°表明，消费的增加不如收入的增加快。例如，收入增加 ΔDI，消费只增加 ΔC，从图中可以看出 $\Delta C<\Delta DI$。如果倾斜角恰好等于 45°，如图中虚线所示，则消费的增加与收入的增加一样快；如果倾斜角大于 45°，则消费的增加比收入的增加还要快。这后两种情况通常不大可能发生。

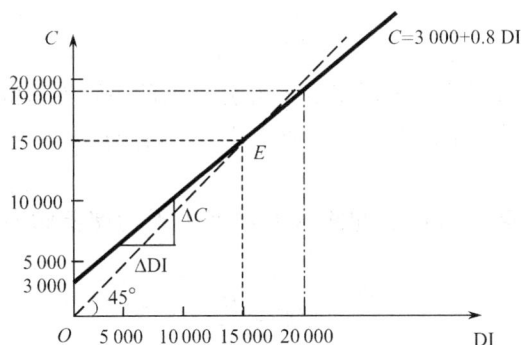

图 2-2　消费函数

在上面的例子里，MPC=0.8，这表示收入增量中总有 4/5 的部分用于消费。储蓄是收入中未被消费的部分，显然，余下的 1/5 会被用于储蓄。我们将储蓄增量与可支配收入增量之比称为边际储蓄倾向（marginal propensity to save，MPS）

$$MPS=\frac{dS}{dDI} \tag{2-6}$$

根据 DI=C+S 的关系，可以推导出相应的储蓄函数表示如下：

$$S=DI-C=-\bar{C}+(1-MPC) \cdot DI \tag{2-7}$$

一般线性储蓄函数表示为

$$S=\bar{S}+MPS \cdot DI \tag{2-8}$$

式（2-8）中，$\bar{S}$ 表示不随收入变化而变化的储蓄，其值为负表示消费者在没有收入时必须靠借债度日，负储蓄就是债务，数值上等于 $-\bar{C}$。这一线性储蓄函数，如

图 2-3所示，横轴表示可支配收入 DI，纵轴表示储蓄 S。

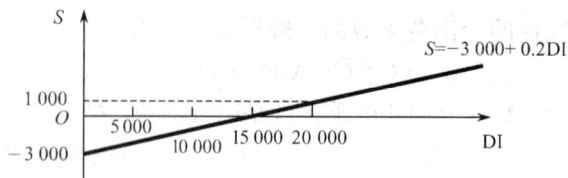

图 2-3   储蓄函数

由式（2-7）和式（2-8）可知，MPS＝1－MPC，即边际消费倾向 MPC 与边际储蓄倾向 MPS 的关系为

$$MPC＋MPS＝1 \tag{2-9}$$

边际消费倾向是反映消费与可支配收入关系的一个重要指标，它表示增加的消费与增加的可支配收入的比例。此外，在实际工作中，还常常用到平均消费倾向的概念。平均消费倾向（average propensity of consumption，APC）是指消费在可支配收入中所占的比例，其公式是

$$APC＝\frac{C}{DI} \tag{2-10}$$

如前所述，消费增量只是收入增量的一部分，因此边际消费倾向总是大于零而小于 1 的。但平均消费倾向则可能大于、等于或小于 1，因为消费是可能大于、等于或小于可支配收入的。

同样我们可以定义储蓄占可支配收入的比例为平均储蓄倾向（average propensity of saving，APS）：

$$APS＝\frac{S}{DI} \tag{2-11}$$

可见，平均消费倾向与平均储蓄倾向之和也等于 1：

$$APC＋APS＝1 \tag{2-12}$$

关于消费函数和储蓄函数的进一步分析参见本章附录 1。

2. 边际消费倾向递减规律

在边际消费倾向不变的情况下，消费函数 C 为一直线。但是，凯恩斯主义认为，边际消费倾向不是不变的，随着人们收入的增加，边际消费倾向递减。也就是说，随着收入的增加，消费支出总量 C 虽然也增加，但消费增量占收入增量的比重却越来越小，而储蓄占收入的比重却在上升。这意味着消费函数曲线不再是直线，而往往是一条向右上方上升但其斜率越来越小的曲线，如图 2-4 所示。为了简便，在后面的理论分析中我们仍将采用直线形的消费函数曲线。

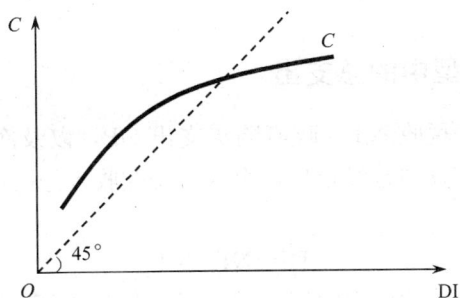

图 2-4 边际消费倾向递减的消费函数

三、投资函数

投资是总支出 AE 的另一个重要的组成部分。根据凯恩斯的理论,投资支出的大小取决于投资者的决策,而投资者的决策又依赖于对该项投资的预期利润率。预期利润的大小与两方面的因素有关:一是该项投资的成本,二是该项投资的预期收益。投资成本等于预期购买成本加上相当于这笔投资价款的利息。利息率是投资成本的重要决定因素,预期未来收益是影响投资的另一个重要因素。但未来的 100 元并不等于现在的 100元,人们至少要考虑先期的 100 元存入银行后,将来连本带息必然大于 100 元。所以,未来收益要小于同量的现期收益。一项投资的预期未来收益必须贴现为现值后才能与该项投资的成本相比较,以便估计出预期利润率。将投资预期收益折现为现值的贴现率通常以现期市场利息率为基础。显然,无论从成本方面看,还是从预期收益的现值方面看,利息率都起重要的决定作用。因此,投资可以看做预期利润和利息率的函数。用 r表示利息率,用 PE (profit expenditure) 表示预期利润,投资函数可以写为

$$I = F (r, PE) \qquad\qquad (2\text{-}13)$$

利息率越高,就表示将未来收入贴现为现值的贴现率越高,同等预期收入的现值就越低;同时,利息率越高,也意味着投资的成本越高,而成本高,收入的现值低,投资就会减少。显然,投资是利息率的减函数。预期利润越高,在利息率既定的情况下,投资就会增加,这表明投资是预期利润的增函数。

但是,在简单的 NI-AE 模型中,常常假定投资 I 是一个常数。但是,如果总产量增加了,那么总产量中用于投资品的部分也将增大,因此我们将投资看做总产量的增函数。在后面的 IS-LM 模型中,投资 I 主要被看做利息率的函数。

第二节 简单的 NI-AE 模型

本节要建立一个只有两部门的 NI-AE 模型,即假定只有家庭部门和企业部门,不存在政府和对外经济关系。建立这样一个简单的模型是为了说明国民收入决定的最基本原理。

一、简单的 NI-AE 模型中的总支出

在两部门模型中，净税收 NT、政府购买支出 GP，以及净出口 NX 三个量都等于零。在第一章国民收入核算中曾经指出，个人可支配收入是国民收入减去净税收以后的余额

$$DI = NI - NT$$

由于净税收 NT 在简单的模型中等于零，所以个人可支配收入就等于国民收入，消费就可以直接看做国民收入 NI 的函数

$$C = \bar{C} + MPC \cdot NI$$

假定总投资 I 是不随国民收入的变化而变化的自主投资，为常数 $\bar{I}$，那么，总支出为

$$AE = C + I = \bar{C} + MPC \cdot NI + \bar{I} \qquad (2\text{-}14)$$

如果总收入等于总支出，即 NI＝AE，就意味着总供求相等。我们把总收入与总支出相等时的国民收入称作均衡国民收入，将 NI＝AE 称作总收入与总支出的均衡公式，它也是最终产品市场上的总供求均衡公式，此时可计算出均衡的国民收入。

二、数字举例及其图示

下面我们给出包含具体数值的例子来描述均衡国民收入的计算过程。

1. 收入-支出法

假定 $\bar{C} = 200$，MPC＝0.8，即 $C = 200 + 0.8NI$；$I = \bar{I} = 100$，于是，总支出为

$$AE = C + I = 200 + 0.8\,NI + 100$$

代入均衡公式

$$NI = AE$$
$$NI = 200 + 0.8\,NI + 100$$
$$NI - 0.8\,NI = 200 + 100$$
$$NI = 1500$$

均衡国民收入为 1500，即国民收入为 1500 时总供求必然均衡。

如图 2-5 所示，横轴为国民收入 NI，纵轴为总支出 AE，45°线表示所有收支相等的点的轨迹。图中的 C 线为消费函数曲线。在 NI＝1000 时，消费也为 1000，所以在 NI＝1000 处，储蓄为零（$S=0$）。将 100 的投资（$I=100$）加在消费函数曲线 C 上，便可得到只有两部门的总支出曲线 $AE = C + I$。在 NI＝1500 处，消费支出为

$$C = 200 + 0.8 \times 1500 = 1400$$

由于投资支出 $I = 100$，所以总开支 $AE = C + I = 1500$。总收入等于总支出，最终产品市场处于总供求均衡状态。

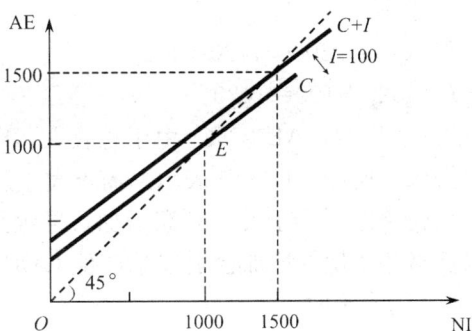

图 2-5　总收入和总支出决定下的均衡国民收入

2. 储蓄-投资法

图 2-5 中表示的均衡状态，也可用储蓄和投资的关系来表示。如图 2-6 所示，横轴为国民收入 NI，纵轴为储蓄 S 和投资 I。

总收入：$NI=C+S$

总支出：$AE=C+I$

根据均衡公式：$NI=AE$

可得：$S=I$

可见，国民收入达到均衡的条件是储蓄和投资相等。由于假定投资为一常数 100，它不随国民收入的变化而变化，所以为一个与横轴距离为 100 的水平线。根据储蓄函数

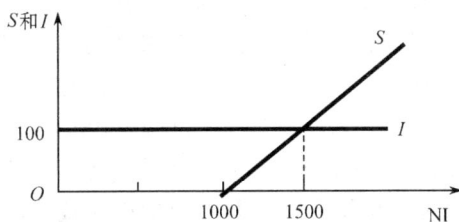

图 2-6　储蓄和投资决定下的均衡国民收入

$$S=NI-C=-200+0.2\,NI$$

可绘出储蓄曲线 S。显然，只有在 NI=1500 时，储蓄才等于投资，即

$$S=I=100$$

由此可见，总供求的均衡 $NI=AE$ 也可用 $S=I$ 来表示。在这里，用总支出曲线 $C+I$ 与 45°线的交点来说明总供求的均衡和用储蓄曲线 S 与投资曲线 I 的交点来说明总供求的均衡是完全一样的。

三、自动均衡的调节过程

当经济处于不均衡状态的时候，市场的自动均衡机制会发生作用，自动将经济向均衡状态拉近，最终使总收入与总支出重新达到一个均衡。

1. 国民收入低于均衡水平时

在图 2-5 中，总支出 AE 在 NI=1500 时，处于均衡状态。现在，假定国民收入不

在均衡水平上，NI＝1400，这时，

消费为：$C=200+0.8\times1400=200+1120=1320$

总支出为：$AE=C+I=1320+100=1420$

总收入为1400，总支出为1420，AE＞NI。由于总收入 NI 就是总产值 GDP，总支出 AE 就是货币表现的总需求，所以 AE＞NI 表示总需求大于总供给。由于总需求大于总供给，存货会减少，一般价格水平会上升，利润增加，导致总产量增加。由于 $\Delta Q\times\Delta P=\Delta GDP=\Delta NI$，所以价格和产量的增加会引起总产值 GDP 和国民收入 NI 的增加。当国民收入增加到 NI＝1420 的水平时，

消费会进一步增加到：$C=200+0.8\times1420=1336$

总支出会增加到：$AE=C+I=1336+100=1436$

AE 仍然大于 NI，但其差额却由最初的 20 减少到 16。AE＞NI 会使国民收入 NI 继续提高，直到 NI＝1500 时为止。上述过程是国民收入的实际水平低于均衡国民收入水平时，国民收入自动增加的调节过程。

2. 国民收入高于均衡水平时

如果最初国民收入高于均衡水平，则经济将自动实现一个紧缩的过程。假定 NI＝1600，大于均衡的国民收入水平 1500，这时：

消费 $C=200+0.8\times1600=1480$

总支出 $AE=C+I=1480+100=1580$

总收入为1600，总支出为1580，AE＜NI，意味着总供给大于总需求，市场上的存货增加，价格下降，并引起生产缩减。价格 P 的下降和总产量 Q 的缩减会引起国民收入的减少。当国民收入从 1600 下降到 1580 时：

消费会进一步下降到 $C=200+0.8\times1580=1464$

总支出会下降到 $AE=C+I=1464+100=1564$

总支出 AE＝1564，仍然小于总收入 NI＝1580，生产会继续下降。国民收入也随之下降，直到国民收入下降为 NI＝1500 时，NI＝AE，总供给又处于稳定的均衡状态。

总之，在上述例子中，只有国民收入 NI 为 1500 时，市场的一切自动调整活动才会停止。只要偏离 NI＝1500，市场就会自动进行调整，直到重新使 NI＝AE＝1500。

3. 对自动均衡调节过程的说明

对自动均衡调节过程，特别要说明的是：

第一，均衡国民收入水平可能低于、高于或等于充分就业下的国民收入水平。但不论均衡后的国民收入处于哪一水平，一旦达到均衡，市场自动调节机制就停止作用，除非有来自市场外部的干预，否则均衡点不会变化。

第二，由于国民收入 NI 为价格与产量的乘积，即 $NI=P\cdot Q$，所以国民收入的变化可以完全是价格或产量的变化造成的，也可以是二者同时以不同程度的变化造成的。价格和产量究竟哪一个变化程度更大，将取决于是否已经达到了充分就业的状态。

第三，在均衡国民收入水平的决定过程中，总支出 AE 起着决定性作用。由于总支

出就是产品市场上用货币表现出来的总需求，所以凯恩斯主义的理论也称为需求决定论。其意义在于，总需求决定着国民收入的均衡水平。只要总需求改变，国民收入的均衡水平就会改变。

四、乘数原理

总支出的增加会导致未来新的支出增加，虽然这种新支出的增加相继递减，但它导致了总体放大的连锁反应，结果引起国民收入数倍的增加。换句话说，如果总支出变动了，它会被放大并加入一个使国民收入更大的变动中去。这就是乘数原理。下面研究乘数原理的作用过程和结果。

1. 国民收入的变动

上面对国民收入决定的分析，是在假设消费函数为已知，投资是保持不变的自主投资下进行的。我们知道，均衡的国民收入水平由总支出曲线 AE 和 45°线的交点决定。但如果消费函数发生变化，或者自主投资发生变动，那么总支出曲线将会向上移动或向下移动，从而它与 45°线的交点向右移动或向左移动，则均衡的国民收入也会发生变动，如图 2-7 和图 2-8 所示。

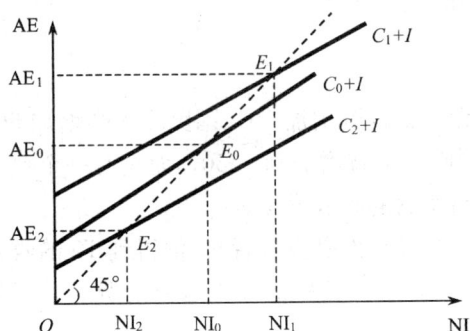

图 2-7 消费函数的变化对均衡
国民收入的影响

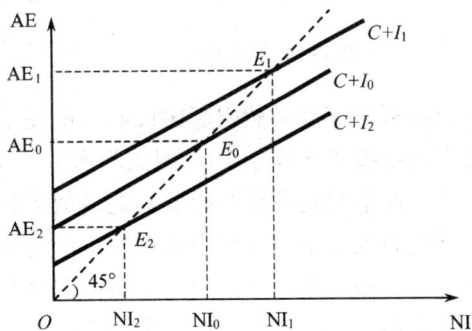

图 2-8 投资的变化对均衡国民收入的影响

我们来举一个例子，假定最初的总支出 AE 构成如下：
$$C=200+0.8\,NI,\quad I=100$$
均衡的国民收入为
$$NI=200+0.8\,NI+100=1500$$
假定现在投资增加了 10，即 $I=110$，新的均衡国民收入为
$$NI=200+0.8\,NI+110=1550$$
投资增加了 10，均衡国民收入由原来的 1500 增加到 1550，增加了 50。

2. 乘数的概念

在上例中，投资增加了 10，均衡国民收入却增加了 50，由原来的 1500 增加到 1550。投资增量所引起的国民收入增量（$\Delta NI=50$）是投资增量本身（$\Delta I=10$）的 5 倍。如果增加的不是投资，而是总支出的其他组成部分，如消费增加了 10，即 $C=210+0.8\,NI$，结果会与投资增加 10 一样，也会使国民收入增加 5 倍。这就是说，总支出的任何组成部分的增加所引起的国民收入增加的倍数都是一样的。我们把总支出增加后所引起的国民收入增加的倍数称为乘数或支出乘数（expenditure multiplier）。用 K 表示支出乘数，乘数的数学定义为

$$K=\frac{\Delta NI}{\Delta AE}\tag{2-15}$$

这是乘数最基本的公式，亦称定义公式。根据这一公式，上述例子中的乘数为

$$K=\frac{\Delta NI}{\Delta AE}=\frac{1550-1500}{10}=\frac{50}{10}=5$$

总支出包括消费、投资、政府购买支出和净出口，所以支出乘数泛指由消费支出增加、投资支出增加、政府购买支出增加及净出口增加而引起的国民收入增加的倍数。由于凯恩斯的理论特别强调投资的作用，所以在分析国民收入的变化时，总是用投资乘数，即由投资的增加引起国民收入增加的倍数来说明问题。

3. 乘数的作用过程

投资的变动必然引起国民收入的变动，但为什么投资增加 10，国民收入会增加 50？假定经济投资增加了 10，国民收入并不是从 1500 一下就增加到 1550，而是有一个变动过程。这笔投资在购买投资品之后成为投资品销售商的收入增量。

此商人是乘数过程中的第二个参与人（第一个参与人是投资者），他得到 10 的收入增量后，假定按 0.8 的边际消费倾向（MPC=0.8）支出其中的 8 去购买消费品，于是这 8 的购买支出会成为第二个销售商的收入增量。

这第二个销售商将所增收入 8 中的 4/5 消费支出，他将支出 $8\times0.8=6.4$；这笔支出又会成为第三个人的收入，第三个人又会支出 $6.4\times0.8=5.12$ 用于消费；这 5.12 又会成为第四个人的收入……依此类推，将所有人在增加 10 的投资后增加的收入加在一起，便是一笔 10 的投资增量引起的国民收入增量 ΔNI：

$$\Delta NI=10+8+6.4+5.12+\cdots=50$$

这就是所谓乘数的作用过程。在此过程中，从第一个人到最后一个人增加的消费支出总量 ΔC 为

$$\Delta C=8+6.4+5.12+\cdots=40$$

由于投资增加了 10，加上消费增加的总量 40，实际增加的总支出为

$$\Delta AE=\Delta I+\Delta C=10+40=50$$

可见，一笔 10 的投资增量之所以能引起 50 的总收入增量，在于它使总支出 AE 实际增加了 50。

在上述乘数过程中，不难看出，乘数的大小与边际消费倾向有关，人们从其收入增量中拿出多大比例增加他们的消费决定着乘数的大小。乘数与边际消费倾向的关系可由国民收入均衡公式推导得出。根据国民收入均衡公式 NI＝AE 得

$$NI=\bar{C}+MPC\cdot NI+\bar{I}$$

因此自主消费 $\bar{C}$ 和投资发生变动时，有下式成立：

$$\Delta NI=\Delta C+MPC\cdot \Delta NI+\Delta I$$

移项得

$$(1-MPC)\Delta NI=\Delta C+\Delta I$$

即

$$\Delta NI=\frac{1}{1-MPC}(\Delta C+\Delta I)$$

上述的乘数公式是在没有加入政府和国外部门的情况下得出的，因此与实际情况中的乘数尚有很大差距。通常把只与边际消费倾向有关的乘数称作乘数 I，用 K_I 表示：

$$K_I=\frac{1}{1-MPC} \tag{2-16}$$

在上述例子中，MPC＝0.8，因此乘数 I 为

$$K_I=\frac{1}{1-MPC}=\frac{1}{1-0.8}=5$$

乘数公式表明，乘数的大小取决于边际消费倾向。边际消费倾向越高，乘数就越大；边际消费倾向越低，乘数就越小。这是因为边际消费倾向越大，增加的收入就有更多的部分用于消费，从而使总需求和国民收入增加得更多。那么，是否乘数越大越好呢？不是，因为总支出 AE 经常发生变化，特别是其中的投资支出会经常发生变化。乘数越大，这些变化引起的国民收入的波动就越大，经济就越不稳定。因此，西方经济学家认为乘数越小越有利于经济的稳定。

五、失业与通货膨胀状态下对均衡国民收入的调整

市场机制虽然可以使总收入与总支出自动达到均衡，但却不能保证均衡的国民收入恰好处于充分就业水平。均衡有可能是存在失业状态的均衡或存在通货膨胀状态的均衡。一旦均衡处于这两种状态，由于市场自动均衡机制的作用，失业或通货膨胀的状态将持续下去。这时，需要政府对市场均衡状态进行干预，通过调整总需求（总支出 AE）来调整均衡点，消除失业或通货膨胀。

1. 失业状态下的均衡及其调整

我们用下面的例子说明失业状态的调整。假定消费函数和投资分别为

$$C=1500+0.8\ NI,\ I=340$$

此时的均衡国民收入水平为

$$NI=1500+0.8\ NI+340$$

$$NI = 9200$$

总供求在国民收入为 9200 处达到均衡。假定这时还有 5% 的劳动力处于需求不足的失业状态。假定国民收入 NI 的增长与劳动力的投入增长完全同步，要增加 5% 的就业就必须使国民收入的均衡水平也增加 5%。因此，充分就业的国民收入水平 NI_F 应为

$$NI_F = 9200 \times (1 + 5\%) = 9660$$

国民收入必须从最初的均衡水平 9200 增加到 9660 的水平才能达到充分就业状态。国民收入需要增加 460，即 $\Delta NI = 460$。根据乘数理论，只要总支出 AE 增加，均衡国民收入就会成倍地增加；但是总支出 AE 需要增加多少才能使国民收入增加 460 呢？由乘数的定义公式

$$K = \frac{\Delta NI}{\Delta AE}$$

可得

$$\Delta AE = \frac{\Delta NI}{K} \tag{2-17}$$

这称之为缺口公式。因为 AE<NI，要由 ΔAE 来弥补二者之间的差额或缺口。用该式可计算出达到充分就业状态需要增加（ΔAE 为正值）或减少（ΔAE 为负值）的总支出数量。

根据假定的数字 MPC=0.8，而 $K_I = \frac{1}{1-MPC}$，则支出乘数 $K_I = 5$。将已知数字 $\Delta NI = 460$，$K_I = 5$ 代入缺口公式得

$$\Delta AE = \frac{460}{5} = 92$$

也就是说，总支出必须增加 92 才能使国民收入达到充分就业的水平。这时 ΔAE 为正值 92，被称作失业缺口。无论是增加消费还是增加投资，或者二者同时增加，只要使总支出的增加量 ΔAE 恰好等于 92，均衡国民收入就可达到充分就业的水平 9660，失业就会被消除。

我们验证一下。假定投资增加了 92（$\Delta I = 92$），新的投资总额为

$$I = 340 + 92 = 432$$

新的均衡国民收入为

$$NI = 1500 + 0.8\,NI + 432$$
$$NI = 9660$$

可见，投资增加 92 弥补了失业缺口，使经济达到了充分就业下的均衡状态。

上述的调整过程可用图 2-9 来说明。最初的总支出曲线为 $C+I$，均衡国民收入为 9200，这时需求不足的失业率为 5%。根据计算，充分就业的均衡国民收入为 9660，失业的缺口为 92。假定投资增加 92，即 $\Delta I = 92$，总支出曲线便会由 $C+I$ 上升到 $C+I+\Delta I$，均衡点由 E 提高到 E'，国民收入的均衡水平（NI=AE）由 9200 调整到了充分就业的均衡水平 9660。

2. 通货膨胀状态下的均衡及其调整

假定消费函数和投资分别为

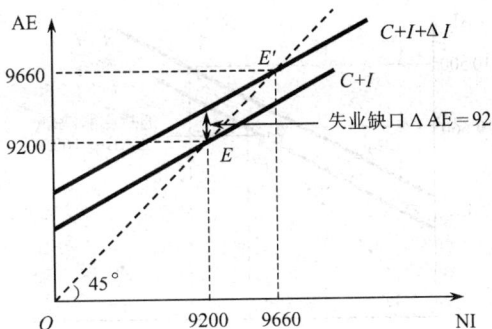

图 2-9 通过增加总支出来调整失业

$$C = 1500 + 0.8\,\text{NI},\quad I = 600$$

此时的均衡国民收入水平为

$$\text{NI} = 1500 + 0.8\,\text{NI} + 600$$
$$\text{NI} = 10\,500$$

假定国民收入在 10 500 处达到均衡，这时存在着 8% 的通货膨胀率，即此时的一般价格水平比去年上涨了 8%。要消除通货膨胀，就必须减少总支出。假定在恢复到没有通货膨胀的充分就业的国民收入以前，国民收入下降完全表现为一般价格水平的下降。那么，要消除 8% 的通货膨胀率就必须使国民收入下降 8%：

$$10\,500 \times (1 - 8\%) = 9660$$

因此，只要均衡国民收入下降到 9660，基本上就可以消除 8% 的通货膨胀率。即国民收入必须下降 840，$\Delta \text{NI} = -840$。根据缺口公式

$$\Delta\text{AE} = \frac{\Delta\text{NI}}{K} = \frac{-840}{5} = -168$$

只要总支出减少 168，国民收入就会在 9660 处达到均衡，从而消除通货膨胀。

我们验证一下，假定投资减少 168，$\Delta I = -168$，总投资下降为

$$I = 600 - 168 = 432$$

新的均衡国民收入为

$$\text{NI} = 1500 + 0.8\,\text{NI} + 432$$
$$\text{NI} = 9660$$

由于投资减少了 168，总供求将在 NI＝9660 处重新达到均衡状态。由于在通货膨胀存在的情况下，国民收入的减少主要表现为价格降低，所以在均衡国民收入由 10 500 下降到 9660 的过程中，通货膨胀率会由 8% 下降到零的水平。

上述调整过程也可用图 2-10 说明。国民收入在 10 500 处达到均衡，这时总支出曲线为 C＋I。为了消除 8% 的通货膨胀，投资减少 168，即 $\Delta I = -168$，总支出曲线便会由 C＋I 下降到 C＋I＋ΔI，均衡点由 E 下降到 E'，国民收入的均衡水平（NI＝AE）由 10 500 调整到没有通货膨胀的均衡水平 9660。根据缺口公式算出的 ΔAE 是负值（ΔAE＝－168)，此缺口称为通货膨胀缺口。投资的减少消除了这一缺口，也就消除了通货膨胀。

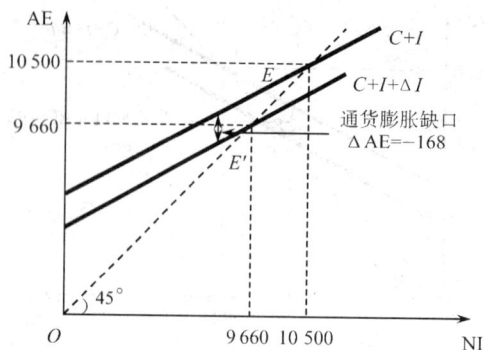

图 2-10　通过减少总支出来消除通货膨胀

以上我们介绍了乘数原理。需要指出的是，乘数发生作用是有一定条件的。只有在社会上各种资源没有得到充分利用时，总支出的增加才会使各种资源得到利用，产生乘数作用。如果社会上各种资源已经充分利用了，或者某些关键部门存在着制约其他资源利用的"瓶颈状态"，乘数也就无法发挥作用。另外，还要注意的是，乘数作用是一把"双刃剑"，即当总支出增加时，其所引起的国民收入的增加要大于最初总支出的增加；当总支出减少时，其所引起的国民收入的减少也要大于最初总支出的减少。

本节分析的是一个简单的 NI-AE 模型，其中既没有政府部门，也没有国外部门。在下一节中，我们将逐步加入政府部门和国外部门，建立完全的 NI-AE 模型。

第三节　完全的 NI-AE 模型

本节将建立一个完全的 NI-AE 模型，模型中既包括政府开支与税收，又包括进出口。但是，完全的 NI-AE 模型仍是以最终产品市场为基本对象的，它虽包括了企业、家庭、政府和国外这四大部门，但不包括金融市场和生产要素市场，因此完全的 NI-AE 模型并不等于完全的国民收入决定理论。本节将由简入繁，逐步建立完全的 NI-AE 模型，并随着模型的逐步建立，进一步介绍有关的乘数及与投资有关的加速原理。

一、三部门的 NI-AE 模型

在只有两部门的简单模型中，政府税收为零，消费可以直接看做国民收入的函数。加入政府部门后，有了政府的财政收支，消费就不能直接看做国民收入的函数，而必须看做可支配收入的函数。这会使消费与国民收入之间的关系发生一些重要的变化。

1. 财政收支及税收函数

在宏观经济分析中，政府的财政支出与税收之间的关系，以及国民收入与可支配收入之间的关系，在第一章中已经做了论述。现在可将这些基本关系概括如下。

政府的总开支 G 由政府转移支付 GT 和政府购买 GP 两部分构成：
$$G=\text{GT}+\text{GP}$$

政府实际得到的净税收 NT 为税收 T 减去政府转移支付：
$$\text{NT}=T-\text{GT}$$
即
$$T=\text{GT}+\text{NT}$$

政府的财政收支平衡关系 $G=T$ 也可用下式表示：
$$\text{NT}=\text{GP} \tag{2-18}$$

该式表明，在考察政府部门对宏观经济的影响时，只考察净税收 NT 和政府支出 GP 就够了。它们与考察政府总开支 G 和总税收 T 对国民收入循环流的影响是完全相同的。

政府的税收来自国民收入。国民收入提高，税收就会随之提高；国民收入减少，税收会随之减少。因此，可以把税收看做国民收入的增函数，即
$$T=F(\text{NI})$$

它的一般形式通常写为
$$T=\text{MT}\cdot\text{NI}$$

式中，MT 为边际税率。在模型中，与政府购买支出相对应的是净税收。由于净税收 $\text{NT}=T-\text{GT}$，净税收函数可写为
$$\text{NT}=\text{MT}\cdot\text{NI}-\text{GT}$$

式中，GT 是政府的转移支付，它是不随国民收入变动而自行变动的量，由政府决定。$-\text{GT}$ 可以看做负的净税收，用 $\overline{\text{NT}}$ 表示，即
$$\overline{\text{NT}}=-\text{GT}$$

该式表示，净税收函数中不随国民收入变动而变动的净税收部分是负的，它等于政府的转移支付。这样，净税收函数可写为
$$\text{NT}=\overline{\text{NT}}+\text{MT}\cdot\text{NI} \tag{2-19}$$

例如，净税收函数为 $\text{NT}=-225+1/4\,\text{NI}$，其中的 -225 为 $\overline{\text{NT}}$，表示国民收入为零时的净税收额为负值，即政府向家庭部门的转移支付为 225，即 $\text{GT}=225$。

2. 消费函数与总支出的变化

前面在考察两部门模型时其消费函数是
$$C=\bar{C}+\text{MPC}\cdot\text{NI}$$

因为没有个人所得税，在前面各种假设条件下，这里的国民收入 NI 实际上也就是个人可支配收入 DI。所以，消费函数其实就是
$$C=\bar{C}+\text{MPC}\cdot\text{DI}$$

而三部门模型中加上了税收，那么，可支配收入 DI 就等于国民收入 NI 减去净税收 NT，即
$$\text{DI}=\text{NI}-\text{NT}$$

此时税收后的消费函数为

$$C = \overline{C} + MPC \cdot (NI - NT) \qquad (2\text{-}20)$$

这样，就在消费函数中加入了税收。税收 NT 越大，消费支出越小；税收越小，消费支出就越大。

将式（2-19）代入式（2-20），得到完整的消费函数

$$C = \overline{C} + MPC \cdot [NI - (\overline{NT} + MT \cdot NI)]$$

即

$$C = \overline{C} + MPC \cdot (1 - MT) \cdot NI - MPC \cdot \overline{NT} \qquad (2\text{-}21)$$

政府的购买支出 GP 是总支出 AE 的重要组成部分。因此，加入政府部门的总支出为

$$AE = C + I + GP$$

即

$$AE = \overline{C} + MPC \cdot (1 - MT) \cdot NI - MPC \cdot \overline{NT} + I + GP \qquad (2\text{-}22)$$

加入政府部门后，总支出中又包括了净税收和政府购买支出两个因素。

3. 三部门的 NI-AE 模型

上面的分析给出了三部门经济中的总支出的构成，即式(2-22)。如果知道消费函数、税收函数、投资和政府支出，根据国民收入均衡公式 NI＝AE，就可以求出均衡国民收入及消费和税收。

看下面的例子。假定某经济社会中

$$C = 1000 + 0.8DI, \quad T = 0.25NI, \quad GT = 625, \quad I = 500, \quad GP = 2000$$

因为 DI＝NI−NT，NT＝T−GT＝$\overline{NT}$＋MT・NI，所以将其代入消费函数中，可得

$$C = 1000 + 0.8 \times [NI - (\overline{NT} + 0.25NI)]$$

总支出 AE 为

$$AE = C + I + GP = 1000 + 0.8 \times [NI - (-625 + 0.25NI)] + 500 + 2000$$

列出了总支出函数，就可以计算出均衡的国民收入水平。由 NI＝AE 得

$$NI = 1000 + 0.8 \times [NI - (-625 + 0.25NI)] + 500 + 2000$$
$$NI = 1000 + 0.8 \times (1 - 0.25) \cdot NI + 0.8 \times 625 + 500 + 2000$$
$$0.4NI = 4000$$
$$NI = 10\ 000$$

即国民收入将在 10 000 的水平上达到均衡。

加入政府部门的 NI-AE 模型也可用图 2-11 加以说明。图中加入政府部门后的总支出曲线 AE＝C＋I＋GP，它与 45°线相交于均衡点 E。此时，总支出等于总收入，产品市场处于均衡状态。

二、三部门经济中的乘数

加入政府部门后，影响总支出的因素增多了，在这些新因素的影响下，总支出与国民收入的关系发生了变化，也会引起乘数的效果。

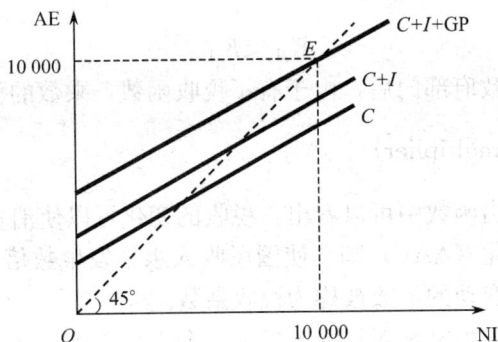

图 2-11 三部门的 NI-AE 模型

1. 支出乘数（expenditure multiplier）

从上一节两部门经济的分析中我们知道，支出乘数就是由总支出的变动所引起的国民收入变动与支出最初变动量的比值。在两部门经济中，根据 $\Delta NI = \dfrac{1}{1-MPC}$（$\Delta C + \Delta I$），导出乘数 I 为 $K_I = \dfrac{1}{1-MPC}$。在三部门经济中，由于有了税收和政府支出，总支出的组成发生了变化，如式（2-22）所示，所以均衡国民收入的公式变为

$$NI = \overline{C} + MPC \cdot (1-MT) \cdot NI - MPC \cdot \overline{NT} + I + GP \quad (2\text{-}23)$$

当投资 I、自主消费 $\overline{C}$ 及政府购买 GP 发生变动时，有

$$\Delta NI = \Delta C + MPC \cdot (1-MT) \cdot \Delta NI + \Delta I + \Delta GP$$

整理后，有

$$\Delta NI = \frac{1}{1-MPC(1-MT)}(\Delta C + \Delta I + \Delta GP)$$

因此，投资 I、自主消费 $\overline{C}$ 及政府购买 GP 的任何变动，都会使国民收入变动 $\dfrac{1}{1-MPC(1-MT)}$ 倍。加入政府部门的这一乘数我们称为乘数 II，用 K_{II} 表示，即

$$K_{II} = \frac{1}{1-MPC(1-MT)} \quad (2\text{-}24)$$

例如，在上例中，MPC=0.8，MT=0.25，那么

$$K_{II} = \frac{1}{1-0.8 \times (1-0.25)} = 2.5$$

这一乘数的大小由边际消费倾向和边际税率决定。边际消费倾向提高，乘数就要增加。这是因为，边际消费倾向越大，在由增加总支出所增加的收入中有更大的部分用作消费。同样，边际税率越高，则乘数越小。这是因为，边际税率越高，说明在由增加总支出而增加的收入中税后可支配收入越小，因而用作消费的部分也就越小。由边际税率 $0<MT<1$，我们知道

$$\frac{1}{1-MPC(1-MT)} < \frac{1}{1-MPC}$$

即

$$K_{\text{II}} < K_{\text{I}}$$

由此可见,加入了政府部门后,由于有了税收函数,乘数的作用就减弱了。

2. 税收乘数 (tax multiplier)

从消费函数和总支出函数中可以看出,税收的变化可以使消费从而总支出发生相反的变化,而总支出的变化(ΔAE)则会使国民收入水平发生数倍于ΔAE的变化。由税收变动引起的国民收入变动的倍数被称为税收乘数。

由于DI=NI−NT,净税收NT增加多少,个人可支配收入DI就减少多少;净税收NT减少多少,个人可支配收入就增加多少。所以ΔDI将与ΔNT符号相反,绝对值相等,即$\Delta DI = -\Delta NT$。

一笔税收的变化量加上负号以后就可等同于可支配收入的变化,而可支配收入的变化($-\Delta NT$)乘以边际消费倾向MPC,便可得到由可支配收入变化而引起的消费的变化,即

$$-\Delta NT \cdot MPC = \Delta C$$

消费的变化量ΔC再乘以支出乘数就可以得出由消费变化引起的国民收入的变化量ΔNI,即

$$\Delta NI = \Delta C \cdot K_{\text{II}} = -\Delta NT \cdot MPC \cdot K_{\text{II}}$$

从该式可以看出,当净税收变化ΔNT数量时,国民收入将以$MPC \cdot K_{\text{II}}$的倍数引起相反的变化。因此,税收乘数K_T是

$$K_T = -\frac{MPC}{1-MPC(1-MT)} \tag{2-25}$$

边际消费倾向一般小于1,因此税收乘数的绝对值小于支出乘数。

假定MPC=0.8,MT=0.25,那么$K_T = -\dfrac{0.8}{1-0.8\times(1-0.25)} = -2$。如果税收增加10,则国民收入将减少2倍。

3. 转移支付乘数 (government transferpayment multiplier)

政府转移支付的增加也会增加总需求,从而使产量和国民收入增加。增加转移支付与减少税收的效果相同,即都会引起个人可支配收入的增加。由税收乘数可知转移支付乘数的公式为

$$K_{\text{GT}} = \frac{MPC}{1-MPC(1-MT)} \tag{2-26}$$

需要注意的是,税收乘数和政府转移支付乘数的绝对值虽然相等,但符号相反,因为增加税收使总支出下降,国民收入会乘数倍下降;而增加政府转移支付,则使总支出上升,国民收入会乘数倍上升。

4. 平衡预算乘数 (balanced budget multiplier)

当NT=GP时,表示预算收支平衡。如果净税收增量ΔNT与政府购买支出增量

ΔGP 相等，则表示财政收支是平衡变动的。平衡预算乘数是指政府财政收支平衡变动是引起国民收入变动的乘数。

假定净税收增量 ΔNT 与政府购买支出增量 ΔGP 都等于 ΔA，我们通过对支出乘数 K_{II} 的分析可知，国民收入的增量 $\Delta\text{NI}_{\text{GP}}$ 为

$$\Delta\text{NI}_{\text{GP}}=\Delta\text{GP}\times K_{\text{II}}=\frac{\Delta\text{GP}}{1-\text{MPC}(1-\text{MT})}=\frac{\Delta A}{1-\text{MPC}(1-\text{MT})}$$

再通过对税收乘数 K_T 的分析可知，国民收入的增量 ΔNI_T（因为税收增加会引起国民收入减少，所以 ΔNI_T 是负值）为

$$\Delta\text{NI}_T=\Delta\text{NT}\times K_T=-\frac{\text{MPC}\cdot\Delta\text{NT}}{1-\text{MPC}(1-\text{MT})}=-\frac{\text{MPC}\cdot\Delta A}{1-\text{MPC}(1-\text{MT})}$$

此时，国民收入的增量 ΔNI 为 $\Delta\text{NI}_{\text{GP}}$ 与 ΔNI_T 之和：

$$\Delta\text{NI}=\Delta\text{NT}_{\text{GP}}+\Delta\text{NI}_T=\frac{1-\text{MPC}}{1-\text{MPC}(1-\text{MT})}\cdot\Delta A$$

因为净税收增量 ΔNT 与政府购买支出增量 ΔGP 都等于 ΔA，所以政府财政收支是平衡变动的。由此可推导出平衡预算乘数 K_B：

$$K_B=\frac{1-\text{MPC}}{1-\text{MPC}(1-\text{MT})} \tag{2-27}$$

通过税收乘数的推导过程我们也可以发现，平衡预算乘数其实就等于政府购买支出乘数与税收乘数之和，即

$$K_B=K_{\text{GP}}+K_T=\frac{1-\text{MPC}}{1-\text{MPC}(1-\text{MT})}$$

例如，MPC=0.8，MT=0.25，净税收增加 1000，同时政府购买支出也增加 1000，平衡预算乘数 K_B 的值是

$$K_B=\frac{1-0.8}{1-0.8\times(1-0.25)}=0.5$$

也就是说，国民收入的增量 $\Delta\text{NI}=1000\times K_B=1000\times0.5=500$。

在简单的经济模型分析中，如果假定税收是个常数，即边际税率 MT=0，将其代入平衡预算乘数公式，则可知此时的平衡预算乘数的值是 1。

三、完全的 NI-AE 模型

完全的 NI-AE 模型是在上述三部门的宏观模型中加入投资函数和国外部门而建立的。

1. 投资函数与乘数 III

为了简化模型以突出最基本的经济关系，在前面的例子中，投资总是被假定为不随国民收入变化而变化的常量。在第一节建立投资函数时，曾指出投资可以看做总产量的增函数：

$$I=f(Q)$$

由于名义国民收入 NI＝$P\cdot Q$，总产量 Q 被称作实际国民收入。在投资函数中，Q 可以

用 NI 来近似地代替。这样，投资函数可写为

$$I = f(\text{NI})$$

这样，就可以建立如下投资函数：

$$I = \bar{I} + \text{MPI} \cdot \text{NI} \tag{2-28}$$

式（2-28）中，$\bar{I}$ 是不随国民收入的变化而变化的自主投资，它仍为一常数。MPI（marginal propensity to invest）为边际投资倾向，它是投资增量占国民收入增数的比例

$$\text{MPI} = \frac{\Delta I}{\Delta \text{NI}}$$

或

$$\text{MPI} = \frac{\text{d}I}{\text{d}\text{NI}} \tag{2-29}$$

它表示每增加一单位国民收入所带来的投资增量。

假定某经济社会中

$$C = 1000 + 0.8\text{DI}$$
$$I = 200 + 0.15\text{NI}(\bar{I} = 200, \text{MPI} = 0.15)$$
$$\text{NT} = -625 + 0.25\text{NI}$$
$$\text{GP} = 1000$$

则均衡国民收入为

$$\text{NI} = 1000 + 0.8 \times [\text{NI} - (-625 + 0.25\text{NI})] + 200 + 0.15\text{NI} + 1000$$
$$0.25\text{NI} = 2700$$
$$\text{NI} = 10\ 800$$

加入边际投资倾向 MPI 以后，乘数效应增强了。将消费函数、投资函数和税收函数一并考虑在内的乘数称作乘数Ⅲ，其公式为

$$\text{K}_{\text{Ⅲ}} = \frac{1}{1 - \text{MPC}(1 - \text{MT}) - \text{MPI}} \tag{2-30}$$

乘数Ⅲ、后面要讲到的乘数Ⅳ，以及有关乘数的更为详细的推导参见本章附录 2。

2. 完全的 NI-AE 模型与乘数Ⅳ

当今世界各国的经济都是不同程度的开放经济，即与外国有贸易往来或其他经济往来的经济。在开放经济中，一国均衡的国民收入不仅取决于国内消费、投资和政府支出，还取决于净出口。加上净出口 NX＝（EX－IM）后的总支出才是真正的对本国产品的总支出或总需求。完全的 NI-AE 模型中包括了国外部门，即加入了进出口的影响。因为，进出口的变动同其他总支出的组成部分一样，也会引起国民收入的变动。

进口一般与本国的国民收入水平直接相关。当国民收入水平提高时，进口随之增加，当国民收入下降时，进口随之减少，因此，进口通常可看做国民收入的增函数。假定进口函数为

$$\text{IM} = \overline{\text{IM}} + \text{MPM} \cdot \text{NI}$$

其中，$\overline{IM}$ 为不随国民收入变动而变动的自主进口，MPM（marginal propensity to import）为边际进口倾向。在进口中，一部分是同收入水平没有关系的自主进口，如一国不能生产但又是国计民生所必需的产品，不管收入水平如何，是必须进口的；另一部分是同收入有着密切联系的产品，收入水平越高，进口额越大。这是由于当收入水平提高时，人们对进口消费品和投资品（如机器设备、仪器等）的需求会增加。

出口 EX 通常被看做本国货币对外币汇率的函数，不与本国的国民收入直接发生关系。在不考虑外汇市场的情况下，可将出口假定为一常数，用 $\overline{EX}$ 表示。这样净出口函数可写为

$$NX = \overline{EX} - \overline{IM} - MPM \cdot NI \tag{2-31}$$

完全的 NI-AE 模型中的总支出 AE 为

$$AE = C + I + GP + NX$$

其中包括了如下四个函数：

消费函数：$C = \overline{C} + MPC(NI - NT)$

税收函数：$NT = \overline{NT} + MT \cdot NI$

投资函数：$I = \overline{I} + MPI \cdot NI$

净出口函数：$NX = \overline{EX} - \overline{IM} - MPM \cdot NI$

政府购买支出是由政府决定的，在模型中仍为一常量，用 GP 表示。

在完全的 NI-AE 模型中，均衡国民收入为

$$NI = C + I + GP + NX$$

$$NI = \overline{C} + MPC[NI - (\overline{NT} + MT \cdot NI)] + \overline{I} + MPI \cdot NI$$
$$+ GP + \overline{EX} - \overline{IM} - MPM \cdot NI$$

加入国外部门以后，支出乘数会再次减小。这一完全的 NI-AE 模型中的收入乘数称作乘数Ⅳ，其公式为

$$K_{\text{IV}} = \frac{1}{1 - MPC(1 - MT) - MPI + MPM} \tag{2-32}$$

四、引致投资与加速原理

在前述的收入-支出模型中，投资的增量会引起总支出 AE 的增加，从而使国民收入 NI 增加。但是，国民收入的增加又会反过来使投资增加。这一关系可由投资函数看出来，暂不考虑利息率，投资函数可写为如下形式：

$$I = \overline{I} + MPI \cdot NI$$

该式表示，投资是国民收入的函数。当国民收入增加时，投资就会随之增加；当国民收入减少时，投资也会随之减少。由国民收入增加而引起的投资增量称为"引致投资"。当人们的收入增加时，消费会随之增加，这意味着厂商会有更大的销售额，这也会导致更高的预期投资收益率，也就是说，国民收入 NI 的提高意味着利润增加，这些利润会成为未来投资的资金来源。只要投资的预期收益率足够高，这些资金就会形成投资。资金的增加会改善销售前景，促进投资，增加资本存量。边际投资倾向 MPI 显示

了国民收入增加（ΔNI）所引起的投资增量（ΔI）之间的比例：

$$MPI = \frac{\Delta I}{\Delta NI}$$

在前面关于乘数Ⅲ（$K_{Ⅲ}$）所举的例子中，已经把引致投资加入收入-支出模型中，既考虑到投资对总支出 AE 从而对国民收入 NI 的影响，也考虑到国民收入对投资的影响。不难看出，乘数Ⅲ之所以比乘数Ⅱ大，是因为国民收入的增加引致了更多的投资，而增加的投资又增加了总开支，从而进一步引起国民收入的增加。

加速原理（acceleration principle）认为，决定投资最重要的因素是销售量而不是利润，利润率的增加往往不足以引起厂商扩大生产，而销售量的增加则必然促使厂商投资扩大生产。产量增加需要增加资本的存量，即投资。用 ΔK 表示资本存量的增加量，有下式成立：

$$I = \Delta K$$

销售量（或总产量）的增量 ΔQ 与投资 I 或资本增量 ΔK 有着密切的关系，要使产量增加 ΔQ，就必须增加一定的资本 ΔK，否则产量增量 ΔQ 是无法生产出来的。我们把增加一单位产量所需增加的资本量定义为加速数，用 W 表示，其定义公式为

$$W = \frac{\Delta K}{\Delta Q} \tag{2-33}$$

根据此公式，要增加 ΔQ 的产量，需要增加的资本存量 ΔK（投资）为

$$I = \Delta K = W \cdot \Delta Q$$

或

$$I = W \cdot (Q_T - Q_{T-1})$$

式中，Q_T 为投资后的 T 时期的总产量，Q_{T-1} 为投资前一时期的总产量，二者之差为投资造成的产量增量。我们用表 2-2 说明加速原理。为了简便起见，我们假定，在表中所列的全部时期内（第 1～9 年）资本与产量比例 K/Q 不变。这样，产量变化量所需的资本变化量的比例，即加速数 W 不变（$W = \Delta K/\Delta Q$），且等于不变的资本产量之比，即

$$\frac{K}{Q} = \frac{\Delta K}{\Delta Q} = W$$

表 2-2 投资相对于销售量的加速度   （单位：元）

年份	销售额	销售增量	投资增量 I（ΔK）
第 1 年	1000	—	—
第 2 年	1100	100	300
第 3 年	1200	100	300
第 4 年	1400	200	600
第 5 年	1700	300	900
第 6 年	1900	200	600
第 7 年	2000	100	300
第 8 年	2000	0	0
第 9 年	1900	−100	−300

假定不变的资本产量比为 3：1，即

$$\frac{K}{Q}=\frac{3}{1}=\frac{\Delta K}{\Delta Q}=W=3$$

在表 2-2 中，第 2 年的总产量（假定等于销售量）要比第 1 年增加 100 元，根据资本产量比（3：1），就需要增加投资 300 元。当销售增加速度加快时，如第 4 年增加 200 元，第 5 年增加 300 元，就会引起投资以更快的速度增长，如第 4 年增加 600 元的投资，第 5 年增加 900 元的投资。在销售以 100 元、200 元、300 元的速度增长时，投资将以 300 元、600 元、900 元的速度增长，这就是加速原理。在上述例子中，资本增长的速度是产量增长速度的 3 倍，这个 3 倍就是加速数 W。加速原理要说明的就是，在实际国民收入增加的时候，投资要以更快的速度增加。

当销售量的增长速度降低时，投资下降的速度也将是产量下降速度的 3 倍。如第 5 年比第 4 年的销售量增加 300 元，第 6 年比第 5 年的销售量增加 200 元，第 7 年比第 6 年增加 100 元，而第 8 年比第 7 年没有任何增加，第 9 年比第 8 年的销售额减少了 100 元。与此相应，投资的增长量加速下降，从 900 元降到 600 元、300 元、0 元，再降到 −300 元。

一方面，国民收入的增加会反作用于投资，使投资的增长以数倍的速度（加速数 W）增加，快于国民收入的增长，从而引起总需求的加速增长；另一方面，投资的加速增加又会通过乘数作用引起国民收入的数倍于投资的增长。加速原理和乘数原理合在一起被一些经济学家用来解释经济周期。

附　　录

➤ 附录 1：消费函数和储蓄函数的关系

由于储蓄被定义为收入和消费之差，所以，消费函数和储蓄函数互为补数，二者之和等于总收入，即 $C+S=DI$。

我们分别将消费函数的曲线和储蓄函数的曲线画在同一坐标系之中，如图 2-A 所示。

图 2-A 中，45°线上的任一点表示可支配收入等于消费与储蓄之和，即 $DI=C+S$。当收入为 DI_0 时，收支相等，储蓄为 0；当收入为 0 时，消费为 $\bar{C}$，储蓄为 $\bar{S}$，$\bar{S}=-\bar{C}$；当收入为 DI_1 时，消费为 $C=\bar{C}+MPC \cdot DI_1$，储蓄为 BC 之长度，它等于储蓄曲线和横轴在收入为 DI_1 时的距离 ADI_1。在 E 点左方，消费曲线位于 45°线之上，表明消费大于可支配收入，因此，储蓄曲线位于横轴下方；在 E 点右方，情况则相反。

需要指出的是，若 APC 和 MPC 随收入增加而递减，但 APC>MPC，则 APS 和 MPS 都随收入增加而递增，但 APS<MPS。表现在图形上，消费曲线上任一点与原点连成的射线的斜率总大于消费曲线上该点切线斜率，储蓄曲线上任一点与原点连成的射线的斜率总小于储蓄曲线上该点切线斜率。证明如下：

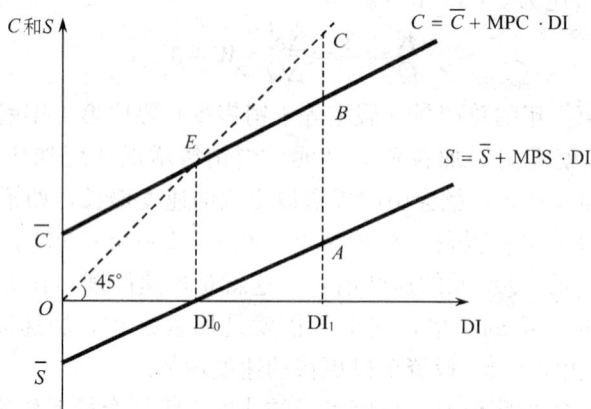

图 2-A　消费函数与储蓄函数的关系

$$APC=\frac{C}{DI}=\frac{\overline{C}+MPC\cdot DI}{DI}=\frac{\overline{C}}{DI}+MPC>MPC（因为有\overline{C}>0）$$

同样可以证明 APS<MPS。

另外，在正文的分析中我们知道，APS 和 APC 之和恒等于 1，MPC 和 MPS 之和也恒等于 1，可证明如下：

$$DI=C+S$$
$$DI/DI=C/DI+S/DI$$

即

$$APC+APS=1$$

再看 MPS 和 MPC 的情况：

$$\Delta Y=\Delta C+\Delta S$$
$$\Delta Y/\Delta Y=\Delta C/\Delta Y+\Delta S/\Delta Y$$

即

$$MPC+MPS=1$$

➢ 附录 2：有关乘数的进一步推导

1. 对乘数作用过程的描述

通过正文中对乘数作用的分析，我们知道，如果由于某些原因，总支出发生了变动，则会引起均衡国民收入的乘数倍变动。乘数作用中均衡国民收入的变动并不是一步到位的，而是有一个变动过程（在本章第二节中，我们曾经举出多个商人购买和销售的反复过程来表现这个过程）的。这是因为，本期的支出由本期的消费和投资决定，即

$$AE_t=C_t+I_t$$

这里，t 表示时期。根据均衡国民收入等式 NI＝AE，t 时期的均衡国民收入为

$$NI_t = C_t + I_t$$

但本期的消费支出并不是本期收入的函数，而是上一期收入的函数，即

$$C_t = \overline{C} + MPC \cdot NI_{t-1}$$

这是因为居民进行消费时，必须先有收入，而这种收入只能来自上一时期的生产。这样，将 $C_t = \overline{C} + MPC \cdot NI_{t-1}$ 代入 $NI_t = C_t + I_t$，就得到如下差分方程：

$$NI_t = MPC \cdot NI_{t-1} + \overline{C} + I_t \qquad (2\text{-}A)$$

这一方程可反映国民收入决定的变动过程。假定在经济社会中，消费函数和投资分别为 $C = 200 + 0.8\,NI$ 和 $I = 100$，此时 t 期的国民收入为

$$NI_t = 0.8\,NI_{t-1} + 200 + 100$$

当投资从 100 增加到 110 时，国民收入从 1500 变动到 1550 的过程是

第一期国民收入：$NI_1 = 0.8 \times 1500 + 200 + 110 = 1510$

第二期国民收入：$NI_2 = 0.8 \times 1510 + 200 + 110 = 1518$

第三期国民收入：$NI_3 = 0.8 \times 1518 + 200 + 110 = 1524.4$

第四期国民收入：$NI_4 = 0.8 \times 1524.4 + 200 + 110 = 1529.52$

......

依此类推，最后达到 1550。如果想要得到某一期的国民收入，我们就可以通过求解差分方程来实现。这一差分方程的通解是

$$NI_t = \left(NI_0 - \frac{\overline{C} + I_t}{1 - MPC}\right) \cdot (MPC)^t + \frac{\overline{C} + I_t}{1 - MPC} \qquad (2\text{-}B)$$

由此差分方程的通解，则可求得任一期收入。例如，若求第三期收入，则可代入求解

$$NI_3 = \left(1500 - \frac{200 + 110}{1 - 0.8}\right) \times (0.8)^3 + \frac{200 + 110}{1 - 0.8} = 1524.4$$

从差分方程的解中也可知道，由于边际消费倾向大于零而小于 1，即 $0 < MPC < 1$。所以，随着时间 t 的值越来越大，$\left(NI_0 - \dfrac{\overline{C} + I_t}{1 - MPC}\right) \cdot (MPC)^t$ 的值必然会越来越小，最终必然趋于零，从而使 NI_t 趋于 $\dfrac{\overline{C} + I_t}{1 - MPC}$。用极限表达如下：

$$\lim_{t \to \infty} NI_t = \frac{\overline{C} + I_t}{1 - MPC} \qquad (2\text{-}C)$$

这就是最终国民收入的变动量。把上例中的相关数值代入该式，可得最终均衡国民收入为 1550。

为了进一步理解乘数原理，下面给出乘数的一般推导过程。

2. 乘数的一般推导式

首先，我们由经济社会中的消费函数、税收函数等相关函数分析总支出的组成，从而通过各个组成部分相加写出总支出函数，用 f 表示该函数。它应包含自变量 NI（因为 NI 是影响总支出中各组成部分的一个因素）和要考察其乘数效应大小的某个变量 V，在变量 V 变动前，有

$$AE = f(NI, V)$$

由均衡国民收入等式 NI＝AE 得

$$NI=f(NI,V)$$

解上述方程可得出均衡国民收入 NI 的表达式，这里用 g 表示该函数，有

$$NI=g(V) \tag{2-D}$$

当总支出中的变量 V 发生变动了，如变化量为 ΔV，假定此时国民收入变化量为 ΔNI，则此时的均衡国民收入表达式为

$$NI+\Delta NI=g(V+\Delta V) \tag{2-E}$$

两个均衡国民收入表达式相减，即式（2-E）减去式（2-D），可得

$$\Delta NI=K \cdot \Delta V$$

K 为某一常数，即为变量 V 乘数效用的大小，也就是我们所要求得的乘数

$$K=\frac{\Delta NI}{\Delta V} \tag{2-F}$$

下面我们利用上面的方法来推导本章中出现过的几个乘数。

3. 三部门经济中的税收乘数的推导

在三部门经济中，根据均衡国民收入等式 NI＝AE，有

$$NI=\bar{C}+MPC \cdot [NI-(\overline{NT}+MT \cdot NI)]+I+GP$$

整理可得

$$NI=\frac{\bar{C}+I+GP}{1-MPC(1-MT)}-\frac{MPC}{1-MPC(1-MT)} \cdot \overline{NT}$$

假定此时税收增加了 ΔNT，其引起的国民收入的变动量为 ΔNI，重新均衡后的国民收入为

$$NI+\Delta NI=\frac{\bar{C}+I+GP}{1-MPC(1-MT)}-\frac{MPC}{1-MPC(1-MT)} \cdot (\overline{NT}+\Delta NT)$$

均衡前后两式相减，得

$$\Delta NI=-\frac{MPC}{1-MPC(1-MT)} \cdot \Delta NT$$

可见，税收乘数为

$$K_T=-\frac{MPC}{1-MPC(1-MT)} \tag{2-G}$$

4. 三部门经济中政府平衡预算乘数的推导

假定三部门经济中，政府同时增加税收和购买支出，净税收增量 ΔNT 与政府购买支出增量 ΔGP 都等于 ΔA。根据式（2-F），总支出变动后均衡国民收入为

$$NI+\Delta NI=\frac{1}{1-MPC(1-MT)} \cdot (\bar{C}+I+GP+\Delta GP)$$

$$-\frac{MPC}{1-MPC(1-MT)} \cdot (\overline{NT}+\Delta NT)$$

均衡前后两式相减，得

$$\Delta NI = \frac{\Delta GP}{1-MPC(1-MT)} - \frac{MPC \cdot \Delta NT}{1-MPC(1-MT)}$$

$$\Delta NI = \frac{\Delta A}{1-MPC(1-MT)} - \frac{MPC \cdot \Delta A}{1-MPC(1-MT)}$$

$$\Delta NI = \frac{1-MPC}{1-MPC(1-MT)} \cdot \Delta A$$

推出平衡预算乘数为

$$K_B = \frac{1-MPC}{1-MPC(1-MT)} \qquad (2\text{-}H)$$

5. 乘数Ⅲ的推导

加入投资函数后，根据均衡国民收入等式 NI＝AE，有

$$NI = \bar{C} + MPC \cdot [NI-(\overline{NT}+MT \cdot NI)] + \bar{I} + MPI \cdot NI + GP$$

整理可得

$$NI = \frac{\bar{C}+\bar{I}+GP}{1-MPC(1-MT)-MPI} - \frac{MPC \cdot \overline{NT}}{1-MPC(1-MT)-MPI}$$

假定此时政府购买支出增加了 ΔGP（自主消费变动、自主投资变动的作用与此相同），其引起的国民收入的变动量为 ΔNI，重新均衡后的国民收入为

$$NI+\Delta NI = \frac{\bar{C}+\bar{I}+GP+\Delta GP}{1-MPC(1-MT)-MPI} - \frac{MPC \cdot \overline{NT}}{1-MPC(1-MT)-MPI}$$

均衡前后两式相减，得

$$\Delta NI = -\frac{1}{1-MPC(1-MT)-MPI} \cdot \Delta GP$$

由此推出乘数Ⅲ为

$$K_{\text{Ⅲ}} = -\frac{1}{1-MPC(1-MT)-MPI} \qquad (2\text{-}I)$$

6. 乘数Ⅳ的推导

加入国外部门后，有了进出口的影响。根据均衡国民收入等式 NI＝AE，有

$$NI = \bar{C} + MPC \cdot [NI-(\overline{NT}+MT \cdot NI)] + \bar{I} + MPI \cdot NI$$
$$+ GP + \overline{EX} - \overline{IM} - MPM \cdot NI$$

整理得

$$NI = \frac{\bar{C}+\bar{I}+GP+\overline{EX}-\overline{IM}}{1-MPC(1-MT)-MPI+MPM} - \frac{MPC \cdot \overline{NT}}{1-MPC(1-MT)-MPI+MPM}$$

假定此时政府购买支出增加了 ΔGP（自主消费变动、自主投资变动的作用与此相同），其引起的国民收入的变动量为 ΔNI，重新均衡后的国民收入为

$$NI+\Delta NI = \frac{\bar{C}+\bar{I}+GP+\Delta GP+\overline{EX}-\overline{IM}}{1-MPC(1-MT)-MPI+MPM}$$
$$-\frac{MPC \cdot \overline{NT}}{1-MPC(1-MT)-MPI+MPM}$$

均衡前后两式相减，得

$$\Delta NI = \frac{1}{1-MPC(1-MT)-MPI+MPM} \cdot \Delta GP$$

由此推出乘数 IV 为

$$K_{\text{IV}} = \frac{1}{1-MPC(1-MT)-MPI+MPM} \tag{2-J}$$

➤ 本章小结

在国民收入决定理论中，产品市场居中心地位，本章以产品市场为中心建立国民收入决定模型 NI-AE（总收入-总支出）模型。NI＝AE，意味着最终产品市场达到均衡。在 NI-AE 模型中，总支出 AE 的构成及其水平如何，对国民收入的水平起着决定性的作用。

本章首先分析了总支出 AE 中的两个最重要的组成部分：消费和投资。消费函数是可支配收入的增函数，包括自主消费和引致消费两部分：$C=\bar{C}+MPC \cdot DI$，其中 MPC 是边际消费倾向。边际消费倾向不变时，消费函数是线性的；但随着人们收入的增加，边际消费倾向递减。消费与储蓄构成整个可支配收入。投资可以看做预期利润和利息率的函数。在 NI-AE 模型中，投资被认为是常数或是国民收入的增函数。

在简单的两部门 NI-AE 模型中，总支出由消费和投资组成：AE＝C＋I，根据均衡国民收入等式 NI＝AE 可以求解均衡国民收入。市场自动调节机制会进行调整，直到重新回到均衡状态。总支出增加后所引起的国民收入增加的倍数称为乘数或支出乘数，两部门经济中乘数的大小取决于边际消费倾向。依据乘数原理，政府可以通过对总支出的改变来调整均衡点，消除失业或通货膨胀。

在三部门的 NI-AE 模型中，加入了政府的税收函数和政府购买支出。税收被看做国民收入的函数，税收的变化可以使消费从而总支出发生相反的变化。加入税收函数后，支出乘数的大小由边际消费倾向和边际税率决定。政府转移支付的变化会使总支出同方向变化，增加转移支付与减少税收的效果相同。平衡预算是指政府的净税收增量与政府购买支出增量相等，平衡预算乘数则是指政府财政收支平衡变动是引起国民收入变动的乘数。

在完全的 NI-AE 模型中，加入了投资函数和国外部门。这里考察的投资函数由自主投资和引致投资组成，加入边际投资倾向 MPI 以后，乘数效应增强了。考虑到国外部门时，加入了进出口的影响，进出口的变动也会引起总支出的变动。其中，出口被看做一个常数，而进口被视为国民收入的增函数。此时，乘数效应再次减弱了。

本章最后讲述的是引致投资与加速原理。国民收入的增加会反作用于投资，使投资的增长快于国民收入的增长；而投资的加速增加又会通过乘数作用引起国民收入的数倍于投资的增长。

➤ 关键词

NI-AE 模型（national income-aggregate expenditure model）
支出乘数（expenditure multiplier）

加速原理（acceleration principle）

➤ 思考题

1. 解释下列概念：消费函数、投资函数、边际消费倾向、支出乘数、税收乘数、平衡预算乘数。

2. 什么是失业缺口？如何弥补失业缺口？

3. 什么是通货膨胀缺口？如何弥补通货膨胀缺口？

4. 用总收入-总支出模型的图示说明最终产品市场的自动均衡过程。

5. 总收入-总支出模型在加入税收函数后为什么乘数作用减弱？

6. 推导并写出收入乘数 $\mathbb{N}$。

7. 在三部门经济中，已知消费函数 $C=100+0.9Y_d$，Y_d 为可支配收入，投资 $I=300$ 亿元，政府购买 $G=160$ 亿元，税收 $T=0.2Y$。

试求：

(1) 均衡的国民收入水平；

(2) 政府购买乘数；

(3) 在政府购买增加到 300 亿元时，新的均衡国民收入。

第三章

货币市场的均衡

宏观经济学通过分析三大市场及其相互关系来说明国民收入是如何形成的。国民收入的决定不但与最终产品市场的均衡状况有关，而且也与货币市场的货币供求及其利息率的决定密切相关。要想更全面地认识国民收入决定的经济过程，必须了解货币市场的均衡过程及其调节机制。本章首先介绍货币的定义和货币市场的概念，其次讲述货币需求和货币供给的各种理论观点，进一步通过建立货币需求函数和货币供给函数来描述货币市场的均衡及其调节机制。

第一节　货币的定义与货币市场

什么是货币？它与其他金融资产的关系如何？什么是货币市场？它是怎样构成的？这些问题是了解西方货币市场运行机制的基础。下面首先定义货币的概念并系统介绍其他金融资产，然后进一步说明有关货币市场及资本市场的概况。

一、货币的定义

资产存在于两种形式：一是实际或物质资产，二是金融资产。货币（money）是一种金融资产，它可以随时替代或变换成其他实际资产。在人类历史中货币采取过各种不同的形式，如贝壳、兽皮、珠子、贵金属等。货币作为商品交换的产物，其本质特征在于它作为支付手段被普遍接受，而并不在于采用什么实物。经济学中的货币可以定义为，货币是大家所普遍接受的用于商品和劳务交换，以及债务清偿的支付手段。由什么东西来充当货币，在不同的民族和国家、在同一国家的不同历史时期，由于经济和文化条件等因素的差异会有所不同。

1. 货币的演变

在商品的交易形式上，人类经历了多次变革，货币从无到有，经历了实物货币、信用货币等不同形式,这一发展变化过程,是货币顺应社会生产不断发展、商品流通扩大、经济生活内容多样化和社会全面进步过程的真实写照,也是货币自身由低级形态向高级形态不断演化的记录。

在商品经济中,通过直接交易来交换商品和劳务是可能的,但是以物易物的交换方式所存在的难以克服的困难也是显而易见的,因此在现代社会,这种直接交换的方式已经比较罕见了。货币就是为突破物物交换的局限性而产生的一种交换媒介。

实物货币是以自然界存在的某种物品或人们生产的某种物品来充当的货币。该物品本身既是商品,同时又发挥着货币的作用,如贝壳、兽骨、果实、皮毛、盐等都曾在人类历史中充当过商品交换的媒介物。然而这些媒介物充当的货币具有性质不稳定、接受范围有限、难以分割等局限性,且又缺乏统一的价值衡量标准。因此,由贵金属取代自然物充当货币,几乎是世界各国货币发展的必然结果。贵金属价值稳定,易于分割,易于储藏,具有统一的价值衡量标准。

贵金属货币需要铸造,因此流通成本较高,产量有限,难以满足不断增加的商品流通对货币的需求。因此信用货币应运而生,信用货币克服了贵金属货币的局限性,逐渐取代了金属货币。信用货币是由国家法律规定的,强制流通的,不以任何贵金属为基础的独立发挥货币职能的货币。目前世界各国发行的货币,基本都属于信用货币。信用货币本身的价值低于其代表的价值,甚至没有价值,只凭借发行者的信用而得以流通。信用货币的典型形式是政府纸币和银行券。

20世纪50年代以后,信用货币主要采取非实体化的存款货币的形式,人们的货币只有一小部分以现金的形式持有,大部分是以记账符号的形式存在于银行的账面上。信用货币的流通是以银行将付款人账户的存款划转到收款人的账户上的方式进行的。随着科技的发展,存款货币的支票划转方式越来越多地被电子货币转移系统所代替。电子货币是信用货币的一种,是当代科学技术发展过程中出现的电子化、信息化的支付工具,目前主要的形式有两种:一是卡式电子货币;二是软件式电子货币,它使用特定软件,使货币价值通过网络发生转移。电子货币还在不断地完善中,但电子货币的特征已经显现,即货币载体已经由纸质转变为电子质,由实体变为虚拟。

2. 货币的本质和职能

关于货币的本质和职能,在西方货币学说史上大致有两种观点:一是货币金属论,二是货币名目论。货币金属论者把货币与贵金属混为一谈,认为只有足值的金属币或者金银才是真正的、现实的货币,货币的价值取决于贵金属的价值,货币的职能便是储藏财富,交换的目的便是增加财富的储藏。货币名目论认为,货币是一种价值符号,只是名目上的存在,其流通是由国家的权威规定的,由此货币的职能是充当交换媒介。货币金属论是货币金、银本位制的产物,随着金本位制度的崩溃,其影响力正日益减弱。

到19世纪末20世纪初,西方学者已不是这样简单地看待货币了。一方面,生产的扩大和经济发展需要更多的货币,而货币不必限于具有实体价值的贵金属,已经有了银行券和纸币的流通;另一方面,银行券和纸币的流通也不能是无限制的,要有一定的价值储备做基础。由此,对货币职能的讨论也扩展到流通手段、计价单位和财富储藏这几个方面。

流通手段或交换媒介是货币的首要职能。这一职能是指人们可以用货币来购买各种商品和劳务，既包括对商品的购买，也包括对劳务和各种费用（如利息、租金）的支付。

货币的交换媒介职能使商品和劳务的交换变得更加方便，可以避免物物直接交换中人们寻找各自所需商品的困难，减少了人们在物物交换时所耗费的费用和精力。货币的交换媒介职能使人们首先有可能专门从事某一具体职业，而后有可能在每种职业中进行具体分工，使专业化分工的生产效率大大提高。如果一个人不能用他所生产的物品来交换他真正需要的各种东西，他就不可能把全部工作时间投入生产单独一种商品中。

货币的计价单位职能是指货币可以计量商品的价值或价格的功能。货币的这一职能简化了计算一种商品交换另一种商品的比值的工作。没有货币的计价单位职能，便无法进行会计核算，现代经济体系就无法有效地运行。作为计价单位的货币是观念上的货币，因此不涉及流通量的问题。

货币的财富储藏职能是指货币能够作为财富的代表被储蓄起来，即货币可以推迟被用来交换实际商品和劳务的职能。若货币不能用于将来购物，则在商品和劳务交换时就没有人愿意接受它。人们的储蓄只能是储藏其生产的部分产品，以换取某些耐久的物品。例如，储藏银条以备将来再用银条换取某种需要的商品和劳务，这样做时，银条实际上已经是货币，并充当了财富储藏手段。货币能完成这一职能取决于两个因素：一是在储藏期间它不丧失价值；二是人们需要的商品和劳务在需要时可以得到。这样人们储蓄货币就可对其现在或将来的不同用途有所选择。货币本身不是财富，而是对商品和劳务的权力。

货币作为一般财富的代表，可以暂时退出流通，被储藏起来。尤其信用货币，它可以提高储蓄的效率，并具有流动性高、成本低等优点。除货币之外，其他形式的资产（如债券、股票、金银、房地产等）也具有储藏财富的职能。

另外，在商品交易的信用形式中，货币充当延期支付的标准，发挥支付手段职能。世界货币则是货币的职能在国际领域的延伸，一国货币能否成为世界货币，与国家的经济实力、国际贸易水平等因素有关。

3. 现金和存款货币

货币主要包括现金和存款货币两大部分。现金是家庭、工商企业和政府部门所拥有的纸币和硬币。现金是货币的重要组成部分，具有极高的流动性。现金数量的多少与一国的货币支付结算制度相关。支付结算制度越发达，现金需求就越少，反之亦然。现金对人们的日常消费影响很大。目前，我国的现金面值分别为 100 元、50 元、20 元、10 元、5 元、2 元、1 元，辅币是本币的等分，即角、分。

存款货币是以存款形式存在的一种支付手段和储藏手段。按不同的标准可将存款划分为不同的种类，比较重要的划分标准是按可否通过银行转账完成支付交易行为来划分。按此标准可以分为两类：第一类是可直接通过金融机构划转完成支付的活期存款，这类存款具有普遍的接受性，在我们国家货币统计中，将其计算为流通中的货币；第二类是不可以直接进行转账结算的存款，包括定期存款和储蓄存款，这些存款必须先转化为现金或活期存款后，才能完成交易支付功能。

4. 货币供给量的构成

货币供给量是指在一定时点上，国民经济各部门的现金与存款货币的数量，主要包括机关团体、企事业单位和城乡居民所拥有的现金和金融机构的存款等各种金融资产。迄今为止，关于货币供给量的层次划分并无定论，但根据货币的流动性来划分货币供给量层次，已为大多数国家政府所接受。所谓货币的流动性，是指各种货币形态转化为现金所需要的时间和成本的多少，它反映了各种货币形态作为流通手段与支付手段的方便程度。

国际货币基金组织采用的货币供给量口径分为货币与准货币（near-money 或 quasi money）。其中，

$$货币＝银行以外的通货＋私人部门的活期存款$$
$$准货币＝定期存款＋储蓄存款＋外币存款$$

各国货币供给量的构成也不相同，但基本结构是现金、活期存款，然后向各类存款和短期证券依次扩展。一般来说，衡量货币供给量的指标主要有三个：流通中的现金 M_0、狭义货币 M_1（或称为交易货币）和广义货币 M_2。狭义货币 M_1 和广义货币 M_2 是我们最关心的货币总量指标。

$$M_1＝M_0＋支票账户存款$$

M_1 是最基础的货币计量形式，它包括全部现金和随时开支票提取或转账的银行存款（checkable accounts），一般为活期存款。这种可开支票的活期存款，不是通过提取现金而是通过开支票来直接进行商品交易，与现金起着完全相同的作用。在所有经营金融业务的机构中，以支票账户存在的活期存款都被看做与现金等同的货币。

$$M_2＝M_1＋小额定期存款＋短期定期存款＋货币市场互助基金$$

M_2 定义中的小额定期存款是指零星存入的定期存款，短期定期存款储蓄包括一年以下的所有定期存款，货币市场互助基金是指商业银行之间的准备金贷款。前两项是由于流动性较强而被包括在较宽限的货币 M_2 中，最后一项则是由于对银行的"货币创造"有较大的影响而被包括在 M_2 中。它们没有被包括在 M_1 中是因为它们不能直接起交换媒介的作用。准货币可看做 M_2 减去 M_1。

M_1 和 M_2 是经济学家和政府经常使用的货币计量形式，各国对 M_1 的内涵所下的定义也都大致相同，对 M_2 的定义就不尽相同了。

5. 我国当前的货币层次划分

我国于 1990 年开始编制货币供给量的统计口径，1994 年 10 月开始向社会定期公布统计数据，2001 年 7 月对货币供给量的统计口径进行了修订。参照国际通行原则并根据我国实际情况，中国人民银行将我国的货币供给量指标划为

M_0：现金或流通中的货币；

M_1：M_0＋可开支票进行支付的单位活期存款；

M_2：M_1＋居民储蓄存款①＋单位定期存款＋单位其他存款＋证券公司客户保证金。

就以上几个基本概念而言，M_1 的流动性极强，是中央银行的重点调控对象。由于准货币能够在短时间内不受损失地转变为现金，M_2 也是关注的主要目标。我国近几年的 M_1 及 M_2 如表 3-1 所示。

表 3-1　2001～2008 年我国 M_1 和 M_2 的构成　　　　（单位：亿元）

年份	货币和准货币 M_2							
	总计 M_2	货币 M_1			准货币			
		总计 M_1	流通中的现金 M_0	活期存款	总计	定期存款	储蓄存款	其他存款
2001	152 888.50	59 871.59	15 688.80	44 182.79	93 016.91	14 180.14	73 762.43	5 074.34
2002	183 246.94	70 882.19	17 278.43	53 603.76	112 364.75	16 433.82	86 910.65	9 020.28
2003	219 226.81	84 118.81	19 746.23	64 372.58	135 108.00	20 940.39	103 617.65	10 549.96
2004	250 802.79	95 971.01	21 468.49	74 502.52	154 831.78	25 382.15	119 555.39	95 94.24
2005	296 040.13	107 279.91	24 032.82	83 247.09	188 760.22	33 099.99	141 050.99	14 609.24
2006	345 603.59	126 035.13	27 072.62	98 962.51	219 568.46	52 767.09	161 587.30	5 214.07
2007	403 442.21	152 560.08	30 375.23	122 184.85	250 882.13	64 117.33	172 616.11	14 148.6
2008	475 166.60	166 217.13	34 218.96	131 998.17	308 949.47	82 339.85	217 801.36	8 808.26

此外，还有 M_3，指 M_2＋（债券、财政存款）＋其他金融机构存款＋货币银行同业存款。而 M_3 是考虑到金融创新的现状而设立的，我国目前暂不测算。

二、货币与其他金融资产

金融资产（financial asset）是一切可以在有组织的金融市场上进行交易、具有现实价格和未来估价的金融工具（financial instrument）的总称。金融资产的最大特征是能够在市场交易中为其所有者提供即期或远期的货币收入流量。在现实生活中，交易行为无处不在，因此，各种资产之间经常会出现相互间的转换。当然，转换目的在于提高资产的相对价值。金融资产主要分为三类：债券、股票和作为金融资产的货币。

1. 债券

债券包括各类借据，如本票（promissory notes）、信用债券（debenture）、抵押借据（mortgages）、公司债券（corporate bonds）、政府债券（government bonds）及其他期票、汇票等。债券到期时，其持有者除去收回本金外，还可得到利息收入。利息是债券持有人延迟其消费，承担违约（default）和市场风险（market risk）的报酬。因此，不同债券的利息率会因债券期限长短、违约可能性的大小、市场风险的大小而

---

① 储蓄存款是指那些不能通过开具支票进行流通的存款。

不同。

2. 股票

公司股票是投资者获得公司一部分利润收入的凭证，分为优先股票和普通股票两类。优先股票可优先获得公司的利润分红，但其持有者无权参与公司的经营管理；普通股票持有者有权参与公司的经营管理，但却要在优先股票之后分红。在公司倒闭时，清债后的公司财产也按先优先股后普通股的顺序分配。股票可以出售，其价格与股息收入正相关，与市场利息率负相关（股票价格＝股息/市场利息率）。此外，股票价格与公司的信誉、经营前景、人们对通货膨胀，以及未来利润的预期、经济和政治的宏观环境都有密切的关系。

3. 作为金融资产的货币

货币是一种非常特殊的金融资产，它具有完全的流动性和灵活性。所谓金融资产的流动性和灵活性，是指它的变现能力，金融资产的流动性越大，该资产获得的收入就越少。货币具有完全的流动性，它就没有利息收入或只是极少的利息收入（有些国家的支票账户不付利息，有些只付极少的利息）。货币的价值是它的购买力，即购买其他商品和服务的能力。当单位货币能够购买的商品和服务的数量增加时，货币的价值就增加，反之就减少。因此，货币的价值取决于货币供给量相对于总产量（包括服务）的大小。货币的成本（机会成本）是因持有货币而放弃持有其他金融资产可得到的收入。由于金融资产的收入都与短期债券的利息率密切相关，所以货币的成本被看做利息率。

三、货币市场

货币市场上的主要金融工具有三大类：一是政府的短期债券；二是商业银行的各类短期可转让存单；三是信用较高的各类非金融机构发行的各类商业票据。货币市场中最主要的参与者是商业银行，其次是一些大公司，最后是普通消费者。进行短期借贷活动的货币市场每天交易的货币量都是相当巨大的。在利息率较高的时期，利息是按天计算的，对持有大量货币的个人或公司来说，不必要多持有一天货币，因为其成本是相当高的。

购买短期债券是一些公司和个人处理短期剩余货币的最好办法。由于其借贷的期限很短，违约风险和市场波动风险非常小，所以一些资产持有者倾向于购买短期债券。从宏观角度看，债券或股票都是在同一个金融市场为争夺同一笔总资金而相互竞争，当经济繁荣、预期利润率普遍上升的时候，长期债券的高利息率和股票的较高收益都会拉动短期利息率上升。因此，当我们考察利息率的决定时，无论是把利息率理解为基础利息率还是理解为各种市场利息率的总代表，它都是由整个金融市场上的货币供求关系决定的。

我国的货币市场主要包括拆借市场、回购市场、债券市场和票据市场。

1）拆借市场

银行间同业拆借市场是货币市场的核心组成部分。在拆借市场上，商业银行等金融机构通过短期信用融资方式进行流动性管理。我国的拆借市场产生于 80 年代初期。1996 年 1 月，中国人民银行开始建立全国银行间同业拆借市场。随着有关政策的实施，拆借市场交易日趋活跃，2011 年，银行间拆借市场交易额为 334 412.05 亿元，比上一年增长 20％。从货币市场交易的期限结构看，2011 年，7 天以内的同业拆借的比重为 94.4％，而在 2000 年，该比重为 71.4％。这一变化表明，同业拆借市场已经成为金融机构之间调节短期头寸的重要场所。

2）回购市场

随着风险管理的加强，债券回购作为更加安全的短期融资方式和工具也得到了迅速的发展。参加银行间债券市场成员比拆借市场的机构更为广泛，而债券回购的风险又低于信用拆借；与拆借相比，回购交易更为活跃，回购利率也更加稳定。因此，在反映金融市场流动性松紧方面的代表性也更加充分。目前，债券回购的交易量明显高于拆借，成为市场上交易最活跃的交易品种。2011 年，银行间市场债券回购交易达 966 649.67 亿元。另外，从债券回购期限结构的变动情况来看，以债券回购进行短期资金融通的功能明显增强。按照交易规则，债券回购的最长期限可为一年，回购期限趋向于短期化，反映债券回购也已成为金融机构调节短期资金余缺的主要手段。2011 年，7 天以内债券回购的交易量占全年的 91.62％，14 天以内的交易量占全年的 96.16％。

3）债券市场

目前，我国的债券种类主要是国债和政策性金融债，企业债券发行量很少，商业银行等机构投资者是国债和政策性金融债的主要投资者。1997 年 6 月以前，商业银行主要通过证券交易所进行国债买卖。1997 年 6 月，根据新的管理规定，商业银行全部退出交易所的债券交易，并通过新建立的银行间债券市场进行债券交易。1998 年，中央银行对政策性银行债券发行机制进行改革，推动了债券发行的市场化。在银行间债券市场上，债券的发行利率和买卖价格都已由市场决定。这对货币市场的发展具有重要意义。

4）票据市场

近年来，以银行承兑汇票为主的商业票据业务发展较快，这对拓宽企业融资渠道、缓解企业间债务拖欠问题、改善商业银行信贷资产质量、加强中央银行间接调控功能都发挥了积极作用。对商业银行来说，与贷款业务相比，票据业务和票据资产已成为安全性、流动性和营利性有机结合较好的一种业务和资产类别；另外，在目前中小金融机构和中小企业对外融资困难的情况下，票据业务正逐步成为它们的重要融资渠道。根据2011 年第四季度的《中国货币政策执行报告》，2011 年商业汇票累计签发 15.1 万亿元，同比增长 23.8％；2011 年年底，已签发的未到期商业汇票余额为 6.7 万亿元，同比增长 18.7％。

产品市场和要素市场的运行离不开货币的媒介作用，规模巨大的货币市场是绝大多数正常商业活动不可缺少的中间环节。货币的供求在货币市场上能够得到充分的反映，货币市场上的供求变动是市场利息率变化的决定性因素。当风险最小、期限最短的贷款利息率一旦由其供求关系确定的时候，其他一系列风险较大和期限较长的贷款利息率都会调整到与其相适应的水平。正是由于利息率之间的这种联动作用，各国中央银行的货币政策总是在货币市场上通过短期债券的买卖来实现。

近年来，我国的货币市场得到了快速发展。货币市场交易品种逐渐增加，交易规模持续增长，市场成员不断扩大。但我国的货币市场还处于发展的初期，可供交易的货币市场工具还比较少，交易规模偏低，货币市场的变化对信贷市场等其他市场的影响还相对有限。

第二节　货币需求

货币需求是指人们在不同的条件下出于各种考虑而愿意以货币形式保持一部分财富而形成的货币持有量。它必须同时包括两个基本要素：一是必须有持有货币的愿望；二是必须有持有货币的能力。人们对货币的需求与对一般商品的需求不同。人们对货币的需求是源于货币具有交易媒介、计价单位和财富储藏手段的职能。

货币需求理论可以简单地划分为传统的货币数量论和现代的货币需求理论。传统的货币数量论对货币需求的影响和数量关系的解释，是货币需求理论最基本的思想和理论渊源。20 世纪 30 年代以来的现代货币需求理论，是对传统货币数量论的批评、继承和发展。

一、传统的货币数量论

早期的货币数量论并不把货币需求作为直接的研究对象，而是研究名义国民收入和物价是如何决定的。但由于它建立了名义国民收入与货币数量之间的关系，所以也被看成一种货币需求理论。费雪的现金交易说和剑桥学派的现金余额说是对早期货币数量说进一步发展的两种代表性学说。这两种学说原是作为一种货币价值理论或物价理论而提出的，但它们后来却成为现代货币需求理论的重要渊源。

1. 古典的货币数量说

一般认为，西方货币数量理论产生于 16 世纪末期，法国重商主义者让·博丹（Jean Bodin，1530~1596）被认为是西方货币数量理论的创始人。让·博丹认为，金银的价值与一般的商品的价值相同，如果数量增加，那么它的价值即被低评，而与其交换的商品价值自然就要上涨。17 世纪末期，约翰·洛克（John Locke，1632~1704）第一次以货币数量论同货币金属学说抗衡，认为商品价格的变化取决于货币数量和商品的供求关系，只要改变任何一方面的数量，就可以立刻改变商品价格。

18 世纪货币数量理论最重要的代表人物是英国著名的主观唯心主义哲学家、历史学家和经济学家大卫·休谟（David Hume，1711~1776）。他认为，货币并不是一个商业方面的问题，而是人们约定用以便利商品交换的一种工具，一国真正的财富是劳动和商品；交换中商品与货币具有一定的比例，而物价的变动则取决于这种比例关系。休谟独立地分析和研究了货币影响物价的过程，认为虽然货币的增加有促进生产高涨的某些事实，但一国财富并不受货币多寡的影响。

首先，19 世纪英国著名的古典政治经济学家大卫·李嘉图（David Ricardo，1772~1823）认为，黄金和白银也同其他商品一样有其内在价值，但货币的价值并不完全取决于其绝对量，而是取决于与它所必须完成的支付的相对量。其次，李嘉图还就纸币贬值的原因进行分析，在商品交易量不变的情况下，纸币量增加，它的价值就会随之低落，而货物的价格则会相应上涨。再次，李嘉图认为应当有一个安全、经济和方便的通货制度。

综合早期货币数量论的各种表述，其核心内容是认为货币数量的变动与物价或货币价值的变动之间存在着因果关系，即在其他条件不变的情况下，物价水平或货币价值由货币数量决定。

2. 费雪交易方程式

美国经济学家欧文·费雪（Irving Fisher，1867~1947）在他 1911 年出版的《货币的购买力》一书中，提出了著名的现金交易方程式——费雪交易方程式，即

$$M \cdot V = P \cdot T \tag{3-1}$$

式中，M 代表一定时期内流通中的货币数量，V 代表货币的平均流通速度，P 代表所有交易商品和劳务的平均价格，T 代表一定时期内商品或劳务的总交易量。因此，$P \cdot T$ 代表的是该时期内商品和劳务交易的总价值。由于所有商品或劳务的总交易量资料不容易获得，而且人们关注的重点往往也在于国民收入，而不在于总交易量，所以交易方程式通常被写成下面的形式（数量方程的国民收入形式）：

$$M \cdot V = P \cdot Q \tag{3-2}$$

式中，Q 代表实际国民收入，P 代表一般物价水平（用价格指数来表示），因此 $P \cdot Q$ 即为名义国民收入。

费雪认为，在短期内可以将货币流通速度 V 视为一个常数。只要货币流通速度是固定的，就意味着名义国民收入完全取决于货币供给量；通过工资和物价的灵活调整，经济会保持在充分就业水平上，因而实际国民收入 Q 在短期内也将保持不变，价格的变动完全由货币数量决定，而且是同方向变动。

从交易方程式可以方便地得出货币需求的表达式。只要式（3-2）两边同除以 V，即可得到

$$M = k \cdot P \cdot Q，其中 \left(k = \frac{1}{V} \right) \tag{3-3}$$

从式（3-3）中可以看出，货币需求取决于货币流通速度和名义国民收入。而根据货币数量论的观点，货币流通速度是一个相对固定的量，所以货币需求就取决于名义国民收入。

3. 剑桥方程式

英国剑桥学派的创始人阿尔弗莱德·马歇尔（Alfred Marshall，1842~1924）在他

1923 年出版的《货币、信用与商业》一书中论证了货币数量对货币价值的决定作用，强调货币与物价之间的关系取决于人们手中保有的货币量。马歇尔的观点由其学生阿瑟·庇古（Arthur Pigou，1877～1959）加以系统化，表述为剑桥方程式：

$$M = k \cdot P \cdot Q$$

或

$$P = \frac{M}{k \cdot Q} \tag{3-4}$$

这一方程式又称现金余额方程式。式中，M 代表一定时期内流通中的货币数量，Q 代表实际国民收入，P 代表一般物价水平或货币价值的倒数（货币购买力），k 代表人们手中经常持有的货币量（现金余额）与以货币计算的国民收入之间的比例。

剑桥方程式是从人们持有货币多少的角度来说明货币数量和物价关系的。该方程式表明：流通中的货币数量 M 越多，货币购买力（$1/P$）越低，反之则越高；在货币供给量和国民收入不变的情况下，货币价值则决定于现金余额的数量，即 k 的比值。

如果把剑桥方程式中的 k 看成一个常数，该方程式和费雪的交易方程式就只有符号不同了。令 $k = \frac{1}{V}$，它们便完全一样了。我们虽然得出了与费雪交易方程式完全相同的结论，但是分析的出发点却是完全不同的。费雪着眼于货币的交易媒介功能，强调流通中货币数量对物价、币值的决定作用，其货币是现金交易数量，其方程是现金交易数量说；剑桥学派既考虑交易媒介，又考虑储藏手段，强调人们手中所持货币量对物价、币值的影响，其货币量是现金余额数量，其方程式是现金余额数量说。

通过以上分析我们可以发现，剑桥经济学家是从货币需求函数出发推导出货币数量论，而不像现金交易说那样从货币数量论出发推导出货币需求函数。逻辑顺序的不同却使现金余额说蕴涵着较多的合理成分。剑桥学派开创的这一研究视角为后来的经济学家研究货币需求奠定了基础。

二、凯恩斯的货币需求理论

凯恩斯的货币需求理论也可称为灵活偏好理论或流动性偏好理论，指出货币需求量是收入与利率的函数，其突出贡献是分析了人们持有货币的三大动机：交易动机、预防动机与投机动机。

1. 凯恩斯的思想基础

凯恩斯指出："货币之重要性主要是以货币乃现在与未来之联系这一点产生的。"对未来预期的不确定性在凯恩斯的理论中具有极其重要的位置。当人们的储蓄与投资是通过货币进行时，这种对未来预期的不确定性必然通过货币表现出来，这就是人们对货币灵活性的偏好，即人们储藏货币不仅是由于交易的需要，而且是为了投机的需要，通过持有货币来应对预期的不确定性并获得收益。

在前面，我们已经对凯恩斯的消费函数和投资函数理论进行了分析，并把投资作为一种外生变量构筑了简单凯恩斯模型。然而，仅仅就凯恩斯对边际消费倾向和资本边际效率的分析并不能构成对资本主义经济非充分就业均衡的完整解释，只有把凯恩斯的货币灵活偏好理论与消费函数和资本边际效率理论联系起来，才能构成一个完整的理论体系。凯恩斯的消费函数理论所表明的是，人们的消费主要取决于收入，从而储蓄主要也取决于收入，并成为一个既定的量，很少为利息率所左右。而投资则不仅取决于利息率，而且取决于人们对未来的预期，因而储蓄与投资是完全不同的两回事，人们不用于消费的收入——储蓄并不一定会转化为投资。当人们对投资的前景感到悲观时，会把储蓄以货币的形式积存起来，等待时机，这就会导致总需求不足及失业。

2. 灵活偏好理论

根据凯恩斯的灵活偏好理论，货币是一种资产，人们持有货币与持有其他资产一样，都是为了获得收益。一定时期内保存财富的形式是多样且可以选择的，除了货币形式之外，还可以以股票、债券、储蓄账户或者实物资产等利息较高的生息资产的形式保持财富。当人们持有货币而没有将货币投资于利率较高的生息资产时就会损失利息收入，这种利息损失就是持有货币的成本。

人们在一定时期可用各种形式拥有其财富，以货币形式拥有的财富多些，则以其他形式（如实物资产及股票、债券等金融资产）拥有的财富就会少些。拥有其他形式的资产会带来收益，而以货币形式持有财富通常不会带来收益。既然如此，人们为什么总要在手中持有一定的货币呢？因为人们可以通过持有货币，在货币市场上买卖股票或债券，获得由利息率与其他资产价值变动而产生的投机收益。按凯恩斯的说法，人们持有货币是出于三种动机：交易动机、预防动机和投机动机，由此形成人们对货币的交易需求和投机需求。

1) 货币的交易需求

交易动机是指人们为了日常交易而持有货币的动机。人们的收入和支出具有非同步性，如人们货币收入常是按月、按季，甚至按年获得的，但支出都是经常不断的，这就需要有闲置的货币放在身边。用于交易目的的货币需求取决于人们交易的数量，交易数量随着收入的变化而变化，货币的交易需求也就随着收入水平的变化而变化，与收入成正比。

预防动机也叫谨慎动机，指为了预防意料之外的情况而产生的持币愿望。人们愿意持有的预防性货币产生于未来收入和支出的不确定性，即人们为应付意外事故而形成的对货币的需求。例如，人们为应付疾病、工伤事故和其他不测事变而留些货币在身边。预防性动机的货币需求与收入成正比。

交易动机和预防动机的货币需求是对交易媒介的需求，合称货币的交易需求。凯恩斯认为，用于交易目的的货币都是收入的增函数。当然，在现实中，这种用于交易目的的货币也会具有利息率弹性，但它的弹性是非常小的。因此，为了分析的需要，假定货币的交易需求完全没有利息率弹性，即与利息率无关。用 MD_T 表示交易货币需求，用 Q 表示实际国民收入，这种货币需求和实际收入的关系可以用函数式表示为

$$MD_T = MD(Q) \tag{3-5}$$

如果我们假定人们为了满足交易货币需求的货币量与货币收入的比例关系为一个常数 K，则式（3-5）可改写为

$$MD_T = K \cdot P \cdot Q \qquad (3\text{-}6)$$

从式（3-6）可以看出，凯恩斯对交易需求和谨慎需求的表述与剑桥方程式 $M = K \cdot P \cdot Q$ 是相似的。虽然凯恩斯强调的是货币需求与实际收入的关系，剑桥方程式强调的是货币数量与价格水平之间的关系，但在意义上二者并没有什么区别。

2）货币的投机需求

投机动机是人们为财富储藏而持有货币的动机，由此形成的货币需求是对闲置的货币余额的需求，即对资产形式的需求，称为货币的投机需求。凯恩斯认为，这种货币的投机需求来自人们对未来利息率变动的预期是不确定的。当人们预期的利息率变动会使持有债券遭受资产的损失时，人们将持有货币。也就是说，货币数量在利息率的决定中扮演着重要的角色，利息率是一种货币现象，是由货币的供给与需求决定的。

凯恩斯使用了某些简化的假定来分析货币数量与利息率的关系。假定所有的金融资产都可以划分为两类：货币和非货币资产（用债券来代表），把持有这些债券所得的收益都称为利息。按凯恩斯的说法，人们之所以为了投机目的而持有货币，是因为其他资产形式或债券的收益具有不确定性。

让我们来看一个具有固定利息的持久性债券的例子。这种持久性债券每年只按照一个固定比例支付利息，如政府发行的公债，每年按 4％ 支付利息，如果债券的票面额为 100 元，每年将固定支付给债券持有者 4 元的利息。那么利息率又是怎样影响债券的市场价格呢？

当市场利息率为 4％ 时，这种固定利息支付的债券的市场价格将与其票面值相等，即 100 元，因为对于资产所有者来讲，在这一利息率条件下，100 元的资产所能获得的收入只能是 4 元。当市场利息率上升为 5％ 时，100 元的资产将获得每年 5 元的收益，而面值 100 元的债券收益只有 4 元，这必将使债券的市场价格下跌，它只能按照给买者提供 5％ 的利息率的较低价格出售，因为债券的价值只能按它能给资产所有者提供的收益计算，而获得收益的标准是流行的市场利息率。这样，我们就得到债券的市场价格的计算公式

$$BP = \frac{R}{r} \qquad (3\text{-}7)$$

其中，BP 是债券的市场价格，R 是债券按固定利息率支付的收益，r 为利息率。当利息率为 4％ 时，每年 4 元收益的债券的市场价格为

$$\frac{4}{4\%} = 100$$

当利息率为 5％ 时，债券的市场价格为

$$\frac{4}{5\%} = 80$$

这样，当人们预期利息率将要上升，如预期利息率会从 4％ 上升到 5％ 时，人们与其购买债券获得 4 元的收益，不如将货币闲置在手中更为有利。因为如果将 100 元购买债券，虽然能获得 4 元的收益，但当利率上升到 5％ 时，面值 100 元的债券市场价格只

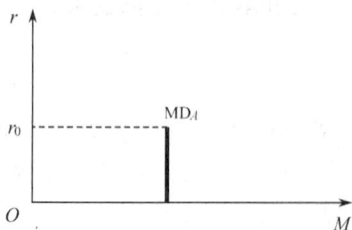

图 3-1　个人的货币投机需求

有 80 元。也就是说，会给债券购买者带来 16 元（80＋4－100＝－16）的资产净损失。这种对利息率的预期将使人们宁愿持有货币而放弃能够生息的债券。反之，当人们预期到利率将要下降时，他们将抛出货币而持有债券（购买债券）。

以上例子表明了利息率与货币投机需求之间的关系，即当某个人认为目前的利息率低于正常利息率，从而预期利息率将要上升时，他将持有货币而抛出债券；而当他认为目前的利息率超过正常利息率，从而预期利息率将会下降时，他将持有债券而抛出货币，如图 3-1 所示。

图 3-1 表明，当个人预期利息率将要上升到 r_0 以上时，货币投机需求（用 MD_A 表示）将为零；而在预期利息率低于 r_0 时，他将把债券全部转化为投机性货币余额，因而投机需求曲线是不连续的。我们把 r_0 称为有效利息率。但是这种情况只是对个人来讲的。每个人对未来的预期各不相同，从而每个人心目中的有效利息率 r_0 也有所不同。因此，对货币和债券的总需求并不是突然变化的，可以认为因投机而产生的对货币的需求曲线是一条平滑的曲线，它随着利息率的下降而使人们对货币的投机需求增加，因为利息率越低，将会有更多的人认为它低于他心目中的有效利息率，从而预期利息率将会上升。这种利息率与货币投机需求的关系如图 3-2 所示。

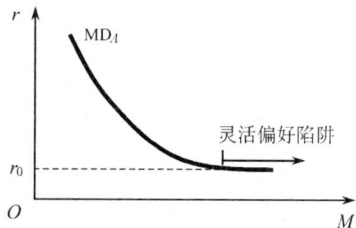

图 3-2　社会总的货币投机需求

图 3-2 表明，MD_A 向右下方倾斜表示：随着利息率的下降，人们对货币的投机需求增加，人们需要的投机货币量增大。根据这种关系，可以写出货币的投机需求函数式

$$MD_A = MD(r) \tag{3-8}$$

式中，MD_A 表示货币的投机需求，它与利息率呈反向变动。

凯恩斯在他的货币灵活偏好理论中使用了一个十分重要的概念——灵活偏好陷阱，即当利息率下降到一定程度时，人们对货币的投机需求会变得无限大。也就是说，当利息率低到某一点时，所有的人都会预期利息率不会再下降而会上升，从而都抛出债券而持有货币。

如图 3-2 所示，在 r_0 点，货币的投机需求曲线变得具有无限的弹性，从而会阻止利率的下降。这时利息率不再调节货币需求，货币需求是个无底洞，无论货币供给增加多少都会被吸收，于是货币市场陷入了凯恩斯所说的"灵活陷阱"，这时货币政策便失去了调节作用。

3) 货币的总需求

通过对货币需求的三个动机进行分析，我们知道货币的总需求包括货币的交易需求和货币的投机需求。这样，货币的总需求函数 MD 就是货币交易需求函数 MD_T 与货币投机需求函数 MD_A 之和：

$$MD = MD(Q) + MD(r) \qquad (3\text{-}9)$$

或

$$MD = MD(Q, r) \qquad (3\text{-}10)$$

式（3-10）表明，货币需求取决于实际国民
收入和利息率。这种关系可以用图3-3来表
示，MD 表示货币的总需求曲线。

考虑一下实际国民收入的变化对货币
总需求的影响。货币的交易需求 $MD_T = MD$
(Q) 只取决于实际收入水平，与利息率无
关，所以在图中为一垂直的线，其与原点
的距离表示交易的货币需求量。当收入水

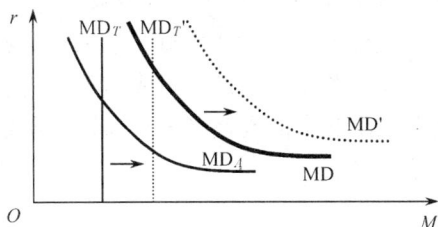

图 3-3　货币的总需求曲线

平上升时，MD_T 曲线将向右方平行移动，货币的交易需求随收入的上升从 MD_T 增加到
$MD_T{'}$。货币总需求由 $MD = MD_T + MD_A$ 变为 $MD' = MD_T{'} + MD_A{'}$。

三、对凯恩斯货币需求理论的发展

凯恩斯学派经济学家对凯恩斯流动性偏好理论的发展是围绕着三大动机的货币需求
理论展开的。其中最有代表性的是鲍莫尔的平方根公式、惠伦的立方根公式和托宾的资
产组合理论。

1. 鲍莫尔的平方根公式

在凯恩斯的货币需求分析中，交易动机的货币需求与预防动机的货币需求只是收入
的函数，与利息率无关。威廉·鲍莫尔（William Baumo）对交易性货币需求和利息率
的关系进行了深入的分析，论证了交易性货币需求同样会受到利息率的影响，提出了与
利息率相关的交易性货币需求模型，即平方根公式或鲍莫尔模型：

$$MD_{T_1} = \sqrt{\frac{b \cdot Q}{2r}} \qquad (3\text{-}11)$$

其中，MD_{T_1} 代表交易性货币需求，Q 为收入，b 为变现一次所需的手续费。

鲍莫尔认为，由于现金不会给持有者带来收益，只要能从利息上获得的收入超过变
现的手续费，就应将暂时不用的现金转化为生息资产的形式，待需要支用时再变现。一
般情况下，利率越高，收益越大，生息资产的吸引力也越强，人们就会把现金的持有额
压到最低限度。当然，若利息率很低，利息收入连变现的手续费都不够，那么人们宁愿
持有全部的交易性现金。因此，货币的交易需求与利率不但有关，而且关系极大，凯恩
斯贬低利率对现金交易需求的影响并不符合实际。

2. 惠伦的立方根公式

爱德华·惠伦（Edward Whalen）论证了预防性货币需求受利率影响的观点，修正
了凯恩斯关于预防性货币需求对利率不敏感的观点，提出了与利息率相关的预防性货币

需求模型，即立方根公式或惠伦模型：

$$\mathrm{MD}_{T_2} = \sqrt[3]{\frac{2S^2 \cdot b}{r}} \qquad\qquad (3\text{-}12)$$

其中，MD_{T_2} 代表预防性货币需求。

惠伦认为，预防性货币需求来自事物的不确定性。决定人们预防性货币需求大小的因素主要有两个：一是持币成本；二是收入和支出的状况。最佳预防性货币需求的变化与货币支出分布的方差（S^2）、转换现金的手续费（b）和持有货币的成本（利率 r）呈立方根关系。

3. 托宾的资产组合理论

詹姆斯·托宾（James Tobin）对凯恩斯的投机动机货币需求理论进行了发展，在维持投机动机的货币需求与利率呈反向关系的基本结论的前提下，分析了人们在同一时间持有包括货币在内的多种不同收益率的金融资产这一客观情况，这就是托宾模型。托宾模型主要研究在未来预期不确定的情况下，人们怎样选择最优的金融资产组合，所以又称为"资产组合理论"。

托宾认为，资产的保存形式不外两种：货币和债券。债券称为风险性资产，货币被称作安全性资产。风险和收益同方向变化，同步消长。由于人们对待风险的态度不同，就可能作出不同的选择决定。据此，托宾将人们分为三种类型：风险回避者、风险爱好者和风险中立者。托宾认为，现实生活中前两种人只占少数，绝大多数人都属于风险中立者，资产选择理论就以他们为主进行分析。

托宾认为，收益的正效用随着收益的增加而递减，风险的负效用随风险的增加而增加。当某人的资产构成中只有货币而没有债券时，为了获得收益，他会把一部分货币换成债券，因为减少了货币在资产中的比例可带来收益效用。但随着债券比例的增加，收益的边际效用递减而风险的负效用递增，当新增加债券带来的收益正效用与风险负效用之和等于零时，他就会停止将货币换成债券的行为。同理，若某人的全部资产都是债券，为了安全他就会抛出债券而增加货币持有额，一直到抛出的最后一张债券带来的风险负效用与收益正效用之和等于零时为止。只有这样，人们得到的总效用才能达到最大，这也就是资产分散化原则。这一理论说明了在不确定状态下人们同时持有货币和债券的原因，以及对二者在量上进行选择的依据。

四、弗里德曼的新货币数量论

米尔顿·弗里德曼是当代西方经济学货币学派的代表人物。弗里德曼在他的《货币数量说的重新表达》一文中，对剑桥方程式做了新的解释，被称为新的货币数量论。

1. 决定货币需求的因素

弗里德曼认为，货币数量论并非关于产量、货币收入或物价的理论，而是货币需求理论，是明确货币需求量究竟由哪些因素决定的理论。因此，弗里德曼对影响人们货币的持有量或需求量的各种因素做了详细的分析。

首先是财富总量。如同消费者行为理论中的预算线一样，个人所能持有的货币量以其财富总量为上限，并以恒久收入作为总财富的代表。恒久收入是指过去、现在和将来的收入的平均数，即长期收入的平均数。个人可以不持有货币，但货币持有量决不能超过其上限。弗里德曼注意到在总财富中有人力财富和非人力财富。人力财富是指个人获得收入的能力，非人力财富即物质财富。弗里德曼将非人力财富占总财富的比例作为影响人们货币需求的一个重要变量。

其次是货币及其他资产的预期收益率。货币的收益率可以为零（通货）、为正（存款利息）或为负（存款服务费用）。而其他资产，如债券、股票、实物资产的收益率就是持有货币的机会成本。这些资产的收益就是人们持有货币所支付的费用，因而需要考虑。

最后是同持有其他资产相对的，人们持有货币所得的效用及决定货币效用的其他因素。这主要是指人们对货币的偏好、趣味，包括三项内容。其一，个人如果把货币当做"必需品"，则其货币需求的收入弹性等于1或小于1；如果把货币当做"奢侈品"，则其货币需求的收入弹性大于1。其二，预期将来经济的安定程度。其三，现存的资本品交易量与收入的比较。这些因素都会影响货币的效用，因而也会影响货币的需求。

弗里德曼将货币作为构成财富资产的一种，通过影响人们选择资产种类的因素来研究货币需求，这实际上是资产需求理论在货币需求理论上的应用。

2. 新货币数量论的货币需求函数

在吸收和修正凯恩斯灵活偏好论的基础上，弗里德曼通过对货币需求量的各种因素进行深入分析，建立了独具特色的货币需求函数：

$$\frac{\text{MD}}{P} = f\left(Y,\ W;\ r_m,\ r_b,\ r_e,\ \frac{\mathrm{d}p}{P\mathrm{d}p};\ U\right) \tag{3-13}$$

式中，$\frac{\text{MD}}{P}$表示个人的实际货币需求；P表示一般价格水平；Y表示按不变价格计算的实际收入；W表示物质财富占总财富的比例；r_m表示货币的预期收益率；r_b表示债券的预期收益率；r_e表示股票资产的预期收益率；$\frac{\mathrm{d}p}{P\mathrm{d}p}$表示价格水平的预期变动率及实物资产的预期收益率；$U$表示任何可能影响属于货币效用的非收入的各种变量，以及有关经济稳定性的预期。式（3-13）的经济含义：个人财富持有的实际货币需求是实际收入、各种资产的预期收益率、价格变动及其他各种因素的函数。

3. 新货币数量论的观点

首先，弗里德曼的货币需求函数暗含着货币需求对利率并不敏感，因为利率的变动往往是和货币的预期报酬率同向变动的。由于影响货币需求的是货币和其他资产之间的相对报酬率的高低，所以当货币的预期报酬率与其他资产的预期报酬率同向变动时，货币需求将相对保持不变，即影响货币需求的主要因素实际上只是恒久性收入。其次，弗里德曼认为，货币需求函数本身是相当稳定的，它不会发生大幅度的位移。

从上面的分析中可见，只要货币需求是稳定的、可以预测的，那么货币流通速度就是稳定的、可以预测的。只要货币流通速度是稳定的、可以预测的，那么当货币供给发生变化时，我们把货币流通速度的预测值代入交易方程式，就可以估计出名义国民收入的变动。因此，"货币供给是决定名义收入的主要因素"的货币数量论的观点仍然能够成立。

新货币数量论与传统货币数量论有两点明显的不同：第一，货币流通速度不再被假定为一个固定的常数，而被认为是一个稳定的、可以预测的变量；第二，它放弃了传统货币数量论所认为的实际国民收入保持不变，从而价格与货币供给同向同比例变动的观点，而认为在短期内实际国民收入也将随货币数量的变化而有所变化，至于其变动的程度则要视其他条件而定。

新货币数量论与凯恩斯的灵活偏好理论的差别在于：资产选择的范围不同，不同于凯恩斯的货币与非货币资产的划分，而将货币看做多种财富资产的一种；另外，弗里德曼没有像凯恩斯那样把货币的预期报酬率视为零，而是把它当做一个会随着其他资产预期报酬率的变化而变化的量。

弗里德曼提出的货币需求函数对货币流通速度、决定货币需求的收入做了重新表述，而且认为货币数量的变动直接引起名义收入的变动（在短期内实际产出也变动）；弗里德曼新货币数量说深受凯恩斯流动性偏好理论的启发，将货币替代品由只有债券一种发展为多种，在货币需求的利率弹性和货币需求的稳定性上均有新的认识。在这一货币需求函数中，弗里德曼以恒久性收入作为总财富的代表，以债券的预期收益率、股票的预期收益率及实物资产的预期收益率作为机会成本变量，同时还以人力财富与非人力财富之比及其他综合变量作为影响货币需求的其他因素。因此，从本质上说，弗里德曼的新货币数量论的实质，既是对传统货币数量说的继承和发展，又是对凯恩斯流动性偏好说的继承和发展。

第三节　货币供给

货币供给是与货币需求相对应的另一个侧面，包括货币供给行为和货币供给量两大内容。货币供给行为是指银行体系通过自己的业务活动提供货币的全过程，货币供给量是指银行系统向流通中供应了多少货币。很明显，货币供给的主体就是银行。

一、作为企业的银行

现代的中央银行制度将银行分为两级：中央银行和商业银行及其他非银行金融机构。中央银行即货币当局，如我国的中国人民银行、美国的美国联邦储备局。

商业银行也是企业，是营利性的金融媒介。一家商业银行向社会各界借入货币，并以存款相交换。然后用借到的货币贷款给它相信有偿还能力的企业和个人。银行出借贷款的利息扣除存款利息后的余额就是银行的利息收入。从利息收入中扣除银行经营业务中的成本（包括雇员工资、办公设备等）之后就是银行利润，银行利润的基本来源是其贷款活动。

为了说明货币的供给机制，我们先来了解一下商业银行的基本业务和与此相关的一些基本概念。

1. 偿付能力、灵活性与利润

银行是其储户的债务人，它必须按期归还储户的存款，并按双方协议的利息率支付一定的利息。银行偿还其债务的能力称为银行的偿付能力。银行也是其贷款客户的债权人，银行到期会收回贷款并按贷款协议收取利息。

银行资产包括其所有的现金和有价证券，银行的债务则来自各种类型的储蓄。银行必须在储蓄者要求提取存款时，归还其储蓄。一般情况下，银行承担这种责任是不成问题的。但是，有时银行资产的价值会下降。例如，银行拥有的债券价格可能会大幅度下跌，贷放出去的款项到期不能归还，这就造成银行的"市场风险"和"拖欠风险"。如果银行资产同其债务相比下降太多，使银行失去了偿还能力，它就只能破产。为避免破产，银行资产的价值至少要等于其债务的价值。

从理论上说，银行的偿付能力首先与其资产质量有关，也就是同其贷款的质量有关；其次与其自有资金的比例有关。显然，银行的自有资金比例越大，其抵抗倒闭风险的能力就越强。银行贷款活动中总是会出现逾期不能归还的呆账和已经无法归还的坏账，当坏账比例增大时，商业银行就必须以自有资金来支付到期存款，也可以用银行同业拆借的办法，或国家特殊补贴的办法渡过难关。

在国际业务中，自有资金的比例成了关键性的因素，它标志着一个从事国际业务的商业银行的基本偿付能力。《巴塞尔协议》规定，从事国际业务的商业银行的自有资金比例必须在 8% 以上，其目的就是加强国际商业银行的偿付能力，减少从事国际业务的金融机构倒闭的风险，加强国际金融活动的稳定性。

银行如果百分之百地保证其偿还能力，它就赚不到从贷款业务中可能得到的任何利润。银行为了生存必须承担一些风险，借出它的资金。银行借出的钱越多，风险也越大，但利润也会越多。银行要在偿还能力即风险和赢利之间作出权衡。

储户在任何时候都可以提取其存款，银行则必须满足储户的提款要求，这就要求银行必须时刻备有现金。银行备有现金的多少称为银行的灵活性。备有现金越多，灵活性越大；备有现金越少，灵活性越小。如果银行将所有的储蓄以现金形式保存，其灵活性就达到最高水平，但不能获得贷款利润。如果银行将所有存款都贷出去，其灵活性就等于零，它就没有支付储户提款的现金。这时尽管其资产质量毫无问题，但其灵活性差也会导致挤兑和倒闭。银行必须在增加灵活性的机会成本和失去灵活性的风险成本之间进行权衡。

一般地说，银行总是一方面设法通过投资和高收入贷款来获取高额利润，另一方面又要设法避免风险及灵活性降低成本。偿还能力和灵活性是两个不同的目标，但是，保持较高偿还能力和灵活性的机会成本都是因此而减少的收入。

2. 准备金

银行可贷资金的基本来源是银行所吸收的存款，但是，每天也都会有人取走一部分存款。在正常情况下，储户每天取走的金额只占存款总额的很小一部分。此外，每天还会有新的款项存入。如果每天存取款项的净额最多不超过全部存款的3%，那么只要银行将现金保持在高于3%的水平，如10%，就足以应付所有的提款要求。银行存款中没有贷出去而保留下来的可以用于应付提款需要的灵活性资产（包括现金和其他高灵活性资产）称为准备金或储备。

商业银行为了应付客户提取存款的需要，必须保留一部分资金作为准备金。为了防止商业银行过度追求利润而保留准备金过少，中央银行必须以法律形式规定在银行吸收的存款中必须保留的准备金比例。中央银行对所有商业银行和金融机构规定的统一的准备金比率叫做法定准备率。商业银行按照法定准备率保留的准备金叫做必要准备金。

$$必要准备金＝存款额×法定准备率 \tag{3-14}$$

商业银行的准备金以两种形式持有：一种是银行自己保留的准备金；另一种是存入中央银行的准备金存款。银行自己保留的准备金又分为两级准备：以现金形式持有的准备金称为一级储备；以灵活性很高的债券持有的准备金称为二级储备。

商业银行吸收的存款减去已经贷放出去的部分，剩下的部分称为现有总储备。现有总储备再减去必要准备金后的所余部分称为过度储备。

$$过度储备＝存款总额－贷款总额－必要准备金 \tag{3-15}$$

过度储备是商业银行可以随时贷放出去的资金。为了提高赢利，商业银行总是尽量减少过度储备。例如，在法定准备率为20%的情况下，某银行吸收1000元存款，同时，银行又将其中的500元贷放出去，这时，在银行的资产负债表上，存款、贷款、必要准备金、过度储备就如表3-2所示。

表3-2　某银行资产负债表的变化　　（单位：元）

资　产		负　债	
必要准备金	200	存款	1000
贷款	500		
过度储备	300		
合计	1000	合计	1000

二、货币的创造过程

商业银行的活期存款就是货币，它可以用支票的形式在市场上流通。所以客户在得到商业银行的贷款以后，一般并不取出现金，而是把所得到的贷款作为活期存款存入同自己有业务往来的商业银行，以便随时开支票。所以，银行贷款的增加又意味着活期存款的增加、货币供给量的增加，这就是银行的货币创造过程。货币存款创造是在多家银行的多次行为中产生的，在中央银行货币发行量并未增加的情况下，商业银行的存款与贷款活动就会创造货币，使流通中的货币量增加。

1. *存款创造过程举例*

为了便于分析，我们先将存款过程简单化。假定商业银行没有超额储备，只有法定准备金；银行客户将所有货币存入银行，支付以支票形式进行，即没有现金漏出。看下面的例子：

现在某个客户甲卖出自己持有的 1000 元的政府债券，将得到的 1000 元存入 A 银行，如果中央银行规定的法定准备率为 20%，这时 A 银行的资产负债表如表 3-3 所示。

表 3-3　A 银行资产负债表的变化　　　　　　　　　　　（单位：元）

资产		负债	
必要准备金	200	存款	1000
过度储备	800		
合计	1000	合计	1000

由于 A 银行有了新增 1000 元的存款，在保留了 200 元必要准备金后，它便把 800 元的过度储备开具支票贷放给客户乙。客户乙在拿到贷款支票后，将它存入 B 银行。这时，B 银行的资产负债表上增加存款 800 元，B 银行在按规定保留了必要准备金 160 元以后，出现了 640 元的过度储备。这一变动如表3-4所示。

表 3-4　B 银行资产负债表的变化　　　　　　　　　　　（单位：元）

资产		负债	
必要准备金	160	存款	800
过度储备	640		
合计	800	合计	800

这时 B 银行进一步将过度储备作为贷款贷放出去给客户丙，客户丙又将它存入 C 银行，因而上述过程会一直延续下去，直到银行体系中最初增加的 1000 元全部变为准备金为止。全部过程如表 3-5 所示。

可见，从外部存入银行体系的每一元新存款或准备金，通过银行体系的共同作用都以多倍扩大了的数量变为货币供给。最终新增的存款都变为准备金和人们提取的现金，银行体系中的准备金和经济体系中的现金之和构成了全部货币供给量的基础，因此，它们被称为基础货币（base money），也称高能货币（high-powered money）或货币基数（monetary base），用 H 表示。基础货币 H 等于商业银行的准备金 R 和公共持有的通货 C 之和：

$$H = R + C \tag{3-16}$$

表 3-5   所有相关银行资产负债表的变化   （单位：元）

相关的银行	新存款	新贷款	新准备金
初始银行	1000.00	800.00	200.00
第 2 级银行	800.00	640.00	160.00
第 3 级银行	640.00	512.00	128.00
第 4 级银行	512.00	409.60	102.40
第 5 级银行	409.60	327.68	81.92
第 6 级银行	327.68	262.14	65.54
第 7 级银行	262.14	209.72	52.42
第 8 级银行	209.72	167.78	41.94
第 9 级银行	167.78	134.22	33.56
第 10 级银行	134.22	107.38	26.84
前 10 级银行总和	4463.14	3570.52	892.62
...	...	...	...
其他各级银行总和	536.86	429.48	107.38
整个银行体系总和	5000.00	4000.00	1000.00

2. 货币创造乘数

从上面的例子中，我们看到，在法定准备率为 20% 的情况下，银行体系最初增加的 1000 元存款使整个银行体系的存款增加到 5000 元，这就是通常所说的银行通过存款和贷款"创造"货币。我们把由一笔新存款引起的整个银行体系增加的存款与最初增加的新存款之间的比例称为货币创造乘数（money-creation multiplier），或货币供给乘数（money-supply multiplier），用 KM 表示。根据上面的分析可知，货币创造乘数即基础货币扩张或收缩的倍数，是货币供给量与基础货币之比。用 M 表示货币供给量，即

$$KM = \frac{M}{H} \tag{3-17}$$

法定准备率为 20% 时，最初存入的 1000 元，经过银行体系的货币创造过程，各个银行存款总和为 5000 元，即

$$1000 + 1000 \times (1-0.2) + 1000 \times (1-0.2)^2 + 1000 \times (1-0.2)^3 + \cdots$$
$$= \frac{1000}{0.2} = 5000$$

若 r_d 代表法定准备率，则商业银行体系所能创造出的货币量的公式是

$$M = H + H(1-r_d) + H(1-r_d)^2 + H(1-r_d)^3 + \cdots = \frac{H}{r_d} \tag{3-18}$$

我们看到，存款扩大了 $\frac{1}{r_d}$ 倍，也就是说货币创造乘数可以用下式来计算：

$$KM = \frac{1}{r_d} \tag{3-19}$$

上例中，法定准备率为 20%，则货币创造乘数为 5；如果法定准备率下降到 10%，则货币创造乘数就为 10。

3. 对货币创造乘数的修正

但是，在实际活动中银行体系并不总能按照法定准备率创造出相应数量的支票存款。如果银行体系吸收一笔新存款后，除保留必要准备金以外，还保留一部分过度储备未能贷出，那么，社会上实际得到的新贷款也会缩小，从而整个银行体系的创造存款能力降低，货币创造乘数也会降低。过度储备也和必要准备金一样漏出银行的货币创造体系，用 r_e 表示过度储备率，则此时的货币创造乘数 II 为

$$KM_{II} = \frac{1}{r_d + r_e} \tag{3-20}$$

如果法定准备率仍为 20%，过度储备率为 10%，那么此时货币创造乘数为

$$KM_{II} = \frac{1}{0.2 + 0.1} = 3.33$$

从全社会看，总会有一部分货币以现金形式保留在人们身边，也就是说，在银行增加的存款中，总会有一部分货币以现金形式漏出银行体系之外，考虑到这一因素，上面的货币创造乘数还要进行一定的修正。这是因为，当人们把货币以现金形式保留在身边时，货币就脱离了银行体系，没有变成新的存款，银行也就不能将它重新贷出，这也使银行体系创造存款的能力降低。我们把考虑了现金流通因素的货币创造乘数称为货币创造乘数 III。假定当银行吸收一笔存款后，人们还会将其以一个固定比例 r_c 以现金形式提取。这时，货币创造乘数公式就变为

$$KM_{III} = \frac{1 + r_c}{r_d + r_e + r_c} \tag{3-21}$$

如果法定准备率仍为 20%，过度储备率为 10%，同时，人们提取的现金占新增存款的比例为 10%，那么

$$KM_{III} = \frac{1 + 0.1}{0.2 + 0.1 + 0.1} = 2.75$$

除了现金是银行体系中货币流量的漏出因素以外，储蓄存款是另一个漏出因素，因为储蓄存款并不能通过开具支票进行流通。在考虑到一部分存款会变为储蓄存款后，货币创造乘数要进一步修正为乘数 IV。假定 r_t 为储蓄存款的法定准备率，TD 为新增支票存款中转化为储蓄存款的比例，这时，货币创造乘数为

$$KM_{IV} = \frac{1 + r_c}{r_d + r_e + r_c + r_t \cdot TD} \tag{3-22}$$

该式表明，乘数随法定准备金率、超额准备金率和通货比率的变动而变动，并与它们反方向变化。

货币创造乘数 III 和货币创造乘数 IV 的具体推导见本章附录。

从以上对乘数的论述中，可以看出，社会上的货币供给总量是由银行体系利用最初增加的货币量创造的，在乘数充分发挥作用的情况下，银行体系中最初增加的货币最终全部转化为准备金存款和流通中的现金。社会上货币供给总量等于货币基础乘以货币创造乘数。因此，中央银行可以通过控制货币基础数量和货币创造乘数的高低来调节经济体系中的货币供给总量。

三、货币供给的内生性与外生性

关于货币供给究竟是内生性的还是外生性的，理论界一直存在争论。当代世界各国无不建立起独享货币发行权的中央银行体制，中央银行既是信用货币的发行者，又是货币供给量的调节者。同时，货币供给量的变动不仅仅受制于中央银行的货币政策，还受制于客观经济过程，即受经济社会中其他经济主体的货币收支行为的影响，因此，货币供给同时又是一个内生变量。

1. 货币供给的外生性理论

在现代经济学中，主流凯恩斯主义和货币主义的货币理论就是建立在货币外生性的基础之上的。货币供给的外生性是指货币供给量不受任何经济因素的制约，不受中央银行以外的经济部门左右，而完全受中央银行控制和操纵，由中央银行根据政府的金融政策和经济形势变化的需要供应货币；或者如弗里德曼所言，货币是从直升机上抛撒下来的。

凯恩斯货币理论在货币供给方面的观点是，货币供给完全由中央银行控制，中央银行可以根据国家宏观经济政策的要求，人为地控制货币供给量，货币供给的变化能够影响经济运行，但不受经济内在因素的影响。因此在凯恩斯的货币市场供求曲线中，我们看到的货币供给曲线是一条与货币量轴垂直的直线。

2. 货币供给的内生性理论

货币供给的理论，已经反映出货币供给是由中央银行基础货币供给情况、商业银行过度储备、社会公众提现情况等多种因素共同决定的。20世纪60年代以后，西方各国普遍出现了各种金融创新活动，扩大了经济内在因素对货币供给的影响力，增强了银行体系货币扩张能力，削弱了中央银行对货币的控制能力。在此背景下，新古典综合派的经济学家提出了"内生货币供给论"。货币供给的内生性是指货币供给难以由货币当局直接控制，而主要决定于整个金融体系，包括银行与非银行金融机构在内的社会经济各部门的共同活动。

新古典综合派"内生货币供给论"的主要命题：货币当局无法对货币的供给实行完全地控制，货币供给量已成为一个内生变量。他们认为，货币供给量主要由银行和企业的行为决定，而银行和企业的行为又取决于经济体系内的许多变量，中央银行不可能有效地限制银行和企业的支出，更不可能支配它们的行动。因此，货币供给量是由经济体系内部诸多变量决定并影响经济运行的内生变量，除了中央银行的政策行为外，商业银行的经营决策行为、收入水平的变化，以及公众对金融资产的偏好程度等也对货币供给量起着决定的作用。因此，货币供给量主要是由经济决定的，而不是主要由中央银行决定的。因此，中央银行对货币供给的控制就不可能是绝对的，而只能是相对的。

3. 我国货币供给的内生性

随着我国经济的发展，货币创造乘数逐渐变大，其无序的变动已无法用经济增长来解释，只能解释为私人部门（包括银行和公众）经济行为的改变使货币乘数发生了变化。此时我国货币供给已有了较强的内生性，它不仅发生于货币供给的过程之中，也发生于货币供给的过程之外。

我国货币供给内生性的形成机制：银行和居民对经济作出的反应改变了货币创造乘数和中央银行对货币总量进行控制的能力，从而影响了货币供给，使之带有很强的内生性。

自金融体制改革以来，银行开始向企业化方向发展，这意味着银行成为经营实体。银行根据自己对经济状况的判断，通过对自身行为的调节，主要利用收益、成本和风险分析作出放贷决策，改变了过去的货币派生机制，最终影响了货币供给。

另外，公众主要通过决定持有现金的比例（现金漏出率）来影响货币供给。当居民的收入增长速度下降时，公众对收入稳定性的预期也会随之下降，公众的货币交易需求减少；而投机性货币需求则会因利率水平下降而大大增加。这导致大量货币资金从交易领域退出，转化为预防性和投机性的现金和银行存款，影响了货币供给。

一般地说，在经济发展过程中，如果中央银行调控方式逐渐转向间接化，货币供给的内生性就会加强。货币供给内生性本身并不会给经济发展带来困难，但它会使货币当局实施货币政策的难度增大，这就要求我们正确判断和分析转轨经济中的内生货币供给机制，尽早开始思考防范对策。

第四节 货币市场的均衡

前两节中分别研究了货币的需求和货币的供给。把货币的供求结合在一起，就可以说明货币市场的自动均衡过程，以及货币市场的变动对最终产品市场产生影响的传导机制。

一、货币市场的自动均衡过程

与产品市场一样，当货币市场处于不均衡状态的时候，货币市场也存在自动趋于均衡的机制。

1. 利率和货币市场的均衡

货币的需求主要取决于交易商品数量和利息率的水平，货币的供给则取决于中央银行的货币政策，中央银行通过银行系统控制着货币的总供给量。关于中央银行如何控制货币供给，以及根据什么原则来控制货币供给，将在后面的有关金融体制与货币政策的章节中讲述。在这里我们把货币供给看做由中央银行控制，它不随利息率和交易数量的变动而发生变化。这里的目的仅在于说明货币市场的均衡机制和均衡状态如何发生变化。

在商品市场上，价格调节着市场的供需；在货币市场上，利率起到与价格相同的作用。由于货币供给量在这里暂时被看成一个既定的外生变量，那么，货币市场的均衡即

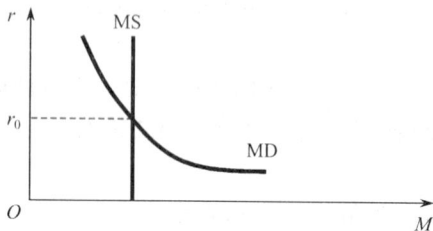

图 3-4　货币市场的均衡

通过利率调节货币需求来达到某个给定的货币供给。在货币市场上，利息率的变动会引起货币需求的变动。这是因为利息率的变动会引起债券价格的变动，债券价格的变动会导致人们重新安排所持有的货币的数量，从而导致货币投机需求的变动，使货币的需求发生变动。当货币需求等于货币供给时，货币市场就达到了均衡（图3-4）。货币的供给曲线 MS 是一条不随利息率变化而变化的垂直线，货币需求曲线 MD 是一条向右下倾斜的曲线，表明货币需求随利率的增加而减少。在利率 r_0 的水平下，货币市场达到了均衡。

2. 货币市场的自动均衡过程

假定货币供给量由中央银行根据某种货币政策控制在 400 亿元的水平上，根据既定的货币需求曲线 MD，当利息率为 5%时，货币需求也为 400 亿元，此时货币市场处于均衡状态，如图 3-5 所示。

我们来看看均衡是怎样达到的。

例如，在 3%的水平上，个人和企业所愿意持有的货币量 MD 为 500 亿，超过了货币供给量 MS，人们对货币有了一种过度需求。这意味着人们手中实际持有的货币量少于人们为交易和作为资产而希望持有的货币量，于是人们便会把

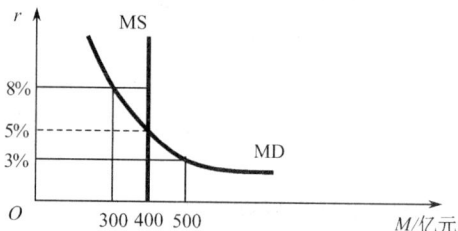

图 3-5　货币市场的自动均衡过程

手中的债券抛出换成货币。然而，当货币与债券总供给量一定的时候，并非每一个人都能够按 3%的利率水平的债券价格售出自己的债券，有人不得不以低价出售。这会使债券的供给 BS 上升，导致债券的供给大于其需求 BD，使债券的价格 BP 下降，并推动利息率上升。利息率上升会导致资产的货币需求即货币投机需求 MD_A 下降，货币需求沿着货币需求曲线 MD 向左上移动而减少，直到利率上升到没有人愿意出售债券换回货币为止。此时，利息率由 3%上升到 5%的水平上，货币需求就等于货币供给，货币市场达到均衡状态。只要利息率低于均衡利息率水平（5%），货币需求就会大于其供给，债券的持有者就会减少债券的持有量而增加货币的持有量，利息率就会上升，直到上升的利息率将货币需求重新调整到与货币供给相等为止。上述的自动均衡机制可概括如下：

在 $r=3\%$ 时：MD>MS，BS↑，BS>BD，BP↓，r↑，MD_A↓，MD↓，直到 MD

=MS。

结果：r上升到5%，MD=400=MS。

相反，在8%的利率水平上，人们持有的货币量 MS 超过了他们愿意持有的水平 MD，这意味着人们手中实际持有的货币量超过了其为交易和作为金融资产所需要持有的货币量，人们将试图减少其持有的货币量。作为财产而持有的货币的最佳替代物就是债券，于是人们开始把多余的货币用来购买债券。对一定量的债券总供给，当每个人都想买债券时，总有人要出高价才能买得到，债券的价格就会被抬高，即债券的需求 BD 同债券的供给 BS 相比就会相对上升。由于债券的价格与现期利息率负相关，当债券的价格上升时，利息率就会下降。利息率下降会引起资产的货币需求 MD_A 上升，从而总的货币需求 MD 上升，货币需求沿着货币需求曲线 MD 向右下移动而增加，直到利息率由8%下降到5%，货币的供求重新在400亿元的水平上达到平衡。只要利息率高于均衡利息率（5%），货币的供给就会超过其需求，上述过程就会自动发生，使利息率下降，直到重新在5%的利息率上达到均衡。上述自动的均衡机制可以用符号概括如下：

在 $r=8\%$ 时：MS>MD，BD↑，BD>BS，BP↑，r↓，MD_A↑，MD↑，直到 MD =MS。

结果：r下降到5%，MD=400=MS。

利息率可以调节资产的货币需求即货币投机需求，从而调整货币的总需求，因此，货币市场具有自动的均衡机制。需要特别说明的是，上面涉及的货币的供给和需求都是指实际货币供给和实际货币需求，利息率也不是市场利率，而是指实际利息率。上面凡使用 MD 表示的总货币需求应为 $\frac{MD}{P}$，而货币供给 MS 应为实际货币供给 $\frac{MS}{P}$。上面的简略做法仅仅是为了方便理解，货币市场的均衡公式应写为

$$\frac{MS}{P}=MD_T+MD_A=\frac{MD}{P} \tag{3-23}$$

二、货币供给变动对货币市场均衡的影响

货币市场有自动趋于均衡的机制，利用这种机制可以有效地控制货币市场。货币的供给是由中央银行控制的，那么当中央银行改变货币供给量的时候，原有的均衡状态将会发生什么变化呢？理解了货币供给变化对货币市场产生影响的过程，就可以了解如何控制货币市场的均衡状态，使之达到理想的水平。

在考察货币供给变动的时候，应注意这里所涉及的是实际利息率而不是市场利率。因为当名义货币供给增加的时候，一方面实际货币供给也会有所增加；另一方面，人们对通货膨胀的预期会增强，导致市场利率上升。但在实际货币供给也上升的情况下，实际利息率通常是下降的。

1. 货币供给量增加对货币市场均衡的影响

假定货币市场最初处于均衡状态（图3-6），此时货币需求曲线 MD_0 与货币供给曲线

MS_0 交于点 A，$MD=M_0=MS$，均衡利息率位于 r_0 水平上。

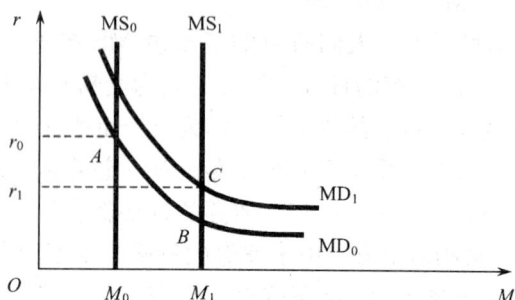

图 3-6　货币供给量增加对货币市场均衡的影响

现在，如果中央银行增加了货币供给量，货币的供给曲线由 MS_0 向右移到了 MS_1。在利息率为原来的均衡水平 r_0 的情况下，现在的货币供给量为 M_1，大于货币需求 M_0。当货币供大于求时，货币市场的自动均衡机制就会起作用：货币的供给大于需求，人们实际持有的货币数量大于其为交易和作为资产而愿意持有的货币量，人们会购买债券，从而导致债券需求 BD 上升并使债券价格 BP 上升。由于债券价格与利息率负相关，所以债券价格上升导致实际利息率 r 下降。利息率下降，一方面会使货币投机需求 MD_A 上升，从而导致货币总需求上升；另一方面，投资需求 I 会上升，导致总产量 Q 上升。由于总产量 Q 上升，而交易的货币需求又是总产量的增函数 $MD_T=MD(Q)$，所以 Q 的上升会引起交易货币需求上升，导致货币总需求曲线向右移动，由图 3-6 中的 MD_0 移动到 MD_1。结果，利息率由 r_0 下降到了 r_1，货币投机需求 MD_A 和货币交易需求 MD_T 都增加了，直到这二者之和（总货币需求）MD 增加到 M_1，与增加的货币供给量相等。货币市场在新的均衡利息率 r_1 下达到了新的均衡水平：$MD=M_1=MS$。

货币供给量增加引起货币市场均衡状态发生变化的传导机制可概括如下：

$MS\uparrow$：$MS>MD$，$BD\uparrow$，$BD>BS$，$BP\uparrow$，$r\downarrow$，$MD_A\uparrow$

由于 $r\downarrow$：$I\uparrow$，$Q\uparrow$，$MD_T\uparrow$

结果：r_0 下降到 r_1，$MD_A\uparrow$ 和 $MD_T\uparrow$，$MD\uparrow$，$MD=M_1=MS$

2. 货币供给量减少对货币市场均衡的影响

如果中央银行减少了货币供给，就会发生与上面完全相反的结果。如图 3-7 所示，假定最初货币市场的均衡利息率为 r_0，货币供给曲线为 MS_0，需求曲线为 MD_0，均衡货币量为 $MD=M_0=MS$，均衡点为图中的 A 点。现在，中央银行将货币供给量由 M_0 减少到 M_2，货币总需求就会大于货币供给，人们发现手中持有的货币量不足，于是抛售债券换成货币，债券的供给 BS 上升，导致债券的价格下跌。由于债券价格与利息率的负相关关系，债券价格下跌会使实际利息率上升。利息率的上升会使货币投机需求下降，导致货币总需求下降。此外，利息率上升还会使投资需求 I 下降，导致最终产品市场上的总产出 Q 下降。总产量 Q 的下降会使货币交易需求减少，从而进一步减少货币总需求。货币总需求曲线由图 3-7 中的 MD_0 向左移动到 MD_2。实际上，货币交易需求的减少，使货币投机需求不必再继续下降就可以使货币的总供求均衡。显然，货币交易需求的下降阻止了利息率的进一步上升，因此，均衡点不是由图 3-7 中的 A 点移到 B 点，而是移动到了 C 点。结果利息率由原来的 r_0 上升到 r_2，货币需求也因此减少到 M_2，与减少了的货币供给相等。货币市场在新的均衡利息率 r_2 下达到了新的均衡水平：$MD = M_2 = MS$。

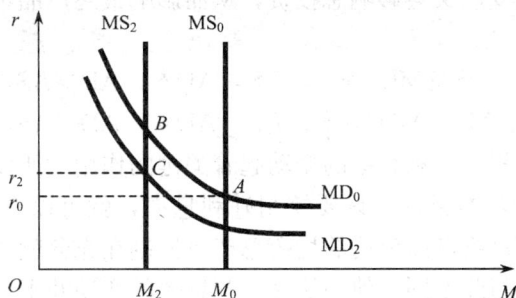

图 3-7　货币供给量减少对货币市场均衡的影响

货币供给量减少对货币市场均衡状态的影响机制可概括如下：

$MS \downarrow$：$MD > MS$，$BS \uparrow$，$BS > BD$，$BP \downarrow$，$r \uparrow$，$MD_A \downarrow$，$MD \downarrow$；

由于 $r \uparrow$：$I \downarrow$，$Q \downarrow$，$MD_T \downarrow$，$MD \downarrow$；

结果：r_0 上升到 r_2，$MD_A \downarrow$ 和 $MD_T \downarrow$，$MD \downarrow$，$MD = M_2 = MS$。

无论货币的供给是增加还是减少，都会影响均衡利息率的变化，从而使货币的需求最终总与货币供给相一致。这就是说，控制货币的供给可以影响均衡利息率和货币供求均衡的数量水平。

三、从货币市场到最终产品市场的传导机制

货币供给变动对货币市场产生影响的传导机制，已经涉及货币市场对最终产品市场的影响。货币供给的变化会引起最终产品市场上总产出 Q 的变化。但在货币供给变化如何影响总产量的传导机制上却存在着两种不同的观点，这些不同在表面上似乎无关紧要，然而实际上却可以产生完全不同的货币政策目标。

1. 利息率与总产出

在其他条件不变的情况下，利息率水平降低，人们的借款成本就减少，人们对投资的需求就扩大。在一定的价格水平下，当货币供给增加时，货币市场上的均衡利息率将会下降，利息率的降低会刺激新的投资需求。反之，当中央银行减少货币供给时，利息率将会上升，利息率的上升就减少了投资需求。

我们把以上的分析再推进一步。投资需求的变化直接影响了经济的均衡收入水平及总产出。投资需求扩大，均衡收入按支出乘数成倍扩大。这样，当货币供给增加时，经

济基础的总产出水平也就提高了。反过来，货币供给的减少就会降低经济的总产出水平。这样，我们就把货币供给的变化通过影响利息率与投资需求，与一国的总产出水平联系起来了。

2. 从货币市场到最终产品市场

凯恩斯主义理论强调利息率变化的重要性，如前所述，它认为货币供给的变动会影响利息率，而利息率的变动又会影响总投资，从而影响最终产品市场上的总产出。这一传导机制可以概括如下：

$$MS\uparrow：MS>MD，r\downarrow，I\uparrow，AD\uparrow，AD>AS，Q\uparrow$$
$$MS\downarrow：MS<MD，r\uparrow，I\downarrow，AD\downarrow，AD<AS，Q\downarrow$$

由于在这一传导过程中，利息率的变动起着关键的作用，所以凯恩斯主义者把利息率作为制定货币政策的基本目标。只要控制好利息率，就可以有效地影响最终产品市场，并配合其他措施将最终产品市场的均衡总产量控制在充分就业的水平上。

货币主义者的观点与此不同。他们认为，利息率的变动并不重要，重要的是货币供给量本身或货币供给增长率，当货币供给增加时，人们手中的货币超过了他们所希望持有的数量，这时他们将不只是购买债券，还要购买其他的实物财产，包括投资品和消费品及各种服务。因此，货币主义者认为，不必经过利息率下降这个中间环节，货币供给量的增加本身就意味着最终产品市场的总需求 AD 上升。他们并不否认货币供给增加会使实际利息率下降的观点，只是不同意把利息率下降的作用当做总需求变动的关键。货币主义者关于货币供给与总产量之间变动关系的传导机制可概括如下：

$$MS\uparrow：MS>MD，各种资产的需求\uparrow，AD\uparrow，AD>AS，Q\uparrow，P\uparrow$$
$$MS\downarrow：MS<MD，各种资产的需求\downarrow，AD\downarrow，AD<AS，Q\downarrow，P\downarrow$$

货币主义者强调货币供给量本身的重要性，因此，他们认为应把货币政策的目标放在货币供给量的控制上，而不是把货币供给量的控制当做控制利息率的手段。

附 录

➢ 附录：货币创造乘数的推导

1. 货币创造乘数Ⅲ的推导

初始银行增加新存款 H 后，必要准备金和过度储备漏出的货币量为 $H(r_d+r_e)$，同时该贷款的客户会将 $H \cdot r_c$ 的货币量作为现金留在手边，那么他存入第 2 级银行的货币量为 $H(1-r_d-r_e-r_c)$；第 2 级银行必要准备金和过度储备漏出量为 $H(1-r_d-r_e-r_c)(r_d+r_e)$，贷款客户的现金漏出量为 $H(1-r_d-r_e-r_c)r_c$……

最终，银行的总存款量为

$$M_B=H+H(1-r_d-r_e-r_c)+H(1-r_d-r_e-r_c)^2+\cdots=\frac{H}{r_d+r_e+r_c} \qquad (3\text{-}A)$$

现金漏出量为

$$M_C = H \cdot r_c + H(1-r_d-r_e-r_c) \cdot r_c + H(1-r_d-r_e-r_c)^2 \cdot r_c + \cdots$$

$$= \frac{H \cdot r_c}{r_d+r_e+r_c} \tag{3-B}$$

那么，这时社会货币总供给量为

$$M = M_B + M_C = \frac{H}{r_d+r_e+r_c} + \frac{H \cdot r_c}{r_d+r_e+r_c} = H \cdot \frac{1+r_c}{r_d+r_e+r_c} \tag{3-C}$$

根据货币创造乘数的定义，这时

$$KM_{\mathrm{III}} = \frac{M}{H} = \frac{H \cdot \dfrac{1+r_c}{r_d+r_e+r_c}}{H} = \frac{1+r_c}{r_d+r_e+r_c} \tag{3-D}$$

2. 货币创造乘数 IV 的推导

与货币创造乘数 III 相比，货币创造乘数 IV 增加的存款，除了银行保留的准备金、过度储备和提取的现金外，还有一项是储蓄存款。r_t 为储蓄存款的法定准备率，TD 为新增支票存款中转化为储蓄存款的比例，储蓄存款的漏出与银行的准备金、过度储备漏出的原理是一样的，所以我们可推导出货币创造乘数 IV 为

$$KM_{\mathrm{IV}} = \frac{1+r_c}{r_d+r_e+r_c+r_t \cdot TD} \tag{3-E}$$

➤ 本章小结

商品交易的形式经历了物物交换、实物货币和信用货币等多次变革，同时货币从无到有，也经历了实物货币、信用货币等不同形式。现代经济中，货币一般被认为是能够被普遍接受的充当交易媒介的任何一种东西，其职能主要包括交易媒介、计价单位和财富储藏这几个方面。货币供给量是指在一定时点上，国民经济各部门的现金与存款货币的数量。衡量货币供给量的指标主要有三个：流通中的现金 M_0、狭义货币 M_1 和广义货币 M_2。

金融资产是一切可以在有组织的金融市场上进行交易、具有现实价格和未来估价的金融工具的总称，主要有债券、股票和货币三类。金融市场是指进行金融资产交易的场所，按交易的信用工具的期限长短，分为货币市场和资本市场两大部分。货币市场指短期信贷市场，包括所有短期债券的交易和其他短期信贷活动，我国的货币市场主要包括拆借市场、回购市场、债券市场和票据市场；资本市场是指长期信贷市场和股票市场。

货币需求是指人们在不同的条件下出于各种考虑而愿意以货币形式保持一部分财富而形成的货币持有量。货币需求理论可以简单地划分为传统的货币数量论和现代货币需求理论。传统的货币数量论主要指早期的货币数量说和费雪交易方程式、剑桥方程式。

凯恩斯的灵活偏好理论指出货币需求量是收入与利率的函数，人们持有作为资产的货币与持有其他资产一样，都是为了获得收益。凯恩斯认为人们持有货币出于三种动

机：交易动机、预防动机和投机动机。交易动机和预防动机的货币需求称为交易货币需求，是收入的增函数；投机动机的货币需求称为投机货币需求，是利息率的减函数；货币的总需求就是货币交易需求与货币投机需求之和。

凯恩斯学派经济学家对凯恩斯灵活偏好理论的发展最有代表性的是鲍莫尔的平方根公式、惠伦的立方根公式和托宾的资产组合理论。

弗里德曼提出的货币需求函数以恒久性收入作为总财富的代表，以债券的预期收益率、股票的预期收益率及实物资产的预期收益率作为机会成本变量，同时还以人力财富与非人力财富之比及其他综合变量作为影响货币需求的其他因素。

货币供给包括货币供给行为和货币供给量两大内容。银行是货币供给的主体，银行偿还其债务的能力称为银行的偿付能力，备有现金的多少称为银行的灵活性。商业银行的存款与贷款活动会创造货币，一笔新存款引起的整个银行体系增加的存款与最初增加的新存款之间的比例称为货币创造乘数，是货币供给量与基础货币之比。货币创造乘数随法定准备金率、超额准备金率和通货比率的变动而变动，并与它们反方向变化。货币供给的外生性理论认为货币供给是经济运行过程的一个外生变量，由中央银行独立自主地加以决定；货币供给的外生性理论认为货币当局无法对货币的供给实行完全的控制，货币供给量已成为一个内生变量。

当货币需求等于货币供给，货币市场就达到了均衡。货币市场的自动均衡是通过利率调节货币需求以达到某个给定的货币供给来实现的。因为利息率的变动会引起债券价格的变动，债券价格的变动又会导致人们对债券的需求发生改变，从而导致货币投机需求的变动，直至货币需求等于货币供给。货币供给量的改变也会影响均衡利息率，从而使货币的需求发生变化，最终与货币供给相一致，使货币市场达到一个新的均衡。在从货币市场到最终产品市场的传导机制中，凯恩斯主义者认为利息率起着重要的中间作用，货币主义者则认为不必经过利息率变动这个中间环节。

➤ 关键词

货币（money）
货币需求（money demand）
货币供给（money supply）

➤ 思考题

1. 货币的定义是什么？货币的职能是什么？
2. 凯恩斯的灵活偏好理论与古典学派的货币数量论有什么不同？凯恩斯是如何推论出货币数量与利息率之间的关系的？
3. 什么是交易的货币需求？什么是投机的货币需求？它们各自包含哪些持有货币的动机？影响它们的基本因素是什么？
4. 银行是怎样创造存款的？
5. 用图示说明货币市场的自动均衡机制。
6. 当货币市场发生变化时，是通过什么机制影响产品市场也发生变化的？

第四章

双重均衡的宏观经济模型
——IS-LM 模型

前面两章分别研究了商品市场和货币市场的均衡问题，实际上这两个市场是密切联系在一起的。投资是商品市场总需求中的一个重要组成部分，它是利息率的函数。交易的货币需求是货币市场中货币总需求的重要组成部分，是总产量的函数。因此，一个市场发生变化，必然会影响到另一个市场，两个市场都不可能单独处于稳定的均衡状态。IS-LM 模型既是分析商品市场均衡下国民收入与利率关系的模型，又是分析货币市场均衡下国民收入与利率关系的模型，它最后把两者综合起来描述商品市场和货币市场的共同均衡即双重均衡问题，并考察商品市场和货币市场同时均衡下国民收入和利率的决定。

第一节　商品市场的均衡：IS 曲线

IS 这一缩写所代表的含义是投资等于储蓄，即 $I=S$。这一公式所表示的实际上就是商品市场均衡，即商品市场上总需求与总供给相等的状态。

一、IS 曲线的推导

我们先来分析商品市场的均衡。在简单的两部门的国民收入决定模型中，供求均衡条件可以表达为 $C+S=C+I$，两边减去消费 C 后，均衡公式为

$$I=S \qquad\qquad (4\text{-}1)$$

该式表明国民收入循环中的资金漏出量与注入量相等。

1. 投资函数

在前面讨论商品市场的总需求决定时，我们假定投资支出是由模型外部给定的，如

果我们把投资作为利息率的函数，那么，当利息率变动时投资就会变动，从而影响商品市场上的总需求。

凯恩斯认为，厂商是否要对新的实物资本，如机器、设备、厂房、仓库等进行投资，取决于这些新投资的预期利润率与为购买这些资产而必须借进的款项所要求的利息率的比较。前者大于后者时，投资是值得的，前者小于后者时，投资就不值得。因此，在决定投资的所有因素中，利息率是最重要的因素。由此，我们可以把投资函数记为

$$I = I(r) \tag{4-2}$$

接下来的问题是，投资与利息率之间是什么关系。我们可以假定厂商借钱购买投资品，利息率越高，厂商预期的投资利润越低，他们就更不愿意借钱投资。如果是用自有资金购买投资品，利息率就是其机会成本，利息率越高，厂商的机会成本越高，厂商就更不愿意投资。所以，投资可以看做利息率的减函数。投资者在考虑投资决策时要从名义利息率中减去通货膨胀率，也就是要考虑实际利息率（仍用 r 表示），因此投资是实际利息率的减函数：

$$I = \bar{I} - b \cdot r \ (b > 0) \tag{4-3}$$

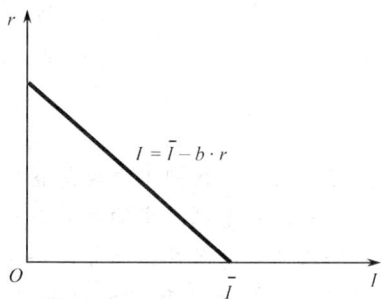

图 4-1 投资函数：投资是
利息率的减函数

式中，r 为利息率；b 为参数，用来衡量投资对利息率的反应程度，可以称为投资的利息率反应参数，也可以近似地看做投资的利息率弹性；$\bar{I}$ 为自主投资，它是独立于利息率之外的外生变量。该式表明，利息率越低，投资 I 就越高，二者呈反向变化的关系。图 4-1 表明了投资与利息率的关系。

2. 储蓄函数

在凯恩斯宏观经济理论中，影响储蓄的关键因素是国民收入。由于假定价格水平不变，所以我们可以用实际国民收入亦即总产量Q来代替名义国民收入 NI，于是储蓄函数 $S = S(Q)$ 可以表示为

$$S = \bar{S} + MPS \cdot Q \tag{4-4}$$

式中，$\bar{S}$ 为自主储蓄，它是独立于国民收入之外的外生变量，MPS 为边际储蓄倾向。该式表明，储蓄是国民收入的函数，储蓄会随着国民收入的增加而增加，二者呈相同方向变化。图 4-2表明了储蓄与国民收入的关系。

3. IS 曲线的几何推导

根据我们对商品市场均衡的描述：在商品市场均衡时，投资等于储蓄。我们就可以把投资函数 $I = \bar{I} - b \cdot r$，储蓄函数 $S = \bar{S} + MPS \cdot Q$，

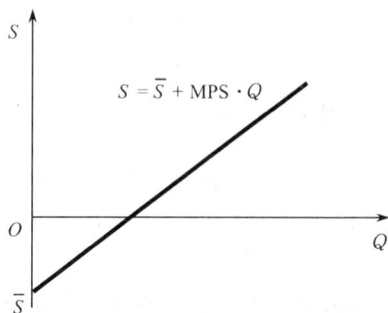

图 4-2 储蓄函数：储蓄是国民
收入的增函数

以及 $I=S$ 放在一起，画出 IS 曲线，如图 4-3 所示。

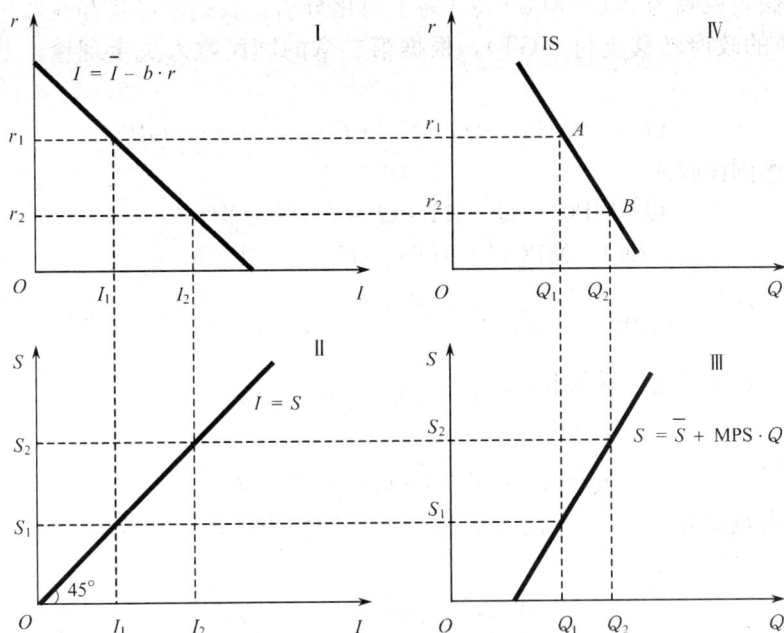

图 4-3 IS 曲线的几何推导

图 4-3 说明了 IS 曲线的推导过程。横轴右半轴 OQ 表示实际国民收入，纵轴上半轴 Or 表示利息率，横轴左半轴 OI 表示投资水平，纵轴下半轴 OS 表示储蓄水平。图 4-3 分为 Ⅰ、Ⅱ、Ⅲ、Ⅳ 四个部分：

第 Ⅰ 部分描述的是投资函数 $I=\bar{I}-b\cdot r$，表示投资是利息率的减函数；

第 Ⅱ 部分描述的是一条从原点出发的 45°线，表明商品市场的均衡条件 $I=S$；

第 Ⅲ 部分描述的是储蓄函数 $S=\bar{S}+MPS\cdot Q$，表明储蓄是收入的增函数；

第 Ⅳ 部分就是我们推导出来的 IS 曲线。曲线上的 A 和 B 两点是通过 $I=S$ 条件限制而得到的实际国民收入 Q 与利息率 r 的组合，表示商品市场达到了均衡。

在图中我们清楚地看到 IS 曲线的含义：它表示当储蓄等于投资时，也就是商品市场保持均衡的时候，所有不同利息率和实际国民收入的组合点。而且，IS 曲线是一条向下倾斜的曲线，说明当商品市场均衡时，利息率和国民收入负相关。

4. IS 曲线的数学表达式

在利用作图的方法得到商品市场均衡的 IS 曲线以后，下面我们用数学的方法来推导均衡条件下实际国民收入 Q 与利息率 r 之间的关系式，也就是 IS 曲线的具体表达式。在包含政府、企业和家庭三个部门的国民收入决定模型中

$$NI=AE=C+I+GP$$

由于假定价格不变，所以，我们可以剔除上式中的名义因素，具体方法是把所有变

量都除以一般价格水平 P，从而用实际国民收入亦即总产量 Q 来代替名义国民收入 NI；此外，我们假定税收为 NT＝MT $\cdot$ Q（为了简化分析，我们不考虑净税收中的自主税收 $\overline{NT}$，即负的政府转移支付 $-GT$），根据第二章的国民收入决定理论，上式可以改写为

$$Q=\overline{C}+MPC\cdot(Q-MT\cdot Q)+\overline{I}-b\cdot r+\overline{GP}$$

然后解出均衡国民收入：

$$Q-MPC\cdot(Q-MT\cdot Q)=\overline{C}+\overline{I}+\overline{GP}-b\cdot r$$
$$Q[1-MPC(1-MT)]=\overline{C}+\overline{I}+\overline{GP}-b\cdot r$$
$$Q=\frac{1}{1-MPC(1-MT)}(\overline{C}+\overline{I}+\overline{GP})-\frac{1}{1-MPC(1-MT)}b\cdot r$$

等号右边的分数就是支出乘数Ⅱ，即 $\frac{1}{1-MPC+MPC\cdot MT}=K_{\text{Ⅱ}}$

所以

$$Q=K_{\text{Ⅱ}}\cdot(\overline{C}+\overline{I}+\overline{GP})-K_{\text{Ⅱ}}\cdot b\cdot r \qquad (4\text{-}5)$$

这就是商品市场均衡时 Q 与 r 的关系式。为了和图形中的坐标保持一致，也可以改写为

$$r=\frac{1}{b}(\overline{C}+\overline{I}+\overline{GP})-\frac{1}{K_{\text{Ⅱ}}\cdot b}Q \qquad (4\text{-}6)$$

将括号内的自主消费、自主投资和政府购买支出用 $\overline{A}$ 表示，作为总自主支出或自主支出，式（4-6）可写为

$$r=\frac{\overline{A}}{b}-\frac{1}{K_{\text{Ⅱ}}\cdot b}Q \qquad (4\text{-}7)$$

该式可以看做 IS 曲线的数学表达式，即 IS 曲线的方程。该方程的截距为 $\frac{\overline{A}}{b}$，斜率为 $-\frac{1}{K_{\text{Ⅱ}}\cdot b}$。

5. IS 曲线的特点

根据 IS 曲线的数学表达式，我们来讨论一下 IS 曲线的特点。

首先，IS 曲线向右下方倾斜，这是因为 IS 曲线有负斜率 $-\frac{1}{K_{\text{Ⅱ}}\cdot b}$，其中支出乘数Ⅱ大于 0，$b$ 也大于 0，于是 IS 曲线的斜率为负值。事实上，较高的利息率会减少投资开支，减少总需求，从而也会使均衡国民收入下降，两者是反向变化的关系。

其次，IS 曲线的斜率取决于投资函数对利息率变动的敏感程度 b，也取决于支出乘数 $K_{\text{Ⅱ}}$。假定投资开支对利息率是非常敏感的，即式（4-7）中的 b 很大。给定利息率变动量，b 越大，利息率引起的投资变化量就越大，总需求的变动量就越大，引起均衡产量的变化也就越大，在图上表现为 IS 曲线相对较平缓。反之，b 越小，则 IS 曲线相对较陡峭，表示利息率的变化对总需求缺乏影响力。在一个极端的场合，即投资的利率弹性 b 为零，也就是说，投资支出对利率的变动没有任何反应，在这种情况下，不管乘数大小，IS 曲线将变成一条垂直的直线。这种现象就是所谓的投资陷阱。

从式（4-7）不难看出，影响乘数的因素对 IS 曲线的斜率也有重要的影响。乘数为 $K_{\mathrm{II}}=\dfrac{1}{1-\mathrm{MPC}+\mathrm{MPC}\cdot\mathrm{MT}}$，因此，边际储蓄倾向（$1-\mathrm{MPC}$）越小，边际税率 MT 越小，则乘数越大，乘数越大则 IS 曲线相对越平缓。总而言之，投资对利息率的反应参数 b 越大，乘数 K_{II} 越大，IS 曲线的斜率的绝对值就越小，IS 曲线就越平缓。

二、商品市场的自动均衡

既然 IS 曲线表示商品市场均衡时利息率与国民收入的组合，那么 IS 曲线以外的点表示的利息率与国民收入的组合就是商品市场的失衡状态。商品市场出现供求不平衡的时候，市场机制将会自动进行调整，使经济回到均衡状态。

1. 商品市场的不均衡状态

在图 4-4 中，IS 曲线表示商品市场均衡时的利息率与国民收入组合。A 点的组合是 (Q_1,r_1)，B 点的组合是 (Q_2,r_2)。那么 IS 曲线以外的点是什么情况呢？

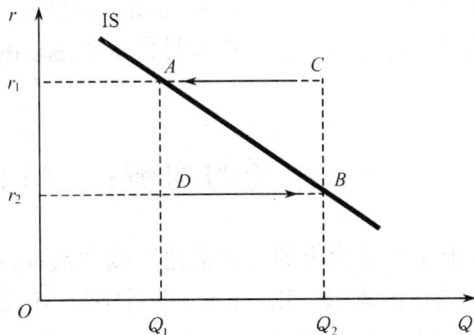

图 4-4　IS 曲线与商品市场的自动均衡

先来看 IS 曲线左下方的点，如 D 点。D 点对应的利息率与国民收入组合是 (Q_1,r_2)，与 A 点相比较，D 点有着相同的国民收入（说明两者代表相同的储蓄水平），但是利息率却降低了。利息率的下降，会导致一个更高的投资水平。于是此时的投资大于储蓄，或者说总需求大于总供给，供求出现不平衡。也可以这样解释，D 点与 B 点比较而言，二者有着相同的利息率，但是国民收入点 D 却小于均衡点 B，因此 D 点代表了一个更低的储蓄水平，于是此时的投资大于储蓄，或者说总需求大于总供给，供求出现不平衡。

再看 IS 曲线右上方的点，如 C 点。C 点对应的利息率与国民收入组合是 (Q_2,r_1)，与 B 点相比较，C 点有着相同的国民收入，但是利息率却提高了。利息率的提高，会导致一个更低的投资水平。于是此时的投资小于储蓄，或者说总需求小于总供给，供求出现不平衡。

2. 商品市场的自动均衡机制

商品市场出现供求不平衡的时候，应如何进行调整的呢？比如说，D 点是垂直向 A 点移动达到均衡还是水平向 B 点移动达到均衡呢？在凯恩斯的理论中，利息率是由货币市场中货币的需求和供给决定的，而国民收入则是由商品市场的总需求与总供给决定的。根据这一思想，当商品市场出现不平衡的时候，是通过调节收入水平来实现储蓄与投资的平衡的。也就是说，在 C 点，总需求小于总供给，收入水平会下降，从而 C 点水平向 A 点移动以实现商品市场均衡；在 D 点，总需求大于总供给，收入水平会上升，从而 D 点水平向 B 点移动以实现商品市场的均衡。

在这里顺便介绍一下凯恩斯关于储蓄和投资之间的关系的理论。凯恩斯认为，决定储蓄的是国民收入，决定国民收入的是总需求，而投资需求则是总需求中非常重要的部分。因此，不是储蓄决定投资，而是反过来，投资通过影响收入水平的变化决定储蓄。这个结论正好体现了凯恩斯的需求决定论的观点。

总的说来，凡是在 IS 曲线左下方的点，都表示总需求大于总供给，商品市场自动的均衡机制会使这些点向右移动；凡是在 IS 曲线右上方的点，都表示总需求小于总供给，商品市场自动的均衡机制会导致这些点向左移动，直到实现商品市场的均衡为止。在不考虑货币市场均衡机制的作用时，这些点都是作水平运动的。

第二节　货币市场的均衡：LM 曲线

人们需要货币，实际上是需要货币的"灵活性"或"流动性"，即英文的 liquidity，用该词的首字母 L 表示对货币的需求，用 money 的首字母 M 表示货币的供给，货币市场的供求相等就是 L＝M。LM 这一缩写所表示的意思就是货币的供求相等，也就是货币市场达到均衡。

一、LM 曲线的推导

现在我们通过分析货币市场的均衡，来推导表示货币市场均衡的 LM 曲线。

1. 货币市场均衡

根据第三章关于货币市场的描述，人们的资产可以分为两类：货币和其他资产（以债券来代表），这样，由债券市场上的供求来确定利息率和由货币的供求来确定利息率就是一回事。因此，这里所谓"货币市场"实际是指整个金融市场。货币供给 MS 被假定为由中央银行控制的既定的常数。货币需求可以分解为两个部分：交易需求 MD_T 和投机需求 MD_A，其中交易需求 MD_T 是实际国民收入 Q 的增函数，而投机需求 MD_A 是利息率 r 的减函数。于是

$$MD＝MD(Q)＋MD(r) \tag{4-8}$$

这样，货币市场均衡的时候，我们有 MS＝MD，即

$$MS＝MD(Q)＋MD(r) \tag{4-9}$$

2. LM 曲线的几何推导

根据上面对货币市场的分析，我们接下来要推导出 LM 曲线，如图 4-5 所示。

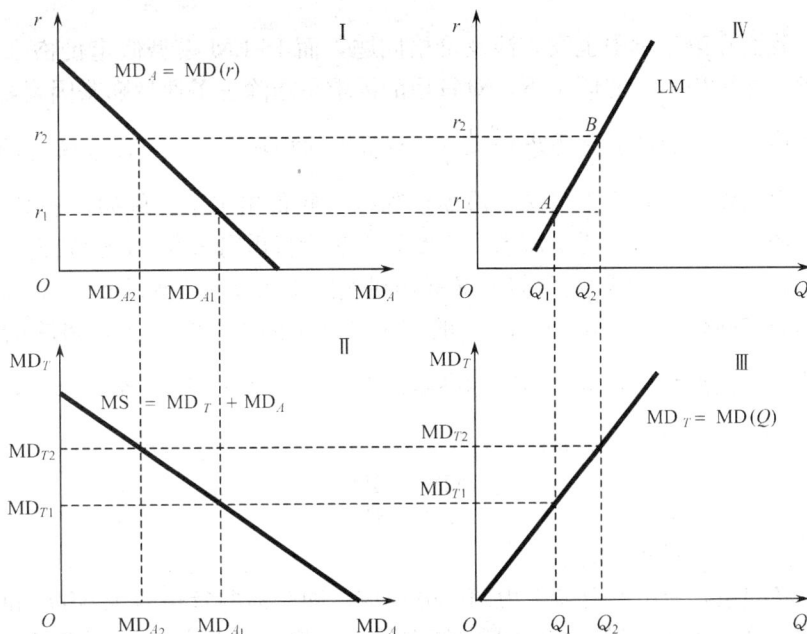

图 4-5　LM 曲线的几何推导

图 4-5 说明了 LM 曲线的推导过程。横轴右半轴 OQ 表示实际国民收入，纵轴上半轴 Or 表示利息率，横轴左半轴 MS_A 表示货币投机需求，纵轴下半轴 MS_1 表示货币交易需求。图 4-5 也分为 Ⅰ、Ⅱ、Ⅲ、Ⅳ 四个部分。

第 Ⅰ 部分描述的是货币的投机需求：$MD_A＝MD(r)$，它是利息率的减函数。

第 Ⅱ 部分描述的是一条与横轴纵轴夹角都是 45°的直线，表明货币市场的均衡条件 $MS＝MD(Q)＋MD(r)$。

第 Ⅲ 部分描述的是货币的交易需求：$MD_T＝MD(Q)$，它是实际国民收入的增函数。

第 Ⅳ 部分就是我们推导出来的 LM 曲线。曲线上的 A 和 B 两点是通过条件限制 $MS＝MD(Q)＋MD(r)$ 而得到的实际国民收入 Q 与利息率 r 的组合，表示货币市场达到了均衡。

在图中我们可清楚地看到 LM 曲线的含义：它表示当货币需求等于货币供给，也就是货币市场保持均衡的时候，所有不同利息率和实际国民收入的组合点。而且，LM 曲线是一条向上倾斜的曲线，说明货币市场均衡时，利息率和国民收入正相关。

3. LM 曲线的数学表达式

在货币市场上，当货币需求和货币供给相等的时候，就得到均衡的利息率。我们在第三章的讨论中并没有严格地区分名义利息率和实际利息率，或者说在没有通货膨胀的情况下，二者是相同的。但是事实上，我们从第三章到目前所研究的利息率都是指实际利息率。

此外，我们在第三章中也没有涉及价格问题，而 IS-LM 模型假定价格水平 P 是给定的。因此，在价格不变的假定下，对货币的需求是指除去了通货膨胀因素影响的对货币的需求，称作对货币的实际需求 $\left(\dfrac{\mathrm{MD}}{P}\right)$。对货币的实际需求也可以理解为用一定量商品表示的货币的需求，它等于名义货币需求除以一般价格水平。例如，购买 50 单位商品，每单位商品 2 元，名义货币需求为 100 元，实际货币需求为 50 单位商品，即 50 单位商品＝100 元÷2 元。实际货币需求又称作对实际货币余额（real money balance）的需求，简称对实际余额（real balance）的需求。货币的供给也一样，将除去通货膨胀因素影响的货币供给称作对货币的实际供给 $\left(\dfrac{\mathrm{MS}}{P}\right)$，也就是实际余额。这样，货币市场的均衡等式 MS＝MD 也可以写成

$$\frac{\mathrm{MS}}{P}=\frac{\mathrm{MD}}{P} \tag{4-10}$$

即实际货币供给＝实际货币需求。

我们已经知道，货币的总需求由两部分组成，即交易的货币需求 $\mathrm{MD_T}$ 和投机的货币需求 $\mathrm{MD_A}$。假定交易的实际货币需求是实际国民收入 Q 的函数，而投机的（或资产的）实际货币需求则是实际利息率 r 的函数，于是，对实际余额的需求函数可以写为

$$\frac{\mathrm{MD}}{P}=k \cdot Q-h \cdot r \quad (k,\ h>0) \tag{4-11}$$

k 为实际余额需求对实际国民收入变动的反应灵敏度参数；h 为实际余额需求对利息率变动的反应灵敏度参数。根据均衡等式 $\dfrac{\mathrm{MS}}{P}=\dfrac{\mathrm{MD}}{P}$，我们有

$$\frac{\mathrm{MS}}{P}=k \cdot Q-h \cdot r \tag{4-12}$$

解出利息率 r，有

$$r=\frac{1}{h}\left(k \cdot Q-\frac{\mathrm{MS}}{P}\right) \tag{4-13}$$

式（4-13）表示货币供给等于货币需求时，均衡利息率 r 与收入水平 Q 的关系。因此，式（4-13）即 LM 曲线的数学表达式。

4. LM 曲线的特点

下面根据这一公式来讨论 LM 曲线的特点：首先，LM 曲线向右上方倾斜。这是因为 k 和 h 都大于 0，于是 LM 曲线有正的斜率。其次，LM 曲线的斜率取决于货币市场均衡等式（4-13）中的实际货币需求对收入的反应灵敏度参数 k 和对利息率的反应灵敏

度参数 h。k 越大，h 越小，收入变动引起的利息率变动越大，LM 曲线的斜率越大，LM 曲线就越陡峭。如果货币需求对利息率变动非常不敏感，即 h 很小，接近于 0，LM 曲线就接近于一条垂线；反之，如果货币需求对利息率变动非常敏感，h 很大，LM 曲线就接近于一条水平线，在这种情况下，利息率的很小变动就可能引起收入水平的很大变动。

二、货币市场的自动均衡机制

在 LM 曲线上的所有点都符合货币供给等于货币需求的均衡条件，而在 LM 曲线以外的点，都不满足上述的条件。在第三章中我们已经知道货币市场出现供求不平衡的时候，货币市场机制也会自动进行调整，使经济回到均衡状态。下面我们讨论自动均衡机制在 LM 曲线上的表现。

1. 货币市场的非均衡状态

如图 4-6 所示，LM 曲线表示商品市场均衡时的利息率与国民收入组合。A 点的组合是（Q_1，r_1），B 点的组合是（Q_2，r_2）。那么 LM 曲线以外的点是什么情况呢？

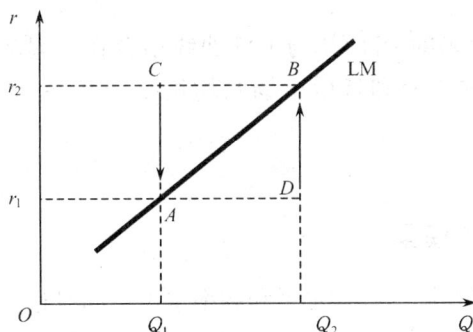

图 4-6 LM 曲线与货币市场的自动均衡

先来看 LM 曲线左上方的点，如 C 点。C 点对应的利息率与国民收入组合是（Q_1，r_2），与 A 点相比，C 点有着相同的国民收入，但是利息率却高于 A 点。利息率的上升，会导致货币的投机需求下降，从而货币总需求小于货币总供给，货币市场供求出现不平衡。

再看 LM 曲线右下方的点，如 D 点。D 点对应的利息率与国民收入组合是（Q_2，r_1），与 B 点相比，D 点有着相同的国民收入，但是利息率却降低了。利息率的下降，会导致货币的投机需求上升，从而货币总需求大于货币总供给，货币市场供求出现不平衡。

2. 货币市场的自动均衡机制

货币市场出现供求不平衡的时候，是如何进行调整的呢？例如，C 点是垂直向 A

点移动达到均衡还是水平向 B 点移动达到均衡呢？在凯恩斯的理论中，利息率是由货币市场中货币的需求和供给决定的，而国民收入则是由商品市场的总需求与总供给决定的。根据这一思想，当货币市场出现不平衡的时候，是通过调节利息率的大小来重新实现平衡的。也就是说，在 C 点，货币市场的总需求小于总供给，均衡利息率会下降，从而 C 点垂直向 A 点移动以实现货币市场均衡；在 D 点，货币市场的总需求大于总供给，均衡利息率会上升，从而 D 点垂直向 B 点移动以实现商品市场的均衡，如图 4-6 所示。

总之，凡是在 LM 曲线左上方的点，都是货币需求小于货币供给的点，货币市场的自动均衡机制会使得这些点向下，朝着 LM 曲线运动。同样，凡是在 LM 曲线右下方的点，都是货币需求大于货币供给的点，货币市场的自动均衡机制会使得这些点向上，朝着 LM 曲线运动。在不考虑商品市场均衡机制作用的前提下，这些点都是做垂直运动的。

第三节　商品市场和货币市场的双重均衡： IS-LM 模型

现在，将前面推导出来的 IS 曲线与 LM 曲线结合在一起就可以组成 IS-LM 模型。换句话说，将商品市场的均衡和货币市场的均衡结合在一起，就是两个市场的双重均衡。

一、双重均衡：IS-LM 模型

商品市场和货币市场在同一收入水平和利率水平上同时达到均衡时，均衡利率和均衡收入的值，可以通过 IS 曲线与 LM 曲线的联立方程求得。

1. IS-LM 模型

根据前面对于 IS 曲线与 LM 曲线的解释，我们可以得到 IS-LM 模型的基本公式：

$$\begin{cases} S(Q) = I(r) & (4\text{-}14) \\ \dfrac{MS}{P} = MD(Q, r) & (4\text{-}15) \end{cases}$$

如图 4-7 所示，将 IS 曲线与 LM 曲线同时放在一张图中，就可以同时考察两个市场的均衡状态。在 IS 曲线上所有的点都表示商品市场处于均衡状态，在 LM 曲线上所有的点都表示货币市场处于均衡状态，很自然地，在 IS 曲线与 LM 曲线的交点 E 上，同时存在两个市场的共同均衡。

由于 IS 曲线与 LM 曲线只有唯一一个交点 E，所以只有 E 点对应的实际国民收入和利息率的组合 (Q^*, r^*) 能满足商品市场和货币市场的同时均衡。也就是说，任意给定一个价格水平 P，IS-LM 模型对应于一个二元一次方程组，我们可以找到一个国民收

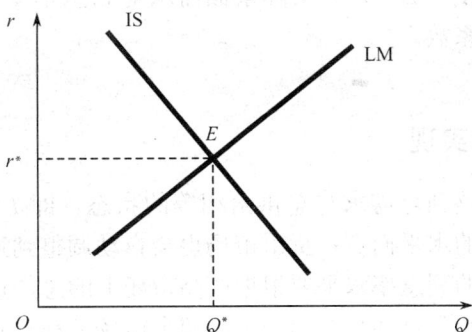

图 4-7 IS-LM 模型

入和利息率的组合，使商品市场和货币市场同时均衡。

2. 双重均衡的数学表达

在 IS-LM 模型中，一旦两个市场同时实现了均衡，就能求解出对应的国民收入和利息率。换言之，IS-LM 模型会决定一个均衡的实际国民收入 Q^*，如图 4-7 所示。在这一点上，IS-LM 模型与前面介绍的 NI-AE 模型有着相似的作用。所不同的是，IS-LM 模型还可以同时决定均衡的利息率。

下面我们用数学的方法来推导均衡国民收入以及影响均衡国民收入的因素。

根据前文中提到的 IS 曲线函数

$$r = \frac{\overline{A}}{b} - \frac{1}{K_{\mathrm{II}} \cdot b} \cdot Q \tag{4-16}$$

以及 LM 曲线函数

$$r = \frac{1}{h}\left(k \cdot Q - \frac{\mathrm{MS}}{P}\right) \tag{4-17}$$

将式（4-16）的利息率 r 代入式（4-17），整理后解出均衡国民收入水平 Q^*：

$$Q^* = \frac{h \cdot K_{\mathrm{II}}}{h + b \cdot k \cdot K_{\mathrm{II}}} \cdot \overline{A} + \frac{b \cdot K_{\mathrm{II}}}{h + b \cdot k \cdot K_{\mathrm{II}}} \cdot \frac{\mathrm{MS}}{P} \tag{4-18}$$

该式表明，均衡的国民收入水平 Q^* 取决于两个外生变量：自主开支 $\overline{A}$（包括 $\overline{C}$、$\overline{I}$ 和 $\overline{\mathrm{GP}}$）和实际货币余额 $\frac{\mathrm{MS}}{P}$（实际货币供给）。自主开支越高，实际货币余额越高，均衡收入水平也越高。

将式（4-18）中的均衡国民收入代入式（4-7），整理后解出均衡利息率水平 r^*：

$$r^* = \frac{1}{h}\left[\frac{h \cdot k \cdot K_{\mathrm{II}}}{h + b \cdot k \cdot K_{\mathrm{II}}} \cdot \overline{A} - \left(1 - \frac{b \cdot k \cdot K_{\mathrm{II}}}{h + b \cdot k \cdot K_{\mathrm{II}}}\right) \cdot \frac{\mathrm{MS}}{P}\right] \tag{4-19}$$

该式表明，对于均衡的利息率水平 r^* 来说，与自主开支 $\overline{A}$ 正相关，与实际货币余额 $\frac{\mathrm{MS}}{P}$ 负相关。

另外，Q^* 和 r^* 的大小也和参数（k、h 和 b）有关。其中，k 为实际余额需求对实际收入变动的反应灵敏度参数；h 为实际余额需求对利息率变动的反应灵敏度参数；b 为投资对利息率的反应系数。

二、双重均衡的自动实现

商品市场会自动调整到总需求与总供给相等的状态，即 $I=S$，但是均衡后的总产量水平则要根据利息率的水平而定；货币市场也会自动调整到货币需求与货币供给相等的均衡状态，但是均衡的利息率水平要根据商品市场上的总产量水平而定。商品市场和货币市场会通过总产量和利息率相互影响，而两个市场又都具有自动调整到均衡状态的内在机制，因此，可以肯定，两个市场最终会自动地调整到相互一致的双重均衡状态。或者说，双重均衡一定可以自动实现。

1. 自动均衡的调整过程

如图 4-8 所示，假定最初经济处于 IS 曲线上的 A 点。根据前面的论述，这时商品市场处于均衡状态，但是，由于 A 点处于 LM 曲线的左边，表示货币市场处于非均衡状态，货币需求小于货币供给，这会引起利息率的下降。由于商品市场处于均衡状态，不存在来自商品市场的调整力量。因此，在初始状态下，只有来自货币市场的力量将 A 点垂直向下拉。但是，当这个力量将 A 点从 IS 曲线上拉出来以后，如图中的 B 点所示，商品市场原有的均衡就被破坏了。B 点位于 IS 曲线的左边，这时，除去来自货币市场的力量将 B 点向下拉以外，由于商品市场出现了总需求大于总供给的情况，于是商品市场的自动调节机制开始起作用，来自商品市场的自动调节力量会将 B 点向右水平方向拉动。这样，来自商品市场和来自货币市场的两股力量同时作用于 B 点，它就沿着图中曲线箭头所示的方向运动。假定，在来自两个市场的合力作用下，B 点移动到了 LM 曲线上，如其上的 C 点所示。这时，货币市场达到了均衡状态，但是 C 点依然在 IS 曲线的左边，总需求仍然大于总供给，来自商品市场的自动均衡机制会将 C 点从 LM 曲线上拉出来。一旦从 LM 曲线上移动到 LM 曲线的右边，如 D 点，两个市场又同时处于非均衡状态。所不同的是，在 D 点，货币需求大于货币供给，利息率将上升。这个过程将不断重复，直到最后达到了均衡点 E，两个市场同时达到均衡。

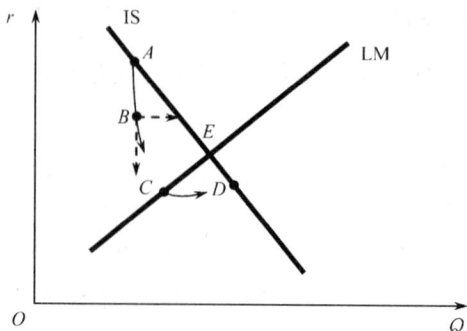

图 4-8 自动的均衡调整

　　根据上述的分析，可以根据不同的利息率和实际收入的组合分为四个不同的调整区域。如图 4-9 所示，在第一个区域中，所有的点都位于 LM 曲线的左边和 IS 曲线的右边。这时商品市场上的总供给会大于总需求，商品市场会自动缩减产量，从而推动这一区域中所有的点向左平移；与此同时，货币市场上的货币需求会小于货币供给，利息率会下降，从而推动这一区域所有的点向下做垂直运动，这两个市场的合力将会导致这些点沿着图中两个箭头所夹的 90°角内的某个方向运动。当然位于该区域中的不同位置的点，两个市场的拉动力量的大小会有一些差别。其他三个区域的情况类似，这里不再一一叙述。

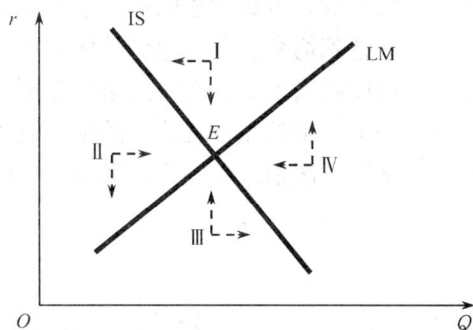

图 4-9　不同区域内的自动均衡调整

2. 实际情况下的调整

　　根据实际情况，一般认为货币市场比产品市场更有效率，因为它可以借助于资产市场进行迅速的调整。这一假定意味着我们总是处于 LM 曲线上，货币市场中任何偏离均衡的状况都会迅速地得到调整，达到均衡。因此整个经济的调整总是沿着 LM 曲线进行的，如图 4-10 所示。

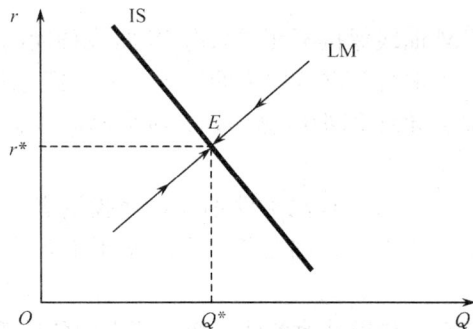

图 4-10　资本市场的迅速调整

　　3．双重均衡与充分就业均衡

在我们讨论了 IS-LM 模型及其调整过程之后，我们来分析一下 IS-LM 模型中的均衡。

关于两个市场的双重均衡，曾经出现过这样一种错误的观点，即认为宏观经济学的目的是要说明，由于市场失去了调节总供求相等的机制，在总供求不相等时，需要政府干预使其相等。根据我们对双重均衡的分析，这一观点是不正确的。在任何一个给定的价格水平下，双重均衡都可以自动实现。事实上，大多数经济学家，包括以凯恩斯为代表的凯恩斯学派和以马歇尔为代表的新古典学派的经济学家都认为，商品市场和货币市场上的总供给和总需求可以自动达到均衡状态。他们的区别在于，新古典学派认为，市场总能够自动达到充分就业的国民收入水平，而凯恩斯学派则认为市场虽然可以自动均衡，但是，均衡时的国民收入却不一定是充分就业时的国民收入水平，有可能会小于充分就业时的国民收入水平。关于这一区别，我们将在第五章中作进一步的说明。

三、双重均衡的变动

在 IS-LM 模型中，IS 曲线表示可以使商品市场达到均衡的所有利息率 r 和实际国民收入 Q 的组合点；LM 曲线则表示所有可以使货币市场均衡的 r 和 Q 的组合点。显然，模型中只有两个内生变量 r 和 Q，影响商品市场和货币市场均衡的其他经济变量就都被当做外生变量来处理，它们的变化将引起 IS 曲线或 LM 曲线的移动，改变这些变量就会改变 IS 曲线与 LM 曲线的交点——双重均衡点，从而改变使货币市场与商品市场共同均衡的利息率水平 r 和国民收入水平 Q。这就是说，通过改变一些可以人为控制的经济变量可以达到同时改变两个市场均衡状态的目的。下面我们分别讨论 IS 曲线移动、LM 曲线移动以及 IS 曲线与 LM 曲线同时移动对于双重均衡的影响。

　　1．均衡的变化：IS 曲线移动

我们首先分析如果 LM 曲线保持不变，只有 IS 曲线移动的情况。我们知道，IS 曲线描述的是商品市场上总需求与总供给均衡的情况。根据凯恩斯的需求决定论的观点，凡是影响总需求的因素都会导致 IS 曲线移动。具体来说，影响 IS 曲线移动的，主要有下列几个因素。

第一，自主投资的变动。如果其他条件不变，而投资者对投资前景乐观，信心增强，就会使自发性投资水平 $\bar{I}$ 上升，则在每一利率水平上，投资需求都会增加，则 IS 曲线相应右移。

第二，自主消费的变动。如果其他条件不变，而人们的储蓄意愿增强了，即人们更节俭，自发性消费 $\bar{C}$ 下降，则每一储蓄水平所需求的国民收入就会下降，IS 曲线相应左移。

第三，政府支出 GP 及税收的变动。如果其他条件不变，而政府实行扩张性财政政策，增加政府支出或减免税额，其作用都类似于增加投资或刺激消费，因此，IS 曲线右移；反之，如果政府实行紧缩性财政政策，减少政府支出或增加税额，其作用都类似于减少投资或使消费水平下降，因此，IS曲线将左移。其移动的水平距离为政府支出和税额的变动量乘以相应的支出乘数。

第四，净出口额变动。在其他条件不变时，如果净出口增加，其作用相当于增加了自发性支出，因此，IS曲线右移；反之，如果净出口减少，则IS曲线左移。其移动的距离为净出口额的变动量乘以相应的乘数。

现在假设LM曲线不变，总需求的变化导致IS曲线向右移动，如图4-11所示。

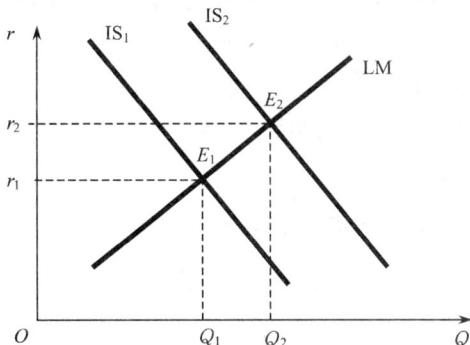

图4-11　均衡的变化：IS曲线的移动

从图4-11中可以发现，如果IS曲线向右移动，那么双重均衡点会从 E_1 移动至 E_2，在新的均衡点，利息率与实际国民收入同时增加了。相反的情况是，如果IS曲线向左移动，则利息率与实际国民收入将会同时下降。

以上讨论的IS曲线的移动，既可能是斜率既定的平行移动，也可能是斜率发生变化的非平行移动。无论是平行移动还是非平行移动，其推理过程基本是一致的。

2. 均衡的变化：LM曲线移动

LM曲线的位置移动，主要取决于三个因素的变化。

首先是影响货币需求的外生变量。凡是由交易量（总产量）Q 和实际利息率以外因素引起的货币需求量的变化，都可以概括在 $\overline{MD}$ 的变化中。比如，货币的流通速度 V 在经济繁荣时期会加快，而在衰退时期会减慢，这就意味着繁荣时期 $\overline{MD}$ 可能会下降，而衰退时期 $\overline{MD}$ 则可能上升。

如果 $\overline{MD}$ 增加，就会引起货币总需求MD增加，导致实际货币总需求大于实际货币总供给，即MD>MS，实际利息率 r 会上升，这又会导致资产的货币需求MD(r)下降。同时，利息率上升还会导致投资下降，从而总需求AE下降，均衡总产量水平 Q 下降。而 Q 的下降又会导致交易的货币需求MD(Q)下降。结果，$\overline{MD}$ 的增加提高了利息率。

这一方面造成了货币需求MD(r)和MD(Q)的下降，从而恢复了MD＝MS的货币市场均衡。另一方面又导致了投资下降并引起均衡产量的下降。显然，$\overline{MD}$ 的上升最终导致了实际利息率的上升和总产量 Q 的下降。这也意味着 $\overline{MD}$ 上升引起了LM曲线的左移，当 $\overline{MD}$ 下降时，上述过程完全相反，引起 LM 曲线右移。

其次是名义货币供给的变化。名义货币供给 MS 是由中央银行控制的一个重要经济变量。当名义货币供给量 MS 增加，实际货币供给 M 也会增加，从而导致实际货币供给 M 大于实际货币需求 MD，于是引起均衡利息率 r 下降。利息率的下降又会引起资产的货币需求 MD(r) 上升和投资 $I(r)$ 上升，引起总需求 AE 上升，导致总需求大于总供给，即 AE>Q，引起总产量 Q 上升。由于总产量 Q 上升，交易的货币需求 MD(Q) 会上升。结果，一方面资产的货币需求 MD(r) 上升和交易的货币需求 MD(Q) 上升，会使货币市场在更低的利息率水平上重新达到均衡（MD＝MS）；另一方面，总产量的上升也会使产品市场在更高的总产量水平上达到新的均衡（AE＝Q）。新的双重均衡实现以后，利息率降低了，总产量提高了。这就意味表示货币市场均衡状态的 LM 曲线向右移动了。当 MS 减少时，上述过程相反，LM 曲线向左移动。

最后是一般价格水平变化对 LM 曲线的影响。当一般价格水平 P 上升时，实际货币供给 $\frac{MS}{P}$ 会下降。这会造成实际货币需求大于实际货币供给（MD>MS），导致利息率 r 上升。利息率的上升一方面会造成资产货币需求 MD(r) 下降；另一方面也会使投资 $I(r)$ 下降，导致总需求 AE 下降，造成总需求小于总供给 AE<Q，于是产品市场的自动均衡机制会将均衡总产量向下调整，使之减少，并重新达到均衡。资产的货币需求 MD(r) 和交易的货币需求 MD(Q) 都下降了，也会导致货币市场重新达到均衡。但是双重均衡重新实现以后，利息率上升，总产量下降。这表示 LM 曲线向左移动了。

如果一般价格水平 P 下降，上述过程就会完全相反，结果会造成利息率下降和总产量上升，也就是 LM 曲线的右移。

现在假设 IS 曲线不变，货币供给 MS 的增加导致 LM 曲线向右移动，如图 4-12 所示。从图 4-12 中可以发现，如果 LM 曲线向右移动，那么双重均衡点会从 E_1 移动至 E_2，在新的均衡点上，利息率下降而实际国民收入增加。相反的情况是，如果 LM 曲线向左移动，则利息率上升而实际国民收入会下降。

以上讨论的 LM 曲线的移动，既可能是斜率既定的平行移动，也可能是斜率发生变化的非平行移动。无论是平行移动还是非平行移动，其推理过程基本是一致的。

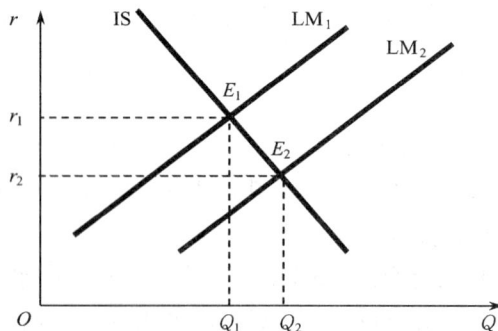

图 4-12 均衡的变化：LM 曲线的移动

3. 双重调整：IS 曲线与 LM 曲线同时移动

在实际的经济运行中，各种经济因素很少单独起作用，它们总是相互结合在一起共同对经济产生影响。下面我们来分析 IS 曲线和 LM 曲线同时移动对于均衡的双重调整。

由于 IS 曲线移动有向左和向右两种情况，LM 曲线移动同样也有两种情况，因此两者结合在一起就会有四种不同的情形。我们只分析其中的一种情况，其他情况请读者作类似的分析，这里不再赘述，如图 4-13 所示。

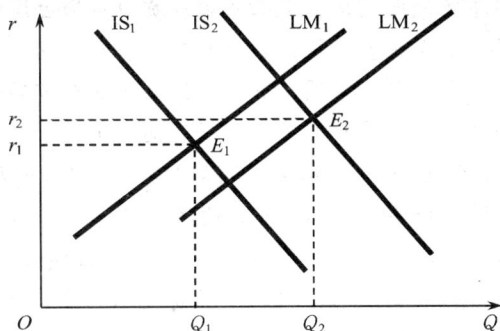

图 4-13 均衡的变化：IS 曲线与 LM 曲线的同时移动

从图 4-13 中可以发现，如果 IS 曲线和 LM 曲线同时向右移动，那么双重均衡点会从 E_1 移动至 E_2，在新的均衡点上，实际国民收入大幅度增加了。利息率的变化是不确定的，它取决于 IS 曲线和 LM 曲线的斜率和各自移动的幅度。

➤ 本章小结

IS 这一缩写所代表的含义是投资等于储蓄，即 $I=S$，所表示的是商品市场的均衡。投资是实际利息率的减函数：$I=\bar{I}-b\cdot r$ $(b>0)$，而储蓄可看做实际国民收入的增函数：$S=\bar{S}+MPS\cdot Q$。商品市场均衡时，根据储蓄等于投资，可推导出 IS 曲线的数学表达式为 $r=\dfrac{\bar{A}}{b}-\dfrac{1}{K_{\parallel}\cdot b}\cdot Q$。另外也可使用几何方法来推导 IS 曲线的图形。IS 曲线的斜率取决于投资函数对利息率变动的敏感程度 b 和收入乘数 $K_{\parallel}$，向右下方倾斜，有负斜率。

IS 曲线表示商品市场均衡时利息率与国民收入的组合，IS 曲线以外的点表示的利息率与国民收入的组合是商品市场的失衡状态。IS 曲线左下方的点表示投资大于储蓄，即总需求大于总供给；右上方的点表示储蓄大于投资，即总需求小于总供给。当商品市场出现不平衡的时候，市场机制通过调节收入水平来实现储蓄与投资的平衡。

LM 这一缩写所代表的含义是货币的供求相等，表示的是货币市场达到均衡。交易需求 MD_T 是实际国民收入 Q 的增函数，而投机需求 MD_A 是利息率 r 的减函数。货币市场均衡时 $MS=MD$，即 $MS=MD(Q)+MD(r)$。可推导出 LM 曲线的数学表达式为 $r=\dfrac{1}{h}\left(k\cdot Q-\dfrac{MS}{P}\right)$。另外也可使用几何方法来推导 LM 曲线的图形。LM 曲线的斜率取决于实际货币需求对收入的反应灵敏度参数 k 和对利息率的反应灵敏度参数 h。因为 k

和 h 都大于 0，于是 LM 曲线有正的斜率。

　　LM 曲线上的所有点都符合货币供给等于货币需求的均衡条件，而 LM 曲线以外的点表示货币市场的失衡状态。LM 曲线左上方的点表示货币总需求小于货币总供给；右下方的点表示货币总需求大于货币总供给。当货币市场出现不平衡的时候，是通过调节利息率的大小来重新实现平衡的。

　　将 IS 曲线与 LM 曲线结合在一起就可以组成 IS-LM 模型，表示商品市场和货币市场的双重均衡。IS-LM 模型对应于一个二元一次方程组，可以找到一个国民收入和利息率的组合，使商品市场和货币市场同时均衡。商品市场和货币市场会通过总产量和利息率相互影响，而两个市场又都具有自动调整到均衡状态的内在机制，双重均衡可以自动实现。一般认为货币市场比产品市场更有效率，因为它可以借助于资产市场进行迅速地调整。

　　双重均衡的变动可以改变货币市场与产品市场共同均衡的利息率水平 r 和国民收入水平 Q。LM 曲线不变，IS 曲线右移，利息率与实际国民收入同时增加；IS 曲线左移，利息率与实际国民收入同时下降。IS 曲线不变，LM 曲线右移，利息率下降而实际国民收入增加；LM 曲线左移，利息率上升而实际国民收入下降。IS 曲线和 LM 曲线同时右移（左移），实际国民收入大幅度增加（减少），利息率的变化不确定；IS 曲线右移（左移），同时 LM 曲线左移（右移），利息率大幅度下降（上升），实际国民收入的变化不确定。

➤ 关键词

　　IS 曲线（IS curve）

　　LM 曲线（LM curve）

　　IS-LM 模型（IS-LM model）

➤ 思考题

　　1. 请解释 IS 曲线和 LM 曲线的含义，并推导 IS 曲线和 LM 曲线。

　　2. 位于 IS 曲线左右两边的点各表示什么？这些 IS 曲线以外的点是通过什么样的机制向 IS 曲线移动的？

　　3. 位于 LM 曲线以外的点是怎样表示货币市场非均衡状态的？利用 LM 曲线说明货币市场的自动均衡机制。

　　4. IS-LM 模型可操作的外生变量有哪些？研究这些外生变量对经济模型的操作意义如何？

　　5. IS-LM 模型是如何表示商品市场与货币市场共同均衡状态的？假定经济暂时处于 IS 曲线和 LM 曲线之外的某一非均衡点上，它会沿着什么路线运动？会通过什么样的运行机制达到双重均衡状态？

　　6. 已知某一小国的封闭条件下的消费函数为 $C＝305＋0.8Y$，投资函数为 $I＝395－200r$，货币的需求函数为 $L＝0.4Y－100r$，货币供给 $m＝150$。

　　（1）给出 IS 曲线和 LM 曲线的方程；

　　（2）计算均衡的国民收入和利息率。

　　7. IS-LM 模型与 NI-AE 模型相比，优点在什么地方？

第五章

扩展的凯恩斯模型
——三重均衡的宏观经济模型

宏观经济学中，就市场经济是否可以实现充分就业这个问题，经济学家们曾进行过持续不断的争论。古典学派的经济学家认为，市场机制具有自动调节的功能，可以自发实现充分就业的均衡，因而不需要政府干预经济；凯恩斯学派的经济学家则认为，市场经济虽然可以自动地调节经济，但是却不能实现充分就业的均衡，因此需要政府干预经济以实现充分就业的均衡。本章的内容将主要围绕古典学派与凯恩斯学派关于这一问题的理论分歧而展开，具体说明两者的联系与区别。在第四章中我们研究了宏观经济的 IS-LM 双重均衡模型，现在要加入劳动市场来建立三重均衡的宏观经济模型。之所以要使用三重均衡的模型，是因为以此为基础可以更好地介绍古典学派与凯恩斯学派的理论。

第一节　总需求与总供给分析

古典学派与凯恩斯学派的理论分歧体现在许多方面，关于总需求与总供给曲线的差异就是其中之一。下面我们将分别讨论凯恩斯学派与古典学派的总需求与总供给曲线。第四章在介绍 IS-LM 模型时假定一般价格水平 P 不变，也就是说，价格水平是给定的。那么，如果价格水平不是给定的，而是一个变量，就会影响到总需求与总供给。因此，本节所讨论的实际上是可变价格下的总需求与总供给曲线。

一、总需求曲线分析

总需求（aggregate demand，AD）是指一定时期内经济社会对产品和劳务的需求总量，它是一个物量指标。这里的总需求 AD 与前面分析的总支出 AE 有区别，AE 是用货币衡量的总需求。

1. 影响总需求的因素

最终产品市场上的总需求由居民消费需求 C、投资需求 I、政府购买 GP 和净出口 NX 四部分构成。其中，国外的净购买支出（净出口 NX）虽与本国的情况有关，但其更重要的决定因素却与国际经济环境和其他国家的情况有关；政府开支完全是一个政策变量，几乎不受市场变动的影响而直接由政府来控制。在研究总需求的决定因素时，主要研究决定私人部门对总产品购买数量的那些因素。一般地，影响人们对最终产品需求量的主要因素有三个：一般价格水平、货币收入和时间偏好。

1）一般价格水平

对最终产品的总需求可以看做是一般价格水平 P 的函数，这样，总需求函数便可写为

$$AD = f(P) \tag{5-1}$$

简单地说，当一般价格水平 P 提高时，对最终产品的总需求量 AD 减少；一般价格水平下降时，对最终产品的总需求量 AD 增加。因此总需求 AD 是一般价格水平 P 的减函数。需要指出的是，总需求函数 AD 是一个物量概念，于是总需求函数也可以表示为

$$Q = f(P) \tag{5-2}$$

可见，总需求 AD 与货币表现的总需求——总支出 AE 是不同的。例如，当一般价格水平为 P_1 时，总需求量 AD 为 Q_1。这时，用货币表现的总需求 AE 为 $P_1 \cdot Q_1$。

2）货币收入

无论是消费者还是投资者，如果其货币收入增加了，其购买支出就会增加。这意味着货币收入的变化也会影响总需求 AD。由于我们把一般价格水平 P 作为总需求函数的内生变量，于是货币收入就可作为外生变量来对待。

货币收入的变动引起的总需求 AD 的变动是通过货币的总支出 AE（货币表现的总需求）的变化完成的。这意味着凡导致总支出 AE 变化的因素都会引起总需求 AD 的变动。人们对商品和劳务的购买（总支出 AE）总是表现为一定的货币量，所以一定时期内的总支出 AE，总是等于该时期内的货币供给量 MS 与货币流通速度 V 的乘积：

$$AE = MS \cdot V \tag{5-3}$$

这里，货币流通速度 V 是指平均每一单位货币通过国民收入循环流动的次数。该式表明，在没有投机货币需求的假定前提下，货币供给量乘以其流通速度就是最终产品市场上的总需求。因此，货币供给量与最终产品市场上的总需求直接相关。

3）时间偏好

时间偏好是指人们对其开支在时间上的选择。人们是倾向于现在就花掉手中的钱还是倾向于将来再花，会影响这一时期和下一个时期的总支出 AE，从而影响到总需求。所以，时间偏好是影响 AD 的又一个外生变量。

2. 古典学派的总需求曲线与剑桥效应

根据上面的分析，我们首先来讨论古典学派的总需求曲线。代表古典货币理论的剑

桥方程式如下：

$$MS = k \cdot P \cdot Q \qquad (5\text{-}4)$$

式中，MS 为货币供给量，P 为价格总水平，Q 为总产量或实际国民收入，k 为货币供给量占名义国民收入的比例。该式表示货币供给量与名义国民收入成正比例。当货币供给量上升时，人们为了保持手中的实际现金余额 $\dfrac{MS}{P}$ 与实际收入 Q 的比例 k，会导致价格水平与货币增加的同比例上升，由于假定 k 与 Q 是常数，从而当货币供应量增加导致总需求增加时，就会直接使价格水平提高。这就是货币余额效应，又称剑桥效应。货币余额效应的传导机制可以概括为：货币供给量增加→人们保持其持有的实际货币余额与实际收入的固定比例 k 不变→总需求提高→价格水平上升。

　　换个角度来说，我们可以认为古典学派的总需求曲线是由剑桥效应决定的。将剑桥方程式 $MS = k \cdot P \cdot Q$ 变形后得到

$$Q = \frac{1}{k} \cdot \frac{MS}{P} \qquad (5\text{-}5)$$

　　这正是我们需要的总需求函数 $Q = f(P)$ 的形式。式（5-5）决定的总需求函数说明，在货币供给量 MS 和参数 k 不变的情况下，价格水平 P 与实际收入 Q 成反比，即总需求量 Q 是价格水平的减函数。由此我们得到古典学派的总需求曲线，如图 5-1 所示。

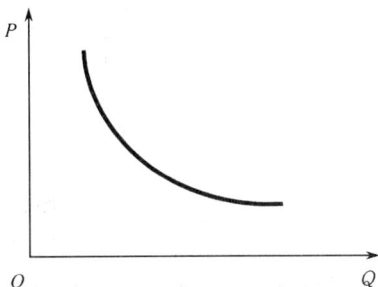

　　3. 凯恩斯的总需求曲线与 IS-LM 模型

图 5-1　古典学派的总需求曲线

　　与古典学派不同，凯恩斯的总需求曲线是由 IS-LM 模型决定的。

　　在第四章中，我们从注入量和漏出量的关系中推导出了 IS 曲线，而实际上我们并没有涉及总供给方面的任何决定因素，只是考虑总需求变化，如不同的利息率导致的投资变化对总需求的影响等。在 LM 曲线的推导过程中，我们所涉及的依然没有超出总需求的范围，因此，当 IS 曲线与 LM 曲线相交时，决定的是总需求水平。只有总需求决定了，均衡的位置才能确定。根据这个道理，我们可以用 IS-LM 模型来推导反映一般价格水平与需求量之间关系的总需求曲线。

　　商品市场的均衡也就是 IS 曲线并不涉及一般价格水平，于是可以假定 IS 曲线是给定的，如图 5-2 中的 I 图。根据第四章的分析，LM 曲线的方程为 $\dfrac{MS}{P} = MD(Q, r)$，由于实际货币供给量与价格水平之间的反比关系，当价格水平发生变动时，LM 曲线的位置会发生变动，这会与 IS 曲线在不同的点相交。因此，在每一价格水平上都将会有与之相对应的总需求点。把这些点连接起来即可得到总需求曲线 AD，如图 5-2 所示。

　　在图 5-2 的 II 图中，当价格水平为 P_0 时，实际货币余额为 $\dfrac{MS}{P_0}$，这在图 I 中有 $LM(P_0)$ 与之相应，它与 IS 曲线的交点决定了图 II 中的总需求为 Q_0，而这一总需求水

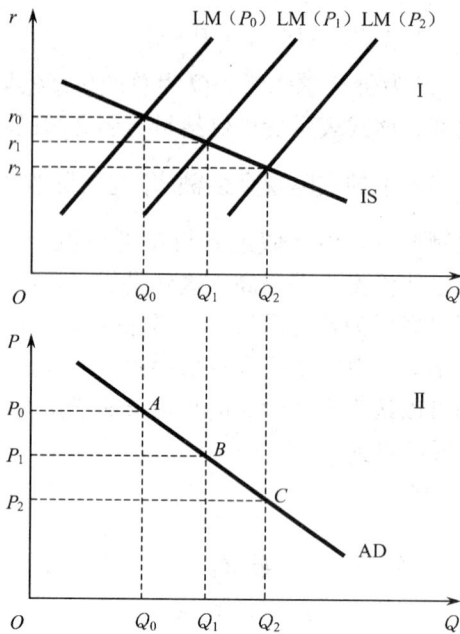

图 5-2　凯恩斯的总需求曲线

平是在价格为 P_0 时形成的，因此可以得到价格为 P_0 时的总需求曲线上的一个点 A。当价格水平下降到 P_1 时，实际货币余额为 $\frac{MS}{P_1}$，实际货币量的增加使 LM 曲线向右移动，从 $LM(P_0)$ 移动到 $LM(P_1)$，它与 IS 曲线的交点决定了总需求曲线上的另一点 B。同样，当价格水平下降到 P_2 时，$LM(P_2)$ 与 IS 曲线的交点决定图 Ⅱ 中的 C 点。将这些总需求的点连接起来就得到了一条价格水平变动下的总需求变动的轨迹，即总需求曲线 AD。

　　从以上对凯恩斯主义总需求曲线的推导可以看出，这种总需求曲线并不是通常意义上的总需求函数，它同时还是一条均衡的轨迹，曲线 AD 上的每一个点对应的 P 和 Q 的值都能使商品市场和货币市场保持均衡，因此它比一般的总需求曲线包含了更多的内容。它所表明的不仅仅是随着商品价格的提高需求会减少，即不是表明单独市场上需求与价格的关系，而是价格水平变动对商品市场与货币市场同时起作用，使利息率和投资需求发生变动，从而对总需求产生影响。由此可见，凯恩斯的总需求曲线 AD 是由 IS-LM 模型决定的。

　　4. 凯恩斯效应

　　从图形上看，古典学派与凯恩斯学派的总需求曲线是有差异的。不过，图形上的差异只是表面上的不同，我们更应当了解的是不同的总需求曲线背后所反映的古典学派与凯恩斯学派的理论分歧。

在推导出两个不同的总需求曲线之后，我们把凯恩斯的货币理论与古典学派的货币理论作一个对比，以便说明凯恩斯理论区别于古典学派理论的一个重要概念——凯恩斯效应。

凯恩斯的货币理论可以通过 IS-LM 模型体现出来，即

$$\begin{cases} S\ (Q)\ =I\ (r) \\ \dfrac{\mathrm{MS}}{P}=\mathrm{MD}\ (Q,\ r) \end{cases}$$

当货币供应量变动时，并不是直接通过实际现金余额效应（剑桥效应）使价格水平发生变动，而是通过货币与债券市场的相互作用，使利息率水平发生变动，从而会使投资发生变动，进而影响总需求和价格水平。因此，凯恩斯效应所要表现的商品需求与价格水平之间的关系是一种间接的关系。当货币供给量增加时人们手中的实际现金余额会增加，并不像货币数量论解释的那样，直接提高总需求，而是通过提高对债券的需求和降低利息率使投资增加，进而提高总需求，这就是凯恩斯效应。凯恩斯效应的传导机制如下：

货币数量增加—现金余额增加—对债券的需求增加—债券的市场价格提高—实际利息率降低—投资增加—总需求增加—价格水平提高

从以上过程可以看出，凯恩斯效应与剑桥效应的区别在于，货币供应量的变动对总需求的影响是通过利息率和投资的变动完成的，而剑桥效应则直接把货币供给量与总需求联系起来。因为实际货币供给量与价格成反比，从而价格水平的变动也可以视为实际货币供给量的变动，而价格水平与总需求的关系即总需求曲线。正是凯恩斯效应与剑桥效应的区别，使凯恩斯模型的总需求曲线与古典学派模型的总需求曲线完全区别开来。

二、总供给曲线分析

总供给（aggregate supply，AS）是指经济社会的总产量。与总需求类似，总供给也有两种不同的表示方法：一个是指最终产品市场上所供给的总产品的数量 Q，它是一个物量的概念；另一个是指最终产品市场上总供给产品的价值，即 $P \cdot Q = \mathrm{GDP} = \mathrm{NI}$，它等于国民收入或国内生产总值，是一个价值量的概念。我们要分析的总供给是指前者，即 AS（总产品的数量）。

1. 影响总供给的因素

一般而言，影响总供给的主要因素有一般价格水平、劳动力的数量、技术水平和生产性资本存量。

1）总供给函数与一般价格水平

最终产品市场上的总供给数量 AS 可以看做一般价格水平 P 的函数：

$$\mathrm{AS}=g\ (P) \tag{5-6}$$

总供给函数反映总供给量与一般价格水平之间的关系。同微观经济学类似，随着一般价格水平 P 的提高，经济社会提供的产品与劳务总量会增加，反之则减少，于是总

供给数量 AS 是一般价格水平 P 的增函数。

与某一决定的总供给量相应的一般价格水平通常也称作总供给价格，供给价格是指厂商为提供一定量产品所愿意接受的价格，而厂商愿意接受什么价格则取决于其生产成本。所以，总供给函数曲线 AS 的形状与生产成本有关，而生产成本则由生产该总产量时投入的生产要素的数量和价格决定。生产要素主要包括劳动力的数量、技术水平和生产性资本存量。因此，我们有必要分析生产要素市场对总供给的影响。

2）总量生产函数与潜在产量

国民经济在一定时期内所能供给的总产量 Q，可以用总量生产函数来表示。总量生产函数是指整个国民经济的生产函数，它描述的是总量要素投入与总产量之间的关系：

$$Q=F(L, K, P) \tag{5-7}$$

式中，Q 是一定时期内生产出来的总产量，L 是使用劳动力的总量（就业量），K 是一定时期的资本存量，P 是生产技术或者生产能力（productivity）。该函数与微观经济学中的生产函数的性质类似，都表示总产量取决于就业量、生产技术水平和生产性资本存量等生产要素。

其中，一定时期的资本存量 K 的规模和数量被认为是由经济社会以前各年的投资决定的。换句话说，K 的数值决定于过去的事件，于是可以看做固定的常数 $\bar{K}$；短期内，生产技术也相对是一个不变的量。所以，总量生产函数可以简化为

$$Q=F(L, \bar{K}) \tag{5-8}$$

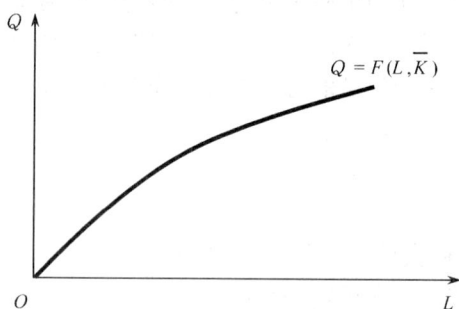

图 5-3   总量生产函数

从图 5-3 中可以看出，当资本存量一定时，总产量水平随就业量的增加而增加，但增加的速率递减，原因是劳动的边际生产率是递减的，如图 5-3 所示。而就业量取决于劳动市场的均衡。劳动的需求是实际工资率的减函数，实际工资越低，劳动需求越大，可写为

$$L_D=L_D\left(\frac{W}{P}\right) \tag{5-9}$$

劳动的供给是实际工资的增函数，实际工资越低，劳动供给越小。可写为

$$L_S=L_S\left(\frac{W}{P}\right) \tag{5-10}$$

当劳动需求等于劳动供给时，就决定了劳动市场上的均衡就业量。

从前面分析可知，总产量决定于就业量，就业量决定于劳动需求和劳动供给的均衡。这也给下一节的加入劳动市场的三重均衡提供了分析的基础。

实际上，就业量有一个上限，即潜在就业量。潜在就业量又称充分就业量 L^*，是指一个社会在现有激励条件下所有愿意工作的人都参加生产时所达到的就业量。与潜在就业量对应的是潜在产量，又称充分就业的产量，是指在现有资本和技术水平条件下，经济社会的潜在就业量所能生产的总产量，以 $Q^*=F(L^*, \bar{K})$ 来表示。一般情况下，

实际总产量 Q 可能小于或等于 Q^*。

2. 古典学派的总供给曲线

在古典学派的理论中，由于假定短期内厂商的资本存量不变，从而生产函数也可以简写成

$$Q = F(L) \tag{5-11}$$

厂商对劳动的需求量是由劳动的边际产品价值＝名义工资（$VMP_L = W$），或劳动的边际产量＝实际工资（$MP_L = \dfrac{W}{P}$）的市场原则决定的，因此，实际工资 $\dfrac{W}{P}$ 调节着厂商对劳动的需求。厂商对劳动的需求函数为 $L_D = L\left(\dfrac{W}{P}\right)$；企业利润最大化的假定 $MC = \dfrac{W}{MP_L} = P$[①]，两边同时乘以 MP_L 和同时除以 P：$\dfrac{W}{P} = MP_L$。既然实际工资调节着厂商对劳动的投入，而劳动的投入（根据生产函数）又决定着总供给，所以总供给函数可以写为 $AS = f\left(\dfrac{W}{P}\right)$。如果就业量确定在充分就业水平上，名义工资 W 和价格总水平 P 都有完全的灵活性，这时，名义工资与价格总水平将同比例变动，实际工资不变，总供给曲线是一条位于充分就业产量（潜在产量）上的完全没有弹性的直线，如图 5-4 所示。

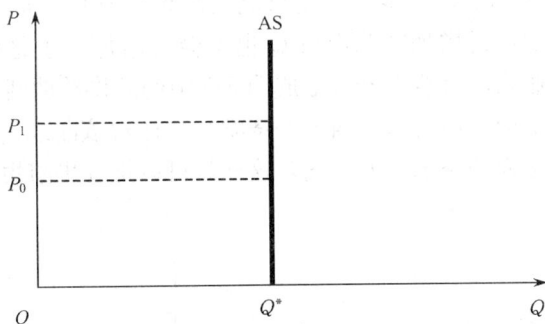

图 5-4　古典学派的总供给曲线

在古典理论中，当价格变动时，工人不受货币假象的欺骗，会要求名义工资与价格水平保持方向一致，且幅度相等。这样，实际工资保持不变，而就业也总是保持在充分就业的水平上。例如，价格水平从图 5-4 中的 P_0 上升到 P_1，工人不会受通货膨胀的欺骗，会正确地判断出实际工资的下降，他们会迫使名义工资上升，从而保持实际工资不

---

① 这里，$MC = W/MP_L$ 是指每增加一单位产量带来的工资的增量，即劳动要素的边际开支，亦即假定只有劳动投入增加时的边际成本。例如，增加 1 单位的劳动投入增加了 10 单位的产品（$MP_L = 10$ 单位），工资支出增加了 10 元，在其他条件不变时，企业的边际成本就等于（10 元÷10 单位产品）1 元。表示增加每单位产品带来的总成本增量，即边际成本。

变，因此，就业水平也会保持不变。

事实上，在古典理论中，经济被分为货币经济（或名义经济）和实际经济。货币被认为仅仅是交换的媒介，不会对实际经济构成丝毫影响。例如，一本书与一支钢笔相交换，决不会因为加入货币而影响其交换关系，也不会因为货币的媒介作用使得实际交换的商品总量增加。这样，在古典理论中，货币被看做一层蒙在实际经济上的面纱，货币数量仅仅影响名义经济变量，不会对实际经济变量造成丝毫影响。货币被看做是中性的，所谓中性，就是指货币供给量的变化只导致价格水平的变化，而对实际变量（总产量和就业量）不产生影响的性质。而两分法的实质并不是实际经济与名义经济的区分，而是指名义变量不会影响实际变量。

3. 凯恩斯的总供给曲线

凯恩斯的总供给曲线是对古典学派的总供给曲线的一个革命，是在反对古典经济理论的基础上建立的。凯恩斯的总供给曲线与古典学派的总供给曲线的一个主要区别在于，凯恩斯考虑了潜在产量 Q^* 以前的情况。或者说，凯恩斯考虑了非充分就业这样一种可能性。

凯恩斯认为，在达到充分就业的总产量水平 Q^* 以前，生产要素是不会出现很大短缺的，因此，生产要素的价格也不会很快上升，这就使总产量在达到充分就业的产量水平 Q^* 以前与一般价格水平 P 都保持缓慢增长。达到充分就业以后，所有的资源都被充分利用，厂商如打算进一步扩大生产，就只能出高价从其他厂商手中争夺资源和劳动力。由于资源的供给量不再增加，总产量 Q 也不会再增加，于是最终产品的总供给价格便会在达到充分就业以后直线上升，形成图 5-5 中的总供给曲线 AS。

在得到上面的总供给曲线之后，西方经济学家往往对该曲线进一步简化，把该曲线左下方倾斜的部分简化为一条水平的直线，这样就可以推导出凯恩斯简化了的总供给曲线，如图 5-6 所示。

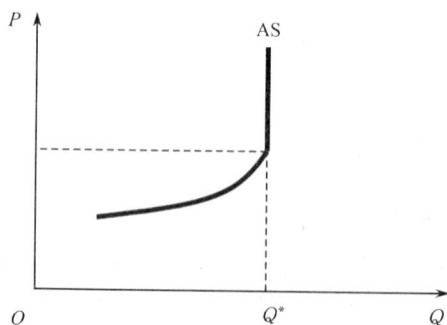

图 5-5　凯恩斯的总供给曲线

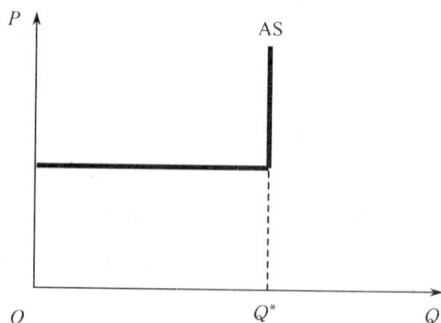

图 5-6　简化的凯恩斯的总供给曲线

图 5-6 中的总供给曲线水平段的含义是，在达到充分就业以前，由于存在着大量的闲置设备，劳动的边际产量并不减少，从而厂商愿意在这一工资率和价格水平下增加劳动投入和产出，直至达到充分就业点。于是，在到达充分就业以前的一段内，总供给曲

线为一条水平线。达到充分就业以后，价格水平的提高只能使货币工资上升，而不会使产出增加，因此到达充分就业以后的总供给曲线就是一条垂线。

4. 新古典综合派的总供给曲线

新古典综合派对凯恩斯的理论做了修正，认为在达到充分就业的产量 Q^* 之前，生产成本是逐渐上升的，从而使总供给价格缓慢上升；而达到充分就业的产量水平之后，生产成本迅速上升，供给价格迅速上升，而产量却还可以缓慢地、小幅度地上升。他们认为，质量最好和最容易获得的资源或生产要素会最先被利用，随后才是次些的和更次一些的要素；等量的生产要素投入，质量好的比质量次的效率高、成本低。随着产量的扩大，由于生产要素投入时按先高质量后低质量的顺序排列，因此，生产成本会随产量扩大而上升。与此同时，随着产量的扩大，资源的使用量扩大，从而使资源或生产要素的稀缺程度加大，这会抬高生产要素的价格，使生产成本进一步增加。但是，在达到充分就业以后，劳动已经充分利用，失业的熟练工人已经找不到了。如果要继续扩大生产，就必须使用结构性失业的非熟练工及妇女和青少年，这会使生产效率降低，总供给量只能有很小的增加；同时，成本大幅度提高，工资上升。

使用生产函数 $Q=F(L)$ 和企业利润最大化的假定 $\text{MC}=\dfrac{W}{\text{MP}_L}=P$，如果假定名义工资率不变（工资刚性），即可得到新古典综合派的总供给曲线，如图 5-7 所示。

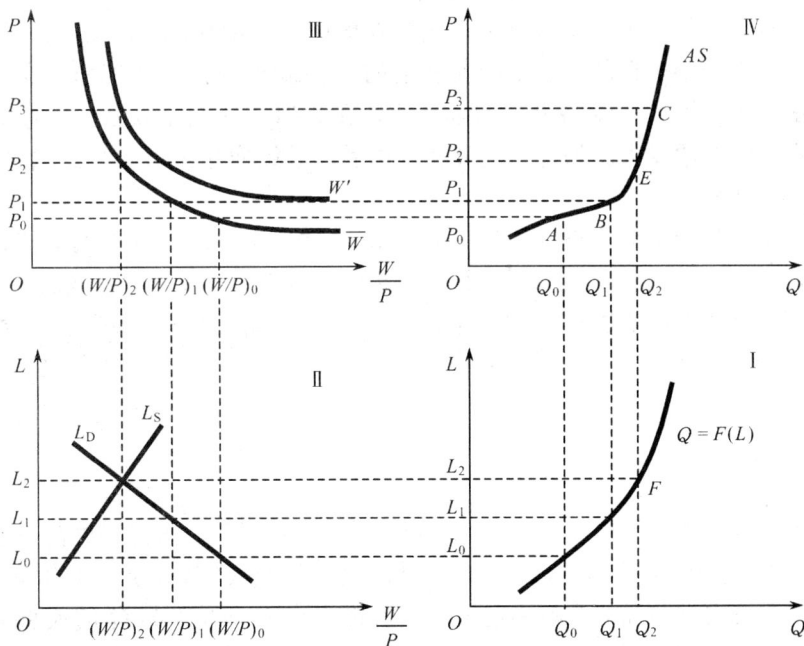

图 5-7　新古典综合派的总供给曲线

图 5-7 中，横轴右半轴 OQ 表示实际国民收入，纵轴上半轴 OP 表示价格水平，横轴左半轴 $O\frac{W}{P}$ 表示实际工资水平，纵轴下半轴 OL 表示劳动数量。图 5-7 分为 Ⅰ、Ⅱ、Ⅲ 和 Ⅳ 四个部分。

第 Ⅰ 部分描述的是生产函数 $Q=F(L)$，由于不再有劳动的边际产量不变的假定，所以总生产函数曲线不再是一条直线。

第 Ⅱ 部分描述的是劳动市场，L_D 为劳动的需求曲线，L_S 为劳动的供给曲线，由于劳动的边际产量递减，劳动的需求曲线不再是一条直线，这条倾斜的曲线表示厂商的劳动投入是实际工资 $\frac{W}{P}$ 的减函数，劳动的供给是实际工资 $\frac{W}{P}$ 的增函数。

第 Ⅲ 部分描述的是名义工资曲线，假定名义工资为一不变的常量 $\overline{W}$。

第 Ⅳ 部分就是我们推导出来的总供给曲线 AS。

从图中的第 Ⅲ 部分可以看出，在名义工资不变的假定下，价格水平从 P_0 上升到 P_1 再到 P_2，实际工资会从 $\left(\frac{W}{P}\right)_0$ 下降到 $\left(\frac{W}{P}\right)_1$，再下降到 $\left(\frac{W}{P}\right)_2$。这时，从图的第 Ⅱ 部分可以看出，由于实际工资下降，厂商对劳动的投入量会从 L_0 增加到 L_1 和 L_2，图中假定劳动的供给到 L_2 时达到充分就业。再来看图的第 Ⅰ 部分，根据生产函数，劳动投入为 L_0，产量为 Q_0。劳动投入为 L_1 和 L_2 时，产量为 Q_1、Q_2。假定劳动投入到 L_2 以后便达到充分就业，劳动投入虽然还在增加，但是厂商却只能雇用摩擦性失业和结构性失业的工人，由于这些劳动的生产效率大大降低，因此，劳动的增加虽然可以使产量有一定的增加，却增加得很少，使得总生产函数在图中第 Ⅰ 部分的 F 点之后，接近于一条直线。这样，在图中第 Ⅳ 部分总供给曲线上的 E 点就形成了一个肘弯。在充分就业之前，产量上升的幅度大，价格上升的幅度小；在达到充分就业以后，产量上升的幅度小，而价格上升的幅度大。另外，充分就业以后，继续雇用工人会导致名义工资上升，如图第 Ⅲ 部分所示。

根据图第 Ⅲ 部分中的价格变化和图第 Ⅰ 部分中相应的总产量的变化，可以推导出总供给曲线，即 P_0 和 Q_0 的组合点 A、P_1 和 Q_1 的组合点 B，及充分就业的产量 Q_2 和 P_2 的组合点 E，以及价格增加较大和产量增加较小的组合点 C，于是得到一条向右上倾斜，并在 E 点有一个肘弯的总供给曲线。

三、AS-AD 模型

前面我们详细讨论了总供给曲线 AS 和总需求曲线 AD。把它们放在一起，我们就可以建立 AS-AD 模型，即总供给-总需求模型。同微观经济分析中的均衡方法一样，总供给曲线与总需求曲线的交点决定了一般价格水平 P 和总产量 Q 的大小，因此也就决定了国民收入 NI 的水平。

1. 古典学派的 AS-AD 模型

如图 5-8 所示，古典学派的总供给曲线 AS 是一条垂直的直线，表示在价格水平 P

和名义工资 W 灵活可变的条件下，经济可以自动实现充分就业，达到潜在产量 Q^*；总需求曲线是根据剑桥方程式 $MS = k \cdot P \cdot Q$ 得到的。

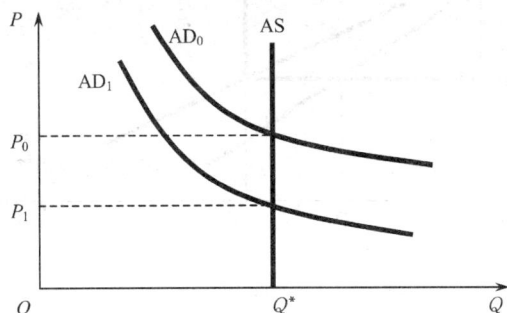

图 5-8　古典学派的 AS-AD 模型

可以看出，当总供求曲线给定时，均衡总产量 Q^* 和一般价格水平 P^* 就由其交点所决定，国民收入水平 $P^* \cdot Q^*$ 也随之决定了。如果所有的外生变量不变，这种交点代表的均衡状态就会长期维持下去。这时出现的任何供求不均衡或价格偏高的情况都只能是暂时的，市场的内在机制会将这种暂时的不均衡调整到均衡状态。

由于总供给曲线 AS 是完全没有弹性的直线，我们来讨论总需求曲线 AD 发生变化时对于均衡的影响。凡是价格以外因素造成的总需求的变动都会引起总需求的曲线 AD 的移动。只要最终产品市场上的总支出 AE 增加，包括总消费开支 C、总投资 I 和政府开支 GP 及净出口 NX 增加，总需求曲线 AD 就会向上移动；总开支 AE 减少，总需求曲线 AD 就会向下移动。

如图 5-8 中所示，当总需求曲线从 AD_0 下降到 AD_1 时，总产量依然维持在 Q^* 的水平，一般价格水平由 P_0 下降为 P_1，国民收入水平 $P \cdot Q$ 也会下降。

总之，在古典学派的模型中，均衡的总产量 Q^* 保持不变，总需求 AD 的变化只影响均衡的价格水平与国民收入，而且使一般价格水平与国民收入和总需求同方向变化。

2. 凯恩斯的 AS-AD 模型

把凯恩斯的总供给曲线和总需求曲线放在一起，就得到凯恩斯的 AS-AD 模型，如图 5-9 所示。可以看出，当总供求曲线分别是 AS 和 AD 时，均衡总产量 Q^* 和一般价格水平 P^* 就由其交点所决定，国民收入水平 $P^* \cdot Q^*$ 也随之决定了。如果所有的外生变量不变，这种交点代表的均衡状态就会长期维持下去。这时出现的任何供求不均衡或价格偏高的情况都只能是暂时的，市场的内在机制会将这种暂时的非均衡调整到均衡状态。

如图 5-9 所示，如果总需求曲线从 AD 下降到 AD_1，一般价格水平 P^* 保持不变，总产量从 Q^* 减少到 Q_1，国民收入水平 $P \cdot Q$ 也会下降。

总之，在充分就业以前，一般价格水平 P^* 保持不变，总需求 AD 的变化会导致总产量 Q 以及国民收入 NI 发生相同方向的变化；在充分就业以后，均衡的总产量 Q^* 保

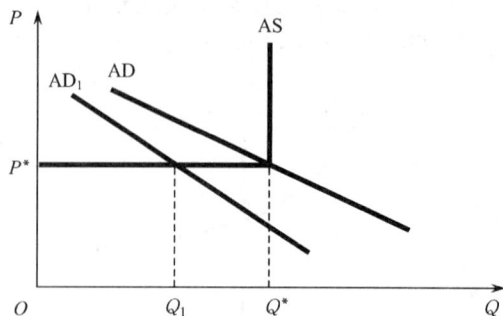

图 5-9　凯恩斯 AS-AD 模型

持不变，总需求 AD 的变化只影响均衡的价格水平与国民收入，而且使一般价格水平与国民收入、总需求同方向变化。

3. 比较与结论

在分别得到古典学派与凯恩斯学派的总需求与总供给曲线之后，我们可以做一个小结。比较图 5-8 和图 5-9 我们可以看到古典学派与凯恩斯学派的理论有明显的不同：以萨伊和马歇尔等为代表的古典和新古典学派经济学家认为市场机制是完全的甚至是完美的，因为总是可以保持在充分就业的状态，从而总产量达到潜在产量 Q^* 并且保持不变；而凯恩斯学派与古典、新古典学派的观点不同，他们认为存在一种非充分就业的均衡，从而均衡产量 Q 有可能低于潜在产量 Q^*。

有些著作，包括国内某些西方经济学的教科书，误以为宏观经济学的目的是要说明，由于市场失去了调节总供求相等的机制，在总供求不相等时，需要政府干预使其相等。实际上，凯恩斯主义经济学家同萨伊和马歇尔等古典和新古典学派经济学家一样，都认为市场机制可以使总供给和总需求自动达到均衡状态。但是二者的区别在于，古典理论认为总供给和总需求总会自动均衡于充分就业的国民收入水平 Q^*；凯恩斯主义则认为市场虽然能自动均衡，却不一定使均衡点恰好处于充分就业的国民收入水平或总产量水平 Q^*（如处于图 5-9 中的 Q_1 点），当经济处于失业状态的时候，政府有必要通过增加总需求进行干预，使总需求曲线上移，从而破坏旧的、低于充分就业的均衡，使新的均衡点接近或达到充分就业。

第二节　三重均衡的凯恩斯模型

在上节中我们讨论了总需求曲线与总供给曲线的决定，并且比较了古典学派与凯恩斯学派的理论分歧，本节我们将借助三重均衡的凯恩斯模型对此问题作进一步分析。三重均衡的凯恩斯宏观经济模型是 IS-LM 模型的扩展，它不但包含产品市场和货币市场的均衡，而且也通过劳动市场的均衡实际上包含了生产要素市场的均衡。其中，总需求曲线是由凯恩斯的 IS-LM 模型所决定，而总供给曲线则是由古典学派的生产函数和劳动市场的均衡所决定。完全的凯恩斯模型假定市场是完全的，从而价格 P 灵活可变而且能够充分反映市场信息，同时名义工资 W 也是灵活可变化的，不存在工资刚性的现象。这样，把凯恩斯的总需求曲线与古典学派的总供给曲线结合在一起，也就是把古典学派模型与凯恩斯理论结合在一起。因而，这里所讨论的三重均衡的宏观经济模型充分体现了新古典综合派理论的特点。

一、三重均衡模型的建立

加入劳动市场以后，三重均衡的凯恩斯模型由以下方程组成：

$$L_D\left(\frac{W}{P}\right) = L_S\left(\frac{W}{P}\right) \qquad \rightarrow L^*, \left(\frac{W}{P}\right)^* \tag{5-12a}$$

$$Q = F(L) \qquad \rightarrow Q^* \tag{5-12b}$$

$$\left.\begin{array}{l} S(Q) = I(r) \\[2mm] \mathrm{MD}(Q,r) = \dfrac{\mathrm{MS}}{P} \end{array}\right\} \qquad \rightarrow r^*, P^* \tag{5-12c} \tag{5-12d}$$

$$W = \left(\frac{W}{P}\right) \cdot P \qquad \rightarrow W^* \tag{5-12e}$$

式（5-12a）是劳动需求函数和劳动供给函数，可以把它看做两个方程，它决定劳动的均衡供给量 L^* 和实际工资率 $\left(\frac{W}{P}\right)^*$；式（5-12b）是生产函数，决定均衡产量 Q^*；式（5-12c）和式（5-12d）是 IS-LM 模型，决定均衡利息率 r^* 与一般价格水平 P^*；最后，式（5-12e）是名义工资率 W^* 的决定方程。从以上方程组可以看出，完全的凯恩斯模型是由 6 个方程和 6 个未知数组成的联立方程组，从而会有唯一的解，即三重均衡的解。三重均衡的解由 6 个均衡量组成，它们是方程组中箭头所示的均衡劳动投入量 L^*、均衡的总产出 Q^*、均衡价格总水平 P^*、均衡实际利息率 r^*、均衡实际工资率 $\left(\frac{W}{P}\right)^*$ 和均衡名义工资率 W^*，这些均衡变量值也表明了模型所趋近的方向。这一均衡模型可以用图 5-10 表示。

在图 5-10 中，三重均衡的模型分为 Ⅰ、Ⅱ、Ⅲ、Ⅳ 和 Ⅴ 5 个部分。

第 Ⅰ 部分是生产函数，给定劳动市场的充分就业 L^*，会有充分就业的均衡实际国民收入 Q^*，即式（5-12b）；

第 Ⅱ 部分为劳动市场，表明劳动的供给与需求同时决定均衡的实际工资率 $\left(\frac{W}{P}\right)^*$ 和充分就业水平 L^*，即式（5-12a）；

第 Ⅲ 部分为名义工资率，给定充分就业的实际工资率 $\left(\frac{W}{P}\right)^*$ 和均衡价格水平 P^*，就决定了均衡名义工资率为 W^*，即式（5-12e）；

第 Ⅳ 部分是 IS-LM 曲线，即式（5-12c）、式（5-12d），与前面的 IS-LM 模型不同，

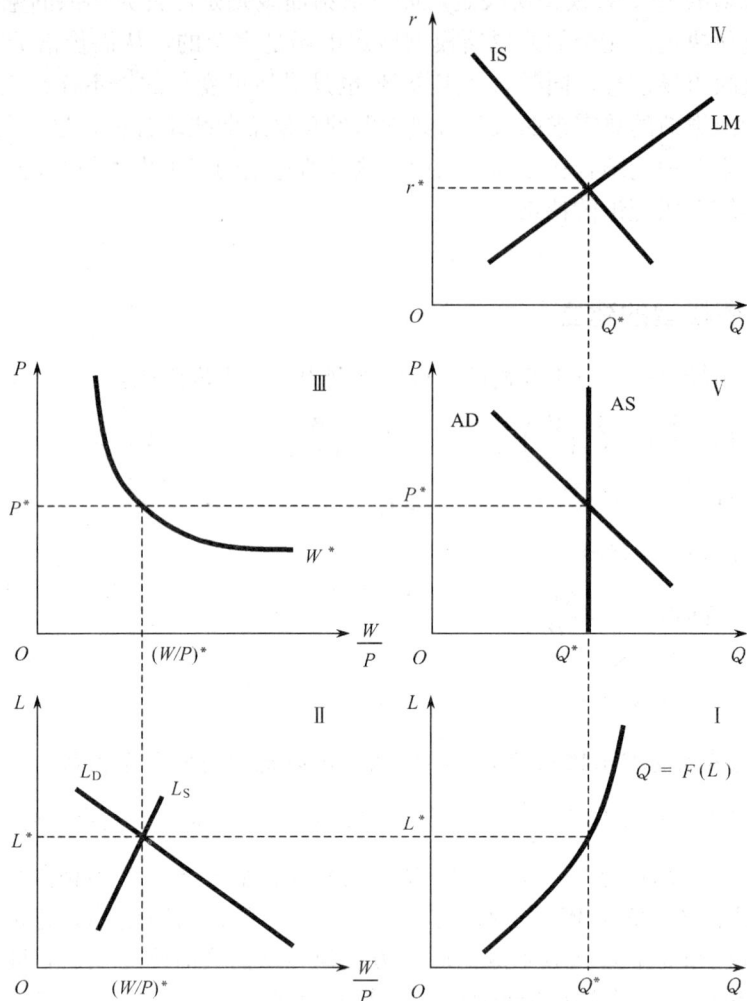

图 5-10　三重均衡的模型

这里价格或实际货币供给量是内生变量，从而在该模型中均衡利息率 r^* 与均衡价格水平 P^* 是同时决定的，而且均衡利息率与价格同时反映给定的充分就业收入水平 Q^*，它决定了第 V 部分中的总需求曲线 AD；

　　第 V 部分表明商品市场的均衡，是这一模型的核心。根据假定，产品供给是劳动就业的函数，按照式（5-12e），我们假定，如果价格水平发生变动，名义工资率将随之调整。因此，价格水平并不影响实际工资率和就业水平，从而国民收入只取决于劳动市场的均衡实际工资率和劳动投入量，而与价格水平无关。因此，AS 曲线为一条垂线。这实际上是在价格有充分灵活性的基础上恢复了古典理论。

二、三重均衡模型的自动调节机制

现在我们来看三重均衡的调整过程。

如图 5-11 所示，任意给定一个价格水平 P_0，在图中第 IV 部分会有一条曲线 $LM(P_0)$，与 IS 曲线相交得到一个均衡点 (r_0, Q_0)，它决定了第 V 部分中的总需求为 Q_0。这样，在价格为 P_0 时，商品市场会有过度供给 ES。但这种总供给超过总需求的状态是不稳定的，商品市场的过度供给会使价格水平下降，当价格水平下降到 P^* 时，会使图中第 IV 部分的 LM 曲线向右方移动，即从 $LM(P_0)$ 移动到 $LM(P^*)$，使之与 IS 曲线交于 (r^*, Q^*) 点，从而使商品市场的供给与需求相等并达到充分就业。因此，如果假定价格水平 P 与工资率 W 具有完全的伸缩性，当 IS-LM 模型能够正常运转时，三重均衡模型将有唯一的稳定点，即充分就业均衡。换句话说，三重均衡模型的自动调节

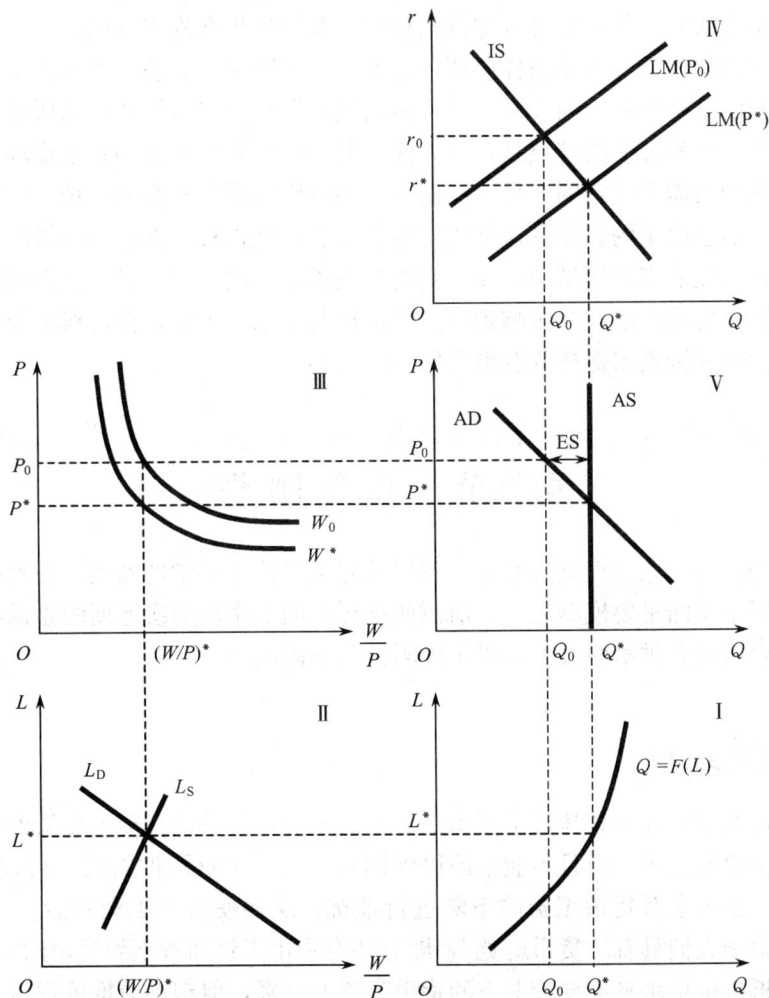

图 5-11　三重均衡的调整过程

机制是以价格水平 P 与工资率 W 具有完全的伸缩性为前提的。

在上述凯恩斯模型中,通过良好作用的凯恩斯效应,古典学派的货币领域与实际领域的两分法复活了,货币重新成为中性的。凯恩斯与古典学派的区别只是调整过程的不同。古典学派把现金余额与商品需求直接联系起来推导其需求曲线,而凯恩斯模型则是通过利息率的变动导致的投资变动,即凯恩斯效应来推导需求曲线。

值得指出的是,这种根据凯恩斯效应推导出来的三重模型充分表达了新古典综合派的理论观点,即把古典学派的劳动市场与 IS-LM 模型结合起来,从而说明古典学派模型只是一个特例,当市场完全时,即假定市场信息完全,价格水平与名义工资充分灵活可调时,使用凯恩斯的理论同样可以说明市场机制达到充分就业的可能性。

事实上,凯恩斯虽然并没有否认市场经济存在着实现充分就业的可能性,但是,这并不是凯恩斯所强调的重点;而且这种凯恩斯模型难以说明凯恩斯一再强调的时间和预期的不确定性的作用。因此,三重均衡的模型只是通过一个模型把古典学派与凯恩斯学派的共同点结合起来,其理论分歧却依然存在,而且体现在许多方面。

那么,这两种调整过程是怎样协调起来的呢?实际上,要使二者达到协调,只能抛开时间与预期的不确定性。前面对三重均衡的凯恩斯模型稳定性的证明所使用的是一种比较静态方法。这种方法的特点是:一方面,假定价格水平只影响货币市场,但它是由商品市场的供给与需求决定的;另一方面利息率只影响投资和商品市场,而它是由货币市场的供给与需求决定的。正是这种比较静态方法,使古典学派模型与凯恩斯的理论综合在一起。在比较静态的模型中,如果储蓄与投资是正的,它们必然会影响货币市场和利息率;同样,货币市场也会影响到商品的供给与需求。可见,新古典综合派的理论是通过完全抛掉时间因素来保持其逻辑上的一致性的。

第三节 工 资 刚 性

以三重均衡的凯恩斯模型为基础,我们首先来讨论工资刚性模型。工资刚性模型是正统的凯恩斯主义的重要模型之一,前面所推导的向上倾斜的凯恩斯的总供给曲线特别是新古典综合派的总供给曲线都是以工资刚性为基础的。

一、工资刚性的概念

工资刚性的假定并不意味着工资率是外生给定的,而是说工资率在某种程度上不依赖于劳动的供给与需求,而且不能立即得到调整。关于工资刚性的假定可以这样解释,在劳动市场,工人会对货币工资的下降进行抵抗,从而使货币工资只能上升而不能下降。此外,由于人们具有"货币幻觉",即只注意货币工资而看不到货币的实际购买力,所以他们会抵抗价格水平不变情况下的货币工资的下降,但却不会抵抗货币工资不变下的价格水平的提高。由于工资是价格的基础,当工资存在刚性的时候,价格就会普遍存在刚性。在讨论工资刚性模型时,一般都使用价格刚性的假定。

关于刚性价格我们在上一章讨论 IS-LM 模型时已经分析过了。如果价格是给定的，实际货币余额$\frac{MS}{P}$是不变的，因此，LM 曲线的位置是不变的，均衡产量或总需求由 LM 曲线与 IS 曲线的交点所决定，而它并不一定等于充分就业的总供给。

一旦均衡产量不等于充分就业的总供给，那么就会出现低于充分就业的情况。此时，由于工资刚性的假定，三重均衡的自动调节机制将不能完全发挥，从而经济会出现持续的有效需求不足，甚至导致经济萧条。这正是凯恩斯所强调的问题。

二、工资刚性与失业

现在我们假定货币工资率 W 是固定的，即把工资率作为外生给定而且不能下降的因素，把这一假定加入到前面的完全的凯恩斯模型可得到下面的模型：

$$L = L_D\left(\frac{W}{P}\right) < L_S\left(\frac{W}{P}\right) \qquad \rightarrow L_0, \frac{W}{P} \tag{5-13a}$$

$$Q = F(L_0) \qquad \rightarrow Q_0 \tag{5-13b}$$

$$\left.\begin{array}{l} S(Q) = I(r) \\[6pt] MD(Q,r) = \dfrac{MS}{P} \end{array}\right\} \qquad \rightarrow r_0, P_0 \tag{5-13c}\tag{5-13d}$$

$$\frac{W}{P} = \left(\frac{\overline{W}}{P}\right) \qquad \rightarrow \overline{W} \tag{5-13e}$$

这一模型由一个外生变量 W 和五个内生变量 L、$\frac{W}{P}$、Q、r 和 P 组成。式（5-13a）是劳动市场，根据假定，由于货币工资率过高而且不能调整，劳动供给超过劳动需求，从而存在着失业。因此，劳动就业由厂商对劳动的需求所决定。

式（5-13b）是生产函数，在劳动投入为 L_0 时，产出为 Q_0。式（5-13c）和式（5-13d）是IS-LM 模型，当产出 Q_0 确定时，决定利率和价格水平。最后，式（5-13e）表明，价格与工资率是相互决定的，由于货币工资率是给定的，实际工资率依赖于价格水平。反过来，就业与生产又依赖于价格水平。显然，工资与价格是相互依赖的，只能同时求解。工资刚性模型的要点在于名义工资被假定为只能上升不能下降。工资刚性模型可以由图 5-12 表示。

在图 5-12 第 V 部分中，总需求曲线是向下倾斜的，这是因为图中第 IV 部分的 IS 和 LM 曲线是正常的，即不存在投资陷阱和灵活偏好陷阱。总供给曲线 AS 是向右上倾斜的，因为在货币工资率给定时，厂商对劳动的需求和产出取决于价格水平。当总需求位于图中第 V 部分的 AD 时，恰好是充分就业的产量水平 Q^*，实际工资为图中第 III 部分的 $\left(\frac{W}{P}\right)^*$，就业人数为图中第 II 部分的 L^*，而根据第 I 部分的生产函数，L^* 的劳动投入又恰好决定 Q^* 的总产量。当货币供给量下降，从 M^* 下降到 M_0 时，第 IV 部分中的 LM(M^*)曲线会移动到 LM(M_0)的位置。第 V 部分中的总需求曲线将下降到 AD$_0$ 的水平，这将引起价格水平的下降，在名义工资不变的情况下，会导致第 III 部分中的实际工

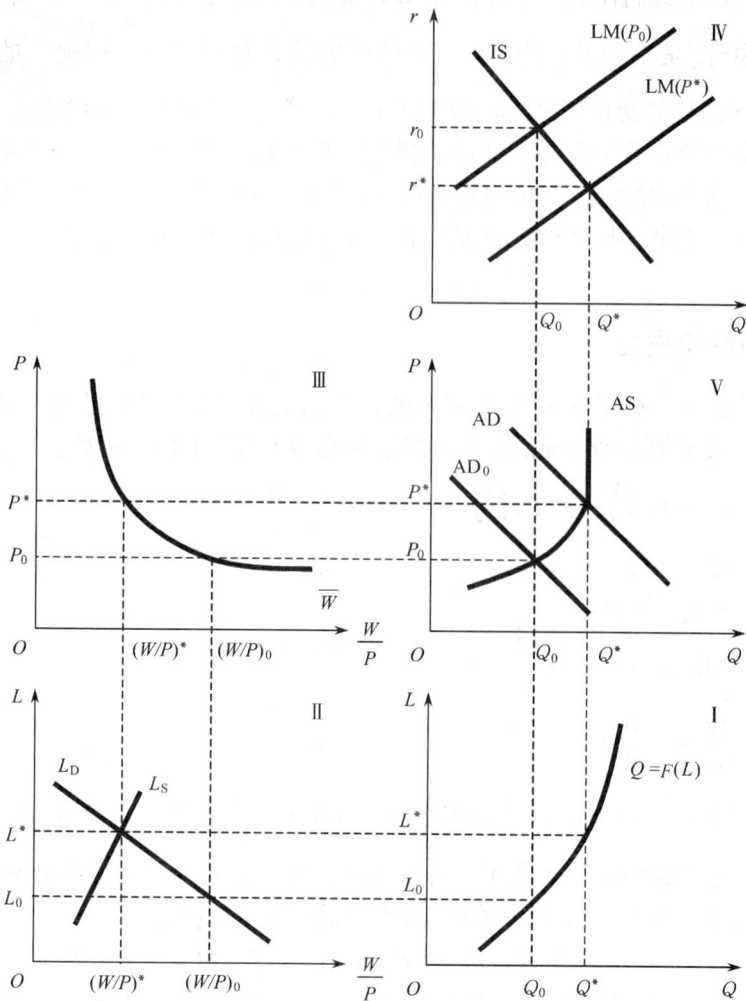

图 5-12　凯恩斯的刚性工资模型

资上升，并使第Ⅱ部分中厂商的劳动投入量（劳动的需求量）下降，造成失业人数增加，产量小于充分就业的产量水平。

　　显然，在这一模型中，实际领域与货币领域之间没有两分法，价格水平影响产出和就业，刚性的货币工资率使货币和实际领域联系起来。正是这种货币领域与实际领域之间的联系，使货币政策成为调节经济的重要手段。

　　工资刚性模型为经济萧条提供了一种解释。前面说过，三重均衡模型的自动调节机制是以价格水平 P 与工资率 W 具有完全的伸缩性为前提的。如果出现刚性的工资和价格，那么价格水平 P 与工资率 W 不具有完全的伸缩性，从而市场不是完全的，就会导致宏观经济中的有效需求不足，无法实现充分就业的宏观经济目标。我们可以拿弹簧来做一个比喻，如果把灵活可变的价格水平 P 与工资率 W 比做富有弹性的弹簧，那么工资和价格刚性就像失去弹性的弹簧一样功能受到限制，对于市场经济的调节作用将大大降低。

三、工资刚性与古典学派的理论

在前面我们已经知道，古典学派对充分就业的推论是建立在完全可变的价格与工资率的假定之上的。换句话说，如果在古典学派模型中加入工资刚性的假定，也会推出非充分就业均衡状态的结论。因此，工资刚性会产生失业与古典学派的逻辑推论并不是矛盾的，而只是假定上的不同。但在形式上，凯恩斯的工资刚性模型与古典学派的模型并不是完全一致的，这种区别主要在于凯恩斯效应与剑桥效应的不同。

图 5-13 是根据古典理论加上工资刚性绘出的。与凯恩斯模型的区别主要在需求曲线的推导上，即第 IV 部分中的 AD 曲线与图 5-12 中的第 V 部分不同，它是根据剑桥方程式 $MS = k \cdot P \cdot Q$ 得出的。当货币供给量为 M_0 时，$AD(M_0)$ 与 AS 曲线的交点决定了劳动市场的非均衡，即图 5-12 的第 I 部分中存在 L_0L^* 的劳动力失业。如果增加货币供给，从 M_0 增加到 M^*，使 AD 曲线从 $AD(M_0)$ 移动到 $AD(M^*)$，这会使实际工资率下降到 $\left(\dfrac{W}{P}\right)^*$，从而可以实现充分就业。这种增加货币供应量使价格水平提高的方法是通过剑桥效应完成的，它虽然与储蓄、投资和利率完全无关，但却表明了货币变动导致价格变动，从而引起实际变量的变动。在这种工资刚性的古典学派模型中，同样不存在货币领域与实际领域的两分法。与传统古典理论所不同的是，我们加入了工资刚性的假

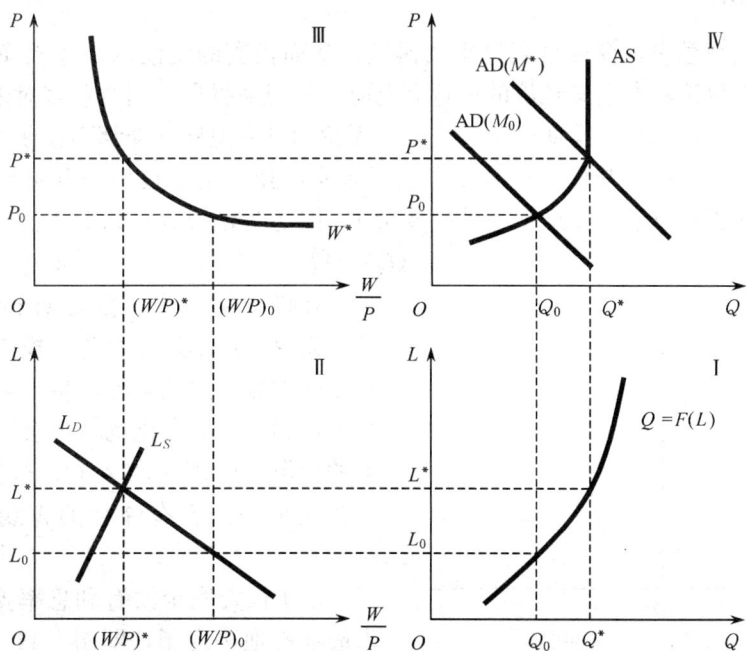

图 5-13 古典学派的刚性工资模型

定，因此总供给曲线就与图 5-12 一样，有一个向右上倾斜的阶段。

第四节　投资陷阱与灵活偏好陷阱

在工资刚性模型里，凯恩斯对于市场不完全从而导致有效需求不足提供了一种解释。但是，完全按照凯恩斯的工资刚性假定，古典学派也能得到相同的结论。这是否说明，古典学派与凯恩斯学派的理论分歧仅仅是假定条件的不同，而没有根本的矛盾呢？或者说，凯恩斯的有效需求不足的观点是否完全建立在工资刚性的假定上呢？答案是否定的。

事实上，凯恩斯认为，即使没有工资刚性模型，放弃工资刚性的假定，一种低于充分就业的均衡依然存在。其他原因也会导致市场不完全，如一旦出现投资陷阱与灵活偏好陷阱，也将导致失业和有效需求不足。

下面我们来详细分析凯恩斯对资本主义经济中失业问题的诊断，这一点是通过完全凯恩斯模型的两个特例来给予说明的。即在某些特定的情况下，市场的完全性被破坏了，凯恩斯效应并不能有效地起作用。因此，这种分析是新古典综合派对凯恩斯的理论作出的一种"市场不完全性"的解释。根据这种解释，市场是否完全成为凯恩斯效应能否起作用的关键。

一、投资陷阱

在凯恩斯模型中，投资是利息率的函数，从而投资的变动取决于投资的利息率弹性。然而，在讨论资本主义经济的失业问题时，凯恩斯提出，当企业家对未来的预期变得不确定时，或对未来的预期非常悲观时，无论利息率怎样下降都不会使投资增加，即投资对利息率完全没有弹性，这种现象就是投资陷阱。由于投资对利息率完全没有弹性，因此，投资就成了外在给定的外生变量 $\bar{I}$，IS 方程便成为下列形式：

$$S(Q) = \bar{I} \tag{5-14}$$

在投资陷阱中，投资对利息率没有弹性，无论利息率怎样变化，投资都将是一个不变的常数，因此总需求将不再受利息率的影响，利息率的变化也不再会影响商品市场上的均衡实际国民收入 Q，这使得 IS 曲线也变成了一条没有弹性的直线，如图 5-14 所示。

由于投资完全没有利息率弹性，从而收入被唯一地决定了，即图 5-14 中的 Q^*。如果我们把这样一种投资函数代入前面的凯恩斯模型，会得到以下方程：

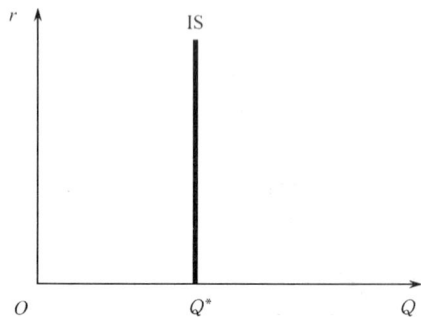

图 5-14　没有弹性的 IS 曲线

$$S(Q) = \bar{I} \qquad\qquad \rightarrow Q_0 \qquad\qquad\qquad (5\text{-}15a)$$

$$Q = F(L) \qquad\qquad \rightarrow L_0 \qquad\qquad\qquad (5\text{-}15b)$$

$$\frac{W}{P} = \left(\frac{W}{P}\right)^0 \qquad\qquad \rightarrow \left(\frac{W}{P}\right)^0 \qquad\qquad (5\text{-}15c)$$

$$\mathrm{MD}(Q,r) = \frac{\mathrm{MS}}{P} \qquad\qquad \rightarrow (P,r) \qquad\qquad (5\text{-}15d)$$

$$W = \left(\frac{W}{P}\right)\cdot P \qquad\qquad \rightarrow W \qquad\qquad\qquad (5\text{-}15e)$$

式（5-15a）是存在投资陷阱的 IS 曲线方程，它决定了实际收入为 Q_0，它并不一定等于充分就业的收入 Q^*。式（5-15b）是生产函数，它清楚地表明了投资陷阱的核心，即不是劳动投入决定生产，而是生产决定劳动投入。式（5-15c）实际上是假设实际工资率等于古典理论的均衡工资率。这种假说只是为了说明失业并不是由工资率过高而引起的。式（5-15d）是一个含有利息率与价格水平两个未知数的方程，它没有唯一的解，只是表明利息率与价格水平是相互联系的。式（5-15e）表明名义工资率反映给定的价格水平，在这一模型中，一个明显的特征是实际部门与货币部门是分离的，这是一种新的两分法。式（5-15a）、式（5-15b）和式（5-15c）决定实际变量 Q、L 和实际工资率 W/P，它们不受货币的影响。式（5-15d）和式（5-15e）是 P、W 和 r 的各种组合，它们都属于货币部门。与古典学派的两分法不同，在这里，利息率是由货币部门决定的。

资本市场和商品市场的关系在这一模型中是至关重要的，由于总需求和实际收入水平取决于 $S(Q)=\bar{I}$，因此，如果有效需求小于充分就业，我们将得到一种存在失业的稳定均衡。从纯粹静态的角度来考虑，由于在货币部门中，任何 P、r 和 W 的组合对实际的产出、就业和实际工资率都不起任何作用，因此，货币部门总是存在着均衡。从动态角度来看，当商品市场有效需求不足时，商品的价格会下降。虽然商品价格的下降会使利息率和名义工资率下降，但由于存在投资陷阱，投资对利息率完全没有弹性，利息率和名义工资率的下降并不能提高有效需求。古典学派理论认为，价格与工资率的完全伸缩性必然会使经济达到充分就业。但在这种存在投资陷阱的凯恩斯模型中，价格与工资的伸缩性并不能保证充分就业的实现，因为价格与工资率的变动只能影响利息率，而利息率的下降对投资根本不起作用。这样就可能产生存在失业的均衡状态。

图 5-15 解释了上述情况。从图中第Ⅳ部分可以看出，IS 曲线是一条与纵轴平行的垂线，它决定图中第Ⅴ部分的总需求曲线和实际收入 Q_0。无论 LM 曲线如何变动都不会对总需求产生影响。因此，商品需求完全不依赖于价格水平。假定价格从 P_0 上升到 P_1，LM 曲线由 LM（P_0）上升到 LM（P_1），利息率从 r_0 上升到 r_1，但是，由于存在着投资陷阱，总需求量不变，仍为 Q_0，这意味着总需求曲线是一条垂线。这时，总供给为 Q^*，总需求为 Q_0，因此总供给大于总需求（$Q^* > Q_0$）。由于商品市场的供大于求，价格水平从 P_1 下降到 P_0，在图中第Ⅳ部分 LM 曲线向右移动，从 LM（P_1）移到 LM（P_0），从而使利息率从 r_1 下降到 r_0，但由于 IS 曲线对利息率的变动完全没有弹性，从而并不能使投资和总需求增加。在这里，凯恩斯效应不起作用了，价格并不影响需求。在这种条件下，企业只能卖出 Q_0 的产品，这迫使企业减少生产和就业，或者说，厂商在流行的工资率（$W/$

$P)^*$ 的条件下，希望生产充分就业的产出 Q^*，但由于数量约束，他们只能生产和出售 Q_0 的产品。最后总供给和总需求将在 Q_0 产量上达到稳定的均衡。这意味着总供给曲线是倒 L 形。

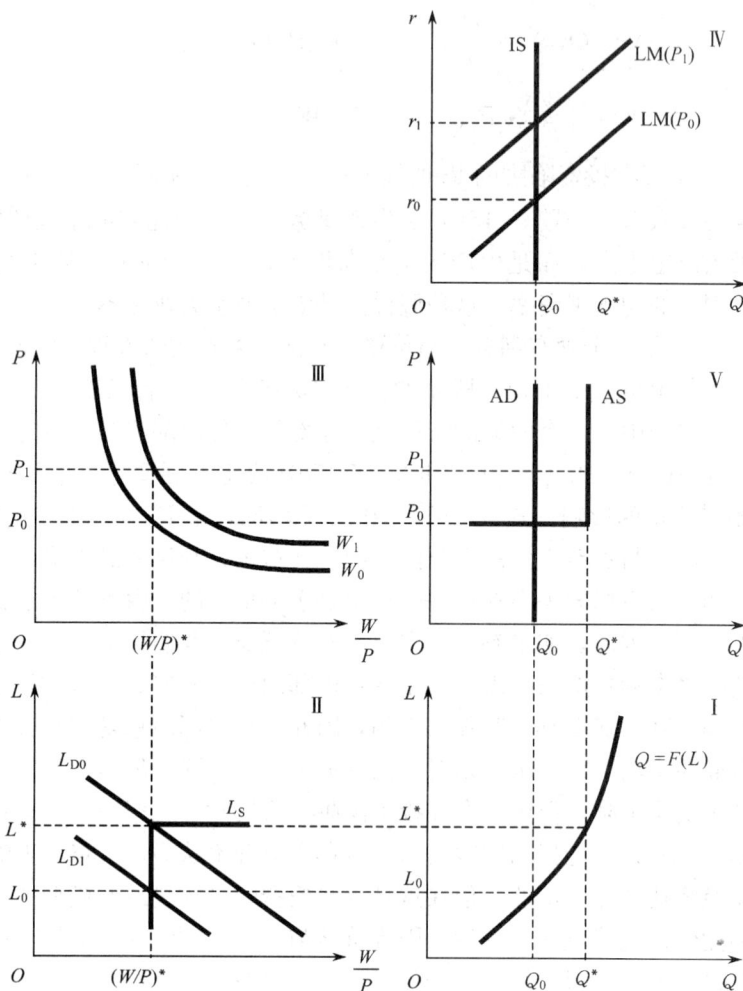

图 5-15　存在投资陷阱的非充分就业均衡

再来看劳动市场。在工资率 $\left(\dfrac{W}{P}\right)^*$ 的情况下，家庭愿意供给 L^* 的劳动，如果在商品市场不存在数量约束，厂商将需要这一数量的劳动，但是，厂商只能雇用生产 Q_0 产量的劳动，这样，在实际工资不变的情况下，劳动的需求为 L_0，即劳动的需求曲线向原点移动了。将存在着失业 $L_0 L^*$。这种存在失业的状况将长期存在，也就是说，劳动市场将出现失业状态下的均衡，这意味着劳动的供给曲线也是一条直角形的曲线。

从以上分析可见，如果投资需求完全没有利息率弹性，由于凯恩斯效应不能起作用，商品市场就可能产生有效需求不足，而这又必然会引起失业，因为劳动需求是由商品的需求所决定的。这种有效需求不足和失业并不能通过价格与实际工资率的下降而得到缓解，价格、工资和利息率的下降对有效需求的增加完全没有作用。

二、灵活偏好陷阱

前面所表明的是，投资陷阱会导致有效需求的不足和存在一种非充分就业均衡。灵
活偏好陷阱与投资陷阱的结果基本上是相同
的。在前面的章节中，我们已经对灵活偏好
陷阱的概念做了介绍，其含义是，当货币需
求变得具有完全的利息率弹性，即在某一较
低的利息率水平下，人们预期利息率不会下
降而会上升，从而持有债券将会遭受损失时，
人们对货币的需求变得无限大，因而无论实
际货币供给如何增加也不会使利息率下降，
如图 5-16 所示。

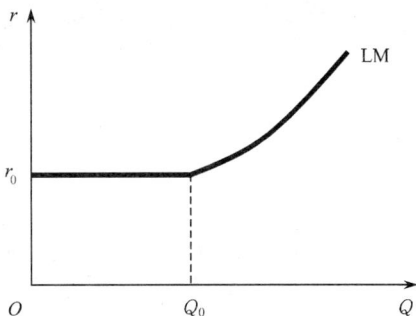

当利息率为 r_0 时，人们对货币有着绝对
的流动性偏好，这使 LM 曲线在 Q_0 之前变得

图 5-16　灵活偏好陷阱

具有无限的弹性，从而使利息率不能降低到 r_0 之下。实际收入在 Q_0 之前的任何增加都
不会影响货币需求，即在 Q_0 之前，所有的收入水平都具有同样的利息率弹性，人们对
货币的投机需求变得无限大，这使得交易用货币余额在全部货币余额中无足轻重，几乎
可以忽略不计。

在存在流动偏好陷阱的条件下，即使投资具有利息率弹性或者说 IS 曲线是正常形
状的，也可能存在有效需求不足和失业均衡。这时，LM 曲线所限定的最低利息率（如
图 5-16 中的 r_0）与 IS 曲线的交点不能满足充分就业的有效需求所要求的利息率 r^*，这
会使投资和商品需求低于充分就业水平，由此会导致非充分就业均衡。

存在灵活偏好陷阱的三重均衡模型可以用以下方程来表示：

$$MD(Q,r) = \frac{MS}{P} \qquad \rightarrow r_0 \qquad (5\text{-}16a)$$

$$S(Q) = I(r_0) \qquad \rightarrow Q_0 \qquad (5\text{-}16b)$$

$$L_D\left(\frac{W}{P}\right) = L_S\left(\frac{W}{P}\right) \qquad \rightarrow \left(\frac{W}{P}\right)^* \qquad (5\text{-}16c)$$

$$Q = F(L) \qquad \rightarrow L_0 \qquad (5\text{-}16d)$$

$$W = \left(\frac{W}{P}\right) \cdot P \qquad \rightarrow (P,W) \qquad (5\text{-}16e)$$

在式（5-16a）中，由于存在着流动偏好陷阱，利息率的决定不再依赖于收入与价格
水平。因此，利息率在资本市场中是被给定的，为 r_0。在式（5-16b）中，由于利息率是
既定不变的 r_0，因而投资被唯一地确定为 $I(r_0)$。投资又通过乘数过程决定了收入为
Q_0，即只有收入为 Q_0，资本市场的储蓄与投资才能相等。但是，这一资本市场均衡的
国民收入 Q_0 并不一定等于充分就业的国民收入 Q^*。式（5-16c）、式（5-16d）和式
（5-16e）分别决定就业、实际工资率、价格水平与货币工资率，这与存在投资陷阱的情

况相同，所以不再详细叙述了。

灵活偏好陷阱引起的非充分就业的均衡状态也可以用图 5-17 来说明。

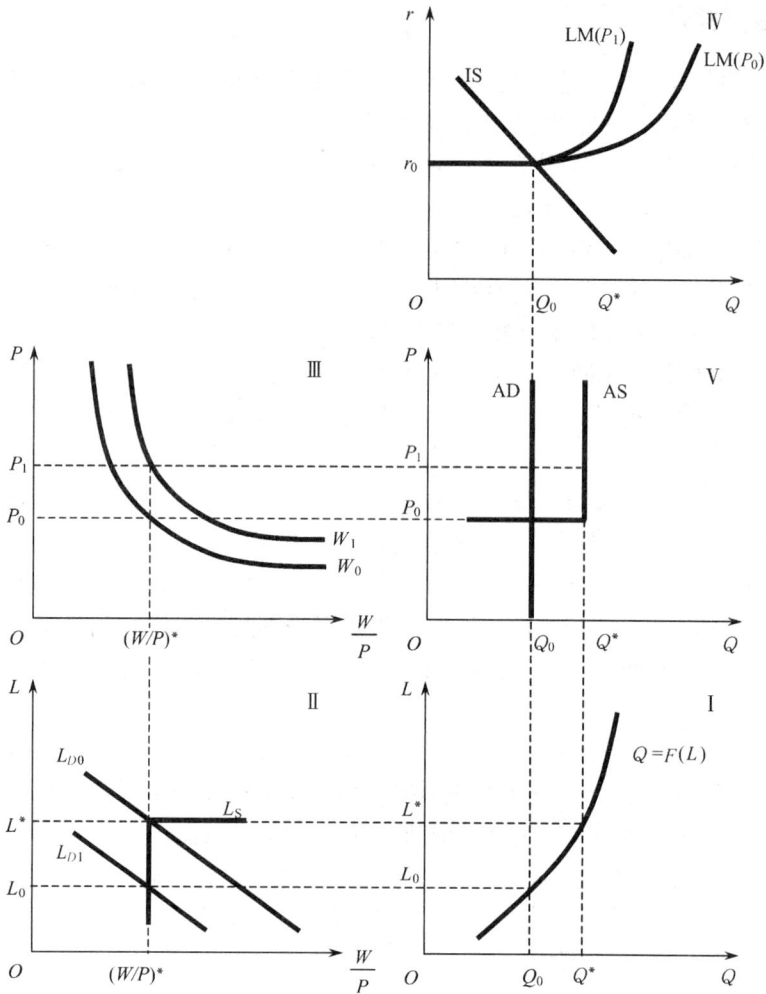

图 5-17   存在灵活偏好陷阱的非充分就业均衡

图中第 Ⅳ 部分的正常的 IS 曲线与 LM 曲线相交于 $A(r_0, Q_0)$ 点，在这一点上 LM 曲线存在着流动偏好陷阱，即人们对于货币的投机需求无限大，从而使 LM 曲线在这一段具有无限的弹性。这就使得图中第 Ⅴ 部分的 AD 曲线成为一条完全没有弹性的垂线。当价格水平从 P_1 下降到 P_0 时，图中第 Ⅳ 部分的 LM 曲线会从 $LM(P_1)$ 移到 $LM(P_0)$，但这并不能使利息率下降，因而不能使投资和有效需求增加，也就决定了商品市场的非充分就业的均衡。

由于产品市场上的总需求为 Q_0，同充分就业的产量相比意味着总需求不足，这也就意味着在实际工资不变的情况下，劳动市场上对劳动的需求减少，即劳动的需求曲线向减少的方向移动，产生 L^*L_0 的失业。与投资陷阱类似，灵活偏好陷阱也是由于凯恩斯效应不能起作用而产生的。但是，这并不是因为投资没有利息率弹性，而是货币需求的利息率弹性无限大使得利息率不再下降。

可以把以上分析归结如下：由于人们心理因素的作用，会产生一种对货币的绝对流动偏好状态，这导致利息率不可能低于某种水平，由此使投资不足并产生有效需求不足。由于劳动就业取决于对商品的需求，这种有效需求不足会引起失业。这种需求不足不能通过价格和实际工资率的下降而得到改善，因此会存在一种非充分就业的稳定均衡。

前面对投资陷阱和灵活偏好陷阱的分析表明，在市场经济中，即使价格与工资率是完全可变的，也存在着有效需求不足和非充分就业均衡的可能性，这种可能性产生于凯恩斯效应失灵，而凯恩斯效应的失灵则根源于人们对未来的悲观预期。

以上对投资陷阱和灵活偏好陷阱的表述都是在三重均衡模型框架内进行的，这种均衡模型能否准确地表述凯恩斯的思想在经济学家中存在着激烈的争论。尽管如此，综合上面建立在三重均衡模型之上的三种市场不完全的情况，我们可以清楚地看到，即使放弃工资刚性的假定，基于投资陷阱和灵活偏好陷阱的分析仍然使得凯恩斯与古典学派的理论有着重大的区别，这正是"凯恩斯革命"的精华所在。

第五节　工资黏性与新凯恩斯主义的总供给曲线

在供给方面没有统一的认识，这是宏观经济学的一个鲜明特点。在古典理论中，经济总是处于充分就业的均衡水平，失业纯粹是由于工人转换工作而出现的摩擦性失业（包括结构性失业），这个摩擦性失业率通常被看做不可避免的，因此也被视为自然失业率。由于不存在非摩擦性失业，所以在劳动市场的均衡状态与工资之间就不存在必然的联系。工资由劳动的边际生产力和货币对价格的冲击作用决定，工资与失业根本无关。

与此相反，早期的凯恩斯主义提出了刚性工资的概念，并以此推导出存在失业的均衡状态。20世纪80年代，新凯恩斯主义者针对理性预期学派、货币学派和供给学派（新古典学派）对凯恩斯主义的批评，修正了传统的工资刚性理论，代之以工资黏性理论。

一、菲利普斯曲线[①]

1958年英国经济学家菲利普斯（A. W. Philips）发表了一篇论文，研究了英国1861~1957年工资与失业率之间的关系，发现二者之间存在着相互替代的关系，即工资上涨率与失业率之间存在着此消彼长的替代关系。用 W 表示现期工资，用 W_{-1} 表示上一期工资，工资上涨率为

[①]　我们将在第十二章中描述失业和通货膨胀的关系时对菲利普斯曲线进行更为详细的解释。

$$g_w = \frac{W - W_{-1}}{W_{-1}} \tag{5-17}$$

用 u 表示实际失业率，u^* 表示自然失业率，我们可以将菲利普斯曲线写为

$$g_w = -\varepsilon (u - u^*) \tag{5-18}$$

式中，$\varepsilon > 0$，表示工资对失业的反应度，该式表明失业率超过了自然失业率，工资就下降。

菲利普斯曲线表明，工资和价格将相对于总需求变化进行缓慢的调整。其原因在于：当货币存量增加时，假定增加 10%，要回到最初处于自然失业率状态的均衡点，工资和价格就要同时上升 10%。但是，如果工资上升超过 10%，失业率就必然下降到自然失业率以下。这一点可以由式（5-17）和式（5-18）推导出的式（5-19）说明：

$$W = W_{-1} [1 - \varepsilon (u - u^*)] \tag{5-19}$$

该式表明，工资上升到原来的工资以上，失业率就必然降低到自然失业率以下。

由于工资上涨率与通货膨胀率基本上是一致的，因此，可以用工资上涨率代替通货膨胀率。

二、工资的缓慢调整——工资黏性

菲利普斯曲线提出，工资会缓慢地对失业变化作出反应，其关键在于工资的调整是缓慢的，也就是工资有黏性。用 L^* 表示充分就业的就业水平，用 L 表示实际就业水平，我们可以将失业率 u 定义为

$$u = \frac{L^* - L}{L^*} \tag{5-20}$$

当 $L = L^*$ 时，意味着经济处于充分就业状态。我们知道，即使在经济达到充分就业时，也有自愿性失业存在，所以式（5-20）隐含地定义了相对于自然失业率的失业率。这里，我们用下面的式（5-21）来代替式（5-20）：

$$u - u^* = \frac{L^* - L}{L^*} \tag{5-21}$$

将式（5-21）代入式（5-18），我们有

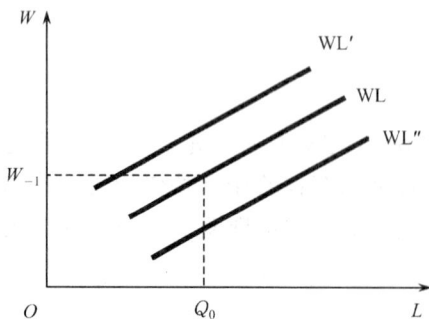

图 5-18 工资与就业的关系

$$g_w = \frac{W - W_{-1}}{W_{-1}} = \varepsilon \left(\frac{L - L^*}{L^*} \right) \tag{5-22}$$

这说明工资上涨率与就业水平反方向变化。

类似地，式（5-19）可以写成

$$W = W_{-1} \left[1 + \varepsilon \left(\frac{L - L^*}{L^*} \right) \right] \tag{5-23}$$

该式表明了菲利普斯曲线的关系，即工资与就业之间的关系，用 WL 表示该曲线，其形状如图 5-18 所示。

在充分就业条件下，$L = L^*$。这时，现期

工资 W 等于上一期工资 W_{-1}。如果就业高于充分就业，即 $L>L^*$，现期工资就高于上一期工资，$W>W_{-1}$。ε 为工资对就业的反应参数，如果 ε 较大，失业对工资就有较大的影响，WL 曲线就陡。

由于过度就业不可能持久，因此，下一期的就业仍然为 L^*，这就意味着 WL 曲线向上移动到 WL′；就业低于充分就业的情况也会由于工资的缓慢下跌而逐渐得到纠正，即最终回到充分就业的水平 L^*，因此，低于充分就业意味着 WL 曲线在下一期向下移动到 WL″。这就是说，现期总需求的变化将改变现期的失业率，从而会影响下一期的工资水平。工资相对于就业的调整是动态的。

三、工资黏性的原因

1. 不完全信息

一些经济学家已经在研究市场出清条件下对菲利普斯曲线的解释问题。弗里德曼在 20 世纪 60 年代提出了一个模型，指出，当价格上升引起名义工资上升时，最初工人会错误地认为他们的实际工资上升了，从而提供更多的劳动，因此，在工人认识到较高的名义工资仅仅是价格上升的结果（实际工资不变）以前，名义工资的增长会引起较高的产量和较低的失业率。在这个模型中，就业对工资的缓慢调整是由工人对价格变化的不完全信息造成的。

理性预期学派的代表人物卢卡斯在其"理性预期模型"中采用了信息不完全的假定。当名义工资上升时，工人必须确定，名义工资上涨的原因是物价普遍上涨，还是他们特定种类的劳动价格上升。如果是前者，他们的实际工资就会不变，他们就不会增加劳动供给；如果是后者，他们的名义工资就会上升，他们就增加劳动供给。但是，在名义工资上升时工人无法确定它属于哪种情况，因此就采取折中的办法，稍微增加一点劳动供给，当然要低于他们确信是实际工资增加时增加的劳动供给。这样，卢卡斯实际上认为，在短期名义工资与就业之间存在着一定的正相关关系，但它依赖于工人获得信息的不完全程度。

2. 协调问题

关于菲利普斯曲线的解释（亦即工资刚性的解释）更多是集中在价格上升（而不是工资上升）过程中的协调问题上。如果某个单个厂商的价格提高到与名义货币供给量增加同比例的水平，而其他厂商不这样做，他就要将其生意赶到其他厂商那里去。对所有的厂商来说，他们不可能在涨价问题上协调一致，谁也不愿意首先按货币增量的同比例提高价格，价格对需求的反应就必然是缓慢的。工资向下的刚性之所以存在，也是因为厂商在需求下降时不可能协调一致地削减工资，裁减工人和降低价格。个别厂商削减工资会得罪工人并使其离开企业。因此谁也不愿意首先这样做。

3. 有效工资与价格变动的成本

有效工资理论把工资看做刺激劳动的工具，认为工人工作的努力程度既取决于工资，又取决于工人眼下的工作比其他可能得到的工作是否更好。因此，厂商可能希望支付给工人高于市场出清情况下的工资，以使工人感到不愿失去这份工作。这一理论并不能解释平均工资的缓慢变化，但却有助于解释失业的存在。因为，根据市场出清的理论假定，只要有一部分厂商高于市场均衡工资支付其工资，工资就会高于均衡工资，就业就会低于充分就业。

4. 工资合同与长期关系

工资黏性理论的一个重要依据，就是建立在劳动市场中厂商与工人长期关系的基础上的。绝大多数劳动者都认为，其现在的工作会持续一段时间，其间，包括工资在内的工作条件都可以定期谈判。在通货膨胀较低的时期，一般是谈判名义工资，往往还要规定加班或延长的工作时间内要支付更高的工资率。这也是为什么 WL 曲线向右上倾斜的原因。

在任何时候，厂商和工人都倾向于针对现在就业的工人谈判工资。并将其分别按不同劳动类型来谈，先谈基本工资，然后再谈加班加点的工资。当对劳动的需求上升时，厂商会增加工作时间，在短期，工资沿着 WL 曲线变化；随着对劳动需求的持续上升，工人将要求在下一次工资谈判中增加基本工资。所有的工资都谈判好是要持续一段时间的，因为不是所有的工资都同时谈判，工资谈判是分阶段的和分种类的。假定一半劳动力的工资在一月份确定，其余的在七月份确定，假定九月份货币存量增加，最初价格是缓慢调整的，因为直到三个月以后货币存量才增加。其次，当一月份重新谈判前一半工人工资的时候，厂商和工人都知道，另外一半工人的工资在六个月内是不会变化的。工人在谈判工资的时候，也不会一次就使工资达到经济处于长期均衡时的水平，因为，如果前一半工人这样做，他们的工资相对于另一部分在六个月内不变的工人来说，就太高了，厂商就会倾向于雇用另一部分工人，前一部分工人就有失去工作的危险。在七月份谈判另一部分工人工资的时候，工资的提高程度将超过前一部分工人工资，但也不会提高太多。因此，工资的调整是部分的和分阶段的，缓慢朝着长期均衡状态发展。这也可以解释菲利普斯曲线公式的右边为什么有上一期的工资 W_{-1}。

5. 内部人–外部人模型

在工资与就业之间关系的研究中还有一个重要事实，就是厂商只与正在就业的工人谈判工资，失业的工人就很难有这种机会。因此内部人会比外部人具有一定优势。

失业为什么不能对内部人构成很大威胁呢？有两个主要原因：一是受到威胁的在业工人很可能已经接受了工资的削减，但他们将在努力程度和生产效率上作出适当的反应。二是如果厂商解雇高工资的在职工人并试图以较低工资雇用失业工人，那么，失业工人将变成内部人，不久，他们的行为就会与上一代内部人一样。此外，厂商还将面对许多低效率、高成本的问题。

内部人–外部人模型说明，工资实际上不对失业作出反应。这也解释了为什么一旦出现经济衰退，并不能很快恢复到充分就业的状态。

四、新凯恩斯主义的总供给曲线

我们来推导新凯恩斯主义的总供给曲线。

1. 短期总供给曲线的推导

前面我们已推导出式（5-23）：

$$W=W_{-1}\left[1+\varepsilon\left(\frac{L-L^*}{L^*}\right)\right]$$

由于一般价格水平 P 与名义工资 W 成正比，所以上式也可写为

$$P=P_{-1}\left[1+\varepsilon\left(\frac{L-L^*}{L^*}\right)\right] \tag{5-24}$$

在简单生产函数里面，产量与就业量成比例，我们用 Q/a 代替 L，用 Q^*/a 代替 L^*，代入上式整理后，可得到

$$P=P_{-1}\left[1+\varepsilon\left(\frac{Q-Q^*}{Q^*}\right)\right] \tag{5-25}$$

最后，让 $\lambda=\varepsilon/Q^*$，我们可得到

$$P=P_{-1}\left[1+\lambda(Q-Q^*)\right] \tag{5-26}$$

根据式（5-26）可以绘出新凯恩斯主义的总供给曲线，如图 5-19 所示。

图 5-19 显示了由式（5-26）表示的总供给曲线。它是向右上倾斜的，就像其基础 WL 曲线一样，如果这一时期的产量超过了充分就业的产量 Q^*，下一时期的 AS 曲线就要上移到 AS′。如果现期的产量低于充分就业的产量 Q^*，下一时期的 AS 曲线就会移动到 AS″。这一结果符合我们的假定：产量与就业正相关。

这样，AS 就是在工资没有充分流动性

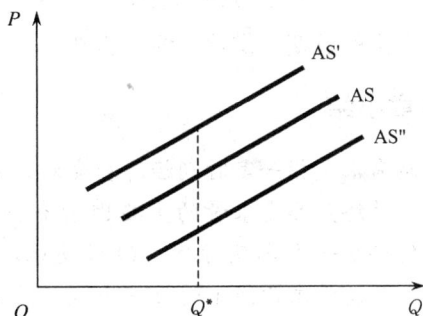

图 5-19　新凯恩斯主义的总供给曲线

条件下的总供给曲线。价格与产量一起增加是因为产量增加意味着就业增加和失业减少，从而增加劳动成本。在这个模型中，价格与产量一同增长完全是劳动市场调整的反应，在劳动市场上，就业增加会提高工资。

2. 短期总供给曲线的性质

根据式（5-26），可以探讨总供给曲线 AS 的如下性质。

（1）产量和就业变化对现期工资的影响越小，AS 曲线就越平缓；如果对失业变化的反应非常小，AS 曲线就是非常平缓的。式（5-26）中的参数 λ 显示出了就业与工资的联系。

（2）总供给曲线的位置依赖于过去的价格水平。在价格 $P=P_{-1}$ 时，总供给曲线通

过充分就业的产量水平 Q^*；对较高的产量水平，存在着过度就业；因此，现期的价格高于前一期的价格。相反，当失业较高的时候，现期的价格就低于前一期的价格。

（3）总供给曲线在这期间是移动的。如果产量保持在充分就业水平 Q^* 以上，那么，这整个时期工资是持续上升的，并且工资增长将转化为价格增长。

3. 长期总供给曲线

在长期，价格有时间进行充分调整，货币存量的增长没有任何实际影响。只要产量和就业超过正常水平，工资就会持续上升，企业成本就会上升，企业会将其转化为价格上升，即 AS 曲线向上移动，如图 5-20 所示。货币只影响价格水平，因此货币是中性的。这一模型与其他模型的关键区别在于：货币在长期是中性的，而在短期则不是。在短期，这个模型与凯恩斯的模型类似，而且工资对就业的反应越缓慢，它也就越类似于凯恩斯的模型。这一模型也符合现代货币数量论的观点：在短期货币政策对产量有重要影响；而在长期，货币是中性的，所以新凯恩斯主义的长期总供给曲线与古典学派的总供给曲线类似。

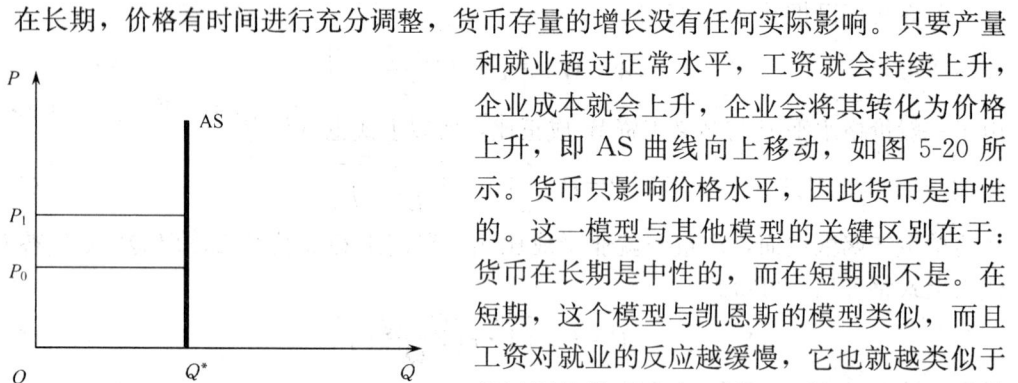

图 5-20　新凯恩斯主义的长期总供给曲线

➤ 本章小结

总需求是指一定时期经济社会对产品和劳务的需求总量，它是一个物量指标。影响人们对最终产品需求量的主要因素有一般价格水平、人们的货币收入和人们的时间偏好。价格水平 P 与实际收入 Q 成反比，古典学派的总需求曲线从左上向右下倾斜；凯恩斯主义总需求曲线上的每一个点对应的 P 和 Q 的值都能使商品市场和货币市场保持均衡，是由 IS-LM 模型决定的。

总供给是经济社会的总产量。影响总供给的主要因素有一般价格水平、劳动力的数量、技术水平和生产性资本存量等。古典理论中，价格变动时名义工资与价格水平保持方向一致且幅度相等的调整，所以总供给曲线是与产量轴垂直的；凯恩斯考虑了非充分就业的情况，故总供给曲线会在达到充分就业以后垂直上升；新古典综合派对凯恩斯的理论做了修正，认为在达到充分就业的产量之前，总供给曲线是逐渐上升的。

在古典学派的 AS-AD 模型中，均衡的总产量保持不变，总需求 AD 的变化只影响均衡的价格水平与国民收入，而且是使一般价格水平与国民收入和总需求同方向变化；在凯恩斯的 AS-AD 模型中，充分就业前一般价格水平保持不变，总需求的变化会导致总产量同方向变化，充分就业后均衡的总产量保持不变，总需求的变化只影响均衡的价格水平，且使一般价格水平与总需求同方向变化。

三重均衡的凯恩斯宏观经济模型不但包含产品市场和货币市场的均衡，而且也通过劳动市场的均衡实际上包含了生产要素市场的均衡。劳动需求函数和劳动供给函数决定劳动的均衡供给量和实际工资率；生产函数决定均衡产量；IS-LM 模型决定均衡利息率与一般价格水平；再加上决定名义工资率的方程，组成的联立方程组会有唯一的解，即三重均衡的解。这些均衡变量值也表明了模型所趋近的方向。三重均衡模型的市场机制可以自动调节趋向均衡，它是以价格水平与工资率具有完全的伸缩性为前提的。

工资刚性是说工资率在某种程度上不依赖于劳动的供给与需求，而且不能立即得到调整。如果在古典学派模型中加入工资刚性的假定，也会推出非充分就业均衡状态的结论。但在形式上，凯恩斯的工资刚性模型与古典学派的模型的区别在于凯恩斯效应与剑桥效应的不同。

投资陷阱是当人们对未来的预期非常悲观时，由于投资对利息率没有弹性，总需求将不再受利息率的影响，这使得 IS 曲线也变成了一条没有弹性的直线，从而总需求曲线是一条垂线，如果此时有效需求小于充分就业，将得到一种存在失业的稳定均衡。在流动偏好陷阱的条件下，LM 曲线具有无限的弹性，此时若与 IS 曲线的交点不能满足充分就业的有效需求所要求的利息率，就会导致非充分就业均衡。

菲利普斯曲线表明的是工资上涨率与失业率之间存在着此消彼长的替代关系。因为工资是有黏性的，会缓慢地对失业变化作出反应。工资黏性的原因大致有：不完全信息、协调问题、有效工资与价格变动的成本和内部人-外部人模型等。新凯恩斯主义的总供给曲线表明，价格与产量一同增长完全是劳动市场调整的反应。

➤ 关键词

总供给（aggregate supply）
总需求（aggregate demand）
三重均衡（ternary equilibria）

➤ 思考题

1. 什么是凯恩斯效应和货币余额效应？它们之间最显著的区别是什么？
2. 请利用 IS-LM 模型推导出凯恩斯主义的总需求曲线。
3. 古典主义、凯恩斯主义、新古典综合派和新凯恩斯主义的总供给曲线存在怎样的差异？由此导致的政策含义是什么？
4. 请利用方程和图形表达完整的三重均衡凯恩斯模型。
5. 投资陷阱、灵活偏好陷阱、工资刚性和工资黏性所造成的失业有什么不同？
6. 工资黏性和新凯恩斯主义的总供给曲线有什么样的联系？

第六章

开放的宏观经济模型

前面几章介绍的是一国处于封闭状态下的宏观经济模型。但是，任何一国的经济在不同程度上都是开放的，因此需要把宏观经济扩展到开放的经济条件下进行分析。本章将通过对国际收支状况和汇率决定的分析，推导出外部均衡曲线 EB，并建立开放的宏观经济模型 IS-LM-EB 模型，并分析国内产品市场、货币市场和国际收支的三重均衡状态。

第一节　国际收支与外汇市场

国际贸易是商品在国家间的交换关系，国际间资本流动是国家间及不同国家私人部门间的债权债务关系，这些关系的变化产生了一国的国际货币收支变动。因此，我们说国际收支是一个国家或地区在一定时期内，与其他国家或地区所发生的全部国际经济交易以货币表现的系统记录。同时，由于主权国家的因素，国际间互相的货币支付要求不同国家货币之间相互兑换，因而产生了不同货币间的汇率问题。这些问题都是认识开放的宏观经济所必须了解的。

一、国际收支及其核算

国际收支反映了一个国家或地区对外货物和货币交易的详细情况，同时也显示了该国或该地区经济实力的强弱。国际收支是一个流量概念，特定时期的国际收支反映了该时期国际交易的总体状况，是一国经济决策不可缺少的依据。

1. 国际收入与国际支出

国际收支包括两方面的内容：国际收入与国际支出。当外国公民向本国公司购买商品、服务或购买本国的金融资产，或者本国从国外借入资金时，就使资金从国外向国内流动，称为本国的国际收入；反之，当本国公民购买外国的产品、服务或金融资产，或者向国外贷出资金时，就使本国的资金流向外国，称为本国的国际支出。正是这种资金在国家间的流动形成了国际收支。由于资金流动背后的原因是多种多样的，所以国际收支不一定总是平衡的，国际收入大于国际支出的情况，称为国际收支盈余，也叫做国际收支顺差；反之，则称为国际收支赤字，也叫做国际收支逆差。

2. 国际收支平衡表

国际收支平衡表（balance of international payments）是对该国与世界其他各国经济交往的系统记录，集中体现了一国的国际收支状况。国际收支平衡表由四类项目组成：经常项目、资本与金融项目、官方储备项目、净误差与遗漏。经常项目主要包括商品贸易、服务贸易、投资收益、国际间转移支付等，资本与金融项目反映一国在一定时期内的对外资本输出输入情况，即一切对外债权债务等金融性资产的交易活动，其中金融项目包括直接投资、证券投资和其他投资。官方储备项目包括本国金融当局拥有的黄金、外汇的增减、对外国中央银行负债的增减等项目。另外，如同所用的经济统计一样，国际收支统计也存在净误差与遗漏问题，它所反映的是若干商品金融交易（如小额的汇兑或非法的毒品交易等）未能被记录这一事实。

在国际收支平衡表中，凡使资金流入本国的项目均记入贷方，凡使资金流出本国的项目均记入借方。如果我国出口了20亿元货物到国外，那么就应将20亿元作为商品贸易额记在我国国际收支平衡表中经常项目的贷方，因为售出货物时流入了资金；如果我国公司使用国外的商船运送货物，支付给国外船公司5亿元运费，就将5亿元作为服务贸易项目记在我国国际收支平衡表的经常项目的借方，因为支付运费时流出了资金。如果我国向国外提供10亿元贷款，这10亿元将记入资本项目的借方；如果我国从国外借入了15亿元资金，这15亿元将记入资本项目的贷方。表6-1就是简化的国际收支平衡表的一个例子。

表 6-1　2010 年中国国际收支平衡表举例　　　　　（单位：亿美元）

项目	差额	贷方	借方
I. 经常项目	3 054	19 468	16 414
货物和服务	2 321	17 526	15 206
收益	304	1 446	1 142
经常转移	429	495	66
II. 资本和金融项目	2 260	11 080	8 820
资本项目	46	48	2
金融项目	2 214	11 032	8 818
直接投资	1 249	2 144	894
证券投资	240	636	395
其他投资	724	8 253	7 528

续表

项目	差额	贷方	借方
Ⅲ.储备资产	−4 717	0	4 717
货币黄金	0	0	0
特别提款权	−1	0	1
在基金组织的储备头寸	−21	0	21
外汇	−4 696	0	4 696
其他债权	0	0	0
Ⅳ.净误差与遗漏	−597	0	597

资料来源：国家外汇管理局

3. 对国际收支平衡表的分析

首先，对于国际收支平衡中表的每一个项目及其差额来说，分析它们可以了解该国对他国各种不同的经济交往情况。如从表 6-1 中可知，2010 年我国经常项目中存在顺差，而资本和金融项目也存在顺差。

其次，国际收支平衡表中的各项局部差额影响着整个国际收支状况，分析它们可以找到国际收支出现不平衡的原因。如表 6-1 中，2010 年中国国际收支平衡表中的经常项目为巨额顺差、资本和金融项目同样为顺差，从而导致其整个国际收支表现为双顺差，若不分析其局部差额，就很难看出引起其国际收支顺差的真正原因是经常项目还是资本项目。

再次，分析国际收支差额的大小以及在平衡项目中是如何获得平衡的，能较全面地、细致地了解该国国际收支的真实情况。经常项目和资本项目之和的余额如果是正值，代表国际收支的顺差，反之代表逆差。国际收支的顺差和逆差都必须通过官方储备项目的变动加以抵消，使国际收支平衡表的总计为 0。比如，在上表中经常项目存在着3504 亿元的逆差，资本和金融项目存在 89 亿元的顺差，两项合计，存在着 6314 亿美元的国际收支顺差。为弥补这一差额，需要支出外汇储备，或者向国外借款增加在国外的债务。如果国际收支与官方储备变动之间不能互相抵消，则说明在统计中存在着错误或遗漏，需要在错误和遗漏项目填写相应数字加以调整，使总计为 0。

最后，一个国家某一时期的国际收支平衡表有时不能反映其对外贸易和对外金融的全貌及特征。例如，突发性的战争导致某国国际收支逆差，就不能说明该国出口减少或经济衰退，很可能是由大量进口军火应付战争而造成的。此外，战争使该国资本外逃也可能对该国国际收支产生重大影响。所以，要掌握某一国对外经济交往的全貌和特征，必须连续地对该国不同时期的国际收支平衡表进行综合分析。

如果一个国家长期处于国际收支的不平衡状况，特别是长期存在逆差，就会导致官方储备的不断减少，最终出现支付危机。因此，一国必须努力实现国际经常项目和资本项目下的平衡。顺便指出，对贸易逆差不能简单地把它等同于有害。如果一国进口大量生产设备提高国内生产能力，从而增强了长远的生产与出口能力，那么，暂时的逆差对经济的长远发展是有利的。

4. 我国国际收支

20 世纪 90 年代以来，我国国际收支持续着顺差的局面。在经常项目上，从 1999 年开始加大了出口退税的力度，刺激了出口的进一步回升；另外，2001 年 12 月我国正式加入 WTO，随着融入国际经济大环境速度的加快，国内外交流日益频繁，国内第三产业发展迅猛，占国民经济的比重不断上升，服务贸易成为其中一个新的增长点。并且随着国际投资方式的转变，跨国公司近年来飞速发展，渐渐取代直接投资，在资本输入国通过建立合资、合作企业等方式成为如今国际资本流动的主要形式，资本项目占国际收支的比重正在不断上升，有赶上经常项目的趋势。

但是，长期以来我国出口商品技术含量低，多是原材料性质或劳动密集型的纺织服装、玩具工艺品等商品；而进口多是高技术、高附加值的工业品。由于资源型、劳动密集型产品市场的准入门槛低，因而其国际市场的竞争正在加剧，加之我国劳动力成本上升，以及世界经济区域化、集团化的加强，我国的出口贸易，进而国际收支的平衡预期将受到很大的影响。改变我国较为单一的出口结构，在政策上加快对产业结构调整已刻不容缓。

二、外汇市场与汇率

一般来说，每个国家都有自己的货币，在本国内使用自己的货币充当交换媒介、计价标准和支付手段等。当货币在国家间流动时，必须伴随不同货币间的兑换。对一个国家来说，凡是用外国货币计价的各种金融资产和现钞统称为外汇，包括本国货币在内的国际间进行货币兑换交易形成的相互关系，构成外汇市场。

1. 外汇市场与外汇储备

外汇市场是由经营外汇交易业务的银行及其他金融机构共同的活动构成的，其交易的对象是货币。外汇市场主要由以下几部分构成：一是外汇银行，外汇银行不仅仅是外汇供求的主要中介人，而且还是市场的创造者（外汇银行不仅在供求双方促成交易，而且在买卖双方不相抵时自己介入作为交易的一方）；二是外汇经纪人，这是从事外汇经纪业务的交易者；三是中央银行，中央银行不仅是外汇市场的重要成员，也是外汇市场的实际操纵者、外汇最后需求者和供给者。

外汇市场作为一个国际性的资本投机市场，其历史要比股票、期货、债券、基金等短得多。然而，它却以惊人的速度迅速发展，远远超过股票、期货等其他金融商品市场成为当今全球最大的金融市场。全球较大的外汇交易市场有伦敦外汇市场、纽约外汇市场、东京外汇市场和苏黎世外汇市场等。我国外汇市场是在改革开放和社会主义市场经济发展过程中逐渐形成和发展起来的，实行人民币经常项目下的可兑换。

外汇储备能起到一定的稳定经济的作用。自 1993 年开始，我国的外汇储备逐年增长，2004 年的储备较上一年增长了近一半，达到 6099 亿美元，仅次于日本，位于世界第二位。外汇储备的构成属国家机密，对目前我国外汇储备的币种比例，机构与专家众说纷纭。而多数猜测分析认为，美元在外汇储备中所占的比例为 60%～80%。依据国际清算银行的报告、路透社报道以及中国外贸收支中各币种的比例，有专家认为，美元资产占 70% 左右，日元约为 10%，欧元和英镑约为 20%。

中国是亚洲区外汇储备额度最高的国家之一，由于美国国债相对较高的投资回报率、优良的资产稳定性和流动性，一直以来成为不少国家和地区美元外汇储备的最主要运作工具。中国高达数千亿美元的外汇储备主要以美国国债和其他债券形式存在，美国财政部日前公布的一组最新统计数据显示，截至 2004 年 11 月底，中国持有的美国国债为 1911 亿美元，这使得外汇储备的流动性不足，并随时受到中美关系、美国国债市场规模的威胁，而 2004 年的美元贬值以及人民币钉住美元的汇率制度使我国的外汇储备遭受损失，进而造成人民币升值压力，因此，在不损害我国经济增长的前提下，如何调节我国的外汇储备币种结构，趋利避害，将是研究的重点。

2. 汇率及其标价法

使用外汇必须与本国货币折算，这就必须要有汇率（exchange rate，ER）。汇率又称汇价，是两种货币之间的兑换比率。各国货币在确定汇价时，首先要确定用哪个国家的货币作为标准，根据标准不同，出现了直接标价法和间接标价法两种不同的表示方法。

一种表示方法是"直接标价法"，是用本币为外币标价。在直接标价法下，外币数额固定不变，本国货币数额随外币与本币币值对比的变化而变化。世界上绝大多数国家采用直接标价法，我国国家外汇管理局公布的人民币外汇牌价也是采用此法，即采用 100 单位外币作为标准，折合一定数量的人民币。例如，2000 年 12 月 13 日，人民币汇率为 100 美元＝827.71 元人民币，100 日元＝7.4513 元人民币。用这种表示方法，当一定量外币折算成的本币减少时，表示本币对外币升值；反之，则表示本币对外币贬值。

另一种表示方法是"间接标价法"，是用外币为本币标价。在间接标价法下，本国货币数额不变，外币数额随本币与外币币值的变化而变动。目前，英国、美国仍使用间接标价法。例如，美元作为本币，1 美元＝6.29 元人民币。用这种标价方法，当本币的外币价格上升时，说明本国货币对于外国货币升值；反之，表示本国货币对于外国货币贬值。

3. 名义汇率与实际汇率

汇率也有名义汇率和实际汇率之分。名义汇率就是一国通货与另一国通货的交换比率，如 1 美元可以交换 6.29 元人民币，人们提到两个国家的"汇率"时，通常是指名义汇率。

实际汇率是指一国物品与另一国物品的交易比值，即两国物品的相对价格。实际汇率表明的是按什么样的比率用一国的物品交换另一国的物品。例如，假设一块面包在美国值 1 美元，而同样的一块面包在我国值 4.14 元人民币。为比较这两块面包的价格，必须转换为一种共同的通货。如果 1 美元＝6.29 元人民币，那么，美国的面包值 6.29 元人民币。美国面包的价格是我国面包价格的两倍。即在现期价格上，用两块中国面包可以换一块美国面包。以上计算写为

$$实际汇率 = \frac{4.14 元人民币 / 中国面包}{1 美元 / 美国面包} \times (1 美元 / 6.29 元人民币) = 0.66 \frac{美国面包}{中国面包}$$

把一种物品改为一篮子商品，可以定义更广义的一篮子物品的实际汇率，将上式一般化。用 ER_R 表示实际汇率，ER_N 表示名义汇率，P_I 代表国内的一般价格水平，P_E 代表国外的一般价格水平。实际汇率表示为

$$ER_R = \frac{P_I}{P_E} \times ER_N \tag{6-1}$$

实际汇率可以根据两个国家的名义汇率和一般价格水平来计算。实际汇率有时称为贸易条件。如果实际汇率高，外国物品就相对便宜，而国内物品相对昂贵。如果实际汇率低，外国物品相对昂贵，而国内物品相对便宜。

三、汇率的决定

汇率的高低，也就是外汇市场上各种货币之间的买卖价格，同一般商品的价格决定一样，也是由外汇市场上的供给和需求水平决定的。

1. 本币在外汇市场上的供求曲线

本国货币在外汇市场上的需求是与本国的出口联系在一起的，当外国人要购买本国的产品和劳务时，他必须用外币兑换本国的货币，或者说，在外汇市场上购买本国的货币以便用来购买本国的产品和服务，这就构成了外汇市场上对本币的需求。当本国人购买外国产品和服务时，也就是产品进口，需要用本币去兑换外币，即在外汇市场上卖出本币，买入外汇，这就构成了外汇市场上对本币的供给。因此，外汇市场上本币的供给与本国的进口直接相连。需要注意的是，这里的进口，不仅是指经常项目的进口，因为本国人购买外国的金融资产（如债券和股票）时也需要卖出本币、买进外币，也是外币市场上本币供给的源泉。同样，当外国人购买本国的金融资产时，也会在外汇市场上买入本币，也会形成外汇市场上对本币的需求。

现在以我国与美国的汇率为例来说明本币在外汇市场上的需求曲线。我们用间接标价法来表示汇率。从人民币为本币的角度来考虑，美元为外币，间接标价法就是用人民币的美元价格来表示人民币的汇率。这样，人民币汇率上升就意味着人民币对美元升值，人民币汇率下降就意味着人民币对美元贬值。当我国向美国出口商品和服务时，美国人必须在外汇市场上买入人民币，这就构成了对人民币的需求。当人民币贬值时，同量的美元所能购买的我国商品就会增加，于是美国进口商对我国商品的购买量就会增加，也就是我国的出口增加，我国出口的增加意味着外币市场上对人民币的需求增加。显然，随着人民币汇率的降低，我国的出口会增加，外币市场上对人民币的需求量也会增加。于是，人民币在外汇市场上的需求曲线就是向右下倾斜的。如图 6-1 中的

$D_¥$所示。

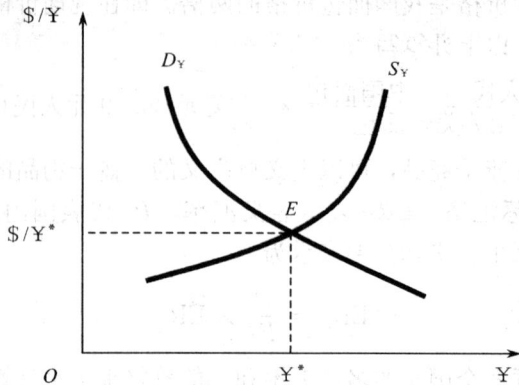

图 6-1　人民币在外汇市场上的供求

当我国从美国进口商品和服务时，我国商人必须在外汇市场上卖出人民币，买入美元。这时，如果人民币汇率上升，就意味着等量人民币所能购买的美国商品和服务的数量增加，于是，进口增加，需要在外汇市场上卖出人民币的数量增加，人民币的供给增加。人民币在外汇市场上的供给随汇率的上升而上升，随汇率的下降而下降，人民币的供给曲线为一条向右上倾斜的曲线。如图 6-1 中的 $S_¥$ 所示。

2. 汇率对国际收支的影响

当汇率由货币在外汇市场上的供求关系所决定时，国际收支差额会因为汇率的自动调整而得到消除。如果国际收支出现逆差，如经常项目中进口超过了出口，那么，外汇市场上对外汇的需求就会大于供给，汇率会上升。随着本国货币的贬值，本国的进口开始减少，出口增加，直到外汇市场上外汇的供给和需求重新相等为止。顺差的情况则相反，出口超过了进口，汇率开始下跌，本国货币升值而抑制了出口，增加了进口。国际收支的顺差或逆差将通过汇率调整消除。

四、国际收支与国内宏观经济变量

国际收支除受到汇率的影响以外，更主要的是受国内宏观经济变量的影响，其中，主要有国内的价格水平、实际国民收入水平、利率水平等。在价格水平一定的情况下，主要是后两项对国际收支产生影响。

1. 实际国民收入与经常项目

经常项目中最主要的是由商品和服务的进出口引起的国际收支，因此，在这里用进出口的研究来反映经常项目的变动规律。假定国内价格水平和外汇市场上的汇率不变，一般来说，一国的出口状况取决于其他国家的收入状况，与本国国民收入水平无关。而进口受本国国民收入水平影响很大，随着本国国民收入水平的提高，本国居民会有更多的收入用于购买国外产品。因此进口的数量随着本国的国民收入水平提高而提高，可以把进口看做本国实际国民收入的函数。用 IM 表示进口，用 Q 表示实际国民收入，用 PM 表示进口倾向（进口额占实际国民收入的比重），那么，进口函数就可以写为

$$IM = PM \cdot Q \qquad (6-2)$$

如果我们定义边际进口倾向为增加一单位实际国民收入引起的进口增量，用 MPM 来代表，即 $MPM = \dfrac{\Delta IM}{\Delta Q}$。如果边际进口倾向不随着收入的变化而变化，进口函数也可以写成

$$IM = MPM \cdot Q \qquad (6-3)$$

我们用图 6-2 反映进出口与实际国民收入的关系。图 6-2 中，横轴表示实际国民收入，纵轴表示进出口额。由于出口额不受本国国民收入的影响，所以出口为一常数，表现为与横轴平行的一条直线。进口额随着国民收入的增长而提高，因而具有正斜率。该图表明，在实际国民收入等于 Q^* 时，进出口相等，因而经常项目是平衡的。在低于这一水平的阶段，出口大于进口，存在着贸易顺差。随着国民收入增加，进口越来越多，当国民收入增加超过 Q^* 以后，进口超过出口，出现贸易逆差。

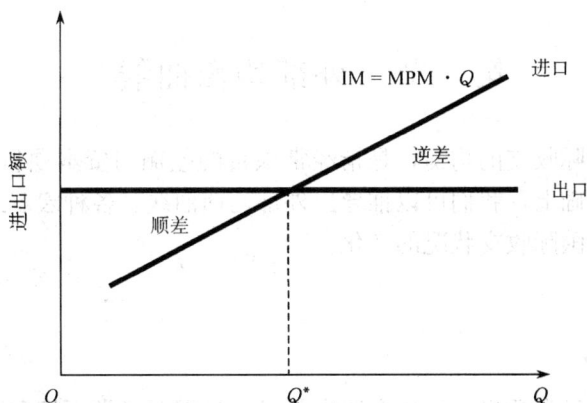

图 6-2　进出口与实际国民收入的关系

2. 利率与资本项目

资本项目反映货币资本在国际间的流入和流出。例如，国外购买本国的金融资产或本国向国外政府、金融机构借入资金时，就引起国外资金向国内流动；反之，引起国内资金向国外流动。引起这种流动的一个最重要的因素就是国内与国外的利率差。假定，国外利率水平是固定的，那国内的利率变动就会使资金流入和流出。在正常情况下，国内利率水平提高会吸引资金向国内流动；反之，会使资金向国外流动。因此，利息率水平的变动反映了资本项目的平衡状况。

利率与资本项目的关系可以用图 6-3 来表示。在利率为 r^* 的水平上，资本的流入与流出数量相等，资本项目平衡。当利率低于这一水平时，资本流出大于流入，出现资本项目逆差；当利率高于 r^* 的水平时，资本流入大于流出，资本项目出现顺差。

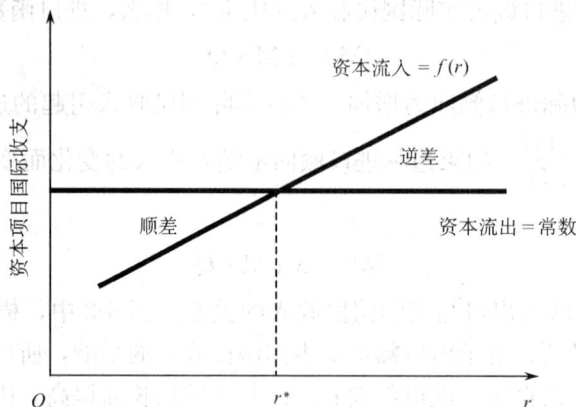

图 6-3 资本项目与利息率的关系

第二节 外部均衡曲线

外部均衡就是国际收支的均衡，是指经常项目的差额与资本项目的差额之和为零。在外部均衡公式的基础上，我们可以推导出外部均衡曲线，各种宏观经济因素对外部均衡曲线的移动反映了国际收支状况的变化。

一、外部平衡公式

外部均衡既包含经常项目，也包含资本项目。根据对经常项目和资本项目变动的分析，我们可以推导出整个国际收支的情况。

1. 经常项目差额

用 EX 代表出口，IM 代表进口，则

$$经常项目的差额 = IM - EX \qquad (6\text{-}4)$$

前面曾经指出，进口数额的大小主要取决于本国国民收入的高低和本国货币的汇率水平。当实际国民收入提高时，进口会增加；当本国货币汇率提高时，进口也会增加。因此，进口 IM 是本国实际国民收入和本国货币汇率的增函数。进口函数可以写成

$$IM = f_{IM}(ER, Q) \qquad (6\text{-}5)$$

出口 EX 也可以看做本国货币汇率 ER 的函数，汇率越高，则本国产品在国外的价格就越高，因而竞争越不利，从而出口越少。所以，出口是本国货币汇率的减函数。出

口函数可以写成

$$EX = f_{EX}(ER) \tag{6-6}$$

商品、服务的进口减去出口作为经常项目的差额，是商品、服务净进口额（在经常项目中资金的净流出量），用 MP 表示，则

$$MP = IM - EX = f_{IM}(ER,Q) - f_{EX}(ER) \tag{6-7}$$

2. 资本项目差额

在资本项目中，如果把资本向国内流动理解为本国金融资产的出口，用 AX 来表示，同样，把资本的外流理解为国外金融资产的进口，用 AM 来表示，则

$$资本项目的差额 = AX - AM \tag{6-8}$$

在国际收支的资本项目中，金融资产的进出口都是国内利率的函数。在正常情况下，国内利率越高则资金流入越多，而流出则越少。金融资产的出口和进口函数可以分别写为

$$AX = f_{AX}(r) \tag{6-9}$$

$$AM = f_{AM}(r) \tag{6-10}$$

金融资产的出口减去进口作为资本项目的差额，是金融资产的净出口额（在资本项目中资金的净流入量），用 XP 表示，则

$$XP = AX - AM = f_{AX}(r) - f_{AM}(r) \tag{6-11}$$

3. 国际收支差额与国际收支平衡公式

用 EB（external balance）代表国际收支的差额，则

$$EB = EX - IM + AX - AM \tag{6-12}$$

如果国际收支实现平衡，则 EB=0，这时

$$IM - EX = AX - AM \tag{6-13}$$

或

$$MP = XP \tag{6-14}$$

这一表达式的经济含义为，国际收支实现平衡时，一国商品和服务的净进口额等于该国金融资产净出口额。这样，上面的国际收支平衡表达式就可以改写为

$$f_{IM}(ER,Q) - f_{EX}(ER) = f_{AX}(r) - f_{AM}(r) \tag{6-15}$$

二、外部均衡曲线的推导

外部均衡曲线即 EB 曲线，又称国际收支平衡曲线。它是指在一国国际收支平衡条件下，所有利率水平与国民收入数额的组合点的轨迹，反映了在一定的汇率水平下，为保持国际收支的平衡，利率与国民收入应实现怎样的组合。

1. EB 曲线的几何推导

这里，我们用几何合成的方法推导 EB 曲线。作为推导依据的公式是

$$MP = f_{IM}(ER, Q) - f_{EX}(ER)$$
$$XP = f_{AX}(r) - f_{AM}(r)$$
$$MP = XP$$

在汇率一定的情况下，商品、服务的净进口额 MP 是实际国民收入的增函数；金融资产的净出口额 XP 是利率的增函数。据此，分别画出 MP 和 XP 的函数图像。同时，分别以 XP 和 MP 为横轴和纵轴，画出 XP＝MP，即 EB＝0 时的图像。将 XP、MP＝XP 和 MP 三曲线分别绘制在图 6-4 中的第Ⅰ部分、第Ⅱ部分、第Ⅲ部分。

现在根据图 6-4 中的第Ⅰ部分、第Ⅱ部分、第Ⅲ部分推导图中第Ⅳ部分的国际收支平衡曲线 EB。当第Ⅲ部分中实际国民收入等于 Q_0 时，商品和服务的净进口为 MP_0，从第Ⅱ部分中可知与其相等时的金融资产净出口 XP_0，对应 XP_0 可以在第Ⅰ部分中找到对应的利率 r_0。这样，对应实际国民收入水平 Q_0，可以找到利率 r_0。在 Q_0 和 r_0 的组合情况下，可以使商品和服务的净进口等于金融资产的净出口，实现国际收支的平衡。因此，在第Ⅳ部分中的点 A 就是国际收支平衡曲线 EB 上的一个点。以同样的方法，可以找到使国际收支实现平衡的点 B，还可以找到更多的点，在这些点上所反映的实际国民收入和利率的组合都可以使国际收支达到平衡。将这些点用一条平滑的曲线连接，就形成第Ⅳ部分中向右上方倾斜的国际收支平衡曲线 EB。

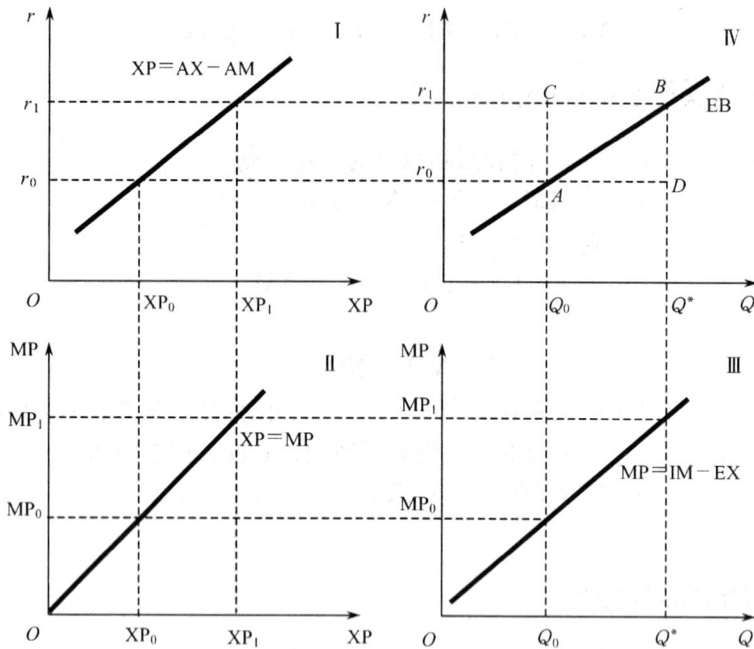

图 6-4   外部均衡曲线 EB 的推导

2. EB 曲线与国际收支平衡

我们已经知道，在 EB 曲线上的各点代表的实际国民收入和利率的组合都是使国际收支平衡的组合。现在看 EB 曲线以外的点代表的国民收入与利率的组合是什么情况，如图 6-4 中的第Ⅳ部分所示。

先看位于 EB 曲线左上方的点。如 C 点，它是国民收入 Q_0 和利率 r_1 的组合。在国民收入 Q_0 的水平上，商品和服务的净进口为 MP_0，而在利率 r_1 的水平上，金融资产净出口额为 XP_1。在图 6-4 的第Ⅱ部分中可看到 MP_0 小于 XP_1，这时的国际收支状况为：由商品和服务净进口引起的资金流出少于金融资产净出口引起的资金流入，国际收支呈顺差。所有处于 EB 以上的点都与 C 点反映的收支状况相同，只是在量上有所差别。

再来看 EB 曲线右下方的点，如 D 点，它是国民收入 Q^* 和利率 r_0 的组合。在国民收入 Q^* 的水平上，商品和服务的净进口为 MP_1，而这时的利率水平 r_0 所决定的金融资产净进口为 XP_0。从图的第Ⅱ部分看到，MP_1 大于 XP_0，所以，由商品和服务净进口引起的资金流出多于由金融资产净出口引起的资金流入，因此国际收支呈逆差状态。EB 曲线以下的所有点反映的国际收支性质都与 D 点相同，只是在量上有所差别。

概括起来说，凡是 EB 曲线左上方的点所反映的国民收入与利率的组合都会使国际收支出现顺差；凡是 EB 曲线右下方的点所反映的国民收入与利率的组合都会使国际收支出现逆差；而 EB 曲线上所有的点都表示外部均衡，即国际收支平衡。

三、外部均衡曲线的移动

EB 曲线的位置，会因经济体系中一些重要变量的变动而改变。这些变量主要有商品净进口函数和金融资产的净进口函数、汇率、国内一般价格水平等。

1. 汇率对 EB 曲线的影响

汇率对 EB 曲线来说是个外生变量，它的变化将导致 EB 曲线的移动。如图 6-5 所示，假定最初外部均衡实现于 EB 曲线上的 A 点（Q^* 与 r^* 的组合点），由于外部均衡已经实现，所以必然有一个均衡汇率 ER 与之相应。

假定利息率从 r^* 上升到 r_1，而实际国民收入 Q^* 不变，即图 6-5 中的 B 点所处的状态。由于利息率上升，外国人购买的金融资产额会增加，本国人购买外国的金融资产额会减少，从而导致金融资产的净出口额 XP 增加。此外，由于假定实际国民收入 Q^* 不变，因此产品和服务的净进口额 MP 不变。结果，利息率的上升会导致产品和服务的净进口小于金融资产的净出口，即 MP＜XP，原来的外部均衡被利息率的上升所破坏，国际收支出现顺差。此时，本国货币的需求大于供给，使得汇率上升。这会减少本国商品和服务的出口，使 EX 减少；同时也会增加外国产品和服务的进口，使 IM 增加，直到汇率上升使外部均衡重新实现。新的均衡汇率显然高于最初的均衡利息率 r^*。已经上升了的利息率 r_1、实际国民收入 Q^* 和新的汇率 ER_1 将构成新的均衡状态。这时 EB 曲线向上移动，移动到图 6-5 中的 EB_1。

相反，如果利息率从 r^* 下降到 r_2，如图 6-5 中的 C 点是国际收支逆差情况下的实际国民收入和利息率的组合。由于商品和劳务的净进口额大于金融资产的净出口额，本国货币的供给大于需求，将使汇率下降，从而导致所有实际国民收入 Q^* 和利息率 r^* 组合水平上的经常项目的出口增加，进口减少，从而使原外部均衡曲线 EB 移动到 EB_2，

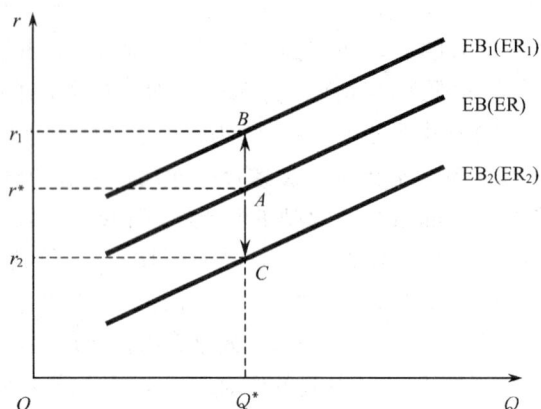

图 6-5 汇率对 EB 曲线的影响

在 C 点处达到新的外部均衡。

上述分析可简单概括如下:

r 与 Q 组合点位于 EB 曲线左上方→本国货币的需求＞供给→ER↑→EB 曲线向左上移;

r 与 Q 组合点位于 EB 曲线右下方→本国货币的需求＜供给→ER↓→EB 曲线向右下移。

2. 国内一般价格水平对 EB 曲线的影响

一般价格水平对 EB 曲线位置的影响也是通过汇率机制实现的。经济学家们认为,在长期,汇率基本上是由各国商品和服务的相对价格水平决定的。这一观点的理论依据是购买力平价(purchasing-power parity)理论。这一理论认为,一国的汇率倾向于使一笔货币在国内所能购买的商品或服务数量与在国外购买的商品或服务数量相等。按照这一理论,间接标价法所表现的汇率为

$$\text{ER} = \frac{P_E}{P} \tag{6-16}$$

式中,P_E 为外国商品的一般价格水平,P 为本国商品的一般价格水平。

如果本国出现通货膨胀,国内一般价格水平会提高,即使在本国货币汇率没有相应下降的情况下,本国产品在国外的价格也会提高,而进口商品变得相应便宜。这就打破了原有汇率下货币在国内外的购买力平衡。按照购买力平价理论,货币在国内的购买力下降导致的国内外购买力的不平衡会引起本国货币的贬值。但是,在通货膨胀的背景下,一方面,本国货币的贬值只能抵消本国物价上涨对出口的抑制,并不能增加出口;另一方面,当国外商品进入本国市场后,按照比原来更昂贵的价格出售,有可能引起进口量的增加。这样,商品和服务的净进口函数曲线也会移动。为使国际收支保持平衡,必须有利率的相应变动,调节资本项目变动。因此变动了的利率水平与不变的国民收入的重新组合会引起 EB 曲线的移动。

第三节　开放的宏观经济模型

将 EB 曲线加入 IS-LM 模型，就在双重均衡模型中加入了外部均衡条件，可以建立一个产品市场、货币市场和国际收支同时达到均衡的开放的宏观经济模型。

一、开放的宏观经济模型

在 IS-LM 模型中加入外部均衡曲线 EB，就形成了开放宏观经济模型，即 IS-LM-EB 模型。开放的宏观经济模型把国际收支的问题引入了国内产品市场和货币市场中，使原有的 IS-LM 模型更适应开放经济的分析。

1. 三个市场同时均衡的等式

前面已经指出，经常项目中的出口函数 EX(ER)，是外国在本国产品市场上的购买支出，属于国民收入的注入量；进口函数 IM(Q,ER)，是本国对国外产品和劳务的购买支出，属于国民收入的漏出量。加入对外经济关系后，产品市场新的注入量和漏出量的均衡公式就改写为

$$I(Q,r)+\overline{GP}+EX(ER)=S(Q)+NT(Q)+IM(Q,ER) \tag{6-17}$$

将外部均衡公式、货币市场均衡公式以及改写后的产品市场均衡公式组合在一起，可以建立一个开放经济下的 IS-LM-EB 模型：

$$I(Q,r)+\overline{GP}+EX(ER)=S(Q)+NT(Q)+IM(Q,ER)$$
$$MS=MD(Q,r) \tag{6-18}$$
$$f_{IM}(ER,Q)-f_{EX}(ER)=f_{AX}(r)-f_{AM}(r)$$

由联立方程组（6-18）可见，并非要确定 Q、r 和 ER 的准确数值，但是存在唯一的一组 Q、r 和 ER 解，可以使产品市场、货币市场和外汇市场同时出清，开放的宏观经济达到均衡状态。更重要的是，当分析外生变量发生变动时，要明确这三个变量的变动方向，这样可以通过操纵改变模型的外生变量，促使宏观经济达到理想的均衡状态。

2. 三个市场同时均衡的图示

把 IS、LM 与 EB 三条曲线绘制在同一图形中，如图 6-6 所示，它们相交于 E 点。E 点所反映的利率 r^* 和实际国民收入 Q^* 的组合同时落在三条曲线上，因此，这时的利率和国民收入会使商品市场、货币市场以及国际收支同时达到平衡。

如果 IS 曲线与 LM 曲线交于 E 点，而 E 点并不位于 EB 曲线上，那么，E 点处的利率和国民收入组合虽然使国内产品市场和货币市场同时达到均衡，却不能同时又使国际收支达到平衡。国际收支平衡曲线高于 IS 曲线与 LM 曲线所交的 E 点，如处于 EB_1 的位置（如图 6-7 中的（a）图），这时在既定的国民收入水平上，由于利率偏低，资本流入少于净进口所需的资金流出，因而，国际收支存在赤字。国际收支赤字的存在，会

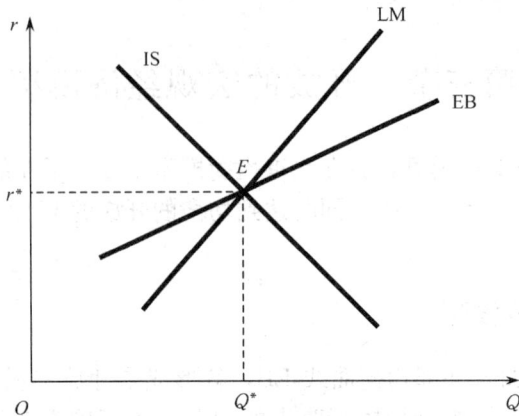

图 6-6   产品市场、货币市场与国际收支的同时均衡

使官方储备（如黄金、外汇）减少。如果国际收支平衡曲线低于 E 点，如处于 EB_2 位置（如图 6-7 中的（b）图），E 点的利率与国民收入组合会使国际收支出现盈余，从而使官方储备增加。

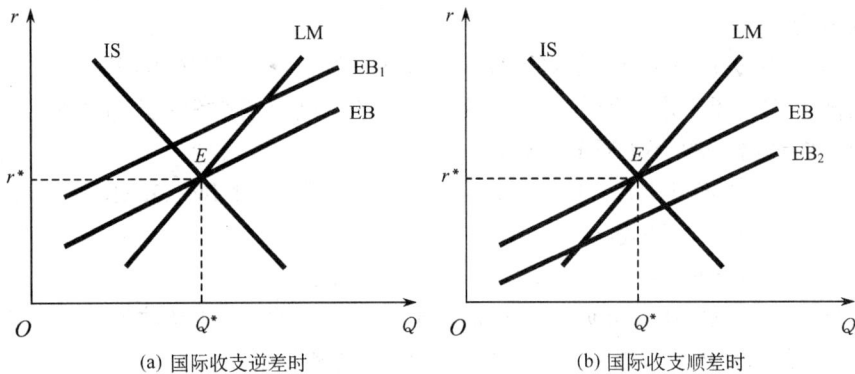

(a) 国际收支逆差时   (b) 国际收支顺差时

图 6-7   国际收支差额下的产品市场与货币市场的均衡

二、开放模型的自动调节机制

在汇率不受管制可以自由浮动的情况下，产品市场、货币市场和国际收支三者可以通过汇率的调节自动达到均衡。

1. 国际收支顺差时的自动调节

如图 6-8 所示，在国际收支存在顺差的情况下，外汇市场上本国货币需求大于供给，致使本国货币出现升值压力。本国货币的升值使商品的出口减少、进口增加。商品和服务贸易的净进口增加引起 EB 曲线上移。在 EB 曲线上移的同时，由于商品进口增加，出口相对减少，因而 IS 曲线向左移动。IS 曲线左移导致国民收入和利率的下降。利率下降使资本的净流入减少，国民收入的下降使商品进口减少，因而 EB 曲线不会上升到 E 点位置，而是在与 IS 曲线同时左移的过程中在 LM 曲线上找到新的均衡点 E′。在 IS 曲线向左移动时，利率下降所引起的资本流出使本国货币的供给增加；国民收入下降引起的净进口下降，也使外汇市场上本国货币供给增加，最终产品市场、货币市场和国际收支共同在 E′ 点达到新的均衡。

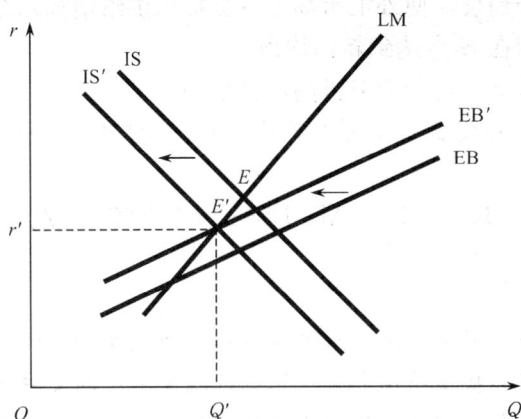

图 6-8 国际收支顺差下的自动调节

上述国际收支逆差下的自动调节机制可概括如下：

国际收支顺差（IS 曲线交 LM 曲线于 EB 曲线的左边）—ER↑—EB 曲线左上移—Q↓—IS 曲线左下移

结果：r↓，Q↓，ER↑，IS、LM、EB 三条曲线交于一点。

2. 国际收支逆差时的自动调节

如图 6-9 所示，在国际收支存在逆差的情况下，外汇市场上本国货币需求就会小于

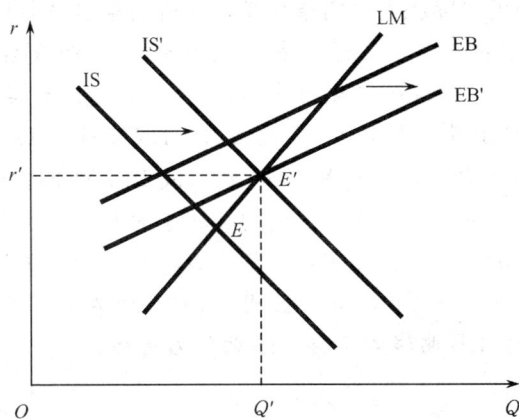

图 6-9 国际收支逆差下的自动调节

供给，致使本国货币出现贬值压力。本国货币的贬值使商品的出口增加、进口减少。商品和服务贸易的净出口增加引起 EB 曲线下移，在 EB 曲线下移的同时，由于商品进口减少，出口相对增加，因而 IS 曲线向右移动，这又导致国民收入的增加和利率的上升。利率上升使资本流入增加，国民收入的增加使商品进口下降趋缓，因而 EB 曲线不会下降到 E 点位置，而是在与 IS 曲线同时向右的移动中在 LM 曲线上找到新的均衡点 E'。在 IS 曲线向右移动时，利率上升所引起的资本流入使本国货币的需求上升；国民收入增加引起的净进口下降趋缓，使外汇市场上本国货币供给增加趋缓，最终产品市场、货币市场和国际收支共同在 E' 点达到新的均衡。

上述国际收支逆差下的自动调节机制可概括如下：

国际收支逆差（IS 曲线交 LM 曲线于 EB 曲线的右边）—ER↓—EB 曲线右下移—Q↑—IS 曲线右上移

结果：r↑，Q↑，ER↓，IS、LM、EB 三条曲线交于一点。

➢ 本章小结

国际收支反映了一个国家或地区对外货物和货币交易的详细情况，包括国际收入和国际支出两个方面。国际收支平衡表是一国国际收支状况的集中体现。国际收支平衡表由经常项目、资本项目和官方储备项目三类项目组成，其中资金流入本国的项目记入贷方，资金流出本国的项目记入借方。

外汇市场是由经营外汇交易业务的银行及其他金融机构共同的活动构成的，其交易的对象是货币。外汇储备能起到一定的稳定经济的作用。

汇率是两种货币之间的兑换比率，有两种标价方法：直接标价法和间接标价法。直接标价法用本币为外币标价，间接标价法用外币为本币标价。汇率也有名义汇率和实际汇率之分。外汇市场上的汇率由市场的供给和需求相互作用而决定。

国际收支的状况影响国民经济的宏观变量，根据经常项目和资本项目的收支情况的不同，对国民经济中的收入和利息等宏观变量会产生很大的影响。

外部均衡就是国际收支的均衡，是指经常项目的差额与资本项目的差额之和为零。外部均衡曲线是指在一国国际收支平衡条件下，所有利率水平与国民收入数额的组合点的轨迹。EB 曲线左上方的点会使国际收支出现顺差，EB 曲线右下方的点会使国际收支出现逆差，EB 曲线上所有的点都表示外部均衡。EB 受到汇率以及利息率、一般物价水平变动的影响。ER 上升使 EB 曲线向左上移，ER 下降使 EB 曲线向右下移。

在 IS-LM 模型中加入外部均衡曲线 EB，就形成 IS-LM-EB 模型，这是一个研究国内产品市场、货币市场和国际收支同时达到均衡状态的开放的宏观经济模型。在汇率不受管制可以自由浮动的情况下，产品市场、货币市场和国际收支三者可以通过汇率的调节自动达到均衡。国际收支顺差时，汇率上升，EB 曲线左上移，IS 曲线左下移；国际收支逆差时，汇率下降，EB 曲线右下移，IS 曲线右上移。

➢ 关键词

国际收支（international payments）

汇率（exchange rate）

外部均衡（external balance）

➤ 思考题

1. 国际收支平衡表中包括哪些内容？下列各项情况应分别在我国的国际收支平衡表中作何反映？

（1）我国公民到国外旅游观光的开支；

（2）我国某企业向国外出口服装、国外的付款；

（3）我国某居民得到海外亲友的汇款；

（4）我国政府向某国提供一笔捐助。

2. 请解释 EB 曲线的含义，并推导 EB 曲线。

3. 位于 EB 曲线左右两边的点各表示什么？这些 EB 曲线以外的点是通过什么样的机制向 EB 曲线移动的？

4. 开放的宏观经济模型包含哪些基本的均衡关系？用图示和公式说明三重均衡实现的条件和过程。

第七章

宏观经济行为的微观基础

理解整个宏观经济的运行情况，需要进一步分析宏观经济中家庭和企业的经济行为，使宏观经济理论建立在更加坚实的微观分析基础上。这一章将介绍家庭消费和企业投资的相关理论模型，探讨宏观经济环境下人们的微观经济行为。

第一节　消费与储蓄

消费是 GDP 中一个很大而又相对稳定的部分，消费需求对经济的拉动作用不可忽视。消费者的可支配收入可分成两个部分：消费和储蓄。当我们研究消费时也同时在研究被许多经济学家看做经济增长最基本动力的储蓄。一个家庭把多少收入用于现在的消费，把多少收入用于为了将来消费的储蓄，是基本经济单位的微观决策问题。但是，微观的家庭消费决策行为，却影响着宏观经济的短期和长期状况。因此，家庭的消费是经济繁荣和衰退的关键因素。

一、消费函数理论的发展

消费是生产的目的和动力，因而有关消费需求的研究引起了学术界的广泛兴趣。从马歇尔的"均衡价格论"体系到凯恩斯的"收入决定论"，直至弗里德曼等的"预期收入决定论"分析框架等，每一阶段或每一种分析体系都对消费需求函数进行了深入的研究。

1. 马歇尔的价格决定论

19 世纪中叶至 20 世纪初，西方资本主义社会经济危机频繁，社会矛盾激化，马歇尔对"边际学派"及以前的传统经济理论兼收并蓄，综合拓展，构建了"价格决定论"的消费函数，其特点是强调完全市场机制条件下消费者的个体行为。该消费函数理论的核心是需求规律，即当消费者的收入不变时其消费支出仅受价格变动的影响，消费支出根据价格升降呈反方向变化。

2. 收入决定论

20世纪20年代，资本主义世界经济状况不断恶化，新古典经济学在西方经济理论界的统治地位受到了挑战，尤其是1929～1933年的经济大危机更是动摇了新古典学派的理论根基。在此背景下，以"国家干预"和"需求调控管理"为中心的"凯恩斯革命"适时出台，西方社会关于消费函数理论及测度方法的研究也就摒弃了马歇尔价格决定论的分析框架，取而代之的是收入决定论的理论体系，如凯恩斯的绝对收入假说、杜森贝里的相对收入假说以及卡托纳和体茨的短期变动理论等。

凯恩斯的绝对收入假说认为，实际消费支出和实际收入之间有稳定的函数关系，随着消费者收入的增长，其消费支出也增长，但这种收入增量将引起消费增量较小的变化，即边际消费倾向是递减的。杜森贝里的相对收入假说认为，消费具有"示范作用"，消费者的消费支出不仅受自身的影响，而且受他人消费支出的影响；并且消费具有"不可逆性"，即不仅受本人目前收入的影响，而且受自己过去收入和消费的影响。卡托纳和体茨的短期变动理论指出，对消费支出问题，不能单从收入或财产（购买能力）上去分析，而要进行消费者的心理分析，即所谓的购买意愿分析，在消费收入之间函数关系的短期分析中应考虑延期购买问题；在短期消费函数分析中，还要考虑货币因素和消费者可以得到的消费信贷等因素，这意味着消费者的现期购买可以由其将来的（短期）收入来决定。

3. 预期收入决定论

20世纪60年代末至70年代初，由于长期"赤字膨胀"政策的恶果，经济运行出现了滞胀的格局，西方经济再一次陷入危机的困境。因此，主张重塑"萨伊定律"体系、鼓吹"新自由经济"的货币主义一跃成为当时西方经济学领域的主流学派。在消费函数研究领域，由弗里德曼等领衔的预期收入决定论替代了以凯恩斯的收入决定论为基础的分析体系。

弗里德曼提出的持续收入假说将消费者的收入分为一时收入与持久收入，将消费者的消费分为一时消费与持久消费，其中只有持久收入与持久消费之间存在固定的比率关系；假定消费者有了稳定的、长期性的收入来源，他们的现期消费支出就可以超过其现期收入，也就是消费者可以或能够超前消费。

莫迪里安尼的生命周期假说以人的生命周期为线索，强调了消费与财产之间的关系。该假说认为一个家庭的实际支出在任何时期内都围绕着家庭的生活水平而上下变动，该生活水平总是与其财产水平保持稳定的比例，其财产水平是整个家庭生活周期内可以用于消费支出的预期财产。每个人在每个时期的消费不仅依赖于某一时期的收入，也依赖于一生中各个时期的收入。

摩根的消费决策影响收入假说认为，一个家庭的收入分为现期收入和未来收入，两者都受到家庭消费决策的影响。即家庭在作出消费决策后，通过某种努力，可以确定收入中那些原来不确定的成分，从而可以使收入增加。消费决策影响收入假说从理论上建立了一个"由消费目标到收入变动再到消费目标实现"的循环反馈机制，使得消费与收入的关系成为一种由消费动机出发的、可置换被解释与解释的互动递进关系。

在以上众多消费理论模型中，我们详细介绍四个：凯恩斯的绝对收入理论、费雪的跨时期选择理论、莫迪里安尼的生命周期理论、弗里德曼的持久收入理论。

二、凯恩斯的绝对收入理论

根据宏观经济学的定义，一个国家的国民收入最终可以分为各种生产要素（资本、土地、劳动力等）所有者的收入和政府的税收收入，而一个家庭单位的支出首先要受制于其收入的多少。在凯恩斯的宏观分析框架中，对家庭而言，收入是一个既定的量，因此每个家庭所面临的选择就是将收入的多大部分作为当前消费。

1. 凯恩斯的猜想

凯恩斯早在20世纪30年代就用内生和偶然的观察提出有关消费函数的猜测，其最重要的猜测是边际消费倾向递减。他在《通论》中指出："我们的一般心理规律宣称：当整个社会的实际收入增加或减少时，该社会的消费也会增加或减少，但后者的增加或减少不像前者那样快[1]。"边际消费倾向在凯恩斯的收入支出模型中，对如何消除失业的政策建议十分重要。

凯恩斯的第二个猜测是，消费与收入的比值（平均消费倾向）随收入增加而下降。他认为储蓄是一种奢侈品，并预言富人收入中用于储蓄的比例高于穷人。

凯恩斯的第三个猜测是，收入是消费的主要决定因素，利率并不起重要作用。这一猜测与古典经济学家的理论相反，古典学派认为高利率鼓励储蓄，抑制消费。凯恩斯指出，"经验所提供的结论是，除非利息率有着不同寻常的巨大改变，利率对个人既定收入中的短期影响相对说来是次要的"[2]。

2. 凯恩斯的消费函数

在前面的第二章（国民收入决定）中给出了一个简单的凯恩斯式的消费函数

$$C = \bar{C} + \mathrm{MPC} \cdot \mathrm{DI} \tag{7-1}$$

式中，$\bar{C}$ 指的是自主消费，是维持人的基本需求决定的最必需的消费，因为一个家庭哪怕是收入为零时也必须消费一定的商品和服务；MPC是边际消费倾向。我们知道，在消费函数中，平均消费倾向大于边际消费倾向，因为

$$\mathrm{APC} = \frac{C}{\mathrm{DI}} = \frac{\bar{C}}{\mathrm{DI}} + \mathrm{MPC} > \mathrm{MPC} \tag{7-2}$$

这一不等式表达了凯恩斯在构筑其宏观理论时一条重要的心理规律：当人们的收入增长时，人们的消费也跟着增长，但是消费增长的速度没有收入增长的速度快。凯恩斯就是

---

①② 凯恩斯．就业、利息与货币通论（重译本）．高鸿业译．北京：商务印书馆

通过一个消费函数将家庭的当前消费与当前收入联系起来。

在凯恩斯提出消费函数之后，经济学家们调查家庭消费行为，收集数据，验证他的猜测。早期的研究支持了凯恩斯的消费函数。研究数据表明，凯恩斯的消费函数十分接近于消费者的行为。高收入家庭高消费、高储蓄，证实了 $0<MPC<1$。高收入家庭把收入的大部分储蓄起来，证实了随收入增加，平均消费倾向下降。由于收入与消费之间的关系如此密切，没有其他变量比收入变量更好地解释消费。所以，这就证实了收入是消费的主要决定因素。

家庭的可支配收入减去消费开支后就是家庭储蓄，在一个宏观经济中，家庭储蓄不等于国民储蓄，因为后者还包括企业储蓄和政府储蓄。在以私有产权为主要产权形式的市场经济里，家庭储蓄和企业储蓄加在一起称为私人部门储蓄。由于大多数企业的股权最终也为大众所拥有，因此企业储蓄的多少实际上也是由家庭在消费和储蓄问题上的决策来决定的。

3. 消费之谜

第二次世界大战中一些经济学家预言，随收入增加平均消费倾向下降，如果没有足够的有利投资项目吸收所有储蓄，低消费将引起对商品和劳务的需求不足，一旦政府的战时需求停止，将会引起经济衰退。这意味着除非政府采取措施扩大总需求，否则，经济会陷入长期停滞。

第二次世界大战之后，经济并没有陷入无限期的长期衰退。但是，战后随着收入的大幅度增加，高收入并没有引起储蓄大幅度上升。经济学家们所预言的异常现象以及战后的现实经济状况，对凯恩斯的平均消费倾向下降的猜测提出了挑战。

在 20 世纪 40 年代，经济学家西蒙·库茨涅兹整理的自 1869 年以来的消费与收入的新数据表明，在其所研究的时期中，虽然收入有了较大的增长，但从一个 10 年到另一个 10 年，消费与收入的比值是稳定的。库茨涅兹的研究结果对凯恩斯的平均消费随收入增加而下降的猜测又是一次挑战。

现实经济的异常现象和经济学家们的分析推测，触发了有关消费研究的一个谜。为什么一些研究证实了凯恩斯的猜测，而另一些研究又否定了凯恩斯的猜测？即短期时间序列和家庭数据研究证实凯恩斯的猜测成立，而长期时间序列研究否定了凯恩斯的猜测。经济学家们要解释短期和长期时间序列中的消费函数如何取得一致。

20 世纪 50 年代，莫迪里安尼和弗里德曼各自建立了能够解释这些看似矛盾的理论，即生命周期理论和持久收入理论。这些理论的提出是建立在费雪的跨时期选择消费理论基础上的。

三、费雪的跨时期选择理论

费雪提出的消费模型分析了理性的消费者如何作出跨时期的选择。理性的消费者在决定消费多少和储蓄多少时，既要考虑现在，又要考虑未来。费雪的跨时期选择模型说明消费者如何面对收入约束并根据偏好作出消费与储蓄的跨时期选择。

消费者决定现在消费多少和为将来消费而储蓄多少时，面对跨时期的预算约束。预算约束是指消费者在决定自己的收入可以支出多少用于消费和储蓄时所受的限制。预算约束衡量了可以用于现在与未来消费的总资源。

假设一个消费者面临青年时期（或称一期消费 C_1）和老年期（或称二期消费 C_2），用 Y 表示实际收入，一期收入是 Y_1，二期收入为 Y_2。该消费者可以借贷（实际利率用 r 表示）和储蓄 S[①]，因此，该消费者两个时期的消费可以大于或小于该时期的收入。

现在考虑两个时期的收入如何限制两个时期的消费：

一期的储蓄为

$$S = Y_1 - C_1 \tag{7-3}$$

二期的消费为

$$C_2 = (1+r) \cdot S + Y_2 \tag{7-4}$$

假设消费者二期不储蓄，若一期消费小于收入，则储蓄大于零；若一期消费大于收入，则有借贷，储蓄小于零。为推导两期消费的预算约束，把一期储蓄等式代入二期消费：

$$C_2 = (1+r) \cdot (Y_1 - C_1) + Y_2 \tag{7-5}$$

整理上式，表示成两期消费和收入间的关系：

$$(1+r) \cdot C_1 + C_2 = (1+r) \cdot Y_1 + Y_2 \tag{7-6}$$

等式两边除以（$1+r$）得

$$C_1 + \frac{C_2}{1+r} = Y_1 + \frac{Y_2}{1+r} \tag{7-7}$$

上式把两期消费与两期收入联系在一起，表示消费者对跨时期预算约束。如果 r 为零，两期消费等于两期收入。在利率大于零的正常情况下，二期的消费和收入可用（$1+r$）这个因子进行贴现。由于用因子贴现二期每一单位收入和消费的价值，所以，二期消费成本低于一期消费成本。同样，二期收入低于一期的收入的价值。因子 $\frac{1}{(1+r)}$ 是消费者为得到 1 单位二期消费必须放弃的一期消费的数量。

与消费者均衡分析方法类似，将消费者两期消费可带来同等效用的无差异曲线与消费者的跨时期预算线结合在一起，跨时期预算线与无差异曲线的切点表示消费者可以承担的两时期消费的最佳组合。由于两时期消费者可以借贷和储蓄，所以收入的时间与现期消费多少无关，因此分析的结论是，消费取决于现期与未来收益的现值。用 Y' 表示收入的现值，则有

$$Y' = Y_1 + \frac{Y_2}{1+r} \tag{7-8}$$

这一结论不同于凯恩斯的结论。凯恩斯认为一个人的现期消费主要取决于其现期收入。相反，费雪的模型说明了消费取决于消费者一生中所得到的所有资源。

---

① 若储蓄，S 为正值；若借贷，S 为负值

四、莫迪里安尼的生命周期理论

20世纪50年代，莫迪里安尼应用费雪的消费模型提出了生命周期理论。生命周期理论强调人一生中高收入时期的资源转到低收入时期。生命周期理论认为，人们在其整个生命周期内总是尽可能从长远的角度来计划其在各个时期的消费与储蓄行为，为的是在他们的整个一生中，以最好的方式配置其消费，在青年时期总是为其老年时期的消费进行储蓄。

1. 生命周期理论的解释

生命周期理论中，储蓄仅仅被看做为了到老年可以提供消费而进行的。为保持退休后的消费，人们必须在其工作年份储蓄。为了简化分析，我们作出如下假定：

(1) 一个人每年挣得 Y_L 的收入，自己预期可以活 N_L 年，工作 W_L 年，则退休以后的生活年限为 $(N_L - W_L)$ 年；

(2) 寿命和工作年限的预期中没有不确定因素；

(3) 储蓄没有利息；

(4) 价格水平保持不变。

这样，人们对消费和储蓄的决策可以分成两个问题：一是个人在其一生的消费中，最大可能的消费量是多少。给定工作年限 W_L，那么寿命期的收入为 $(Y_L \cdot W_L)$。除非消费者有与生俱来的财富，否则他在其寿命期的消费不可能超过 $(Y_L \cdot W_L)$，这就是一个人寿命期内的最大消费。二是消费者如何在其寿命期内分配其各个时期的消费。在消费中，由于随消费量的增加，边际消费倾向递减，所以，根据消费者对收入使用时的效用最大化的原则，可以假定每一时期的消费量都相同。根据这样的认识，消费就不取决于现期收入，而是取决于整个寿命期内的总收入。

由于寿命期内的消费等于寿命期内的收入，同时每一时期的消费 C 又相等，于是每一时期消费×寿命＝年收入×工作年限，即

$$C \times N_L = Y_L \times W_L \tag{7-9}$$

将上式两边同时除以 N_L，得到每年的计划消费 C，它与劳动的收入 Y_L 成正比：

$$C = \frac{W_L}{N_L} \times Y_L \tag{7-10}$$

式中，$\dfrac{W_L}{N_1}$ 为工作年限与寿命之比。

举例说明，假定某人在20岁开始工作，预期工作到65岁，80岁去世。这样，这个人的生活年限 $N_L = (80-20) = 60$ 年，工作期 $W_L = (65-20) = 45$ 年。假定每年的劳动收入为30 000元，那么，其寿命期内的收入就是 $Y_L \times W_L = 30\,000 \times 45 = 1\,350\,000$ 元。

消费者打算在其工作期内挣得1 350 000元的总收入，将这些收入平均分配于其寿命期内的消费，每一期（年）的消费为 $C = \dfrac{1\,350\,000}{60} = 22\,500$ 元。

2. 储蓄与负储蓄

与式（7-10）相对的是储蓄函数，储蓄等于收入减去消费：

$$S = Y_L - C = \frac{N_L - W_L}{N_L} \times Y_L \qquad (7\text{-}11)$$

式中，$(N_L - W_L)$为退休时期。该式表明，储蓄是年收入与退休期占寿命期的一个比率，如图 7-1 所示。在每一年中，消费 C 都低于年收入 Y_L，总消费为$(C \times N_L)$，在退休期$(N_1 - W_L)$内，消费是由工作期的储蓄$(Y_L - C) \times W_L$ 来负担的。这表明了生命周期理论的一个关键思想：消费通过高收入时期的储蓄和低收入时期的负储蓄，使消费计划形成了一种平滑的平均消费水平线。这就是说，人们的消费实际上不是现期收入的函数。在工作期内，消费者不断地进行储蓄，这表示个人在积累财富或资产。图 7-1 显示，个人的资产在整个工作期内都是增加的，直到其退休的时候为止。此后，在退休期内，其资产是逐步下降的。个人财富的最大值即其达到退休年龄时积累起来的储蓄，用 W_{Rmax} 表示最大财富量。

$$W_{\mathrm{Rmax}} = C \times (N_L - W_L) \qquad (7\text{-}12)$$

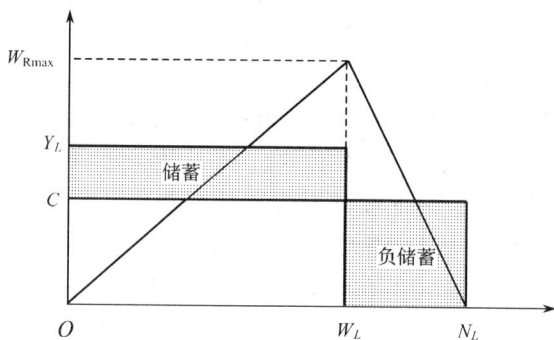

图 7-1　寿命期内的消费、储蓄与负储蓄

而工作期的总储蓄就等于退休期的消费，即

$$(Y_L - C) \times W_L = C \times (N_L - W_L)$$

根据收入流的变动，进行边际消费倾向的计算。设想每年收入恒定提高 3000 元，那么，将这 3000 元乘以 45 个工作年散布到 60 个生命持续年限，年消费增加 $3000 \times \frac{45}{60}$ $= 2250$ 元。因此，出自恒久收入的边际消费倾向将是 $\frac{W_L}{N_L} = \frac{45}{60} = 0.75$。如果收入是一次性地增加 3000 元，那么将这笔收入散布于 60 年中，增加的年消费量为 $3000 \times \frac{1}{60} = 50$ 元。因此出自暂时性收入的边际消费倾向是生活年限 N 的倒数，即 $\frac{1}{N}$，这个值相当小，接近于 0。

这一理论的基本思想可以概括为：当人们的收入相对于其寿命期的平均收入而言比

较高时，他们就储蓄；当他们的收入相对于其寿命期的平均收入而言比较低时，他们就有负储蓄。

3. 财富与消费函数的推导

下面，我们扩展上述模型的约束条件，假定最初人们是拥有财产的，消费者仍按平均方式来安排其寿命期的消费。假定消费者在某一时点 T，拥有财富量为 W_R，其在 T 时点以后的工作期 $(W_L - T)$ 年内的收入为 $(W_L - T) \times Y_L$。此时，他预期还要过 $(N_L - T)$ 年，因此，这个人在 T 时点以后寿命期内可能的消费为

$$C \times (N_L - T) = W_R + (W_L - T) \times Y_L \tag{7-13}$$

现在，财富 W_R 也可以看做寿命期内消费的一个来源。根据式 (7-13)，每一时期的消费就等于

$$C = \frac{W_R + (W_L - T) \times Y_L}{(N_L - T)} \tag{7-14}$$

令 $\alpha = \dfrac{1}{N_T - T}$，$\beta = \dfrac{W_L - T}{N_L - T}$，则式 (7-14) 可写成

$$C = \alpha \cdot W_R + \beta \cdot Y_L \tag{7-15}$$

从中我们可以知道，参数 α 为实际财富的边际消费倾向，β 是劳动收入的边际消费倾向，即由劳动者现期收入所获得的收入，不包括租金和利润。

我们举例来说明上述公式。仍假定某人在 20 岁开始工作，计划工作到 65 岁，80 岁去世。这样，这个人的生活年限 $N_L = (80 - 20) = 60$ 年，工作期 $W_L = (65 - 20) = 45$ 年，年收入 $Y_L = 30\ 000$，现在这个消费者已经 40 岁了。因此，令 $T = 20$，这意味着这个人还有 25 年的工作期。现在计算财富的边际消费倾向 α 和劳动收入的边际消费倾向 β。对于此人来说，在其 40 岁时（$T = 20$ 时）

$$\alpha = \frac{1}{N_L - T} = \frac{1}{60 - 20} = 0.025$$

$$\beta = \frac{W_L - T}{N_T - T} = \frac{45 - 20}{60 - 20} = 0.625$$

假定此人的财富为 200 000 元，那么根据消费函数公式 (7-15)，他的年均消费为 $C = 0.025 \times 200\ 000 + 0.625 \times 30\ 000 = 23\ 750$ 元。

4. 影响消费的因素

边际消费倾向与消费者所处的生命周期阶段有密切关系。一个人越是接近其寿命的终点，$\dfrac{1}{N_T - T}$ 中的 T 越大，其财富的边际消费倾向 α 也就越大。而劳动的边际消费倾向 β 取决于两个因素：一是剩下的工作年限 $(W_L - T)$，二是余下的寿命期 $(N_L - T)$。

从式 (7-15) 中也容易看出，财富和劳动收入都会影响消费决策，它们的增加会提高消费开支。

相对于退休年限，工作年限越长，消费越高。因为这意味着增加了寿命期的收入，减少了负储蓄时期的长度。

这一生命周期模型的特征可以概括如下：在消费者整个寿命期内，消费是不变的；

消费开支是由寿命期的劳动收入和最初财富来支撑的；在每一年，财富的 $\dfrac{1}{N_L-T}$ 将被消费；现期消费开支依赖于现期财富和寿命期的收入。上述模型虽然有很强的假定限制条件，但是取消其中绝大多数假定不会影响式(7-15)的结果，即消费依赖于劳动收入和财富。

当然，在实践中劳动收入随时间推移而不断变化，人们也不可能准确地知道其寿命期的长短及其在寿命期内的收入有多少，另外储蓄会挣得利息。尽管存在着这些问题，却不会从根本上影响式（7-15）表明的基本关系。

5. 总消费与总储蓄

假定在整个经济中，人口和 GDP 不变，那么在任何时期，正在工作的人们的储蓄总是等于退休人们的负储蓄。

如果人口是增长的，那么就有更多的年轻人储蓄，储蓄就超过退休人员的负储蓄，在经济中就有净储蓄。这就是说，总消费和总储蓄在一定程度上依赖于人口的年龄结构。一些经济学家认为，日本的储蓄率远高于美国，是因为其退休人口的比率比美国低。随着日本人口的老龄化发展，其储蓄率将会下降，退休的老年人占人口比例越大，总储蓄率就越低。

总储蓄依赖于一个经济中平均退休年龄和社会保障制度的存在与否。如果存在社会保障体系，对个人提供退休收入，那么个人的储蓄就少于他们退休的负储蓄。在这个意义上，社会保障制度越是能够为退休者提供生活保障，同时期的青年人的储蓄率就越低。

五、弗里德曼的持久收入理论

与生命周期理论一样，消费的持久收入理论也认为，消费与现期收入无关，而是与长期收入的估计有关。这一由弗里德曼创立的理论被称作持久收入理论。假定某人每周五获得其一周的收入，他不可能都在星期五将其全部消费掉。他会将其一周的收入均匀地分配到一周的每一天。于是弗里德曼得出结论，一天的消费决策取决于一天以上的收入。即某个时期（不管是一个季度还是一年）的消费决策，不是仅仅取决于本时期的收入，而是取决于更长时期的收入或持久收入。

1. 持久收入的估计

持久收入的消费函数可写为

$$C = \gamma \mathrm{DI} \tag{7-16}$$

式中，DI 为持久收入或可支配收入。

我们将持久收入定义为：给定现期收入和未来收入以及现存财富的水平，消费者为保持在寿命其余时期的稳定消费水平的收入。根据上述假定，人们必须估计其持久收入。当人们的收入上升时，消费者必须确定增加的收入是持久性的还是暂时性的。当副教授升为正教授时，他可以将其看做持久性的。一个工人由于预计今年会因有更多的加班机会而增加收入时，他会将其看做今年暂时的收入增加。一般情况下，人们往往不能确定其收入变化是持久性的还是暂时的。持久收入理论认为暂时收入的变化不会对消费产生影响。

我们可以简单地将持久收入估计为上一期收入加上现期收入变化的一个比例：

$$DI = Y_{-1} + \theta(Y - Y_{-1}) = \theta Y + (1-\theta)Y_{-1}, \qquad 0 < \theta < 1 \qquad (7\text{-}17)$$

式中，Y 和 Y_{-1} 分别为现期收入和上一期收入，θ 为现期收入变动对持久收入产生影响的参数，亦即现期收入对持久收入的影响参数。式（7-17）表明，持久收入是现期收入与上一期收入的加权平均数。

假定 $\theta=0.6$，现期收入为 $Y=25\,000$ 元，上一期收入为 $Y_{-1}=24\,000$ 元，则持久收入为 $DI=0.6\times25\,000+0.4\times24\,000=24\,600$ 元。

权数 θ 的大小对持久收入的决定有重要作用。如果 $\theta=1$，持久收入就等于现期收入。此外，如果 $Y=Y_{-1}$，持久收入就既等于现期收入也等于上一期的收入。如果现期收入相对于上一期上升了，持久收入的增加要少于今年收入的增加，因为人们并不能确定今年收入增加是持久性的，但他们可以猜想其中一部分，而不是全部，是持久性的。

2. 理性预期与持久收入

对持久收入的估计，仅仅用现期和上一期的收入有些过于简单化了。弗里德曼估计持久收入是根据以前若干时期的收入和现期收入进行的。距现期越近，他给的权数越大。

理性预期的方法强调，没有一种简单的理论可以在不考虑实际收入怎样变化的情况下告诉我们其预期是如何形成的。在实践中，如果消费者看到其收入变化是长期的，他就会认为这一收入变化多半是持久性的了。这样的消费者就在式（7-16）中有较高的 θ 值。如果一个消费者的收入是高度易变的，他多半就不会将现期收入的变化看做是其持久收入的变化。这样的消费者的 θ 值就较低。此外，包括理性预期在内的任何符合实际的预期理论都会认识到，像式（7-16）那样，如果只是建立在过去收入的基础上，是不能包括所有影响人们对未来收入预期的因素的。例如，某个国家发现大量的石油，这个消息一公布，其居民的持久性收入就会提高，而建立在过去收入基础上的式（7-16）则不能反映这类变化。

3. 持久收入与动态消费

结合式（7-16）和式（7-17），我们可以写出持久收入的消费函数

$$C = \gamma DI = \gamma\theta Y + \gamma(1-\theta)Y_{-1} \qquad (7\text{-}18)$$

现期收入的边际消费倾向为 $\gamma\theta$，它小于长期的平均消费倾向 γ。这样，在持久收入的命题中，短期边际消费倾向与长期边际消费倾向（等于长期平均消费倾向）之间就存在着差别。短期边际消费倾向相对较低的原因在于当现期收入增加的时候，当事人不能确定收入的增加是否会持续下去。但是，如果这一增加全部是持久性的，即第二期的收入与本期相同，他就可以认为这一收入是持久收入，如图7-2所示。

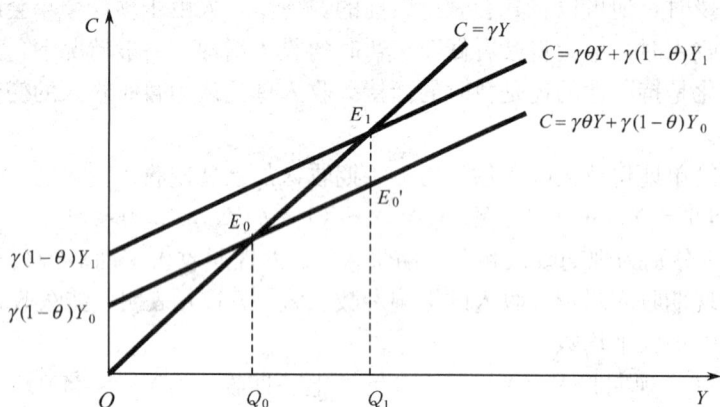

图 7-2　持久收入与动态消费

图 7-2 中，$C = \gamma Y$ 为长期消费函数，其斜率为 γ，即不变收入的平均消费倾向和边际消费倾向。短期消费函数为较平缓的曲线所示。给定其历史上的收入水平，即持久收入 Y_0，其截距为 $\gamma(1-\theta)Y_0$。假定最初持久收入为 Y_0，长期消费为 γY_0，如图中长短期消费函数的交点 E_0 所示。如果下一时期收入增加到 Y_1，在短期（现期）内对持久收入的估计可以通过 Y_1 乘以 θ 和 γ 来修正。因此，消费沿短期消费函数曲线移动到 E_0' 点。

注意，从 E_0 到 E_0' 点，边际消费倾向下降了。因为在 E_0 点的边际消费倾向为 γ，在 E_0' 点为 $\gamma\theta$。当这个时期结束，下一个时期即将开始时，如果增长的收入仍能保持在 Y_1 的水平，这一收入就是持久的。这时，即在短期，Y_1 被作为上一时期的收入，于是短期消费函数的截距为 $\gamma(1-\theta)Y_1$，短期消费函数曲线向上移动，人们的边际消费倾向上升，从 $\gamma\theta$ 回到 γ，长期收入为 Y'，消费为 $\gamma Y'$，消费在 E_1 点。

4. 生命周期理论与持久收入理论的结合

生命周期理论和持久收入理论都考虑到了消费与长期收入的关系，许多经验研究都支持生命周期理论和持久收入理论。但生命周期理论比持久收入理论更重视储蓄的刺激因素，并将财富与收入一样纳入消费函数；持久收入理论比生命周期理论更注意形成未来收入预期的方式。现代消费函数理论将这二者结合在一起，于是消费函数可写为

$$C = \alpha W_R + \gamma\theta YD + \gamma(1-\theta)YD_{-1} \tag{7-19}$$

式中，YD 为可支配的劳动收入，该式将财富和持久收入对消费的影响纳入了消费函数。

六、影响消费的其他因素

收入是影响消费的最重要的因素，但是并非全部因素。在短期内，有时候边际消费倾向为负，即收入增加消费反而减少，收入减少时消费反而增加。这表明，除了收入，还有其他一些因素影响消费行为，主要的有利率、价格水平以及收入分配等。

1. 利率

传统的观点认为，提高利率可以刺激储蓄。但实际上，提高利率是否会增加储蓄、抑制当前消费，要根据利率变动对储蓄的替代效应和收入效应而确定。

利率提高时，人们减少当前的消费，增加将来的消费比较有利。这时，高利率就会鼓励其增加储蓄。利率提高使储蓄增加是利率变动对储蓄的替代效应。同时，利率提高使他们将来的利息收入增加，会使他们认为比较富有，以致于增加目前的消费，这可能反而减少储蓄，这就是利率对储蓄的收入效应。因此，利率如何影响人们的储蓄和消费，要根据替代效应和收入效应的总和而定。

低收入者在利率提高时，主要发生替代效应，故利率提高会增加储蓄。就高收入者而言，利率提高，主要发生收入效应，从而会减少储蓄。就全社会而言，由这些人增加或者减少储蓄的正负总和而定。

2. 价格水平

价格水平的变动会通过实际收入的改变而影响消费。货币收入不变时，如果物价上升，实际收入下降，消费者如果想要保持原有的消费水平，其消费倾向（平均消费倾向）会提高；反之，物价下跌时，平均消费倾向下降。如果物价与货币收入同比例变化，则消费不受影响，但是，如果消费者只注意货币收入的增加而忽略物价的上涨，则平均消费倾向也会下降，这就是"货币幻觉"。

3. 收入分配

消费倾向（包括边际消费倾向和平均消费倾向）随着收入的增加呈递减趋势，因此，高收入家庭的消费倾向小，低收入家庭的消费倾向大。可见，国民收入的分配对全国性的消费总量有着重要的影响。

七、我国的消费函数研究

要建立一个符合我国国情的消费函数，就必须首先观察我国居民消费行为的特点。随着我国国民经济的发展和社会变革，我国居民消费行为在时间和地域上表现出巨大的差异性。

1. 消费行为的阶段性

我国居民不是以一生为时间跨度来寻求效用最大化，其消费支出安排具有显著的阶段性。他们的一生通常可分为几个重要的阶段。例如，一种较典型的划分是：婚前、婚后、供养子女及退休等。我国消费者一般是集中力量实现当前阶段效用的最大化，而较少考虑未来阶段的消费和效用最大化。很难想象一个未婚的年轻人会想到其退休后的消费安排。这种短视行为可归因于这样的一些因素：未来长期目标的不确定性；信息的缺乏；体制方面的制约因素，如没有个人贷款市场和租借市场等。

　　另外，我国居民在其生命的不同阶段中一般都存在一个特定的消费高峰，以及一个相应的储蓄目标。由于没有私人消费信贷市场，个人的消费支出几乎完全要靠自己的收入来支付。这就决定了人们必须在每个阶段都要为迎接相应的支出高峰而进行储蓄，以便在未来的支出高峰时用。以一个刚刚参加工作的年轻人为例，为了在 5 年或 10 年后结婚，他必须现在就开始储蓄，即使他的工资很低也必须这样做。因此，他要根据现有信息对未来婚事所需资金作出估计，确定一个储蓄目标。至于其婚后的可能的收入状况，则不会对他制定储蓄目标产生多大影响。完婚之后，该青年便进入了一个新的消费阶段，他又会根据具体情况形成新的储蓄目标，如为子女未来的教育、购置耐用品等而储蓄。

2. 我国消费函数的时代性变化

　　制度变迁和社会变革对消费者行为从而对消费理论影响极大。鉴于我国实际，有必要将时间划分为 1978 年前和 1978 年后两个时期。1978 年以前我国消费者行为合乎凯恩斯绝对收入说的前提条件。凯恩斯的学说分析短期消费和收入的关系，认为消费主要取决于现期收入，在消费与现期收入约束下偏好于追求现期效用的最大化，他们不对未来作风险预期或认为未来风险极小。改革前的我国收入水平比较低，人们收入来源主要是"硬性"的工资，金融资产很少，而且国家包办住房、养老、医疗等服务费用，消费者完全无后顾之忧。因此追求现期的效用最大化，尽管这种效用最大化要受消费短缺、配额供给等的限制。

　　1978 年后逐渐实现了市场决定价格，商品也丰富起来，随着可支配货币收入增多，消费者的选择余地也大了。尽管我国的消费信贷还未完善地建立起来，但居民手中有了一定规模的存款、有价证券和其他金融资产，因此有能力开始进行跨时期预算。另外，住房、医疗、保险等原来由国家包办的福利项目，开始逐渐由个人来承担，消费者已经能够充分考虑到未来的风险因素，风险预期机制大大加强。不确定性就业、收入分配差距扩大化、通货膨胀问题等开始困扰我国的消费者，也使他们加强了风险预期。

3. 我国消费函数的地域性变化

　　我国经济呈现出明显的二元经济特征，这对研究我国的消费函数有特殊意义。城镇和农村经济发展和经济开发的顺序不同，导致了就业水平、收入水平及相应的精神和物质生活水平产生了较大差异。政府给予了城镇大多数非农业居民就业支持、医疗保险、劳保、退休金以及各种补贴等待遇，这种非收入因素对城镇非农业居民及农村农业居民的消费行为的影响是明显的。例如，由于城镇非农业劳动者大多数到老年能按期得到相当于退休前工资 70% 以上的退休金，在年富力强时不必为退休后的养老费用担忧，因此为养老而储蓄的动机较弱；农村农业劳动者则不同，他们一般到老年时没有退休金收入，所以为了使晚年的生活有保障，与城镇非农业劳动者相比，养老储蓄的动机较强。

第二节 投 资 需 求

在一般意义上，投资是指购买实物资本和购买金融资产。在宏观经济学中投资仅指购买物质资本，即加于物质资本存量上的开支流量。资本是一种存量，它是在既定货币价值下所有厂房、机器设备及存货的价值总额。资本存量是由过去的投资创建的，它因贬值而不断减少，这就需要一部分投资开支用来保持资本存量不致减少。投资是由企业在既定时点上加于资本存量上的开支流量。

一、投资的结构分析

在经济活动或经济理论中，为了使投资结构更加清晰，有时还需将投资的结构进行细分。

1. 净投资与重置投资

投资按照它的内容构成可以分为净投资和重置投资两类，它们的总和则构成总投资的内容。所谓净投资是指资本总量的新增加部分；重置投资是指为了更新现有资本设备所必需的投资，也就是设备折旧。按照上述定义，容易知道重置投资取决于原有资本的数量、使用年限及其构成，与利率水平、收入水平等无关；净投资可能是正值也可能为负值，它的最小值为重置投资的相反数；总投资是一个大于或等于零的量。

2. 自主投资与引致投资

投资根据引起的原因不同，可分为自主投资和引致投资。在当前流行的经济学书籍中，这种划分都是在不考虑货币市场即利率对投资的影响的情况下给出的。考虑到投资是整个经济学的基本概念，因此我们给出如下的定义：自主投资是指由心理、政治、人口、技术、资源等经济体系外部因素的变动引起的投资，它不受收入水平、消费水平或利率水平的影响。引致投资是指由收入水平、消费水平或利率水平等经济体系内部因素的变动引起的投资。

我们知道自主净投资依赖于经济体系外部因素的变动，引致净投资依赖于经济体系内部因素的变动，如利率、收入等的变动。因此，净投资的规模不仅依赖于引致净投资的规模，还依赖于自主净投资的规模，并非只取决于利率、收入变动而形成的预期收益水平。

二、投资决策的过程

投资开支由三部分组成：企业的固定资本投资、住宅投资和存货投资。从一个企业固定的商业投资的角度看，我们的分析过程分两步。第一步，讨论在企业使用资本的成本既定、收益以及企业预期产量既定情况下，企业打算使用多少资本，这决定他们需要多少工厂和设备，亦即企业"理想的资本存量"是怎样决定的。第二步，讨论企业怎样调节现存的资本存量达到其理想的水平，以及调节的速度有多快。这是个投资流量的问题。

1. 理想的资本存量

理想的资本存量是指企业在长期所愿意持有的资本存量。就企业生产的目的而言，企业用劳动和资本来生产产品以供出售，其目标当然是获得最大利润。厂商在决定使用资本的数量时，要权衡增加资本使用量带来的收益和成本。资本的边际产品是每增加一单位资本所带来的产量的增量。资本的租用成本或使用者成本就是增加使用一单位资本的成本。

为了推导出资本的租用成本，我们可以假设厂商是借钱购买资本品的。这样厂商就必须在每一时期支付利息率 r 成本。由于厂商在每一时期对每一元的资本都要支付利息率 r，我们就可以将利息率看做资本使用成本的基本衡量指标。在进行进一步的讨论以前，我们可以将利息率看做资本租用成本的基本决定因素。

厂商利润最大化行为在竞争条件下会使资本的边际产品价值等于资本的租金，即等于资本的租用成本：

$$资本的边际产品价值 = 资本的租用成本 \tag{7-20}$$

这时的资本存量就是理想的资本存量。给定了这一基本关系，我们就可以说明是什么决定着资本的生产力，是什么决定着资本的使用成本。

1）资本的边际生产力

要理解资本的边际生产力就必须了解资本与劳动的替代关系。给定用资本和劳动的不同组合生产的产量水平，如果劳动相对便宜，厂商就倾向于使用更多的劳动，资本相对便宜，厂商就会使用更多的资本。

理想的资本存量 K^*、资本的租用成本 r_C 和产量水平之间的一般关系可由下式给出：

$$K^* = g(r_C, Q) \tag{7-21}$$

该式表示，理想的资本存量依赖于资本的租用成本和产量水平。资本的租用成本越低，理想的资本存量越大；产量水平越大，理想的资本存量越大。在产量既定情况下，厂商使用的资本越多，劳动越少，资本的边际产量越少，即资本边际生产力随资本投入增加而递减，如图7-3所示。

图7-3中，VMP_K 为产量为 Q_1 时资本的边际产品（价值）线。r_C 为资本的使用成本，假定其为一水平线。这时，理想的资本存量就是 K^*。如果选择了一个较高的资本存量 K_0，资本的边际产品价值 MPK_1 小于其租用成本 r_C，厂商减少资本投入就会使其利润增加。图7-3也可以用来说明产量增加的影响。如果产量很高，假定为 Q_2，边际产品价值曲线就会向右移动，在资本的租用成本不变的情况下理想的资本存量就会增加，增加到 K_1。

式（7-21）表明，理想的资本存量依赖于产量水平，但这一产量水平必须是未来用

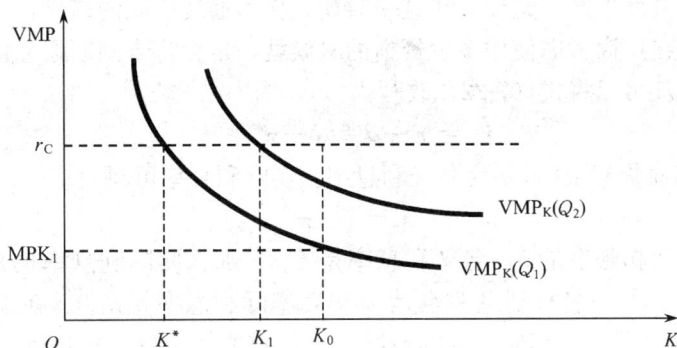

图 7-3　资本投入与资本边际产量

该资本生产时的产量水平。有些投资的未来产出时期可能是几个月或几周，而另外一些投资的未来产出时期则可能是几年以后。这样，厂商对企业固定资本的需求（依赖于名义或持久产量水平）就依赖于对未来产量的预期，而不是依赖于现期的产量水平。但是现期产量水平很可能影响对未来产量的预期。

有关"理想的资本存量"要点可以概括如下。

（1）厂商对资本的需求、理想的资本存量 K^*、依赖于资本的租用成本 r_C 和预期的产量水平。

（2）厂商会让使用资本的边际成本与其边际收益相等。资本的租用成本越低，对于同样产量的资本最佳使用量的水平就越高。这反映出当资本相对被更密集使用时，其边际生产力就更低一些。

（3）预期产量水平越高，理想的资本存量越大。厂商是根据对未来产量水平的预期或持久产量来计划其资本存量的。现期的产量是在影响对未来产量预期的方式上影响资本需求的。

2）资本租用价格的确定

前面，我们将资本租用成本 r_C 定义为利息率，并假定厂商借钱支持其对资本的使用。现在我们对每一时期资本的使用成本进行更详细的研究。假定在一年内，企业用借来的资金购买资本，并支付利息。但是，在这一年的使用期内资本会因磨损而贬值，因此这种磨损而引起的贬值就是资本的使用成本的一个组成部分。我们假定每一元每一时期的折旧为 d 元，这就是使用资本的折旧成本。我们先不考虑税收，资本的租用成本 r_C 就由利息率 r 和折旧成本 d 构成：

$$r_C = r + d \tag{7-22}$$

我们知道，实际利息率与名义利息率的差为通货膨胀率，即实际利息率＝名义利息率－通货膨胀率。这是前面已经讨论过的一个基本关系。在厂商计算其资本的使用成本时，他所考虑的应该是实际利息率。企业借钱来生产产品是为了在将来出售。在平均的意义上，企业销售的产品价格将随一般价格水平的上升而上升。这样，资本边际产品的名义价值就会随商品价格水平的上升而上升，但企业必须支付利息的名义数量却不随一般价格水平的上升而上升。这样，在这一时期，作为通货膨胀的结果，企业债务的实际价值将会下降，在厂商考虑使用多少资本的时候就一定会将未到期债务价值的减少考虑在内。这样我们就可以将式（7-22）改写为

$$r_C = r + d \equiv i - \pi^e + d \tag{7-23}$$

式中，π^e 为预期通货膨胀率，i 为名义利息率。实际利息率可写为

$$r = i - \pi^e \tag{7-24}$$

如果预期通货膨胀率是 0，名义利息率是 5%，那么实际利息率也是 5%。如果预期通货膨胀率是 10%，名义利息率也是 10%，实际利息率就是 0。在上述例子中，由于后者比前者的 r_C 低，在其他不变的情况下（最重要的是资本的边际产品价值不变），后者的理想资本存量就比前者大。

当资本租用成本较低的时候，投资开支就较高。但是，在名义利息率较低时，则不一定出现投资开支较高的情况。因为资本的租用成本取决于实际利息率而不是名义利息率。

3）税收与资本租用成本

除去利息率和折旧成本以外，税收也影响资本的使用成本。影响资本使用成本的两个主要税收变量是公司收入税和投资税减免。公司收入税基本上是公司利润的一个比例，因此公司支付其利润的一个比率，假定为 t，作为收入税。

投资税减免是从对企业投资开支所征收的税收中减去一个确定的比例，如 τ。投资税减免以 τ 的比率减少了资本品的价格，因此投资税减免减少了资本的租用成本。

公司收入税对理想的资本存量没有影响。在存在公司收入税的情况下，厂商会使其税后的资本边际产品价值等于其税后的资本租用成本，以保证资本对利润的边际贡献等于使用该资本的边际成本。理解公司收入税的影响的关键是征税以后，厂商从收入中支付的利息减少了。

假定，最初没有公司收入税，没有通货膨胀，没有折旧，利息率为 10%，理想的资本存量为 K^*，这样，资本的边际产品价值也等于 10%（因为厂商利润最大化原则是：资本的使用成本 = 资本的边际产品价值）。现在，假定公司收入税为 34%，利息率不变，由于征收了 34% 的税收，资本 10% 的边际产品价值减少到现在的 6.6%（10% × （1 − 34%） = 6.6%）。但是，如果利息率仍在 10% 的水平上不变，并且企业被允许从利息支付中减少 34% 的税收（用于利息支付的资金免税），这相当于企业支付的利息也降低了 34%，即 10% 的利息率在征税后相当于 10% × （1 − 34%） = 6.6%。这意味着税后资本的使用成本也是 6.6%。因为理想的资本存量是由"资本的边际产品价值 = 资本的使用成本"决定的，而有没有公司收入税，资本的边际产品价值和资本使用成本都等于 6.6%，所以，公司收入税不影响理想的资本存量。但是当投资是用发行股票的办法筹资时，就不是如此了。

4）股票市场与资本成本

厂商可以不靠借钱，而是靠出售股票来筹资。人们购买股票是预期可以赚到"红利"，如果企业成功，其股票价格上升的话，还可以获得"资本收益"。当其股票价格较高的时候，公司通过出售相对较少的股票就可以获得较多的货币收入，而股票价格较低时，筹集同量的货币就需要出售更多的股票。因此企业的所有者，现在的股东们就愿意

在其股票价格较高时靠增发股票来筹集资金。

在估计资本的使用成本时，经济学家有时假定，投资计划是由借款和增发股票两种方法合在一起来筹资的。股票资本的成本（通过股票筹资的成本）通常用企业红利对其股票价格的比率来衡量。"红利/股票价格"之所以可以看做是股票资本的成本，因为红利是企业的实际支付，股票价格则是通过出售该股票得到的资金。如果红利小，股价高，就意味着用较少的支付就可以使用较大的资金。股票价格越高，股票筹资的成本就越低，全部资本的使用成本就越低。这就是股票市场繁荣时（牛市）是投资的好时期的原因。

2. 从理想的资本存量到投资

实际资本存量往往不同于理想的资本存量，这样，企业就会从现在实际资本存量向理想的资本存量调整。由于从计划投资到完成投资计划是需要一段时间的，如果这段时间太短，投资完成的过快，企业的开支就可能过大。因此厂商不愿意在瞬间将其资本存量调整到理想的水平，而是逐渐地调整其资本存量。

1）资本存量的调整

存在着许多有关资本存量调整速度的假说。这里我们只介绍"逐渐调整假说"或"浮动加速器模型"（flexible accelerator model）。逐渐调整假说的一个基本观点是，现存资本存量与理想资本存量之间的缺口越大，企业的投资率就越大。

假定上一期期末资本存量为 K_{-1}，那么理想资本存量与实际资本存量之间的缺口为 (K^*-K_{-1})，厂商将加在上一时期资本存量 K_{-1} 上的是缺口 (K^*-K_{-1}) 的一个比率 λ。这样到本时期末，实际资本存量为

$$K=K_{-1}+\lambda(K^*-K_{-1}) \tag{7-25}$$

该式表明，到本时期末，实际资本存量将达到上一期实际资本存量与理想资本存量之缺口的一个比率。为了将资本存量从 K_{-1} 增加到 K 的水平，厂商净投资的数量必须达到 $I=K-K_{-1}$，因此净投资可写为

$$I=\lambda(K^*-K_{-1}) \tag{7-26}$$

这就是净投资的逐渐调整公式。

在图 7-4 中，我们表明了资本存量怎样从最初 K_1 的水平调整到 K^* 的水平。假定调整速度为 $\lambda=0.5$，即每一时期都从现在的资本存量水平调整到目标水平的一半。第一时期，净投资应是 $0.5\times(K^*-K_{-1})$，第二时期，净投资应是余下一半的一半，依此类推，每次都是余下一半的一半，直到实际资本存量达到目标水平。λ 越大，缺口减小的速度越快。

如图 7-4 所示，现在的资本存量为 K_1，理想的资本存量为 K^*，第一时期资本存量调整到缺口 (K^*-K_{-1}) 的一半，即调整到 K_2，然后每次调整余下缺口的一半，直到达到理想的资本存量水平 K^*。这就是所谓逐渐地调整过程。

式（7-26）中，现期的投资开支是由理想的资本存量 K^* 和实际资本存量 K_{-1} 决定的。任何提高理想资本存量的因素都会提高投资率。因此，预期产量的增长、实际利息率的下降、投资税减免的增加，都会提高投资率。此外，式（7-26）中包含着动态的

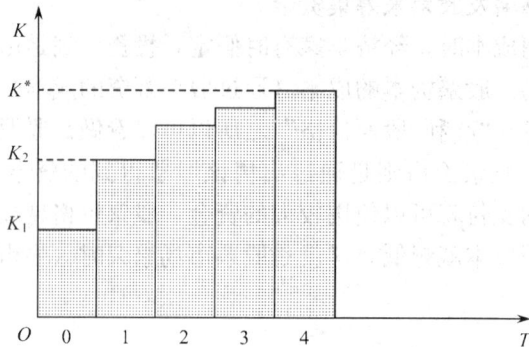

图 7-4　净投资的逐渐调整

行为因素，因为其行为所依赖的经济变量值是若干个时期的，而不是现期的。式 (7-26)中的动态因素有两个来源：第一个因素是预期，理想资本存量 K^* 依赖于厂商对未来产量或持久产量的估计；第二个因素是调整过程中的时滞。

2）投资的时间因素与投资税减免

浮动加速器模型对投资的动态过程提供了一个有益的概括，但它却没有对投资的时间因素给予足够的重视。因为投资通常要几年才能完成，因此在执行投资计划时就在时间上存在着一定的灵活性。例如，某厂商打算在三年内购置某种机器设备，假定他知道一年后将提高投资税减免率，他就很可能延迟一年投资，并在后两年加快投资速度。这样，他就可获得投资税减免来作为等待一年的报酬。

类似地，如果厂商预期下一年的借款成本会比今年低，他就可能等上一年再执行其投资计划。时间的灵活性在"投资税减免"与"收入税"之间引起了有趣的反差。在上一节中我们知道，收入税的持久变化比其暂时变化对消费有更大的影响。然而，暂时的投资税减免对投资率的影响大于在相同时期内同量的持久投资税减免对投资率的影响。其原因在于：如果厂商知道投资税减免是暂时的，他就会挤压其投资于现期，以占有高减免的优势。如果存在投资税减免的持久性变化，那么，理想的资本存量会上升，并且会有更多的投资，但却不会有太大的投资量。正是由于这个原因有人提出将投资税减免的暂时变化作为一个高度有效的反周期的政策措施。然而，这却不是一个简单的政策工具。因为对时间和减免税期限的预期很可能会加剧投资的不稳定性。

为了在经验研究中使用式（7-26）来解释投资行为，就必须用某个实际指标来代替公式中理想的资本存量 K^*，通常，用柯布-道格拉斯（Cobb-Douglas）函数形式来描述净投资函数：

$$I = \lambda \left(\frac{\gamma Y}{r_C} \right) - K_{-1} \tag{7-27}$$

式（7-27）表示，投资与现期产量正相关（式中不再考虑预期产量），与资本的租用成本负相关。早期的经验研究证据表明，投资函数式（7-27）对企业固定资本投资提供了一个合理的解释。然而，式（7-27）却应通过允许投资对产量变化作出缓慢的反应来加以修正。实际上投资对产量的反应不是像图 7-4 那样，而是像图 7-5 那样，产量变化对投资的主要影响出现在两个时期的时滞之后。

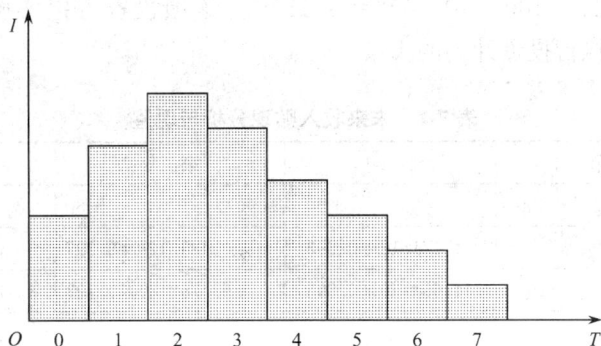

图 7-5 产量变化对投资影响中的时滞

图 7-5 显示出的行为有两个潜在的原因。首先，时滞的形式反映出对未来产量预期的方式。产量的持续增长会使厂商确信，在长期应增加资本存量。其次，投资依赖于投资过程持续的时间。此图也表明，在长期，理想资本存量的变化怎样被转化为投资计划以及其怎样执行。这两种解释都是有道理的，都反映了企业固定资本投资对经济变化的反应存在着时滞。

新古典的企业固定资本投资理论的主要结论可以概括如下。

（1）净投资开支是由实际资本存量与理想资本存量之间的差异来决定的。

（2）理想资本存量依赖于资本的租用成本和预期产量水平。资本需求随预期产量的增长、投资税减免率的增长以及实际利息率的下降而增长。这后一点证明并修正了标准的投资需求函数（由于区分了名义利息率和实际利息率），而在所谓标准的投资函数中，投资是与名义利息率呈负相关的。

（3）经验研究的证据大致与新古典的理论相一致，但也为改善这一理论留有余地。

三、投资的收入流贴现分析法

1. 未来收入流贴现分析

在人们决定是否建立和装备一个工厂的时候，第一步是计算使工厂进入正常运转的成本和进入正常运转后的年收入。为了简单，假定一项投资计划为三年，第一年投资 100 元建厂，第二年产生 50 元的收入（除去劳动和原料开支以后），第三年获得 80 元收入，并于第三年年底工厂解体。

如果利息率是 10%，未来 110 元的收入就与现在的 100 元等值。这样，就要对未来收入进行贴现计算，如果现值增量（收入现值减去投资成本）是正的，投资计划就可实行。假定现在的利息率为 12%（表 7-1 针对上述例子列出了未来收入的现值），第二年 50 元的收入现值为 44.65 元；第三年 80 元收入的现值为 63.76 元。第二年 1 元的现值仅为 $1/1.12=0.893$ 元，第三年 1 元的现值仅为 $1/1.12^2=0.797$ 元。企业未来收入的现值总额为 $(44.65+63.76)=108.41$ 元。减去投资成本 100 元，该投资未来净收入的现值是正的，即（100－108.4）＝8.41 元。该项投资可以实施。如果利息率为18％，就会作出不执行投资计划的决策。

表 7-1　未来收入贴现分析与现值

项目	第一年	第二年	第三年	贴现后净收入
现金或收入	－100	＋50	＋80	
1 元的现值	1	$1/1.12=0.893$	$1/1.12^2=0.797$	
成本和收益现值	－100	$44.65=50×0.893$	$63.76=80×0.797$	$8.41=44.65+63.76-100$

如果某项投资收益是未来若干年内逐渐收回的，用 R_1 表示第一年的收入、R_2 表示第二年的收入、…、用 R_n 表示第 n 年的收入，未来预期收入的现值（PV）公式为

$$PV = \frac{R_1}{1+r} + \frac{R_2}{(1+r)^2} + \cdots + \frac{R_n}{(1+r)^n} = \sum_{i=1}^{n} \frac{R_i}{(1+r)^2} \quad (7\text{-}28)$$

投资决策的这一方法，可以应用于任何时期和任何复杂的投资计划，它似乎远不同于新古典"理想资本存量和调整速度"的方法。实际上，这两种方法是一致的。一方面，我们可以将理想资本存量看做企业打算拥有的机器和设备的存量；另一方面，调整速度告诉我们安装这些机器设备有多快。由于这两种方法是一致的，投资决策的分析可以使用其中的任何一个。例如，用未来收入贴现法，可以用对企业未来收入现值的分析代替理想资本存量法中对未来产量预期影响的分析。

2. 影响投资的因素

前面所述的浮动加速器模型实际上是早期投资模型的一般化，即对简单加速器模型的一般化。简单加速器模型认为，投资开支与产量变化是成比例的，而且不受资本成本的影响。简单加速器模型的基本观点是，当厂商需要生产更多产品时他们才安装新机器设备。有人认为简单的加速器模型是不适当的，因为它没有考虑资本使用成本对投资的影响。有一些研究证明，投资是受到资本成本和产量预期两方面影响的。另外一些研究则证明，资本成本不是影响投资的主要因素。

企业投资资金的来源如何也对投资决策有着重要的影响。在美国制造业的投资来源主要是自有资金。美国制造业企业自有资金占总投资资金来源的 67.9％～75.9％，企业外部资金来源只占较小的比例。这一情况意味着投资将主要受企业收入的影响。当企业准备投资又无外部资金来源的时候，企业自身的资产和收入就起着决定性的作用。在另外一些国家，如日本，企业投资的很大一部分资金是靠外部筹集的。一般地说，企业越大越容易得到外部资金来源。由于其信誉高，无论是通过银行还是通过债券或股票市场都容易得到资金。在经济繁荣时期比在经济衰退时期容易得到外部资金。因此信贷资金的配置或配给就是除内部资金以外，影响投资的另一个因素。这个因素影响的大小取决于这个国家或地区企业习惯上对外部资金的依赖程度。

考虑到上述因素，投资决策不仅受到利息率的影响，也受到其过去收入中储蓄的影响和现期利润的影响。资本成本也必然影响着投资决策，因为企业要比较持有可获利息

收入的各种金融资产以及投资于机器设备之间的利弊得失。也确有证据表明，投资率受到企业留利和利润以及资本成本的影响。

一般说来，投资比消费波动要大得多，而且呈现出明显的周期性。在加速器模型中，投资与产量的密切联系为投资波动提供了一种解释。还有两个其他解释：建立在预期的不确定性基础上的解释和投资时间浮动基础上的解释。

在凯恩斯的《通论》中，他强调投资决策是在不确定性的基础上作出的。投资决策在相当大的程度上依赖于人们的情绪是悲观还是乐观，而人们的情绪则有很大的不确定性。第二个影响投资波动的额外因素就是我们已经指出的，投资决策可以被延期。如果企业计划投资时经济正在经历着衰退，企业就宁可等到衰退结束，经济恢复开始的时候再投资。这个因素实际上有力地支持着"产量影响投资"的观点，即投资与 GDP 有密切关系。

四、托宾的"q"理论

在上述投资理论之外，美国经济学家托宾还提出了股票价格会影响企业投资的理论。根据这一理论，企业的市场价值与重置成本之比，可作为衡量要不要进行新投资的标准，他将这一比率标准称为 q。企业的市场价值就是这个企业股票的市场价格总额。它等于每股的价格乘以总股数之积。企业的重置成本指建造这个企业所需要的成本。因此，$q＝$企业的股票的市场价值/新建造企业的成本（重置成本）。企业的市场价值小于新建造的成本时，$q＜1$，说明买旧的企业比新建造一个企业便宜，于是就不会有投资；相反，$q＞1$ 时，说明新建造的企业比买旧企业要便宜，因此会有新投资。托宾的这种理论实际上说：股票的价格上升时，投资会增加。

托宾这一理论的优点在于反映了资本当期报酬率与预期报酬率之间的关系，因此，凡是能够影响当前资本收益和预期资本收益的政策，都会影响投资。根据该理论，货币政策可以通过对利率与股价的影响来改变 q 值，进而影响经济活动。

五、住宅投资和存货投资

住宅投资是投资需求中的一个重要组成部分，它对总需求的影响巨大，一般地说，住宅投资与经济周期有密切的关系。存货在西方经济学中习惯上被归入投资，其主要原因有两个方面。首先，当人们实际购买的商品和劳务（用实际购买行为计算的总需求）小于总供给的时候，由于存在着工资价格黏性，会在相当长的一段时期内（至少接近 1 年）存在着供大于求的状况，也就是供大于求将在相当长的时期内处于稳定状态，失业增加，并充斥整个时期。而"稳定"状态恰好是"均衡"概念的核心，因此，将存货计算在投资中，就与"非充分就业的均衡"概念相一致，也能够更充分地说明这种"非充分就业的均衡状态"需要调整的性质。如果将存货从投资中分离出来，从而不再计入总需求，就会发生一个悖论，即总供求不等的稳定状态。其次，将存货看做是投资可以解释为存货增加的厂商自己花钱购买了自己的产品。但是，无论怎样处理存货的归属，存货的增减与失业的增减都密切相关，也标志着经济状况的兴衰。因此，虽然将存货归为投资，但对存货的研究总是具有独立的意义。

1. 住宅投资

住宅投资包括单一家庭住宅和多家庭住宅，简称住宅（housing）。住宅由于有较长寿命而被看做一种资产，是人们可以持有的许多资产中的一种。在住宅上的投资在任何一年都只占现有住宅存量的一个很小比例，大约3%。住宅投资就是指新增的住宅所耗费的投资。

在图 7-6 中，横轴 H 表示住宅的数量，纵轴 P_H 表示住宅的价格。对住宅的需求曲线为向右下倾斜的 DD_0 曲线，住宅的价格 P_H 越低，住宅的需求量越大。需求曲线的位置依赖于许多经济变量。第一，个人越富有，他就越希望拥有住宅，因此财富的增长就会使 DD_0 移动到 DD_1；第二，对住宅的需求还依赖于其他资产的实际收入，其他资产的实际收入越低，持有住宅这种资产的吸引力就越大，如债券、股票的收入越低，对住宅的需求就越大，住宅的需求曲线就由 DD_0 上移到 DD_1；第三，住宅的需求也依赖于住宅本身的收入，住宅总收入包括住宅的租金和住宅价值增值的资本收益（capital gains），住宅成本包括抵押贷款利息、房地产税和折旧，住宅的净收入等于总收入减去住宅成本，住宅的净收入增加（通过削减房地产税，降低抵押贷款利息率等）会增加住宅需求，使 DD_0 右移至 DD_1。

房产的价格由住宅存量的供求曲线的交点决定，在任何时点，住宅存量的供给都是固定的，如图 7-6 中的 SS 曲线所示。

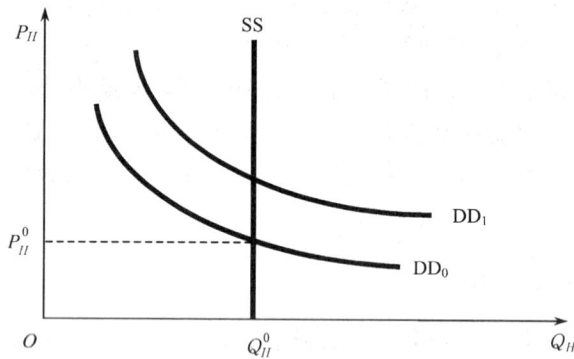

图 7-6 住宅的供给与需求

现在讨论投资率的决定。如图 7-7 所示，将新住宅看做是住宅价格 P_H 的函数，FS 是新住宅的供给曲线。FS 曲线的位置受建筑业生产要素成本和影响建筑业成本的技术因素的影响。FS 曲线又称流量供给曲线（flow supply curve），因为它代表着某一时期进入市场的新住宅的流量。存量供给曲线 SS 则代表某一时点市场现有住宅的存量。给定资产市场上确定的住宅价格为 P_H^0，就会有 Q_H^0 的新住宅，住宅资产的价格越高，新住宅的供给越大。任何影响对现存住宅需求的因素都会影响住宅价格 P_H，从而影响住宅的投资率。同样，任何影响流量供给曲线 FS 的因素都会影响住宅投资率。

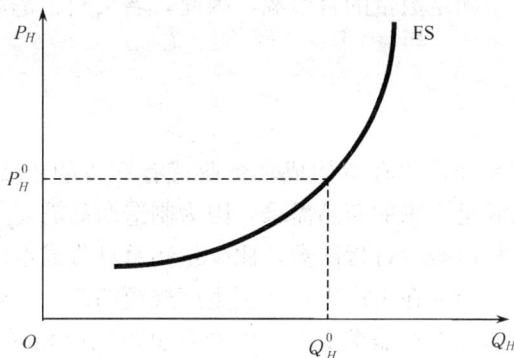

图 7-7　流量供给曲线 FS

　　假定利息率上升，住宅投资者如果投资于债券等其他资产就可获得这一利息收入上升的好处，于是对住宅的需求就下降，住宅价格下降，引起住宅投资率下降。

　　由于现有住宅存量相对于新住宅供给要大得多，所以有理由忽略新住宅供给对住宅价格的影响，然而在整个时期内，新建筑增加了住宅存量，使 SS 曲线右移。在一个没有增长的经济体中，当住宅存量不变时就达到了住宅部门的长期均衡。住宅存量不变要求总住宅投资等于折旧或住宅净投资等于 0。这时，住宅资产的价格水平恰好在长期使住宅建设率或住宅投资率等于折旧率。如果人口或收入和财富在一不变的比率上增长，长期均衡就是：住宅建设增长率足以涵盖折旧和稳定增长对住宅存量的需求。在一个经济体中，由于持续变化造成的不稳定，住宅建设往往达不到长期均衡。

　　由于住宅建设不可能立即对住宅价格变化作出反应，所以新住宅供给不是对现期住宅价格作出反应，而是对预期该建筑完成后通行的价格作出反应。然而，这个时滞是相当短暂的，它小于标准住宅建设期限（1 年）。住宅建设的资金来源往往与抵押贷款有密切的关系，而住宅建设持续的时间会影响抵押贷款的获得难度。由于抵押贷款是建筑商获得资金的一个主要方式，这样，流量供给曲线的位置就受到抵押贷款利息率的影响和抵押贷款获得数量的影响。

2. 利息率对住宅投资的影响

　　利息率对住宅投资的影响是强有力的，部分原因是绝大多数住宅都是用抵押贷款购买的。自 20 世纪 30 年代以来，抵押贷款已经成了 20 年和 30 年的典型长期信贷工具。这种长期信贷每个月都要偿还一定的货币量，直到贷款到期。我国 1999～2000 年随着住宅的市场化改革不断深入，住宅抵押贷款迅速发展起来，大大促进了我国房地产的市场化进程，而自 1999 年以来，为了治理连续 3 年的通货紧缩，中国人民银行连续 7 次降低利息率，对刺激住宅抵押贷款的迅速发展起到了关键性的作用。利息率对住宅投资的影响表现得十分明显。

　　名义利息率和实际利息率对住宅投资的影响都非常大。因为住宅抵押贷款对居民来说总是一笔大额的款项，利息率的微小变动都意味着每月还款额的较大变动。抵押贷款的偿还是每个月偿还一个固定数量的货币额，因此，名义利息率对住宅投资也有重要的影响。

3. 存货投资

存货由原料、在制品和待售存货构成。企业持有存货的主要原因有以下几点：首先，销售者持有库存以满足未来的商品需求，因为制造商品需要一个周期；其次，持有库存是因为企业大量订货以减少订货次数，比少量频繁订货成本较低；最后，将持有库存视为平稳生产的手段，因为在生产中，变更生产规模的损失一般很大，有时涉及固定资产规模的整体变动，因此面对需求变动，生产者也可能以相对稳定的速率进行生产，需求低落时积累库存，需求高涨时削减库存。

一般地说，存货的变化依赖于经济的可变性。产品生产的成本越小，产品运输的速度越快，存货—销售额比率往往就越小。存货投资在投资支出中占有重要地位，存货投资有三个基本的类型：首先，生产准备过程中原材料的积累；其次，生产过程中半成品的积累；最后，最后产成品的积累。这三种类型的库存投资构成总的存货投资。这三种存货投资积累在总的存货积累中所占的比重在各个国家是不同的，发达国家由于基础设施完备，市场发达，原材料的存货比重相对较低；而一些落后国家由于搜寻成本比较高，原材料的存货投资比重相对较高。就成品而言，在买方市场占统治地位的经济中，存货投资比例比较高；而在卖方市场占统治地位的经济中，产成品的投资比重比较低，因此确定具体的存货投资比重，需要根据具体问题进行分析。

1）预期到的和未预期到的存货投资
当存货增加时，就出现存货投资。存货投资的中心问题是区分预期到的（理想的）存货投资和未预期到的（非理想的）存货投资。

在两种情况下，存货投资提高：一是如果销售额比预期的低，企业就有未出售的商品积累，这时就出现未预期到的存货投资；二是企业计划增加存货，即出现预期到的存货投资。这二者对总需求具有完全不同的意义：前者，出现未预期的存货投资是总需求比人们预期的要低的结果；而后者，自愿的存货增加会增加总需求（$I=$固定资产投资＋存货投资）。

2）经济周期中的存货
存货投资比总需求中任何其他部分都更呈现出与周期成比例变动的现象。衰退开始时，存货投资达到最高，衰退结束时达到最低，一般是结束前一季度达到最低，甚至是负存货投资。

六、我国投资的特征分析

以上的分析是以市场经济高度发达的经济作为制度背景进行分析的，有些内容不适合曾经采用计划经济体制的我国，也不适合经济处于转轨时期我国的投资决策过程。但是，随着我国经济转轨的完成，这些理论对我国经济的适用性逐渐增强。

1. 计划经济体制下的投资

1979 年经济体制改革以前，我国实行的是计划经济体制，投资需求的形成，首先是根据经济增长的目标来确定。经济增长指标给出下一期理想的产出水平，再根据资本投入与产出之间的函数关系给出理想的固定资本存量与现实存量之间的差额，而固定资本的投资就是弥补这个差额，进而根据财政收入的可能性安排投资。由于我国是发展中国家，资源相对稀缺，对固定资本的投资总是大于资本的供应能力。因此，在传统的体制下，采取集中、计划的财政统收统支政策也是为了尽可能地利用经济中可能存在的闲置资金，用于建设、加快形成和增加固定资本的存量，以达到国民收入增长的目的。在这样的投资体制下，投资活动也必然对宏观经济的运行带来某些不利的影响。例如，决策失误造成资金浪费；对投资领域缺乏时间概念而造成资本配置低效；某些计划价格的人为制定不反映市场的供求状况等。

2. 经济转轨时期的投资

到了经济转轨时期，我国的投资主体发生了很大的变化。改革开放以来，我国的投资体制冲破了长期以来单一的国家财政投资的局面，形成了国家、地方、部门和企业等多重投资主体并重的局面，并且随着改革的深入，国家的财政投资占总投资的比重日益下降。相反，预算外投资的比重不断上升。其中，地方投资、企业投资和个人投资的动机与目的各不相同。因此，我国经济中的投资主体的变化表明了我国投资函数的形成机理发生变化。

首先，政府在其预算约束条件下，根据计划经济体制制定的国民经济的增长幅度来制定预算内的投资规模，尤其在经济转轨期间，由于价格体系的不合理，某些原材料生产部门、基础设施部门仍由国家进行投资；其次，企业也扩大规模，投资于产品价格高、利润丰厚的领域，根据投资成本与投资的边际收益的比较以及对某种产出将来市场容量的预测等决定投资的数额；最后，随着金融市场的创立和金融工具的创新，家庭收入中有相当部分被用于投资金融市场和实物资产，后者主要体现在住宅投资。

➤ 本章小结

微观的家庭消费决策行为影响着宏观经济的短期和长期状况。消费需求的研究从马歇尔的"均衡价格论"体系到凯恩斯的"收入决定论"，直至弗里德曼等的"预期收入决定论"等。凯恩斯的绝对收入假说认为，实际消费支出和实际收入之间有稳定的函数关系，随着消费者收入的增长，其消费支出也增长，但这种收入增量将引起消费增量较小的变化，即边际消费倾向是递减的；费雪的跨时期选择理论说明了消费者如何面对收入约束并根据偏好作出消费与储蓄的跨时期选择；莫迪里安尼的生命周期理论认为，人们在其整个生命周期内总是尽可能从长远的角度来计划其在各个时期的消费与储蓄行为，为的是在他们的整个一生中，以最好的方式配置其消费，在青年时期总是为其老年时期的消费进行储蓄；弗里德曼的持久收入理论认为，消费与现期收入无关，而是与长期收入的估计有关。收入是影响消费的最重要的因素，除了收入，还有利率、价格水平以及收入分配等。

宏观经济学中投资是指购买物质资本，即加于物质资本存量上的开支流量。投资根据内容构成可分为净投资和重置投资，根据引起的原因可分为自主投资和引致投资。投资开支由三部分组成：企业的固定资本投资、住宅投资和存货投资。

对企业的固定投资的分析过程分两步：第一步是企业"理想的资本存量"怎样决定；第二步是企业怎样调节现存的资本存量达到其理想的水平。理想的资本存量是指企业在长期愿意持有的资本存量。厂商在决定使用资本的数量时，要权衡增加资本使用量带来的收益和成本。厂商利润最大化行为在竞争条件下会使得资本的边际产品价值等于资本的租用成本，理想的资本存量依赖于资本的租用成本和产量水平。由于从计划投资到完成投资计划需要一段时间，因此，企业是逐渐地从现在实际资本存量向理想的资本存量调整的。投资决策中通常使用"未来收入流贴现分析法"。

托宾提出了股票价格会影响企业投资的理论，认为可以把企业的市场价值与重置成本之比作为衡量要不要进行新投资的标准，这就是托宾"q"理论。

住宅投资是投资需求中的一个重要组成部分，它与经济周期有密切的关系。住宅的需求曲线向右下倾斜，供给都是固定的。因为绝大多数住宅都是用抵押贷款购买的，利息率对住宅投资的影响非常敏感。存货由原料、在制品和待售存货构成。一般地说，存货的变化依赖于经济的可变性。

➤ 关键词

消费（consuming）
储蓄（saving）
投资（investing）

➤ 思考题

1. 解释下列概念：跨时期选择理论、生命周期理论、持久收入理论、企业固定投资、居民住宅投资、存货投资。

2. 生命周期理论怎样处理现期收入对消费的影响？

3. 根据持久收入理论，分析社会保障系统的发展对现期的消费和储蓄分别产生什么影响。

4. 为什么说新古典的投资理论与收入流贴现分析法是一致的？

5. 影响投资的因素有哪些？它们是怎样影响投资行为的？

第八章

财政体制与财政政策

宏观经济运行中，政府可以运用一定的政策工具，通过市场机制对国民经济进行干预来实现宏观经济目标。财政政策是运用政府开支与税收来调节经济，自动的财政政策由于其本身的特点，可以自动地调节经济；但要消除经济波动，仅靠自动的财政政策是不够的，仍需要政府有意识地运用相机抉择的财政政策，主动采取调整收入或支出的财政政策。财政政策引起的财政赤字以及为弥补赤字而产生的公债对国民经济的运行产生着重大的影响。

第一节　宏观经济政策目标

宏观经济政策是指政府为使宏观经济运行达到一定的效果，有意识地用来干预和影响经济运行的指导原则和措施。运用宏观经济政策，政府可以有意识、有目的地改变宏观经济运行中的一些变量，进而影响宏观经济的运行，达到预期目的。

一、实现充分就业

实现充分就业是政府宏观经济政策的首要目标。失业使有劳动能力的社会成员得不到劳动的机会，这不仅形成社会劳动资源的巨大浪费，更主要的是失业人员得不到收入报酬，使他们的生活受到直接的威胁。西方国家把失业分为非自愿失业、自愿失业（包括摩擦性失业、结构性失业），所谓充分就业就是消除了非自愿失业时社会的就业状况。在经济的衰退与危机中，不仅劳动资源闲置，而且大量生产资料也被闲置起来。因此，充分就业往往不仅是指让有劳动能力而且愿意参加工作的人员都找到工作，同时也是指让闲置的生产能力投入使用，用于财富的生产。

二、保持物价稳定

保持物价稳定是宏观经济政策的另一个重要目标。在任何一个经济社会中，由于各种经济和非经济因素的影响，物价不可能保持在一个固定不变的水平上，一般来说，随着经济的发展会或多或少地有一些或高或低的通货膨胀。物价稳定并不意味着每种商品和劳务的价格固定不变。持续的物价上涨，使人们的实际收入下降，同时国民收入发生由价格变动引起的再分配，在这种分配中，最主要的受害者是领取固定收入的人员。同时，它使经济中价格关系紊乱，人们对未来难以预料，从而影响社会的投资、储蓄，进而影响产量和人们下一期的收入。通货膨胀最终会引起经济的衰退，阻碍经济增长。

三、促进经济增长

促进经济稳定增长是宏观经济政策的第三个目标。经济增长是社会财富增加的表现，因此，经济增长是改善人民生活、增强国家经济实力的基本途径。由于人口的自然增长、劳动生产率的提高，只有保持一定的经济增长，才能使自然增长的劳动力和因劳动生产率提高在经济领域中节省的劳动力得到就业机会。从这一点看，一定水平的经济增长目标的达到也是实现充分就业的必然要求。稳定的经济增长被看做是与经济衰退作斗争的最有力的武器，也是社会稳定最有力的保证。

四、保持国际收支平衡

保持国际收支平衡是宏观经济合理运行的又一要求。国际收支平衡是指既无国际收支赤字又无国际收支盈余。在开放的经济中，一国的对外贸易和资本在国内外之间的流动直接影响着国内总需求和投资资金的来源。因此，保持国际收支平衡也是实现国内宏观经济健康发展的必要条件。从长期看，一国的国际收支状况无论是赤字还是盈余对一国经济的稳定发展都会产生不利的影响，会对其他宏观经济目标的实现造成障碍。具体说来，若国际收支长期处于盈余状态，会减少国内消费与投资，使社会总需求减少，不利于实现充分就业和经济持续稳定地增长；如果出现长期的国际收支赤字，赤字将由外汇储备或通过对外举债偿还，必将导致国内通货膨胀的发生。

五、经济政策目标的协调

从长期来看，这四个宏观经济目标之间是相互促进的。经济增长是充分就业、物价稳定和国际收支平衡的物质基础；物价稳定又是经济持续稳定增长的前提；国际收支平衡有利于国内物价的稳定，有利于利用国际资源扩大本国的生产能力，加速本国经济的增长；充分就业本身就意味着资源的充分利用，这当然会促进本国经济的增长。但是，在短期中，从迄今为止的各国宏观经济政策实践来看，这几个目标之间并不总是一致的，而是相互之间存在着矛盾。

经济政策之间的矛盾给制定宏观经济政策带来了一定的困难，但宏观经济政策是为了全面实现这四个宏观经济目标，而不仅仅是要达到其中某一个或某两个目标，这样，就需要考虑各种因素来对各种政策目标进行协调。

在市场经济实践中，失业与通货膨胀有时构成经济运行中的两种极端的状态。因此，在这一章中主要讨论针对国内失业和通货膨胀的财政政策。

第二节　财政体制与财政政策原理

财政体制是财政政策得以贯彻的基本环境。财政政策是在一定的财政体制所设定的活动规则条件下，通过运用这些规则所提供的经济机制来实现宏观管理目标。因此，为了理解财政政策的作用原理和作用机制，必须首先对财政体制作一个概括的了解。

一、财政体制的基本结构

虽然各个国家都有自己的财政税收制度，尽管各国具体的制度不同，但在一些基本的运行方式和规则上都呈现出一定的共性。

1. 财政支出

财政支出的主要内容有：①国防与安全支出；②社会福利支出；③卫生教育支出；④建设与环保支出；⑤科研支出；⑥农业补贴支出；⑦债务利息支出；⑧国际事务支出（包括外援等）。根据以上支出的各个内容，可以将财政支出分为政府购买和转移支付。

政府购买指政府对商品和劳务的购买，涉及各种项目包括购买军需品、警察装备用品、政府机关办公用品、付给政府雇员的酬金、各种公共工程项目的支出等，它是以本年被生产出来的产品和劳务为补偿的支出。由于政府购买发生了商品和劳务的实际交换，直接形成了社会总需求和实际购买力，是国民收入的一个重要组成部分，因此它是一种实质性的支出，它的大小是决定国民收入水平的主要因素之一，直接关系到社会总需求的规模。

政府支出的另一部分是转移支付，与政府购买性支出不同，政府转移支付是指政府的社会福利等支出，如卫生保健支出，收入保障支出，退伍军人福利、失业救济和各种补贴等方面的支出。既然转移支付也是政府支出的重要组成部分，政府转移支付的增减对整个社会总支出同样具有重要的调节作用。与政府购买性支出一样，政府转移支付也是一项重要的财政政策工具。

2. 政府税收

政府税收是财政收入的主要来源，国家财政收入的增长，在很大程度上源自于税收收入的增长。它是政府凭借政权，以强制手段占有的一部分国民收入。

根据征收对象的不同，税收分为财产税、所得税和货物税三大类。

根据按货币价值或按数量的征税方式不同，税收被分为从价税和从量税。从价税不受物价变动的影响，而从量税则与物价水平成反比。

根据纳税的方式不同，税收分为直接税和间接税。所谓直接和间接是针对收入而言的，凡是针对人们收入而征收的税为直接税，否则为间接税。前者是纳税人不能转嫁的税收，如所得税、人头税、财产税；后者的最终负担者很不确定，如营业税、进口税等。

根据收入与税率的关系，税收可分为三类：累退税、累进税和比例税。具有累退性质的税收是指随着收入的增加，税收在收入中所占的比例趋向降低的税收，如社会保险税；累进税是随着收入的增加，纳税比例提高的税收，如所得税；比例税是税率不随征税对象数量变动的税收，如财产税、营业税等。

对一单位的征税对象所征收的税叫税率。税率的高低对政府的收入有着直接的影响，但不一定税率高就可以给政府带来更多的收入，这是因为，税率提高可能对纳税人的活动产生负面影响，使征税对象减少。

税收是国家财政收入的主要来源之一，它与政府的购买性支出、政府的转移支付一样，是国家实施其财政政策的一个重要手段。在讨论税收作为财政政策时，一般要分清两种情况：一种是税率的变化对国民收入的影响；另一种是税收绝对量的变动对国民收入的影响。因此，税收作为一种财政政策工具，既可以通过改变税率也可以通过变动税收总量来实现宏观经济政策目标。

3. 公债制度

公债是政府向公众举借的债务，或者说是公众对政府的债权，它是政府财政收入的另一个组成部分。公债是相对于私债而言的，其最大的区别就在于公债的债务人是拥有政治权利的政府。公债与税收不同，公债是以国家（或政府）信用为基础的，是政府以其信用向公众筹集财政资金的特殊形式。从公债发行的主体看，有中央政府公债和地方各级政府公债，通常将中央政府发行的内债称为国债。

根据期限的长短，公债可分为短期（1年以下）、中期（1～5年）和长期（5年以上）。在市场经济中，政府发行公债，一方面能增加政府的财政收入，弥补财政赤字，筹措建设资金，影响财政收支；另一方面又能对货币市场和资本市场在内的金融市场产生扩张和收缩的作用，通过公债的发行在金融市场上影响货币的供求，促使利率发生变动，进而影响消费和投资，调节社会总需求水平。因此，从这一点上来看，公债既具有财政政策的功能，又影响着货币市场和资本市场，是货币政策得以实现的载体之一。

4. 我国现行的财政体制结构

国家的财政一般分为中央财政和地方财政，如美国和德国的政府财政都分为联邦、州、地方政府的收入与支出。各级政府的收入和支出同样起着影响宏观经济运行的作用。

作为经济体制的一个重要组成部分，我国的财政体制经历了多次重大的改革与调整。1994年实行分税制，标志着财政改革终于从"行政性分权"走向"经济性分权"，开始形成我国分税分级财政的框架，规范了中央与地方在收入方面的分配关系。

我国目前在实行分税制的财政体制下，各级财政的支出范围按照中央与地方政府的事权划分。中央财政主要承担国家安全、外资和中央各个国家机关所需经费，调整国民经济结构、协调地区发展、宏观调控所需的支出以及由中央直接管理的事业发展支出。地方财政主要承担本地区政权机关运转，以及本地区经济和社会事业发展所需支出。在分级财政体制中，地方财政具有征税、发债等自主权，但要保证中央财政宏观调控体制的主导地位。

财政部和地方各级政府财政部门具体编制中央和地方本级预算、决算草案。财政部是中华人民共和国国务院的组成部门，是国家主管财政收支、财税政策、国有资本金基础工作的宏观调控部门。

二、自动的财政政策

自动的财政政策是由具体的税收和转移支付制度造成的，它的存在和作用大小与财政体制中的许多具体规定有关。自动的财政政策又称内在稳定器，是指那些对国民收入水平的变化自动起到缓冲作用的财政调节工具，是经济中一种自动的作用机制。它的功能表现在：当经济繁荣时自动抑制通货膨胀，在经济出现萧条时自动减轻萧条，而不需要政府采取任何措施。

1. 自动的财政政策的作用机制

由于税收和转移支付体系的作用，财政制度在经济运行中具有一种自动稳定经济的功能。在失业率提高时，人们的收入减少，税收减少，而需要政府补贴的人增加，公共支出就会自动增加，一方面税收减少，另一方面政府开支增加，从而增加了社会总需求。在通货膨胀压力增大时，由于人们的名义收入增加，税收会自动提高，总支出减少，从而降低社会总需求。其结果使经济波动的幅度减小。这种收入支出的变化不需要政府的决策，它随着经济的状况自动地发生，因而被称为自动的财政政策。

构成自动的财政政策的经济机制主要有以下几点。

首先是政府税收。税收特别是个人所得税和公司所得税是重要的稳定器。在税率不变的条件下，经济萧条时期，国民收入水平下降，个人收入减少，政府税收会自动减少，虽然萧条时期的消费和需求有一些下降，但会下降得少一些，这样就会避免更大的有效需求不足；通货膨胀时期，失业率较低，人们收入会自动增加，税收会因个人收入的增加而自动增加，使得个人可支配收入由于税收的增加少增加一些，从而使消费和总需求自动增加得少一些，这样就会在一定程度上抑制进一步的通货膨胀。尤其在累进税制的情况下，税率是随着人们收入的提高而提高的，由于经济萧条会引起收入的降低，纳税比率会自动下降，使某些原来属于纳税对象的人下降到纳税水平以下，另外有一些人也会被降到较低的纳税等级，结果个人缴纳的税因为国民收入水平的降低而减少了，从而起到抑制经济萧条的作用；反之，经济的繁荣使人们收入增加，更多的人由于收入的上升自动地进入到较高的纳税等级，政府税收上升的幅度会超过收入上升的幅度，从而使得通货膨胀有所收敛。另外，公司所得税也具有同样的作用。

其次是政府转移支付。政府转移支付主要包括政府的失业补助和其他社会福利支出等。在经济出现衰退和萧条时期，失业率上升，领取失业补助的人数和其他贫困人口相应增多，从而导致政府转移支付也自动增加，使得人们的可支配收入会增加一些，这就可以抑制经济萧条使人们收入下降从而使个人消费和总需求下降，起到抑制经济萧条的作用；反之，当经济过热产生通货膨胀时，失业率下降，从而需要政府补助的人口减少，转移支付也自动减少，政府转移支付因此自动地减少，又抑制了可支配收入的增加，使消费和总支出减少。

最后是农产品价格维持制度。农产品价格维持制度，也以类似于失业保障支出的机制起着稳定经济的作用。经济萧条时期，国民收入水平下降导致价格水平降低，农产品价格也将下降，政府按支持价格收购农产品，使农民收入和消费维持在一定水平上，不会因国民收入水平的降低而减少太多，也起到刺激消费和总需求的作用；经济繁荣时，国民收入水平提高使整体价格水平上升，农产品价格也因此上升，这时政府减少对农产品的收购并售出库存的农产品，无形中抑制了农产品的价格，从而抑制了农民收入的增加，降低了消费和总需求水平，起到抑制通货膨胀的作用。

可见，税收、政府转移支付的自动变动和农产品的价格维持制度对经济的反向调节，在一定程度上对宏观经济运行起到了稳定的作用，使总需求波动幅度缩小，有助于稳定经济，成为财政制度的内在稳定器和防止经济大幅度波动的第一道防线。

2. 自动的财政收支变化

税收随着国民收入的变化自动发生变化，但政府购买支出的数量是由政府直接控制的，它与国民收入之间不存在变动的函数关系。所以，税收的自动变化，会使政府的财政收支预算脱离收支平衡，不是处于赤字就是盈余，政府预算与经济状况密切相关。

看下面的例子。假定政府购买支出是个不变的量，净税收函数 $NT = -625 + 0.25 \times NI$，政府购买 GP 为 2000，如果要使 $NT = GP$，就要求 $NI = 10\ 500$，也就是说，只有国民收入等于 10 500 时，政府的财政收支才能平衡。当国民收入低于这一水平时，政府就会出现财政赤字；相反，当高于这一水平时，会出现财政盈余。图 8-1 反映了税收的变动对财政收支的影响。

因此，由于税收、转移支付受国民收入水平的影响，经济的衰退一般总是引起财政赤字。当经济衰退时，由于国民收入的下降，税收相应减少，而转移支付数额因失业人

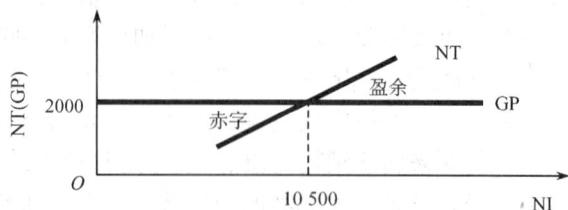

图 8-1   财政收支赤字与盈余

数增加而提高，同时，政府购买支出却很难降下来，这就使财政赤字在经济衰退时期成为不可避免的现象。但凯恩斯主义理论认为，政府应致力于实现经济健康成长，在经济衰退时出现财政赤字并不是坏事，它可以减轻经济衰退的程度。

但是在经济健康增长时，自动的财政政策也会使税收提高，对经济起到抑制作用，西方经济学家把这种现象称为财政拖累。

三、相机抉择的财政政策

财政体制中内在的稳定器调节经济的作用是十分有限的，它只能减轻和缓和经济波动，不足以保持经济稳定，也不能实现既没有失业又没有通货膨胀的经济增长。政府必须主动采取措施，运用财政支出与税收手段，扩大或减少总需求，促进经济的健康发展。相机抉择的财政政策就是指政府根据对经济情况的判断而作出财政收支调整的财政政策。

1. 相机抉择的财政政策对总产出的影响

相机抉择的财政政策主要有两个方面：一是在国民收入的均衡水平低于充分就业时，通过减税和增加政府开支来提高有效需求，消除失业，这是扩张性的财政政策；二是在国民收入均衡水平高于充分就业时，增税或减少政府开支，降低有效需求，这是紧缩性财政政策。

在国民收入决定理论中，我们知道，总支出的改变通过乘数作用，引起国民收入的数倍变化。政府是在商品市场与货币市场共同作用下运用财政政策的，所以，商品市场和货币市场的共同作用，会使前面第二章所论述的乘数发生进一步的变化。

在图 8-2 的 IS-LM 模型中，如果没有货币市场的作用，利率不变，政府支出增加时会使国民收入从 Q_0 增加至 Q_1；由于财政支出引起了货币交易需求增加，利率上升，抑制了一部分投资，因此实际只增加至 Q_2。这样，$\dfrac{\Delta Q'}{\Delta AE} < \dfrac{\Delta Q}{\Delta AE}$。

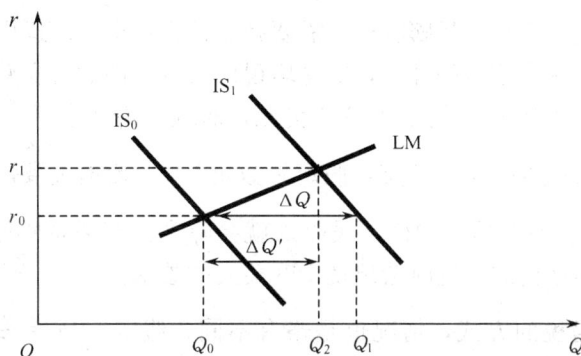

图 8-2 利率变化使乘数作用减弱

2. 扩张性财政政策

当社会总支出水平过低，人们的有效需求不足，存在失业时，按照需求管理的理论，需要增加社会的总支出 AE。

例如，假定当国民收入 NI＝9200 美元时，国民经济处于均衡状态。但此时社会上仍存在着非自愿失业，需要将国民收入提高到 9660 美元，才能实现充分就业。如果这时支出乘数 K 为 5，根据 $\Delta AE＝\dfrac{\Delta NI}{K}$ 这一公式，需要增加总支出 92 美元。

这一支出可以通过两种途径实现，一是增加政府开支 GP，二是减少净税收 NT。

政府可以通过增加购买支出，以增加整个社会的总需求水平，减少失业，同经济衰退进行斗争。如果政府直接增加 92 美元的支出，在乘数的作用下，会使国民收入增加 460，从而达到充分就业的水平。假定此前政府财政收支是平衡的，这时会出现 92 的赤字。

通过减少净税收（包括增加政府的转移支付）使公众手中的可支配收入增加，从而提高人们的消费水平，也可以达到增加整个社会有效需求的目的。但是，减税方式与增加支出的结果略有不同。这是因为减税使人们增加的收入部分不会全部转化为消费支出，而是在边际消费倾向的作用下，支出增加小于收入的增加。因此，必须减少更多的税收才能达到增加同量支出的目的。根据税收乘数，$\Delta NI＝-\Delta NT \cdot MPC \cdot K$，假定边际消费倾向 $MPC＝\dfrac{4}{5}$，乘数仍为 5，得出 $\Delta NT＝115$ 美元。如果此前财政收支是均衡的，现在就会出现 115 美元的财政赤字。可见，用减税来增加总支出，会形成比直接增加政府开支更大的赤字。

在上述两种情况下，政府的扩张性财政政策都造成了财政赤字，这表明，政府向经济中注入的收入流量要大于其从经济中撤出的收入流量。在政府运用经济政策干预经济的情况下，财政赤字往往是与扩张性政策相联系的。

3. 紧缩性财政政策

当社会需求过度，存在通货膨胀时，需要减少社会总支出。运用财政手段减少总支出的方法，一是直接减少政府的开支，二是增税以减少人们的可支配收入。

假定充分就业的实际国民收入为 9660 美元，而现在均衡水平的国民收入为 10 500 美元，为此，政府可以直接减少开支，假定乘数仍是 5，政府需要减少的开支是 $\dfrac{840}{5}＝168$ 美元。当实行这一政策后，均衡国民收入就会降到没有通货膨胀的充分就业水平。如果此前财政收支是平衡的，这时会出现 168 美元的盈余。

如果政府采取增税的方式，情况也是略有不同。假定 $MPC＝\dfrac{4}{5}$，根据税收乘数，$\Delta NI＝-\Delta NT \cdot MPC \cdot K$，得出 $\Delta NT＝210$ 美元。如果此前财政收支平衡，这时会出现 210 美元的盈余。

从以上两种方式可以看出，紧缩性财政政策倾向于造成财政的盈余。

第三节　财政政策与财政收支平衡

政府财政政策的使用，会直接影响到政府财政收支的平衡。而财政收支的平衡与否会影响到政府职能的发挥，进而影响到政府管理国家和发展有关事业的能力，所以财政收支是运用财政政策时必须考虑的问题。

一、充分就业时的财政赤字（或盈余）

在实际财政政策的运用过程中，在充分就业时财政收支不一定是平衡的，这就出现了充分就业的财政赤字（或盈余）问题。

1. 充分就业的财政赤字（或盈余）的提出

在经济衰退时期，由于收入水平下降，私人消费和投资支出的减少引起国民收入水平的下降，在自动稳定器的作用下，引起税收的自动减少和政府转移支付的增加，导致预算盈余减少或预算赤字增加；在经济高涨时期，由于收入水平上升，私人消费和投资支出的增加引起国民收入水平的提高，在自动稳定器的作用下，引起税收自动增加和政府转移支付自动减少，导致预算盈余增加或预算赤字减少。也就是说，引起预算盈余或预算赤字变动的原因可能来自两方面：一是经济运行情况本身的变动，即经济趋向高涨时会引起预算盈余的增加或赤字的减少，经济趋向衰退时会引起预算盈余的减少或赤字的增加；二是财政政策的变动，即扩张性财政政策会使预算盈余减少或赤字增加，紧缩性政策会使预算盈余增加或赤字减少。因而，仅凭预算盈余或赤字的变动很难判断出财政政策是扩张性的还是紧缩性的。要使预算盈余或赤字成为衡量财政政策是扩张性的还是紧缩性的标准，就必须消除经济波动本身的影响。那么，政府究竟采取扩张性的政策还是紧缩性政策的理由应该是什么呢？美国经济学家布朗提出了充分就业的财政赤字（或盈余）的概念。

2. 财政赤字（或盈余）与充分就业

所谓充分就业的财政赤字（盈余），就是指经济在充分就业状态时存在的赤字（盈余），它是以充分就业的国民收入水平，而不是实际国民收入水平来衡量预算状况的。以实际国民收入水平衡量的预算赤字（盈余），是实际的预算赤字（盈余）。充分就业的预算赤字（盈余）和实际的预算赤字（盈余）两者的差别就在于充分就业的国民收入水平和实际国民收入水平的差额。

如果以 BS（BS＝$T-G$）代表实际的预算盈余，BS_F 代表充分就业的预算盈余，Q_F 代表充分就业的国民收入水平，Q 表示实际国民收入水平，MT、GP、GT 分别表示边际税率、既定的政府购买支出和政府转移支付支出，则

$$BS_F-BS=MT \cdot Q_F-GP-GT-(MT \cdot Q-GP-GT)=MT \cdot (Q_F-Q)$$

如果实际国民收入水平低于充分就业的国民收入水平，则充分就业预算盈余大于实际预算盈余，即当 $Q_F>Q$ 时，有 $BS_F>BS$；反之，如果实际国民收入水平高于充分就业的国民收入水平，则充分就业预算盈余就小于实际预算盈余，即当 $Q_F<Q$ 时，有 $BS_F<BS$；如果实际国民收入水平等于充分就业的国民收入水平，则充分就业预算盈余等于实际预算盈余，即当 $Q_F=Q$ 时，有 $BS_F=BS$。

在实际经济活动中，人们看到的只是实际存在的财政赤字（盈余），但是，由于充分就业时存在着赤字（盈余），实际赤字（盈余）可能低于充分就业赤字（盈余）水平，也可能高于这一水平。这时如果仅凭存在着财政赤字（盈余）就认为政府的财政政策是扩张性（紧缩性）的，就有可能产生偏差。例如，如果在存在失业的情况下，政府没有增加支出或减少税收，而是推行相反的政策，就有可能使实际赤字水平低于充分就业的赤字水平。这时，虽然存在着财政赤字，但政府仍应进一步扩张经济，提高赤字水平，以实现充分就业。

3. 财政赤字（或盈余）的意义

充分就业赤字（盈余）这一概念的提出，一是把国民收入水平固定在充分就业时的水平上，消除了经济中收入波动对预算状况的影响，使人们把充分就业时的国民收入与相应的政府财政收支状况联系起来，为政府判断究竟是采取扩张性财政政策还是紧缩性财政政策提供了一个较为准确的依据。二是充分就业预算盈余概念的提出，使政策的制定者更加重视充分就业的问题，把充分就业作为目标来确定预算盈余或赤字的规模，以便正确地确定财政政策。正因为如此，这一概念一经提出就得到了广泛的运用。但是，也要注意到，这一概念同样也存在着一定的缺陷，主要是充分就业的国民收入或者说潜在的国民收入很难被准确地估算出来。

二、功能财政与公债制度

在经济萧条时期，财政政策是减少税收和增加政府支出，这样就必然出现财政赤字。为了弥补赤字，通常要依靠发行公债。凯恩斯主义经济学家认为，通过发行公债实行赤字财政政策，这不仅是必要的，而且也是可能的。

1. 功能财政思想

当政府采取相机决策的财政政策时，在财政方面的预算可以是盈余的，也可以是赤字的。这样的财政称为功能财政。功能财政思想是凯恩斯主义的财政思想，它是对凯恩斯以前传统的预算平衡思想的否定。传统的西方财政理论认为，政府必须保持财政收支的平衡。当出现财政赤字时，政府应当增加税收，弥补赤字；反之，当出现盈余时，政府应减税并增加支出，减少盈余。功能财政思想主张财政预算不在于追求政府收支平衡，而在于追求无通货膨胀的充分就业。也就是说，预算可以是盈余，也可以是赤字，政府更应该关心的是经济状况。

根据功能财政的思想，政府在经济萧条时期采取扩张性的财政政策，即减税和扩大政府支出，这样就造成政府支出大于收入，结果出现预算赤字；在繁荣时期采取紧缩性的财政政策，即增加税收和减少政府支出，这样就造成政府的收入大于支出，结果出现预算盈余。可见，预算可能是赤字，也可能是盈余。

2. 凯恩斯的"公债哲学"

国家弥补财政赤字最主要的措施是发行公债。政府公债的持有者在一定时期内将货币资金借给政府，公债到期后政府要还本付息给公债的持有者，如果不是借新债还旧债，还本付息的资金就必须来源于以后的税收收入。因此，公债问题也是财政政策中的一个重要方面。政府发行的公债并不直接卖给公众或厂商，否则可能会减少公众与厂商的消费和投资，使赤字财政政策起不到应有的刺激经济的作用。公债由财政部发行，卖给中央银行，中央银行向财政部支付货币，财政部就可以用这些货币来进行各项支出，刺激经济。中央银行购买的政府公债，可以作为发行货币的准备金，也可以在金融市场上卖出。

为了达到充分就业的水平，凯恩斯提出了他的"公债哲学"：首先，公债债务人是国家，债权人是民众，国家与民众的根本利益是一致的，政府欠民众的钱就是说自己人欠自己的钱；其次，只要政局稳定，债务的偿还就是有保证的，不会导致信用危机；最后，政府的债务主要用于发展经济，经济发展后，政府就有能力偿还债务。

3. 公债在经济方面的利弊

凯恩斯主义的功能财政思想导致了战后主要资本主义国家不断增长的财政赤字。20世纪70年代，西方政府频繁地交替使用扩张性和紧缩性的财政政策，导致了庞大的财政赤字。赤字财政遭到了各方面的批评，特别是新古典学派经济学家激烈地反对赤字财政，认为它是导致"经济滞胀"的罪魁祸首。新凯恩斯主义者基本上接受了这个观点，认为，财政赤字只能是暂时的和短期的，长期存在财政赤字将严重损害经济。

当然，由于政府债务最终要靠征税来偿还，因此必然形成人民的经济负担。就外债而言，西方经济学家的意见一致，都认为，为偿还国外债权人的债务，本国人民要承担相应的经济负担。但对于内债负担则存在着意见分歧。按照一般观点，内债也是本国人民的经济负担。但是一些学者认为，由于内债绝大部分是由本国的家庭持有的，所以，内债是本国人民自己欠自己的债，只不过是在借债和还债过程中形成国民收入在不同家庭之间的再分配，对于本国国民并不构成经济负担。

但是，近年来一些经济学家对这种内债无害论提出了异议，尽管他们原则上也同意内债总体上不构成经济负担，但是有两点理由使长期的债务成为不可取的：第一，虽然这些债务是自己欠自己的债，但是，这些债务也会影响投资，从而影响未来的工资和生产率；第二，为债务支付利息也要求提高将来的税收水平，这也会对人的积极性以及宏观经济产生不利的影响。

这里关键的是政府所借债务资金的使用方向和使用效果。如果政府很好地利用这一资金，改善了经济的基础结构，发展了科技教育，为未来的经济增长和收入提高创造了有利的条件，政府在借债的同时也提高了未来的偿还能力，这样，债务就不是一种危害。如果政府财政赤字是由政府办公费用、国防费用过高造成的，债务资金用来弥补这样的赤字，没有增加未来的生产能力，债务就必然形成未来的负担。

三、公债的挤出效应和财政赤字货币化

当政府靠发行债务弥补赤字时，必然形成在资本市场上与私人部门争夺资金的状况。此时，如果政府正在实行扩张性的财政政策，那么这种财政赤字引起的债务增加对私人部门投资的抑制作用，会使财政政策效果大打折扣。

1. 公债的挤出效应

政府为了弥补财政赤字发行债券，当大量政府债券投入市场时，提高了对资金的需求，从而提高了市场利息率，利息率的提高便会抑制一部分私人投资，或者说挤掉了一部分私人投资，从而扩张性财政政策的刺激经济的作用就被减弱。这就是所谓财政政策的"挤出效应"。

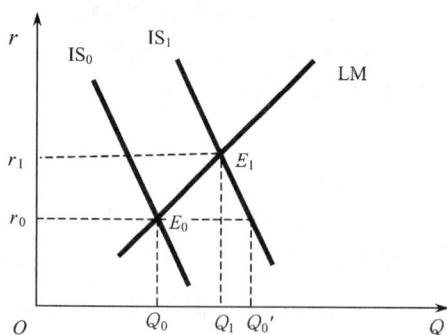

图 8-3　财政政策的挤出效应

如图 8-3 中，当 IS 曲线为 IS_0 时，IS_0 与 LM 相交于 E_0，决定了国民收入为 Q_0，利率为 r_0。政府支出增加，IS 曲线从 IS_0 向右上方平行移动至 IS_1，IS_1 与 LM 曲线相交于 E_1，国民收入为 Q_1，利率为 r_1。在政府支出增加从而国民收入增加的过程中，由于货币供给量没变（也就是 LM 曲线没有变动），而货币需求随国民收入的增加而增加，所以引起利率上升。这种利率上升就减少了私人投资与消费，即一部分政府支出的增加，实际上只是对私人支出的替代，并没有起到增加国民收入的作用。这就是财政政策的挤出效应。如果利率仍为 r_0 不变，那么国民收入应该增加为 Q_0'。$Q_0' - Q_1$ 就是由于挤出效应所减少的国民收入增加量。

因此，政府运用财政政策调节经济时不仅要考虑其政策对当前经济的直接作用，而且必须考虑由财政政策引起的财政赤字，以及为弥补赤字而发生的债务对国民经济未来和间接的影响。

2. 财政赤字的货币化

在西方国家，财政政策与货币政策工具是分属财政部和中央银行掌握的，当政府在采用财政政策调节经济时，通过发行公债来弥补财政赤字，如果没有货币当局相应的行动是不会使货币供给量发生变动的。

例如，政府为弥补财政赤字而发行 1000 万元的债券，私人部门购买这些债券后，开具支票给财政部，这样，1000 万元的货币就从私人名下转到财政部名下。这一过程只是货币在不同人手中的转移，因而并未引起货币供给量的增加。如果是商业银行购

买，就如同向政府提供了一笔贷款，其作用与贷款给私人公司是一样的。因此，政府为弥补财政赤字而发行债券的行为不会引起货币供应量的增加。

如果政府在发行债券的同时，中央银行同时在二级证券市场上购买同样数量的二手债券，货币的供应量就增加了。这是因为，中央银行不是从事商业活动的银行，它直接控制着基础货币的发行，它对通过买卖二级证券市场上的债券，增加或减少商业银行的基础货币，从而影响着经济体系中的货币供应量。中央银行在证券市场上购买债券后，相应数量的货币就被投放到市场上。这时，增加的货币量恰好等于政府希望发行债券所弥补的财政赤字，因此，可以说财政赤字被货币化了。这时，证券市场上债券的供应总量不变，也就不会发生上面所说的"挤出效应"。关于"挤出效应"以及财政赤字货币化对"挤出效应"的消除作用可以用图8-4来说明。

图8-4中，当政府发行一定数量的债券用于扩大财政支出时，IS曲线由 IS_0 向右移至 IS_1。由于财政支出扩大的同时，会使市场利率 r 有所提高，假定利率从 r_0 上升到 r_1，从而抑制了一部分私人投资，降低了原有的乘数作用，产生"挤出效应"。这一"挤出效应"使本应从 Q_0 移动到 Q_0' 的国民收入只移动到了 Q_1。而当政府发行债券时，中央银行同时通过债券市场投放相应数量的货币，就会使 LM 曲线也向右移动，抵消了利率上升的压力，使利率保持不变，如 LM 由图中的 LM_0 移至 LM_1。

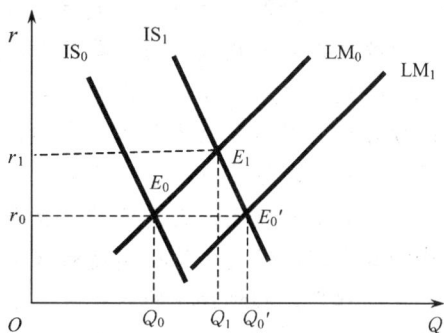

图8-4 财政赤字的货币化

这样，国民收入从 Q_0 增加到 Q_0'，政府发行债券的"挤出效应"就被抵消了，财政赤字被"货币化"了。

政府克服衰退或抑制通货膨胀的主要手段就是货币政策（货币政策将在下一章中讲述）和财政政策，货币政策和财政政策是进行总需求管理的两大基本经济政策，两者是相互影响、相互渗透的。因此，在宏观政策的实施过程中应该使两者相互协调，寻求两者的理想组合。

四、财政政策与平衡预算

在第一章中，我们根据总供求关系列出了一个与财政收支有关的恒等式

$$S - I = (GP - NT) + (EX - IM)$$

公式左边是储蓄减去投资的差，右边第一项为财政赤字，第二项为贸易盈余（在这里可以看做国际收支盈余）。公式表明，在储蓄等于投资的情况下，如果第一项是正值（该项值大于 0），即出现财政赤字，公式右边的第二项就必须是负值，即出现进口大于出口的情况，也就是国际收支逆差。这就是说，赤字将导致国际收支向逆差的方向发展。因为，如果一个国家没有多余的储蓄来弥补财政赤字，就一定要靠国际贸易的盈余来弥补财政赤字，或者向国外借款。假定公式右边第二项等于 0，同时第一项为正值，

就意味着财政赤字将挤掉一部分投资，从而减少国内的总需求。显然，只要出现财政赤字，就意味着对投资和国际收支盈余的削弱。

➤ 本章小结

宏观经济政策是指政府为使宏观经济运行达到一定的效果，有意识地用来干预和影响经济运行的指导原则和措施。宏观经济政策的目标主要包括充分就业、物价稳定、经济增长和国际收支平衡等。

财政体制是财政政策得以贯彻的基本环境。财政政策是在一定的财政体制所设定的活动规则条件下，通过运用这些规则所提供的经济机制来实现宏观管理目标。政府财政政策体制基本可以分为财政支出、政府税收、公债三个方面。财政支出分为政府购买和转移支付，政府购买指政府对商品和劳务的购买，转移支付是指政府的社会福利等支出。税收是国家财政收入的主要来源，是政府凭借政权，以强制手段占有的一部分国民收入。公债是政府向公众举借的债务，是政府财政收入的另一个组成部分。国家的财政一般分为中央财政和地方财政，我国目前实行分税制财政管理体制，各级财政的支出范围按照中央与地方政府的事权划分。

自动的财政政策是由具体的税收和转移支付制度造成的，税收、政府转移支付的自动变动和农产品的价格维持制度对经济的反向调节，在一定程度上对宏观经济运行起到了稳定的作用。相机抉择的财政政策就是指政府根据对经济情况的判断而作出财政收支调整的财政政策，主要表现在两个方面：一是在国民收入的均衡水平低于充分就业时，通过减税和增加政府开支来提高有效需求，消除失业，这是扩张性的财政政策。二是在国民收入均衡水平高于充分就业时，增税或减少政府开支，降低有效需求，这是紧缩性财政政策。

政府财政政策的使用，会直接影响到政府财政收支的平衡。仅凭预算盈余或赤字的变动很难判断出财政政策是扩张性的还是紧缩性的，充分就业的财政赤字（盈余），为政府判断究竟是采取扩张性财政政策还是紧缩性财政政策提供了一个较为准确的依据。功能财政是指当政府采取相机决策的财政政策时，在财政方面的预算可以是盈余的，也可以是赤字的。功能财政思想主张财政预算不在于追求政府收支平衡，而在于追求无通货膨胀的充分就业。国家弥补财政赤字最主要的措施是发行公债，凯恩斯的"公债哲学"提出了"公债无害论"，但公债的利弊还是引来了众多的争论。

政府为了弥补财政赤字发行债券会提高对资金的需求，从而提高了市场利息率，利息率的提高便会抑制一部分私人投资，这就是所谓财政政策的"挤出效应"。如果政府在发行债券的同时，中央银行同时在二级证券市场上购买同样数量的二手债券，消除了公债的"挤出效应"，政府赤字就被货币化了。

➤ 关键词

财政体制 （fiscal system）

财政政策 （fiscal policy）

财政收支 （fiscal income and expenses）

➤思考题

1. 宏观经济政策的目标有哪些？它们之间存在着怎样的联系？
2. 财政体制与财政政策的关系是什么？
3. 什么是自动的财政政策？什么是相机抉择的财政政策？
4. 通过调整税收而实行的财政政策与通过调整支出而实行的财政政策的作用过程有何区别？
5. 什么是政府发行公债的"挤出效应"？
6. 什么是财政赤字的货币化？

第九章

金融体制与货币政策

货币政策是一个国家的货币当局——中央银行——通过对整个经济中的货币供应量、信贷规模的控制以及对整个金融体制的管理，来影响实际经济运行的一系列措施。本章先介绍金融体制的有关情况，在此基础上讲述货币政策的运用手段和传导机制，最后讨论货币政策和财政政策的有效性问题。

第一节 金融体制概述

金融体制是一个经济体中资金流动的基本框架，它是资金流动的工具（金融资产）、市场参与者（中介机构）和交易方式（市场）的综合体。同时，由于金融活动具有很强的外部性，政府的管制框架也是金融体系中一个不可或缺的组成部分。

一、金融体制的相关内容

1. 金融机构和金融市场

凡是专门从事各种金融活动的组织，我们均称为金融机构。中央银行制度实际上是第二次世界大战后普遍实行的一种金融体制，该体制将金融机构分为两级：中央银行和商业银行及其他非银行金融机构。以中央银行为中心，商业银行为主体，各类银行和非银行的金融中介机构并存，构成了现代世界各国的金融体系。

中央银行是整个金融体系的管理当局，它负责整个金融系统的监管，制定和执行货币政策，负责维持整个金融系统的安全、稳定与高效，并肩负着对整个经济景气进行调节的使命。依据金融中介机构所附的金融活动领域和自身活动方式的特点，可将金融中介机构分为商业银行、投资性金融机构、契约性金融机构和政策性金融机构四类。商业银行是对公众和企业从事存贷款业务的金融机构，所有商业银行和其他金融机构都必须接受中央银行及其派出机构的监管，并根据法定准备率将自己的准备金存入中央银行。投资性金融机构是为投资活动提供中介服务或直接参与投资活动的金融机构，包括投资银行、证券经纪和交易公司、投资基金等。契约性金融机构是以契约方式吸收持约人的资金（保险费、养老金交费等），然后按契约规定向持约人履行赔付或资金返还义务的金融机构，有保险公司、养老基金和退休基金等。政策性金融机构是指由政府发起、出资成立，不以利润最大化为经营目的，为贯彻和配合政府特定经济政策和意图而进行融资和信用活动的机构。

金融市场是指进行金融资产交易的场所，交易对象概括起来是货币资金和各种金融工具所体现的金融资产。按交易的信用工具的期限长短，金融市场分为货币市场和资本市场两大部分，但习惯上经常将整个金融市场称作货币市场。狭义的货币市场仅指短期信贷市场，包括所有短期债券的交易和其他短期信贷活动，在第三章货币市场的均衡中我们已经进行了介绍。资本市场是指长期信贷市场和股票市场，包括一年以上的长期信贷市场和股票市场，资本市场对国民收入循环流量的影响往往要持续许多年。当公司扩大其规模和消费者需要购买房地产及高档耐用消费品时，往往需要长期负债；当公司扩大规模或建立新企业时，也常常靠发行股票来筹集所需的资金。这样，资本市场就与实际资本的积累和总投资密切相关。它在相当程度上决定着实际的经济增长。

2. 融资模式

金融活动就是以有偿方式或信用方式融通货币资金的活动。目前企业融资主要有直接融资和间接融资两种模式。直接融资（主要指股票和债券）是指企业直接在证券市场上发行股票或发行企业债券获得资金，这种融资模式典型的代表国家是英国和美国。因为英美是典型的自由市场经济国家，资本市场非常发达，企业行为也已高度市场化，因此英美企业主要通过发行企业债券和股票方式从资本市场上筹集长期资本。间接融资（主要指银行贷款）是指企业从银行贷款取得资金，这种融资模式典型的代表国家是日本和德国。日本和德国作为主银行制国家，企业的外部资金来源主要是从银行获取的贷款。

3. 金融监管体制

在金融活动中，由于各种随机因素的存在，金融机构、投资者等各个经济主体的实际利益与预期收益发生背离的不确定性或资产遭受损失的可能性，我们称为金融风险。金融自由化和金融创新活动给金融领域乃至整个经济体系和整个社会带来的最严重的问题就是金融风险的滋生和蔓延。进入20世纪90年代后，世界各地相继爆发金融危机，包括1997年的东南亚金融危机，金融风险问题成为世界各国普遍关注的问题。

宏观层次上控制金融风险的有效办法就是以政府名义在金融当局的主持下建立起全面广泛的金融监管体制。金融监管是指一个国家或地区的中央银行或其他金融当局依据国家法律的授权对金融业实施监督和管理，本质上是一种政府规制行为。金融监管的主要内容包括市场准入与机构合并、银行业务范围、风险控制、资产流动性管理、资本充足率管理、存款保护以及危机处理等方面。

4. 我国的金融机构体系

我国现行的金融体系是以中国人民银行为领导，国有独资商业银行为主体，国家政策性银行和其他商业银行以及多种金融机构同时并存、分工协作的金融机构体系。中国人民银行是我国的中央银行，负责制定和执行国家的金融政策，调节货币流通与信用活动，对外代表国家，对内对整个金融活动进行监督与管理。政策性银行在我国包括国家开发银行、中国进出口银行和中国农业发展银行。我国商业银行体系由三大部分组成，即国有独资商业银行、其他股份制商业银行和外资商业银行。其中，国有独资银行是我国商业银行体系的主体。我国的非银行金融机构主要有信托投资公司、证券公司、保险公司、财务公司、租赁公司和信用合作社等。

在我国金融监管机构有中国银行业监督管理委员会（简称中国银监会）、中国证券监督管理委员会（简称中国证监会）和中国保险监督管理委员会（简称中国保监会）。中国银监会是我国银行业监管机构，负责对银行业的监管。中国证监会是我国证券业监管机构，负责对证券业和期货业的监管。中国保监会是我国保险业监管机构，负责对保险业和保险市场的监管。

二、中央银行及其职能

中央银行即货币当局，是一国金融体系中居于中心地位的金融机构，控制着商业银行贷款活动和控制整个经济中货币供应量的主要渠道，是国家实施货币政策的最高金融机构。中央银行不对公众和企业，它只对商业银行和其他金融机构办理准备金存贷款业务，因此被称为银行的银行。我国的中央银行是中国人民银行。

1. 中央银行的类型

由于各国的社会经济制度、金融业发展水平的不同，中央银行制度的结构必有差异。中央银行虽然是国家或政府的银行，但不一定由国家投资创办。世界各国中央银行制度大致可分为四种类型：单一中央银行制、复合中央银行制、准中央银行制和跨国中央银行制。

单一中央银行制是指国家单独建立中央银行机构，使之纯粹行使中央银行职能的制度。单一中央银行制又有一元中央银行制和二元中央银行制两种形式。一元中央银行制是一国只设立独家中央银行和众多的分支机构执行其职能，它是由总分行组成的高度集中的中央银行制度。目前包括我国在内的世界绝大部分国家的中央银行都实行这种体制。二元中央银行制是指在中央和地方设立两级中央银行机构，中央级机构是最高权力或管理机构，地方级机构也有其独立的权力，如美国和德国。美国的联邦储备体系就是将全国划分为12个联邦储备区，每个区设立一家联邦储备银行为该地区的中央银行。

复合中央银行制是指在一个国家内没有单独设立中央银行，而是把中央银行的业务和职能与商业银行的业务和职能集于一家银行来执行。这种复合制度主要存在于过去的东欧和原苏联，我国在1983年以前也实行这一制度。

准中央银行制是指一个国家或地区只设置类似中央银行的机构，或由政府授权某个或几个商业银行行使部分中央银行职能的体制，如新加坡和中国香港。新加坡的中央银行的职能由货币管理局和货币委员会承担，货币管理局负责制定货币政策和金融业的发展政策，行使除货币发行以外的所有中央银行职能；货币委员会主要负责发行货币。

跨国中央银行制则与一定的货币联盟相联系，是参加货币联盟的所有国家共同的中央银行，而不是某一个国家的中央银行，如欧盟成员国为适应内部经济金融一体化进程的要求，1998年7月1日欧洲中央银行（European Central Bank）正式成立，1999年1月1日，欧元正式启动。

2. 中央银行的职能

一般认为中央银行的基本职能为：发行的银行、银行的银行和国家的银行。

发行的银行是指中央银行垄断银行券的发行权，是全国唯一的现钞发行机构。也就是说，中央银行是最高的货币管理当局，控制整个经济中的货币供应量。

银行的银行是指中央银行不对公众和企业，它只对商业银行和其他金融机构办理准备金存贷款业务。中央银行组织全国范围内的清算，采取直接借款和票据贴现的途径充当商业银行的最终贷款人，集中保管商业银行及其他存款机构的准备金。

国家的银行是指中央银行代表国家制定和实施货币政策、代理国库收支、为政府融资、代办各种金融事务等。

中央银行是金融管理机构，代表国家管理金融、制定和实施货币政策，在发挥其职能时应有其自己的活动原则：首先，在制定和实施国家货币政策时，中央银行具有相对独立性，不应受到行政和其他部门的干预；其次，中央银行以金融调控为己任，不以赢利为目的；再次，中央银行不经营普通银行业务，以免因不合理竞争而威胁其他金融机构的生存；最后，中央银行应定期公布业务状况，使社会及时了解货币政策及其实施后所产生的经济后果。

3. 中国人民银行

中国人民银行为国务院组成部门，是中华人民共和国的中央银行，是在国务院领导下制定和执行货币政策、维护金融稳定、提供金融服务的宏观调控部门。

1983年以前，中国人民银行既是办理存款、贷款和汇兑业务的商业银行，又是担负政府宏观调控职能的中央银行。1983年，中国银行作为国有商业银行从中国人民银行中分离，使中国人民银行实现了中央银行与商业银行的分离；1992年10月，中国证监会正式成立，对证券市场的监管职能从人民银行剥离；1998年11月，中国保监会正式成立，对保险市场的监管职能也从人民银行中剥离；2003年4月，中国银监会正式成立，对银行、金融资产管理公司、信托投资公司以及其他存款类金融机构的监管职能也从人民银行中剥离。随着专业银行体系的建立，中国人民银行得以从一般的银行业务中摆脱出来，成为以金融管理为职责的中央银行。中央银行与专业银行在职能及其相互关系上的界定逐步完成。

目前中国人民银行的职能集中表现为强化与制定和执行货币政策有关的职能、转换实施对金融业宏观调控和防范与化解系统性金融风险的职能，以及增加反洗钱与管理信贷征信业。中国人民银行作为中央银行要大力强化与制定和执行货币政策有关的职能，不仅要加强对货币市场、外汇市场、黄金市场等金融市场的规范、监督与监测，还要从金融市场体系有机关联的角度，密切关注其他各类金融市场的运行情况和风险状况，综合、灵活运用利率、汇率等各种货币政策工具实施金融宏观调控。要从维护国家经济金融安全，实现和维护国家利益的高度，研究、规划关系到我国整个金融业改革、发展、稳定方面的重大战略问题。

三、金融中介及其业务

一般根据金融中介机构的负债与资产将其分为四类：第一类为存款性金融机构，包括商业银行、储蓄银行、信用社等；第二类为投资性金融机构，主要包括金融公司和共同基金等；第三类为契约性金融机构，主要包括保险公司以及养老基金；第四类为不以赢利为目的的政策性金融机构。

1. 存款性金融机构

金融中介的主要类型是存款性金融机构。存款性金融机构是指通过吸收各种存款而获得可利用资金，并将之贷给需要资金的各经济主体及投资于证券等以获取收益的金融机构。

在存款性金融机构中，商业银行是其中最主要的一种机构。商业银行既是资金的供应者，又是资金的需求者，几乎参与了金融市场的全部活动。作为资金的需求者，商业银行大量吸收居民及企业和政府部门暂时闲置不用的资金，并发行金融债券、参与同业拆借等；作为资金的供应者，商业银行主要通过贷款和投资来提供资金。此外，商业银行还能通过派生存款的方式创造和收缩货币，对整个金融市场的资金供应和需求产生着巨大的影响。在我国，商业银行包括专业银行（中国农业银行、中国建设银行、中国银行、中国工商银行）、全国性商业银行（如交通银行、中信实业银行、华夏银行、中国光大银行等）、区域性商业银行（如广东发展银行、招商银行、深圳发展银行、上海浦东发展银行、福建兴业银行等）。

储蓄机构是专门以储蓄存款作为资金来源的金融机构。储蓄机构的大部分资金都是用来发放不动产抵押贷款、投资于国债和其他证券，如美国的储蓄贷款协会、互助储蓄银行；英国的信托储蓄银行、房屋互助协会等。在金融市场上，它们与商业银行一样，既是资金的供应者，又是资金的需求者。

信用合作社是由某些具有共同利益的人们组织起来的、互助性质的会员组织。其资金来源主要是会员的存款，也有来自于非会员的存款。其资金运用则是对会员提供短期贷款、消费信贷、票据贴现及从事证券投资，也有部分资金用于同业拆借和转存款等。

存款机构寻求在其投资的资产和资金成本之间赚取正的差额。在这一过程中，存款机构面临信用风险和融资或利率风险。存款机构必须随时满足储户的提款要求和客户的贷款请求。

2. 投资性金融机构

投资性金融机构不从事商业银行业务（不接受存款和发放商业贷款），而是作为直接融资中介人，通过各种证券、票据等债权、产权凭证，将资金供需双方直接联系起来，引导资金的有效配置。投资性金融机构主要是金融公司、共同基金和货币市场互助基金等，它们的服务或经营的内容都是以证券投资活动为核心的。

金融公司通过出售商业票据，发行股票或债券，以及向商业银行借款等方式来筹集资金，并用于向购买汽车、家具等大型耐用消费品的消费者或小型企业发放贷款。共同基金又称为投资基金，通过发行基金股票或基金受益凭证将众多投资者的资金集中起来，直接或委托他人将集中起来的资金投资于各类有价证券或其他金融商品，并将投资收益按原始投资者的基金股份或基金受益凭证的份额进行分配。

现实中的投资性金融机构多以综合经营证券投资为特征，如投资银行就是最典型的投资性金融机构。投资银行是专门对工商企业办理投资和长期信贷业务的银行，包括证券承销、证券交易、公司并购或资产重组、项目融资、风险投资、基金管理及投资顾问等。投资银行的称谓不尽相同，美国称投资银行，英国称商人银行，日本称证券公司。我国具备真正投资银行特征的机构为中国国际金融有限公司。另外，我国的华夏证券、南方证券、国泰证券等多家证券公司也从事部分投资银行业务。

3. 契约性金融机构

契约性金融机构包括各种保险公司和养老基金，它们以合约方式定期定量地从持约人手中收取资金（保险费或养老金预付款），然后按合约规定向持约人提供保险服务或养老金。

保险公司的主要资金来源于按一定标准收取的保险费，其资金运用以追求高收益为目标，主要投资于高收益高风险的证券如股票等，也有一部分用作贷款。这样，保险公司（特别是人寿保险公司）成为金融市场上的主要资金供应者之一。

养老基金是一种类似于人寿保险公司的专门金融组织。其资金来源是公众为退休后生活所准备的储蓄金，通常由资方和劳方共同缴纳，也有单独由资方缴纳的。养老金的缴纳一般由政府立法加以规定，因此其资金来源是有保证的。与人寿保险一样，养老基金也能较精确地估计未来若干年它们应支付的养老金，因此，其资金运用主要投资于长期的公司债券、股票和发放长期贷款上。养老基金也是金融市场上的主要资金供应者之一。

4. 政策性金融机构

政策性金融机构是由政府投资设立的、根据政府的决策和意向专门从事政策性金融业务的银行，其主要特点是：资本金多由政府财政拨付；资金来源主要靠发行政策性金融债券及财政拨款；其经营活动不以赢利为目的，但要坚持银行经营管理的基本原则，力争保本微利；政策性银行一般不设分支机构，其业务一般由商业银行代理。

为了适应经济发展，并根据政策性金融与商业性金融相分离的需要，1994年起，我国相继建立了国家开发银行、中国进出口银行和中国农业发展银行三家政策性银行。国家开发银行主要是为国家重点项目、重点产品和基础产业提供金融支持；中国进出口银行主要为扩大我国机电产品和成套设备出口提供政策性金融支持；中国农业发展银行主要对农业基础建设、农副产品、农业发展等提供资金支持。

第二节　货币政策工具与货币政策的传导机制

货币政策是指中央银行为实现既定的经济目标，而采用的各种调节和控制货币供应量的方针和措施的总称。货币政策工具又称货币政策手段，是指中央银行为实现货币政策目标所采用的政策手段。货币政策传导机制是指从货币供应量变动传导到产出、就业、价格以及通货膨胀的过程中，货币政策工具通过怎样的途径和作用发挥效用。

一、货币政策工具

中央银行推行的货币政策工具主要有三个：法定准备率、再贴现率和公开市场业务。通过这些政策，可使商业银行的过度储备发生变动，进而通过商业银行的活动改变整个货币供应量。

1. 法定准备率

法定准备率的高低决定着商业银行的存款中有多大比例可以作为贷款使用，因此，改变法定准备率可以调整商业银行的过度储备数量，进而调节商业银行的贷款数量。当中央银行提高法定存款准备金率时，商业银行可运用的资金减少，贷款能力下降，货币乘数变小，市场货币流通量便会相应减少。所以在通货膨胀时，中央银行可提高法定存款准备金率；反之，则降低法定存款准备金率。

由于通过货币乘数的作用，法定存款准备金率的作用效果十分明显，人们通常认为这一政策工具效果过于猛烈，它的调整会在很大程度上影响整个经济和社会心理预期，因此，中央银行对法定存款准备率的调整持谨慎态度。此外，法定准备率的频繁变动会给银行带来许多的不确定性，因而易于受到商业银行和金融机构的反对，不利于中央银行对银行体系的管理。因此，改变法定准备率是一个强有力但不常使用的政策工具。

2. 再贴现率

再贴现是相对于贴现而言的，企业将未到期的商业票据卖给商业银行，得到短期贷款，称为贴现；商业银行将未到期的商业票据卖给中央银行，得到中央银行的贷款称为再贴现。再贴现率就是商业银行向中央银行办理贴现贷款中所应支付的利息率。再贴现政策是指中央银行通过制定调整再贴现利率来干预、影响市场利率和货币供应量的政策措施。

中央银行是商业银行的最后贷款者。当商业银行发生准备金不足时，一个重要的补充途径就是向中央银行借款，它可以用未到期票据向中央银行要求再贴现。所以，中央银行可以通过提高和降低再贴现率来限制商业银行的借款行为。但是，再贴现率作为一种货币政策，中央银行对它缺乏足够的主动权。商业银行是否向中央银行申请贴现、申请多少贴现，取决于商业银行的行为，商业银行也可以通过相互之间拆借资金来解决准备金的不足。另外，中央银行希望商业银行自觉地把贷款额度限制在商业银行自己拥有的过度储备以内，不愿将中央银行的贷款变为商业银行发放贷款的一种资金来源。中央银行向商业银行的贷款只是用来帮助那些有可能因准备金不足而面临倒闭的银行渡过难关，起着"安全阀门"的作用，并不经常使用。因此，再贴现率这一政策工具的作用很有限。

再贴现率政策主要体现在两个方面：一是再贴现率的变动在一定程度上反映了中央银行的宏观经济政策倾向，可产生"告示性效应"，起到宣传效果。例如，中央银行降低贴现率表示它有意使经济中更容易获得贷款。二是中央银行调整再贴现率也是企业资金成本将要提高或是降低的一个信号，因为中央银行的贴现率总是根据已经变化了的市场利息率进行调节，在多数情况下，它也反映市场利息率的变化。例如，中央银行提高贴现率，就是不鼓励商业银行向中央银行借款，商业银行就会因融资成本上升，而被迫提高对企业放款的利率，从而减少了社会对货币的需求，达到了收缩信贷规模和货币供应量的目的。

3. 公开市场业务

公开市场业务是指中央银行在二级证券市场上公开买卖各种政府证券的活动。中央银行可以通过这种活动改变商业银行的准备金数量以控制货币供应量及影响利率水平，从而调整商业银行贷款的数量。

证券市场分为一级市场和二级市场，一级市场是证券的发行市场，中央银行如果代理财政部发行政府债券并不会影响货币供应量。这是因为中央银行自己并不能直接购买财政部新发行的债券。如果中央银行在一级市场直接购买财政部发行的债券，就如同财政部向中央银行直接透支一样，货币供应量将会增加。几乎所有的发达国家都禁止这样做，因此，中央银行不会直接购买财政部在一级市场发行的新债券。但是中央银行可以在二级债券市场买卖财政部的短期债券，这就是所谓"公开市场业务"。

公开市场业务政策主要是通过影响商业银行体系的准备金数量，来进一步影响商业银行信贷量的扩大和收缩，通过货币供应量的增加和减少，影响市场利率水平。公开市场业务政策的基本做法是中央银行根据形势的发展，当需要收缩银根时，就卖出证券，货币供应量就减少；当需要刺激经济，增加货币投放时，就买入证券，货币供应量就增加。

例如，中央银行从证券商处购买了100万美元，那么证券商就在商业银行的存款账户上就增加了100万美元的存款。商业银行在扣除了必要准备金之后便可以将余下的部分贷出。在乘数为5的情况下，最终将使货币供应量增加500万美元。如果中央银行向二级市场出售政府债券，银行体系中的准备金就会减少，并以乘数效应减少整个经济体系中的货币供应量。

公开市场业务与改变法定准备率相比，对货币供应量变动的影响要小一些，并且易于操作；同再贴现率政策相比，对货币供应量的影响又大得多。因此，公开市场业务政策是中央银行最常用的货币政策工具。

4. 其他货币政策工具

随着中央银行宏观调控作用的重要性加强，货币政策工具也趋向多元化，因而出现了一些供选择使用的新措施，如消费者信用控制、直接信用控制和间接信用指导等。

消费者信用控制是指中央银行对不动产以外的各种耐用消费品的销售融资予以控制，包括：规定以分期付款方式购买耐用消费品时首次付款的最低比率；规定用消费者信贷购买商品的最长期限；规定消费者信贷可购买的耐用消费品种类，不同的消费品规定不同的信贷条件。例如，在需求过度、物价上涨时，可以要求消费者提高首付的比率，缩短消费信贷的年限；反之在需求不足、经济萧条时，可以降低首付比率和延长期限。

直接信用控制是指中央银行以行政命令或其他方式，直接对金融机构尤其是商业银行的信用活动进行控制。其具体手段包括：规定利率限额与信用配额、信用条件限制，规定金融机构流动性比率和直接干预等。直接信用控制是带有强制性的。

间接信用指导是指中央银行通过道义劝告、窗口指导等办法来间接影响商业银行等金融机构行为的做法。道义劝告是指中央银行运用自己在金融体系中的特殊地位和威望，通过对银行及其他金融机构的劝告，促使其执行中央银行的所期望的贷款和投资方向，如在需求过度时劝阻银行不要任意扩大信用，需求不足时鼓励银行扩大贷款。窗口指导是指中央银行根据物价趋势和金融市场动向，规定商业银行每季度贷款的增减额，并要求其执行。

5. 我国的货币政策工具

中国人民银行目前运用的货币政策工具主要有：存款准备金制度、再贴现、公开市场业务和利率政策等。

我国存款准备金制度建立于 1984 年，1998 年将存款准备金与备付金两个账户合并为"准备金存款账户"，并将法定存款准备金由 13% 下调到 8%。1999 年法定存款准备金再次下调到 6%，改由商业银行总行以法人为单位统一向中国人民银行缴纳，进一步提高了商业银行资金使用的效率和灵活性，标志着存款准备金制度逐渐转变为中央银行间接调控的工具。

1997 年 3 月，中国人民银行总行开始对四大国有银行总行办理再贴现业务，同时对上海和深圳地区实行单列的再贴现。再贴现业务的开办标志着我国的再贷款业务开始以信用交易为主转向以票据交易为主，作为表达和传导利率政策意向的工具也为利率的市场化奠定了基础。

1993 年中国人民银行就明确把公开市场业务列为货币政策工具之一。公开市场业务包括人民币操作和外汇操作两部分。外汇公开市场操作 1994 年 3 月启动，人民币公开市场操作 1998 年 5 月恢复交易，规模逐步扩大。1999 年以来，公开市场操作已成为中国人民银行货币政策日常操作的重要工具，对于调控货币供应量、调节商业银行流动性水平、引导货币市场利率走势发挥了积极的作用。

利率政策是我国货币政策的重要组成部分，也是货币政策实施的主要手段之一。目前，中国人民银行采用的利率工具主要有：调整中央银行基准利率、调整金融机构法定存贷款利率、制定金融机构存贷款利率的浮动范围、制定相关政策对各类利率结构和档次进行调整等。

总的来说，随着市场化改革的逐步推进，我国货币政策工具的改革已经取得了明显成效，逐步从直接调控向间接调控转化。但是，我们与发达国家在货币政策工具上的建设相比还有相当的差距，各种政策工具之间的协调和配合方面还不尽如人意。

二、货币政策的传导机制

在西方不同的传导机制理论中，主要有凯恩斯主义的传导机制理论和货币主义的传导机制理论。他们对于货币政策最终影响总需求的传导机制的认识不同，导致在货币政策的具体目标上持有不同意见。

1. 凯恩斯主义理论中的货币政策传导机制

凯恩斯在分析货币政策由货币领域均衡到商品领域均衡的传导过程中，建立起以利率为主要环节的货币政策传导机制理论，强调利率对投资进而对总需求的影响。因此，凯恩斯认为应把利率的变动作为货币政策的导向器和控制目标，通过运用货币政策工具调整利率水平，实现没有通货膨胀条件下的充分就业和经济增长。

我们来看一个具体的例子。假定中央银行为了防止需求不足，决定刺激经济增长的速度。此时，中央银行可以通过公开市场业务买进债券，增加货币供给，从而增加总需求。这一货币政策的传导机制如图 9-1 所示。

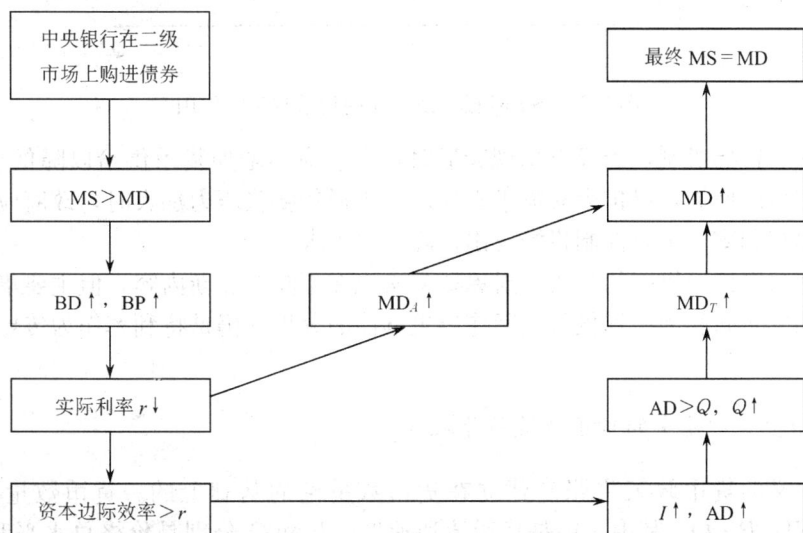

图 9-1　凯恩斯主义理论的传导机制

　　假定最初货币市场上货币供给与货币需求是平衡的，由于中央银行在二级市场上购进债券后，使货币供应量增加，货币市场上原有的供求平衡就被打破，出现了货币供给MS大于货币需求MD的状况，人们对债券的需求BD也会增加，从而提高了债券的价格BP，这样就会引起了实际利率的下降。利率下降在实际经济中引起投资的预期利润率（资本边际效率）高于利息率r，厂商的投资I就会增加。投资支出的增加通过投资乘数使总支出和总收入增加，这样就增加了货币的交易需求MD_T。利率的下降还引起货币的投机需求MD_A增加。货币的交易需求和投机需求都增加最终使货币的总需求跟上货币供给的变化，实现货币市场的平衡。这一过程可简单表述如下：

$$MS\uparrow \to r\downarrow \to \begin{cases}MD_A\uparrow\\ I\uparrow \to AD\uparrow \to MD_A\uparrow\end{cases} MD\uparrow \to MS=MD$$

　　可见，在货币市场从不平衡向新的平衡转化过程中，引起利率的变动，利率变动引起实际经济的变动，从而实现对经济进行宏观调节的目的。对总产出的影响过程是

$$MS\uparrow \to r\downarrow \to I\uparrow \to AD\uparrow \to Q\uparrow$$

　　将这一过程表现在IS-LM模型中，如图9-2所示。

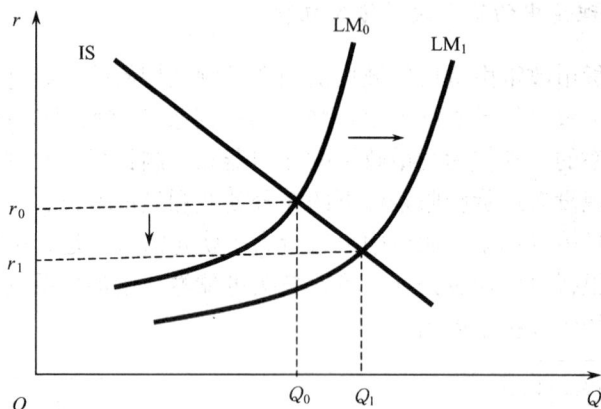

图9-2　IS-LM模型所反映的货币政策的作用

　　按照这一传导机制，当经济出现衰退时，政府应当增加货币供给以降低利率水平，促进投资支出的增加，以扩大总需求；反之，当通货膨胀压力加大时，政府应减少货币供应量以提高利率，进而抑制投资支出，降低总需求。

　　对货币政策传导机制的分析，凯恩斯主义也在不断增加新内容，但主要集中在对货币供给到利率之间和利率到投资之间作出更具体的分析，仍是将利率作为传导机制中最重要的一环。

　　2. 货币主义理论中的货币政策传导机制

　　货币主义的货币政策主张是建立在货币数量论的基础上的。货币数量论公式为$MS\cdot V=NI=P\cdot Q$，其中，V是货币流通速度，P和Q分别是价格总水平和总产量。货币主义理论认为，货币流通速度是稳定的，货币供应量的变动将全部转化为名义国内生产总值的变动。所以，当货币供应量增加时，不管利息率作何变动，总需求及国内生

产总值都会以相同的数量增加。据此，货币学派反对凯恩斯主义者根据利息率变动频繁改变货币供应量的主张，他们认为，这只会引起经济运行不稳定。货币主义把货币供应量增减与总需求的增减直接联系起来，考察货币供给变化后对总需求的影响。货币主义学派认为，当货币的供应量增加，但货币供给大于货币需求时，人们不仅用手中多余的货币购买债券，而且购买包括金融资产和实际资产在内的各种资产商品。这样货币供给增加后直接导致最终产品市场上的需求增加，不必通过债券市场供求关系变化，进而影响利率，再引起总需求的变化。这一传导机制如图 9-3 所示。

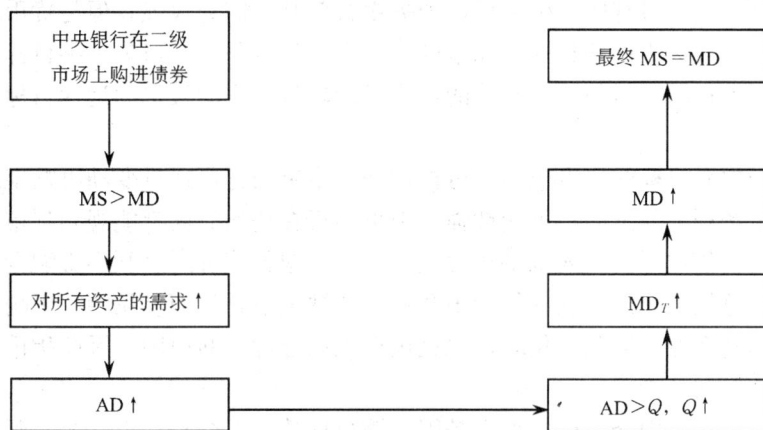

图 9-3　货币主义理论的传导机制

可见，货币主义认为，在货币政策的传导中起主要作用的是货币供应量，而不是利率，货币供应量能够不通过利率而直接影响收入的变动。对总产出的影响过程是

$$MS\uparrow \rightarrow AD\uparrow \rightarrow Q\uparrow$$

三、货币政策的中介目标

货币当局并不能直接控制和实现诸如币值稳定、经济增长等货币政策的目标，因此必须启用一定的货币政策工具作用于货币中介目标，适时适度地对其进行微调。

1. 货币政策的中介目标的选择标准

货币政策的中介目标的选择是货币政策运行过程中一个十分重要的环节，直接关系到货币政策实施的效果，关系到货币政策最终目标的实现。对货币政策传导机制认识不同，就会选择不同的货币政策中介目标，一般认为选择中介目标主要以可控性、可测性和相关性等为标准。

可控性是指中央银行通过各种货币政策工具的运用，能对该金融变量进行有效的控制和调节，能较准确地控制金融变量的变动状况及其变动趋势。可测性是指中央银行可选择的金融控制变量必须具有明确而合理的内涵和外延，中央银行能迅速而准确地收集到有关的数据资料，且便于进行定量分析。相关性是指中央银行选择的中介目标必须与货币政策最终目标有密切的相关性，中央银行通过对中介目标的控制和调节，就能够促使货币政策最终目标的实现。作为中央银行货币政策中介目标的金融变量，首先必须同时满足上述三个标准。

2. 货币政策的中介目标

根据货币政策中介目标选择的上述三个标准所确定的中介目标一般有利率、货币供应量、基础货币和超额准备金等。这些目标对货币政策工具的反应有先有后，对最终目标的作用有近有远。对有些目标来说，中央银行对其控制力较强，但与货币政策的最终目标较远，它们被称为近期目标，如基础货币和超额准备金；对另一些目标来说，中央银行对其控制力较弱，但与货币政策的最终目标较近，它们被称为远期目标，如利率和货币供应量。

利率作为中介目标的优点包括：可控性强，中央银行可通过变动再贴现率或公开市场业务调节市场利率的走向；可测性强，中央银行在任何时候都能观测到市场利率的水平和结构；与物价水平、收入水平相关性强，中央银行能够通过利率影响投资和消费支出来调节社会总供求。但是利率作为中介目标的缺陷也是显而易见的。影响利率的因素很多，当市场利率发生某些变化时，中央银行难以准确判断原因，因此货币政策的有效性就难以判断。

货币供应量作为中介目标，首先是因为该目标的资料容易获得、容易观测，中央银行也容易控制。就货币供应量的统计口径 M_0、M_1 和 M_2 而言，哪一个更能代表一定时期内社会总需求和购买力，是控制货币供应量所讨论的焦点所在。

基础货币作为货币政策的中介目标，其变化能够影响货币政策目标的实现，并且中央银行直接控制着基础货币，掌握着基础货币的变动。但因为影响货币乘数的因素很多，通过基础货币来控制货币供应量的关系被复杂化了。超额准备金作为中介目标是因为它对商业银行的资产业务规模有直接决定作用；同时也反映着经济体系对银行信贷的需求状况，从而在很大程度上反映着经济运行状况。但超额准备金取决于商业银行的经营要求和财务状况，不易为中央银行所控制和测度。

西方国家货币政策的中介目标的选择大致可分为三个阶段：20 世纪 50～60 年代，各国货币政策中介目标主要是利率；70 年代中期以后，随着西方国家普遍出现经济滞胀现象，主张宏观干预政策无效的货币主义理论逐渐兴起，以货币供应量作为货币政策的中介目标成为西方各国中央银行的必然选择；进入 20 世纪 90 年代以后，金融市场的迅速发展和各种支付工具的出现使货币供应量的可控性、可测性及和最终目标的相关性也随之弱化，各国大都又转向以利率作为货币政策的中介目标。

3. 我国货币政策中介目标的选择

即使在改革开放以后很长的一段时间内，我国也一直没有在理论上明确货币政策中介目标，但在实际操作中曾将贷款规模和现金发行作为中介目标。随着经济运行和货币流通速度的机制的变化，我国货币政策的中介目标逐渐转向货币供应量。1994 年，中国人民银行开始向社会公布货币供应量的统计结果，1996 年正式将货币供应量作为货币政策的中介目标，将 M_1 和 M_2 作为货币政策实施的重要依据。目前，现行货币供应量目标的可控性、可测性和与国民经济的相关性均已出现明显问题，中国人民银行关注的中心开始从钉住货币供应量转向钉住利率。

货币政策中介目标的建立为我国货币政策的实施提供了基础和前提，使我国货币政策工具开始具有实际可操作性。而目前我国正处在金融体制剧烈变革的时期，中国人民银行执行中央银行的职能时间较短，因此货币政策中介目标的选择和运用还有待进一步探索。

第三节　货币政策与财政政策的有效性

政府克服衰退或抑制通货膨胀的主要手段就是货币政策和财政政策，货币政策和财政政策是进行总需求管理的两大基本经济政策，两者是相互影响、相互渗透的。因此，在宏观政策的实施过程中两者应该相互协调，寻求两者的理想组合。

一、货币政策与财政政策的效果

当经济衰退时，扩张性财政政策和货币政策可以刺激经济，增加总需求，促使经济复苏；当经济过热有通货膨胀的威胁时，紧缩性财政政策和货币政策有助于减缓经济增长速度，抑制过度需求。但在不同的经济状况下两者的效果是有差别的。从 IS-LM 模型上看，财政政策和货币政策的效果跟 IS 曲线和 LM 曲线的斜率有很大的关系。

1. 财政政策的效果

LM 曲线不变时，财政政策的效果会随着 IS 曲线斜率的不同而不同。IS 曲线斜率的绝对值越大，即 IS 曲线越陡峭，它的移动就使均衡总产出的变化越大，也就是说财政政策的效果越大；反之，如果 IS 曲线比较平坦，那么它的移动就使均衡总产出的变化较小，即财政政策的效果就小，如图 9-4 所示。

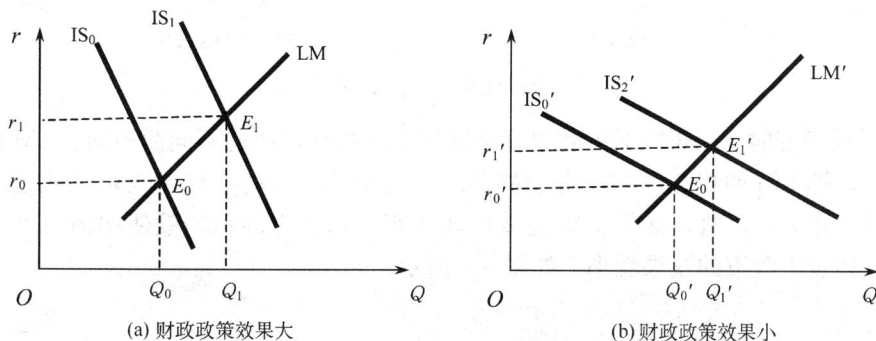

图 9-4 财政政策效果因 IS 曲线而异

IS 曲线的斜率不变时，财政政策的效果又会随着 LM 曲线斜率的不同而不同。LM 曲线的斜率越小，即 LM 曲线越平坦，IS 曲线的移动就使均衡总产出的变化越大，也就是说财政政策的效果越大；反之，如果 LM 曲线比较陡峭，那么 IS 曲线的移动就使均衡总产出的变化较小，即财政政策的效果就小，如图 9-5 所示。

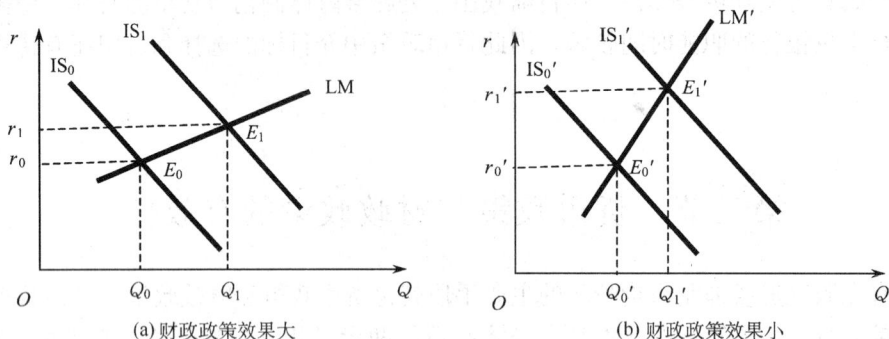

图 9-5　财政政策效果因 LM 曲线而异

2. 货币政策的效果

LM 曲线的斜率不变时，货币政策的效果会随着 IS 曲线斜率的不同而不同。IS 曲线斜率的绝对值越小，即 IS 曲线越平坦，LM 曲线的移动就使均衡总产出的变化越大，也就是说货币政策的效果越大；反之，如果 IS 曲线比较陡峭，那么 LM 曲线的移动就使均衡总产出的变化较小，即货币政策的效果就小，如图 9-6 所示。

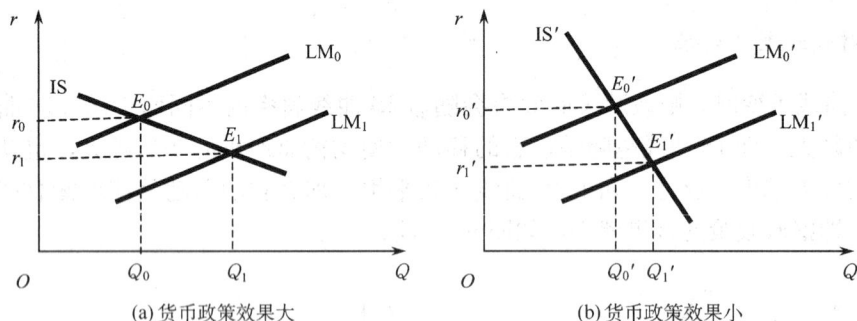

图 9-6　货币政策效果因 IS 曲线而异

IS 曲线不变时，货币政策的效果又会随着 LM 曲线斜率的不同而不同。LM 曲线的斜率越大，即 LM 曲线越陡峭，它的移动就使均衡总产出的变化越大，也就是说货币政策的效果越大；反之，如果 LM 曲线比较平坦，那么它的移动就使均衡总产出的变化较小，即货币政策的效果就小，如图 9-7 所示。

二、宏观经济政策与货币流通速度

凯恩斯主义者历来强调财政收支会对经济产生重大影响，而货币主义者认为在经济

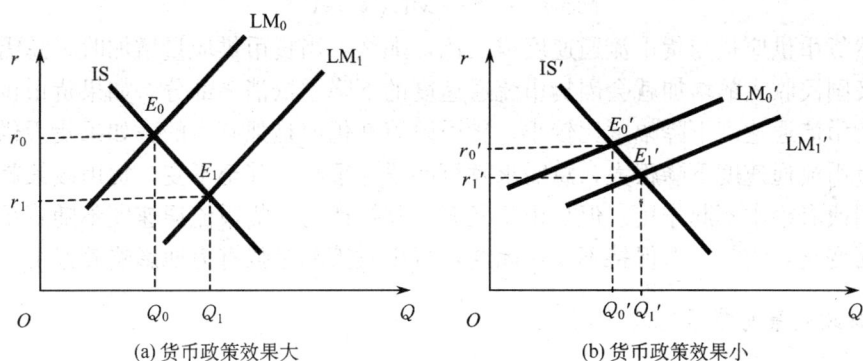

图 9-7 货币政策效果因 LM 曲线而异

中起作用的主要是货币政策。关于货币政策和财政政策哪一个更有效的争论，其焦点集中在货币流通速度上，即当货币供应量和利息率变化时，货币的流通速度是否会跟着发生变化。由于影响货币实际供应量和利息率的因素很多，且大都经常发生变化，所以使货币供给和利息率对货币流通速度影响的实际测定十分困难。这也是争论至今没有定论的基本原因。

1. 货币政策与货币流通速度

根据货币数量公式 $MS \cdot V = NI$，货币供应量 MS 对国民收入 NI 起不起作用和起多大作用，货币流通速度 V 有着关键性的影响。

第一种情况，如果货币流通速度是货币供应量的增函数，货币供应量增加时货币流通速度加快，那么货币供应量的变动加上货币流通速度的同方向变动，就会对名义国民收入 NI 产生强有力的影响。第二种情况，如果货币流通速度与货币供应量不存在函数关系，货币供应量增加时货币流通速度不变，货币供应量的变化将完全转化为名义国民收入的变化。在这两种情况下，货币政策对经济的影响都是强有力的。第三种情况，如果货币流通速度是货币供应量的减函数，货币供应量增加，货币流通速度下降，货币供应量的增加就会部分地或全部地被货币流通速度的反向变动所抵消，从而使货币供应量对名义国民收入不产生影响或只发生较小的影响。由此可见，货币政策是否有效及其效果大小与货币流通速度对货币的反应状况和反应程度有密切的关系。

多数经济学家认为，在利息率提高货币需求下降时，人人都不愿意持有货币，它就像一个烫手的马铃薯，被迅速地转手，于是货币流通速度加快；当利息率下降时，货币需求上升，持有货币的机会成本降低，人们便不急于将手中的货币脱手，于是货币流通速度减缓。这样，货币流通速度就与货币需求成反比，与利息率成正比。根据这样的关系，可以建立货币供给与货币流通速度之间的关系。当货币供应量上升时，利息率下降，货币需求上升，货币流通速度下降；当货币供应量下降时，利息率上升，货币需求下降，货币流通速度加快。货币流通速度与货币供应量成反比。这一关系的传导机制可以概括如下：

$$MS \uparrow \rightarrow r \downarrow \rightarrow MD_A \uparrow \rightarrow V \downarrow$$

$$MS \downarrow \rightarrow r \uparrow \rightarrow MD_A \downarrow \rightarrow V \uparrow$$

既然货币供应量与货币流通速度成反比,那么,当货币供应量增加时,总需求的增加和名义国民收入的增加就会因货币流通速度的下降被抵消一部分。如果货币供应量增加后,货币流通速度下降幅度比较小,货币政策就仍旧是强有力的;如果货币供应量增加后,货币流通速度下降很大,总需求就可能增加很小,甚至不变,货币政策就只起很小的作用或者根本不起作用。但货币主义者却坚持认为,货币流通速度不随货币供应量的变化而变化,它基本上保持不变,因此,货币政策总是强有力地影响着经济。

2. 财政政策与货币流通速度

一些坚持财政政策最有效的经济学家认为,财政政策的实施会使货币流通速度发生相应的变动,从而保证了财政政策对经济的决定性影响,并使货币政策基本上失效。

根据货币数量公式 $MS \cdot V = NI$,国民收入 NI 的增长取决于货币供应量 MS 的增长和货币流通速度 V 的加快。根据凯恩斯的观点,国民收入水平如何是由总需求决定的,而政府的财政政策可以操纵总需求,从而操纵国民收入水平。但是,根据货币数量公式,没有货币供应量或货币流通速度的增加,任何总需求的增加(包括政府开支增加)都是不可能的。如果在政府增加赤字开支的同时,货币供应量增加了,赤字被货币化,国民收入就肯定会增加。对于这种情况,货币主义者认为,国民收入的增加实际上与赤字开支无关,它完全是货币供应量增加的结果,是货币政策在单独起作用。这样,关于财政政策是否有效的争论就集中在纯粹的财政政策(货币供应量不变下的财政政策)是否有效的问题上了。

根据货币数量公式,在执行纯粹财政政策时,货币供应量不变,要使总需求增加,货币流通速度就必须随扩张性纯粹财政政策的实施而加快。如果货币流通速度 V 随着政府开支的增加而增加,财政政策就起作用,否则,财政政策就不起作用。

假定,政府的赤字开支增加,并通过发行债券来筹集资金,弥补财政赤字,这时会产生挤出效应,利息率会上升,利息率的上升又会引起资产的货币需求 MD_A 下降,使货币总需求 MD 下降。上面已经确定,货币需求与货币流通速度呈反比,货币的总需求下降,会导致货币流通速度加快。结果,政府赤字开支增加会引起货币流通速度加快,于是纯粹的扩张性财政政策是完全可以起作用的。政府赤字开支对货币流通速度产生影响的传导机制可以概括如下:

$$\text{赤字下的} G \uparrow \rightarrow r \uparrow \rightarrow MD_A \downarrow \rightarrow MD \downarrow \rightarrow V \uparrow$$

政府开支与货币流通速度是同方向变动的,只要政府开支增加,货币流通速度就会增加,财政政策是起作用的。但是,这个作用有多大还取决于货币流通速度变化对政府开支变化的反应程度(反应的弹性)。在政府开支增加时,如果货币流通速度变化小,财政政策的作用就小;如果货币流通速度变化大,财政政策的作用就大。货币主义者认为货币流通速度基本上是不变的,它与政府开支之间不存在正相关的关系,因此,他们认为财政政策实际上不起作用。

三、财政政策与货币政策的有效区间

1. 政策的有效性与 LM 曲线

财政政策和货币政策的有效性，基本上依赖于货币流通速度在政府支出 G 和货币供应量 MS 发生变化时将会发生多大变化而定。政府开支的变化会引起利息率 r 的变化，引起货币需求的变化，从而导致货币流通速度的变化；货币供应量的变化，也会影响利息率 r 发生变化，从而通过影响货币需求使货币流通速度发生变化。在这两种政策的传导过程中，有一个共同的关键环节，即货币需求对利息率变化的反应参数，这个参数实际上反映了上述货币流通速度变化的影响。在第四章中我们曾给出了 LM 曲线的标准方程

$$r = \frac{1}{h}\left(k \cdot Q - \frac{MS}{P}\right)$$

可以看出，LM 曲线的斜率取决于货币需求对利息率的反应参数 h，它在很大程度上决定着实际货币供应量 $\frac{MS}{P}$ 对经济的影响。h 越大，LM 曲线越平坦，当 h 趋向于无限大时，LM 曲线就接近于一条水平线；h 越小，LM 曲线越陡峭，当 h 接近于 0 时，LM 曲线就接近于一条垂线。

在本节开始时我们分析了 LM 曲线的斜率对宏观经济政策效果的影响。如果 LM 相对陡峭，财政政策的效果小而货币政策的效果大；反之，如果 LM 曲线相对平坦，财政政策的效果大而货币政策的效果小。LM 相对陡峭，意味着货币需求对利息率的反应弹性 h 较小，那么货币流通速度对政府开支变动的反应会较小，也就是说利息率对货币供应量变动的反应较小，这样货币供应量变动就会更大地反映为实际收入的变动，而财政政策会因为货币需求对利息率的反应不灵敏而大大减弱其影响，而此时货币政策就对实际国民收入有重大影响。LM 相对平坦，意味着货币需求对利息率的反应弹性 h 较大，那么货币流通速度对政府开支变动的反应会较大，也就是说利息率对货币供应量变动的反应较大，这样货币供应量变动就不会表现出实际收入的较大变动，所以说财政政策会因为货币需求对利息率的反应灵敏而对实际国民收入有较大影响，货币政策效率就比较低了。

2. 折中的观点与政策的有效区间

针对凯恩斯主义与货币主义对宏观经济政策有效性的争论，20 世纪 70 年代以后，一些较温和的凯恩斯主义经济学家提出了一种折中的观点。他们认为，货币主义者和一些极端的财政主义者都有一定的片面性，又都有一定的道理，财政政策和货币政策的效果依赖于当时的经济状况。他们指出货币需求曲线应为图 9-8 中的（a）图的形状，LM 曲线则应为图 9-8 中的（b）图的形状。它们既不是货币主义者认为那样始终很陡峭，也不是财政主义者认为的那样始终很平坦，而是在利息率较高时陡峭，随着利息率的下降趋于平坦。在利息率较高时，货币需求对利息率的弹性小，因此 MD 和 LM 曲线都比较陡，这时，货币政策的效力远大于财政政策。因此，利息率较高的一个区域就是货

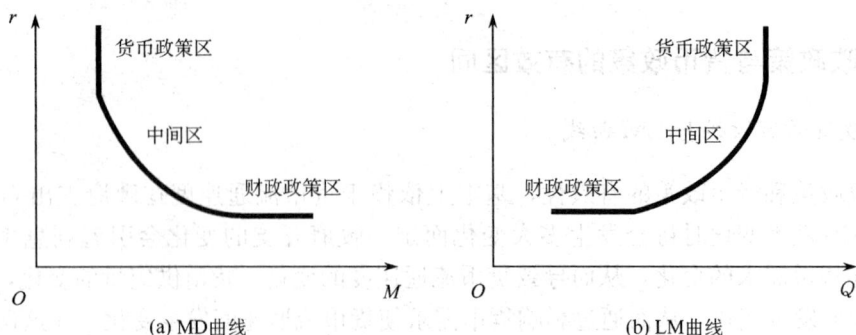

(a) MD曲线 　　　　　　　　　　(b) LM曲线

图 9-8　折中观点下宏观经济政策的有效区间

币政策的有效区域。在利息率较低时，货币需求对利息率变动的弹性大，货币流通速度的变化也大，因此，MD 曲线和 LM 曲线变得非常平缓，这使得财政政策的效力远大于货币政策。这样，利息率较低的区域就是财政政策的有效区域。中等利息率的区域是财政政策的效力与货币政策的效力不相上下的区域，称为中间区。在中间区，两种政策同样有效。根据这种政策有效区域的划分，可以考虑何时以何种政策为主，以使两种政策的效力能够结合起来。

四、宏观经济政策的时滞

无论是财政政策还是货币政策，从决定到实施，再到政策的效果完全发挥出来需要一定的时间。因此，政府的宏观经济政策往往不能起到立竿见影的效果。从政策的决定到政策的效果充分发挥之间的时间差，被称为宏观经济政策的时滞。

1. 内部时滞和外部时滞

根据时滞的性质，可以将宏观经济政策的时滞分为内部时滞（inside lag）和外部时滞（outside lag）。内部时滞是指从决策到政策制定、实施所经历的时间差，是由于政府的立法程序、行政组织、管理协调等因素作用形成的。内部时滞可以分为：认识时滞、决策时滞和行动时滞。认识时滞是指经济扰动出现的时点和政策制定者认识到必须采取行动的时点之间的那段时间。一般而言，在要求政策扩张时，认识时滞较短，在要求政策紧缩时，认识时滞较长。决策时滞，是指认识到要采取行动与政策决定之间的间隔，货币政策和财政政策的决策时滞长短取决于其决策机制。行动时滞是政策制定和实施之间的间隔，货币政策是公开市场业务和改变再贴现率（或再贷款利率）时，行动时滞为零，财政政策的行动时滞则有长有短。外部时滞是指从政策实施开始后传导机制作用过程所经历的时间差。它是由社会经济系统对政策的反应方式和反应灵敏程度所决定的。财政政策和货币政策的实施程序和传导机制不同，因而在时滞的形成上也各自有着自己的特点。一般说来，宏观调控政策中，财政政策有较长的内部时滞和较短的外部时滞，货币政策则相反。

2. 财政政策的时滞

财政政策决策与实施过程中，内部时滞起着很大的影响作用。譬如，一项增税或减税的政策的出台，需要通过一定的立法程序，经议会讨论、修改等。这一时滞并无确定的长度，它与决策时的政治、经济形势，以及议员们的态度有关，从数月到数年都是有可能的。当政策决定以后，还需要由行政部门制定实施细则，确定具体实施步骤，并实际组织实施等。这些又取决于行政部门的工作效率。财政政策的外部时滞主要取决于乘数过程所需要的时间。一般来说，财政政策外部时滞为 6 个月左右，即在政策实施半年左右时间内能够出现明显效果。

3. 货币政策的时滞

货币政策是由中央银行独立决策实施的，过程相对简单，因此，内部时滞相对时间较短。货币政策的外部时滞比较复杂。根据美国经济学家的测算，货币供应量变动到总产量的变动的时间差一般是一个月到两个月。但是货币供应量变动对于通货膨胀率的影响时间较长。因为通货膨胀率的变动涉及货币的流通速度、人们的心理预期等各种复杂因素，因此货币供应量变动最终对物价水平产生影响需要较多的传导环节和时间。根据弗里德曼的计算，这一时滞有两年左右。

宏观经济政策的时滞对宏观经济政策的成败十分重要。这是因为从人们认识到宏观经济需要加以调节到政策实际发挥作用这一时期经济形势可能会发生变动，这时政策的效果对于实际经济的作用可能与变化了的形势需要相反，从而会使宏观政策失败。另外，当政策效果尚未发挥作用期间，人们有可能误认为政策力度不够进而进一步加大力度，从而当政策效果到来时，会产生过于猛烈的后果。

➤ 本章小结

金融体制是一个经济体中资金流动的基本框架，是金融机构及金融市场、融资模式和金融监管体制三个方面的相互适应与协调。金融机构泛指专门从事各种金融活动的组织，金融市场是指进行金融资产交易的场所；融资模式主要有直接融资和间接融资两种；金融监管体制的建立是为了防范金融风险。我国现行的金融体系是以中国人民银行为领导，国有独资商业银行为主体，国家政策性银行和其他商业银行以及多种金融机构同时并存、分工协作的金融机构体系。

中央银行即货币当局，是一国金融体系中居于中心地位的金融机构，控制着商业银行贷款活动和控制整个经济中货币供应量的主要渠道，是国家实施货币政策的最高金融机构。中央银行制度大致可分为四种类型：单一中央银行制、复合中央银行制、准中央银行制和跨国中央银行制。一般认为中央银行的基本职能可表述为：发行的银行、银行的银行和国家的银行。我国的中央银行是中国人民银行，是在国务院领导下制定和执行货币政策、维护金融稳定、提供金融服务的宏观调控部门。金融中介机构可分为存款性金融机构、契约性储蓄机构、投资性金融机构和政策性金融机构四类。存款性金融机构是指通过吸收各种存款而获得可利用资金，并将之贷给需要资金的各经济主体及投资于证券等以获取收益的金融机构，商业银行是其中最主要的一种机构；投资性金融机构作为直接融资中介人，通过各种证券、票据等债权、产权凭证，将资金供需双方直接联系起来，引导资金的有效配置；契约性金融机构以合约方式定期定量地从持约人手中收取资金（保险费或养老金预付款），然后按合约规定向持约人提供保险服务或养老金；政策性金融机构是由政府投资设立的、根据政府的决策和意向专门从事政策性金融业务的银行。

货币政策是指中央银行为实现既定的经济目标而采用的各种调节和控制货币供应量的方针和措施的总称。货币政策工具是中央银行为实现货币政策目标所采用的政策手段，最主要的有法定准备率、再贴现率和公开市场业务三个。通过改变法定准备率可以调整商业银行的过度储备数量，进而调节商业银行的贷款数量；通过提高和降低再贴现率来限制商业银行的借款行为；通过在二级证券市场上公开买卖政府证券，改变商业银行的准备金数量，以控制货币供应量及影响利率水平，从而调整商业银行贷款的数量。中国人民银行目前运用的货币政策工具主要有：存款准备金制度、再贴现、公开市场业务和利率政策等。

有关货币政策的传导机制主要有凯恩斯主义的传导机制理论和货币主义的传导机制理论。凯恩斯主义认为货币政策的传导以利率为主要环节，强调利率对投资进而对总需求的影响；货币主义认为在货币政策的传导中起主要作用的是货币供应量，货币供应量能够不通过利率而直接影响收入的变动。货币政策中介目标的选择主要以可控性、可测性和相关性等为标准，一般有利率、货币供应量、基础货币和超额准备金等。

货币政策和财政政策是进行总需求管理的两大基本经济政策，财政政策和货币政策的效果跟 IS 曲线和 LM 曲线的斜率有很大的关系。关于货币政策和财政政策哪一个更有效的争论，其焦点集中在货币流通速度上。折中的观点认为，货币需求曲线上利息率较低的区域就是财政政策的有效区域。中等利息率的区域是财政政策的效力与货币政策的效力不相上下的区域，称为中间区。宏观调控政策中，财政政策有较长的内部时滞和较短的外部时滞，货币政策则相反。

➤关键词

金融体制（financial system）
货币政策工具（instruments of monetary policy）
货币政策传导机制（conductive mechanism of monetary policy）

➤思考题

1. 金融体制包括哪些内容？请说明我国金融机构的组成情况。
2. 主要的货币政策工具有哪些？它们都是通过什么样的传导机制影响货币供给量的？
3. 凯恩斯主义学派和货币主义学派关于货币政策的传导机制各自的主张是什么？
4. 简述关于财政政策和货币政策有效性的争论。
5. 财政政策和货币政策都是政府进行宏观调控经济的手段，为什么有时用财政政策，有时用货币政策，而有时两者同时使用？

第十章

国际货币体系与对外经济政策

汇率制度是一国经济制度的重要组成部分，大体上可分为固定汇率制度和浮动汇率制度。在开放的宏观经济模型基础上，通过考察浮动汇率和固定汇率条件下的宏观经济政策如何影响一国的对外经济关系，以及对外经济关系又如何影响本国的国民经济，才能对宏观政策的作用机制有一个更全面的了解。本章还阐述了说明资本是否自由流动，以及不同的汇率制度对一国宏观经济影响的蒙代尔-弗莱明模型。

第一节　国际货币体系简介

国际货币体系（international monetary system）是汇率制度、国际货币金融机构及由于习惯和历史沿革形成的约定俗成的国际货币秩序的总和，它既包括有法律约束力的有关货币国际关系的规章和制度，也包括一些已在各国实践中遵循的具有传统约束力的规则和做法，还包括在国际货币关系中起协调、监督作用的金融机构。

一、汇率制度

汇率制度作为一国经济制度的重要组成部分，对该国经济的增长和稳定具有十分重要的作用。布雷顿森林体系崩溃以来，特别是进入 20 世纪 90 年代后，全球范围内先后爆发了一系列货币危机，这些危机自始至终都伴随着汇率的调整和汇率制度的变革。从汇率的稳定程度和市场机制自由起作用的程度来看，国际货币体系可以大体上分为固定汇率制和浮动汇率制。

1. 浮动汇率制度与均衡汇率

浮动汇率制是指一国银行不规定本国货币同他国货币的官方汇率，听任汇率由外汇市场自发地决定。以人民币为例，一旦人民币的供给曲线和需求曲线确定了，那么，就有唯一的均衡汇率。均衡汇率的决定也就如其他商品市场上均衡价格的决定一样，使货币在外汇市场上的供需相等的汇率即均衡汇率。人民币的需求曲线与供给曲线的交点处就是均衡汇率。这时外汇市场上人民币的供求相等，同时也意味着我国的国际收支均衡。这表明我国进出口的数量均衡。因为人民币的供给就是我国的进口，人民币的需求就是我国的出口，人民币的供求相等也就是我国的进口、出口相等。如果不考虑我国以外的其他国家之间的进出口使用人民币结算，从理论上说，只要实行浮动汇率制度，国际收支总是可以自动调整到均衡的状态。当然，汇率将会随国际收支的变动而变动。

如果汇率偏离了均衡水平，供求机制会将汇率调整到均衡水平，只是这种调整过程总是伴随着国际收支的变化。若汇率高于均衡汇率 $\$/¥^*$，则在外汇市场上人民币的供给超过了人民币的需求，汇率开始下跌，即人民币贬值，如图 10-1 所示。人民币的贬值使其出口品在美国市场上的美元销售价格下降，从而使我国对美国的出口开始增加；同时，人民币的贬值意味着我国在购买美国的进口品时，同样多的人民币可购买的数量减少了，于是进口开始减少。这样随着汇率的下跌，人民币的供给随出口的增加而增加，需求随进口的减少而减少，直到供需相等时，汇率重新回到均衡水平。若汇率低于 $\$/¥^*$，情况与之正好相反，人民币的需求超过供给，会导致人民币升值，从而我国对美国出口减少、进口增加，人民币的供给增加、需求减少，直至供需重新相等。

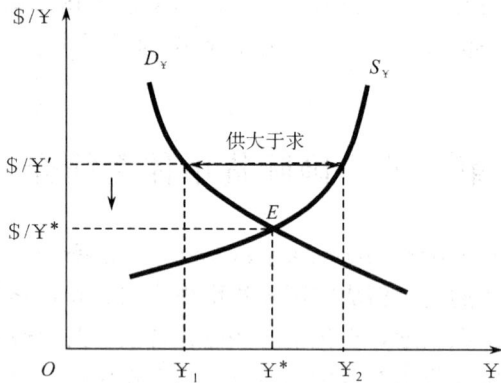

图 10-1 浮动汇率制度与均衡汇率

概括地说，浮动汇率制度下，汇率将处于经常变动之中，也正是由于汇率的灵活性使得国际收支总是能够自动调节到均衡的状态。实行浮动汇率有利于通过汇率的波动来调节经济，也有利于促进国际贸易，尤其在中央银行的外汇与黄金储备不足以维持固定汇率的情况下，实行浮动汇率对经济较为有利，同时也利于取缔非法的黑市交易。但浮动汇率不利于国内经济和国际经济关系的稳定，会加剧经济波动。

2. 固定汇率制度与汇率的干预

固定汇率制度，是根据历史沿革的情况以及目前的对外经济关系，将本币与其他国家货币的兑换率维持在固定不变比例上的一种汇率制度。在黄金非货币化以后，这种固定汇率是靠货币当局对外汇市场的干预来维持的。

如图 10-2 所示，假定最初均衡汇率为 $/¥*，假定现在我国货币当局试图将人民币汇率固定化。在国际收支不发生变化的时候，由于这个汇率下的国际收支均衡，也就不存在汇率上升或下跌的压力，货币当局也不必采取任何干预汇率的措施。假定由于某种原因，如外国发生经济危机，导致我国出口锐减，会使得对人民币的需求曲线由 $D_¥$ 向左移动到 $D_{¥1}$ 的位置，出现汇率下跌的压力。如果现在任由汇率自由波动，新的均衡汇率将会下降到 $/¥_1。但是，货币当局需要维持固定汇率不变，仍然保持在 $/¥* 的汇率水平，它就必须设法将对本币的需求曲线拉回到原来 $D_{¥1}$ 的位置。为了做到这一点，货币当局可以用本国的外汇储备在外汇市场上买回本币，提高本币的需求；也可以与其他国家的货币当局协商，共同干预，即共同在外汇市场收购人民币，推动人民币需求上升。至于其他国家是否能够协作，除去谈判技巧之外，核心问题是联合干预的利益。由于汇率是两国间货币兑换的比例，其变化将影响这两个国家，影响一个区域，甚至影响整个世界，因此往往有两国间和多国间的共同利益，这种共同利益往往是联合干预的动力基础。

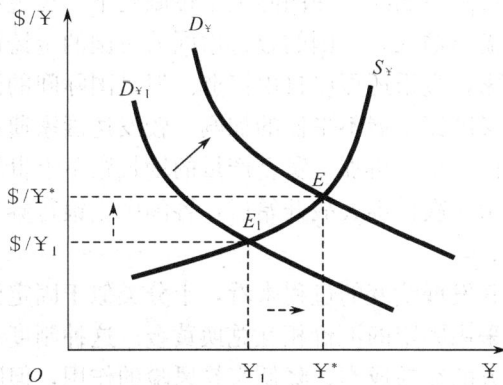

图 10-2 固定汇率制度与汇率的干预

固定汇率制将汇率的波动限于一定的幅度之内，有利于一国经济稳定，也有利于维护国际金融体系与国际交往的稳定，减少国际贸易与国际投资的风险。但是，实行固定汇率要求一国的中央银行有足够的外汇或黄金储备。如果不具备这一条件，必然出现外汇黑市，黑市的汇率要远远高于官方汇率，这样反而会不利于经济发展与外汇管理。

3. 我国的汇率制度

随着我国经济由封闭型向开放型、统收统支的计划经济向社会主义市场经济的转变，人民币汇率先后经历了"官方汇率"、"官方汇率与市场汇率并存"和"单一的、有管理的浮动汇率"，相应地，人民币汇率运行机制也发生了实质性的变化。

1994 年 1 月 1 日，我国对外汇管理体制进行了重大改革，其中有关人民币汇率制度的是实行了人民币官方汇率和外汇调剂市场汇率并轨，开始实行以市场供求为基础的、单一的且有管理的浮动汇率制。在新的汇率制度中，中国人民银行不再制定汇率，而只是根据银行间外汇市场交易情况，并参照国际外汇市场的变化公布汇率，规定银行间市场的汇率浮动幅度及银行对客户买卖外汇的汇率浮动幅度，并通过中央银行外汇公开市场操作，对人民币汇率实施有管理的浮动。在汇率制度的改革过程中，通过放松管制、减少行政手段和强化经济和法律手段等方式，把我国的汇率市场化进程大大向前推进了一步，为人民币将来成为可自由兑换货币打下了坚实的基础。

二、国际货币体系的演变

历史上有过各种不同类型的国际货币体系，早期货币体系的形成不是主要依靠法律的强制力，而是依靠约定俗成的做法而形成。

1. 金本位制

第一个国际货币体系是国际金本位，它形成于19世纪80年代，在盛行了约30年后，于第一次世界大战爆发时崩溃。在国际金本位制度下，黄金不仅是国际货币体系的基础，而且可以自由地输出输入，一国的金铸币同另一国的金铸币可以按一定的比值自由兑换，在金币流通国家，金币还可以自由铸造。但是国际间的清算过分依赖黄金的输入输出，随着各资本主义国家发展不平衡的加剧，较发达国家通过贸易顺差持续积累黄金，使得金本位制度难以维持，再加上黄金产量的增长跟不上世界经济的发展，金本位制度的基础越发薄弱。第一次世界大战开始后，各国中止银行券与黄金的兑换，国际金本位制度就宣告瓦解了。

国际金本位制度从其发展演变的过程来看，十分类似于固定汇率制度，各国在进行贸易往来的时候较多地采用固定的汇价相互兑换黄金。这种制度在实行的初期确实能够起到稳定各个国际贸易方的交易成本、降低交易风险的作用，但随着各国经济发展不平衡的加剧，原本在各国之间确立的固定比价关系就很难适应形势的发展了，重新调整相互之间的比价关系势在必行。

2. 金汇兑本位制

第一次世界大战结束后，各国在1922年的热那亚会议上针对国际金本位制度的一些缺陷，提出了一种可以节约黄金的国际货币制度——国际金汇兑本位制。在国际金汇兑本位制中，黄金依然是国际货币制度的基础，各国的纸币规定有一定的含金量，可以代替执行黄金的支付手段和流通清算职能，黄金只有在最后的关头才充当支付手段，作为节约黄金的初衷，国际金汇兑本位制在一定程度上是成功的，但当时的国际货币汇率水平在这种制度下波动非常频繁，当这种剧烈的波动达到一定程度的时候，国际金汇兑本位制就会变得十分脆弱，于是当1929年资本主义经济大危机到来时，金汇兑本位制就瓦解了。

金汇兑本位制度下的两种支付工具——黄金和各国的纸币之间的固定比价关系随着各国经济发展的不平衡，显得难以维持，加上黄金的数量满足不了各国经济发展和稳定汇率的需要，这种复本位制度抗冲击能力差的缺点也就充分体现出来了。

3. 布雷顿森林体系

第二次世界大战以后，当时世界发达国家间的实力对比发生了巨大的变化，传统经济强国英国的经济在二战期间遭受了严重破坏，而美国的经济实力却得到了迅速的提高，因此在确定新国际政治经济秩序的谈判中，美国占了上风。1944 年 7 月在美国新罕布什尔州布雷顿森林城召开的 44 国会议中，通过了以美国财政部官员提出的"怀特计划"，以及以此为基础的《国际货币基金协定》和《国际复兴开发银行协定》，"布雷顿森林体系"宣告成立。在布雷顿森林体系下，国际货币制度实行的是黄金-美元本位制，按 35 美元兑换 1 盎司黄金的固定比例，各国政府可随时用美元向美国政府按这一比例兑换黄金，而各国的货币则与美元保持可调整的固定比价，这种制度被称为可调整钉住汇率（adjustable peg）制。这是一种双挂钩的货币体系，美元成为储备货币和国际清偿能力的主要来源，成为世界货币。

但是布雷顿森林体系中存在重大的难以克服的缺陷，随着流出美国的美元日益增加，美元的可兑换性信誉必将受到严重的削弱，美元与黄金的固定兑换比例就难以维持，这就是著名的"特里芬两难"问题。在经历了 1960～1971 年三次美元危机后，布雷顿森林体系终于在 1973 年彻底崩溃了。布雷顿森林体系的崩溃既反映了制度本身在调节国际收支和储备货币供应方面缺乏效率，也反映了美国在世界经济中绝对领先地位的削弱。

4. 牙买加体系

1976 年在牙买加首都金斯敦，国际货币基金组织达成了一个协议，称为牙买加协议（Jamaica Agreement），并于 1978 年 4 月 1 日生效，从此国际货币体系进入一个新的阶段——牙买加体系。这个体系保留了布雷顿森林体系下的国际货币基金组织，放弃了双挂钩制度，承认各成员国有权选择适合自己的汇率制度；在牙买加体系下，黄金与货币彻底脱钩，不再是国际结算的手段，也不能用来履行对国际货币基金组织的义务；牙买加体系还扩大了特别提款权的作用，使之成为各成员国主要的储备资产和信贷额度；另外还扩大了基金组织的份额，增加了对发展中国家资金融通的数量和限额。牙买加体系发展至今，国际货币体系出现了黄金非货币化、储备货币多样化、汇率制度多样化等特征，这对稳定世界经济秩序、促进经济发展起到了关键的作用。

另外，在经济全球化、经济联系日益密切的情况下，实现货币统一就成为一种体制性的要求。1986 年，欧洲共同体签署《单一欧洲法案》，使得欧洲单一货币区的建设正式进入议事日程。从此欧洲各国也开始致力于经济趋同目标的实现。1992 年欧洲共同体成员国正式签订了《马斯特里赫特条约》，决定建立欧洲联盟，成立欧洲中央银行并实行单一的货币——欧元。欧元的诞生标志着国际货币体系进入了一个崭新的时代。

第二节　开放经济下的宏观经济政策

在加入了对外经济关系后，情况要比 IS-LM 模型更加复杂。商品市场、货币市场以及对外经济都实现均衡，但均衡点的国民收入并不是没有通货膨胀的充分就业水平；国内实现了没有通货膨胀的充分就业，但是对外经济中仍存在着国际收支的赤字或盈余；国内国民收入水平高于或低于充分就业水平时，对外经济中也存在着不平衡。这时，都需要政府运用宏观经济政策加以调节。因此，在开放的宏观经济模型基础上，考察浮动汇率和固定汇率条件下的宏观经济政策如何影响一国的对外经济关系，以及对外经济关系又如何影响本国的国民经济，才能对宏观政策的作用机制有一个更全面的了解。

一、固定汇率下的宏观经济政策

在固定汇率下，由于汇率 ER 不变，外部均衡曲线 EB 不会移动。因此，国际收支出现的顺差或逆差，不会由经济运行的内在机制自动消除，政府有义务在固定的汇率水平上按市场要求买进或卖出外汇，外汇储备量完全受国际收支状况的影响，这使得政府不得不控制货币供应量。由国际收支因素导致的货币供应量的波动，是固定汇率制下经济调整的一般机制，也是理解财政政策和货币政策的关键。

1. 国际收支顺差的调节

如图 10-3 所示，固定汇率下，国际收支顺差时，IS 曲线与 LM 曲线的交点落在 EB 曲线的左上方。这时货币受到升值压力。如果不愿长期维持官方储备盈余状况，此时需要运用扩张性货币政策降低利率，减少国外资本的净流入。如果经济处在衰退中，上述

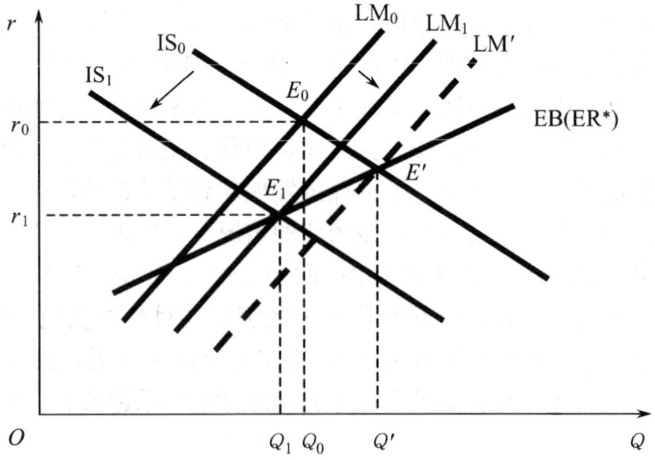

图 10-3　固定汇率下对国际收支顺差的调节

政策既可以减缓经济衰退、增加就业，又可以改变国际收支顺差。但是，如果经济处于通货膨胀的均衡状态，扩张性货币政策会加剧通货膨胀，因此，需要有紧缩性财政政策对通货膨胀加以抑制。通过增加货币供给使 LM 曲线右移，削减政府开支和增加税收使 IS 曲线左移，从而实现没有通货膨胀的充分就业下的国际收支平衡。

IS 曲线与 LM 曲线最初分别处于 IS_0、LM_0 的位置，如果单纯运用扩张性货币政策，货币供给的增加会使 LM 曲线右移，LM' 会与 IS_0、EB 曲线交于 E' 点达到均衡。如果经济正处于严重的通货膨胀时期，就需要同时配合紧缩性财政政策，使两曲线分别移至 IS_1、LM_1 的位置，这样既消除了顺差，稳定了汇率，又减缓了通货膨胀，在充分就业的国民收入水平 Q_1 上实现了三个市场的均衡。

2. 国际收支逆差的调节

如图 10-4 所示，在开放的宏观经济模型中，国际收支逆差表现为 IS 曲线与 LM 曲线的交点落在 EB 曲线的右下方，这时汇率受到下跌压力。但是由于汇率固定，贸易逆差无法通过汇率调整加以消除，因此，政府需要运用紧缩性货币政策，促使利率上升以吸引资本流入，进而消除国际收支的逆差。

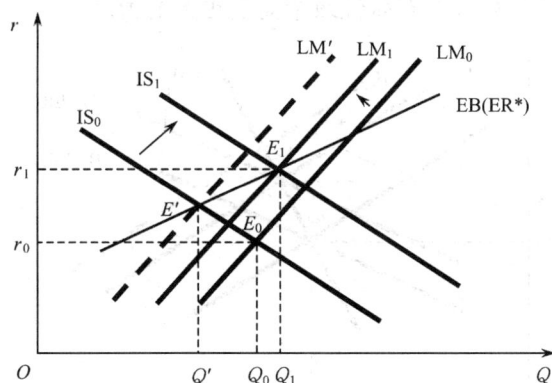

图 10-4　固定汇率下对国际收支逆差的调节

利息率的上升一方面会引起金融资产的出口增加，另一方面也会引起投资下降进而使国民收入下降。这时，如果经济中存在着通货膨胀，紧缩的货币政策在消除外部不均衡的同时，也有利于消除通货膨胀；如果经济正处于衰退之中，紧缩的货币政策虽然能使国际收支平衡，但是却加深了本国经济的衰退。这时，在采取紧缩性货币政策的同时，可以配合扩张性的财政政策，这将促使 LM 曲线的左移和 IS 曲线的右移。这样可以阻止国民收入的下降，缓解衰退。

IS 曲线与 LM 曲线最初分别处于 IS_0、LM_0 的位置，如果单纯运用紧缩性货币政策，LM' 会与 IS_0、EB 曲线交于 E' 点，这样的均衡状态使国民收入下降过多（从 Q_0 下降到 Q'）。此时国内经济若处于低于充分就业的均衡，这种政策会加剧国内经济的衰退。因此应同时采取扩张性财政政策，使两曲线分别移至 IS_1、LM_1 的位置，在充分就

业的国民收入水平 Q_1 上实现三个市场的均衡。

二、浮动汇率下的宏观经济政策

浮动汇率制度下，尽管通过投资和储蓄、货币供给与需求以及外汇市场的供给与需求等机制，可以使商品市场、货币市场以及对外经济贸易等市场自动达到均衡，但均衡的实现并不一定是在既消除非自愿失业，又无通货膨胀的国民收入水平上。因此，政府仍需要运用宏观经济政策加以调节，以实现宏观经济运行目标。

1. 财政政策分析

假定最初商品市场、货币市场和国际收支都同时处于均衡状态，但这时的均衡是在低于充分就业的水平上，因而，政府采用扩张性财政政策加以调节。在图 10-5 中，扩张性财政政策引起 IS_0 向右移动，使国民收入增加和利率提高。国民收入提高后会引起净进口的增加，抵消了财政政策的一部分效果。如图10-5所示，有了对外经济贸易的影响，一项本可把 IS_0 曲线推至 IS_2 的扩张性财政政策，只把 IS_0 曲线推至 IS_1。因此，在开放条件下，为实现充分就业的扩张性政策需要更大的力度。

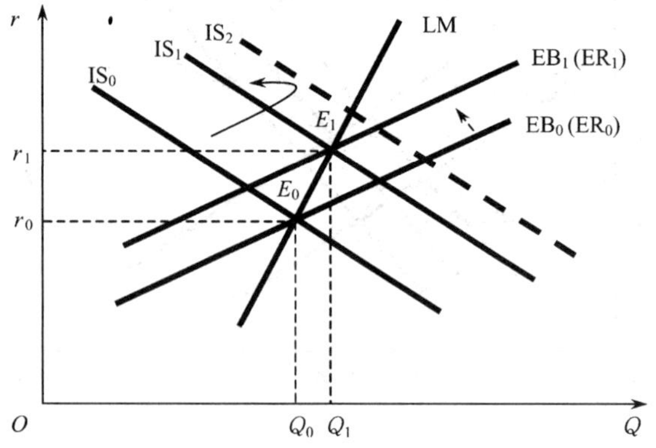

图 10-5 浮动汇率下财政政策效果 I ——促进充分就业

如图 10-5 所示，财政政策引起的利率提高幅度较高，它所引起的资本流入量会超过因净进口增加而产生的货币支出增加量，国际收支出现顺差。因此，外汇市场上，本国货币需求大于供给，汇率出现上升趋势。这会鼓励商品和服务的进口增加，引起 EB 曲线向上移动。在 IS 曲线右移和 EB 曲线上升的共同作用下，商品市场、货币市场、国际收支有可能在充分就业的条件下，同时达到均衡。这时，国民收入、利率和汇率均有所提高。

政府采用紧缩性财政政策抑制经济过热、治理通货膨胀的过程与上述效果相反，如图 10-6 所示。紧缩性财政政策引起 IS_0 向左移动，使国民收入减少和利率下降。国民收入下降会引起净进口的减少，一方面削弱财政政策的效果，使一项本可把 IS_0 曲线推

至 IS_2 的财政政策只推至 IS_1，另一方面国际收支出现逆差，汇率受到下跌的压力，EB 曲线向下移动。导致最终均衡时国民收入、利率和汇率均有所降低。

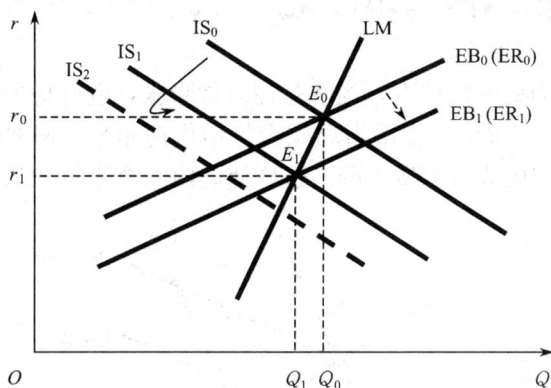

图 10-6 浮动汇率下财政政策效果 Ⅱ——治理通货膨胀

2. 货币政策分析

货币政策是通过调节货币供应量，影响利率水平和商品需求，进而对投资和消费需求施加影响，以实现没有通货膨胀的充分就业。在开放的条件下，由于利率的变化会引起国际收支的变化，进而通过这一机制也会对国内经济产生影响。

假定最初商品市场、货币市场以及国际收支在低于充分就业的条件下形成均衡，那么政府将运用扩张性货币政策促进充分就业。如图 10-7 所示，货币供应量的增加使 LM 曲线从 LM_0 向右移至 LM_1，利率将会下降，国际收支出现逆差，引起本国货币贬值，EB 曲线向下移动。由于较低的利率和较高的国民收入，商品进口增加，净金融资产出口减少。这样 IS 曲线向右移动，EB 曲线向下移动，直到 LM_1、IS_1 和 EB_1 重新交于新的均衡点 E_1。IS 曲线的右移不仅促成外部市场新的均衡，而且使国民收入有更大的增长，使利息率下降幅度减小。扩张性货币政策的作用机制可概括如下：

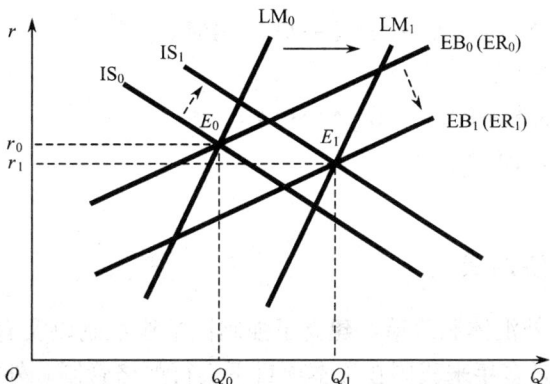

图 10-7 浮动汇率下货币政策效果 Ⅰ——促进充分就业

LM 曲线右移→r↓→AX↓→AM↑→Q↑→IM↑；

EB 曲线右移→ER↓；

IS 曲线右移且 ER↓→EX↑→IM↓→Q↑，r↓；

结果：Q↑，r↓，ER↓。

如果在各个市场均衡的条件下，经济存在通货膨胀，政府将采取紧缩性货币政策抑制通货膨胀。如图 10-8 所示，货币当局减少货币供应量使 LM 曲线从 LM_0 向左移至 LM_1，使利率上升，国民收入有所下降。这样使国内两个市场的均衡点移至 EB 曲线的

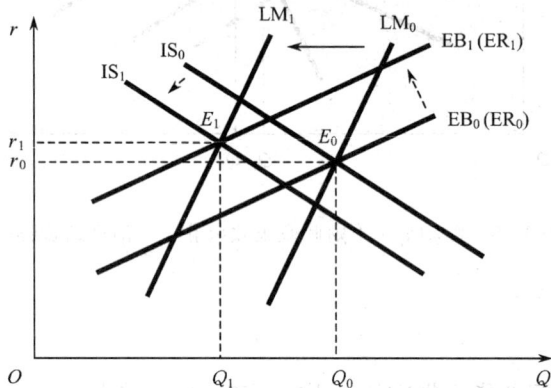

图 10-8　浮动汇率下货币政策效果 II——治理通货膨胀

左上方。在这种状态下，国际收支出现顺差，引起本国货币升值，EB 曲线向上移动。其结果，净进口的增加使国民收入循环中漏出加大，IS 曲线左移，国民收入进一步下降。最终在 E_1 处，即国民收入 Q_1、利率 r_1 和汇率 ER_1 的组合点上实现均衡。这里 Q_1 是没有通货膨胀的充分就业国民收入目标值。最终，均衡利率和均衡汇率都有所上升，而国民收入有所下降。由于加入了国际收支对 IS 曲线的影响，紧缩性货币政策对利率提高的作用效果减弱，而对国民收入的抑制作用加强。紧缩性货币政策的作用机制可概括如下：

LM 曲线左移→r↑→AX↑→AM↓→Q↓→IM↓；

EB 曲线左移→ER↑；

IS 曲线左移且 ER↑→EX↓→IM↑→Q↓，r↑；

结果：Q↓，r↑，ER↑。

三、我国的对外经济政策

1994 年我国进行外汇体制改革，建立了强制性结售汇制以及有管理的浮动汇率制，人民币开始并轨。但是多年来我国在资本项目下实行严格管制，外资流入方式主要是外国直接投资，证券投资和其他投资规模都很小，利率政策对资本流出入作用不大，因此在 IS-LM-EB 模型中 EB 曲线几乎是垂直的。1994 年以来国民经济的宏观调控主要经历

了抑制通货膨胀、金融危机影响和抑制通货紧缩三个阶段。

1. 抑制通货膨胀阶段（1994～1996 年）

1991～1993 年，我国经济进入了高速发展时期。在扩张性的财政政策下，投资急剧扩大，国内掀起开发区、房地产热和股票投机热的风潮。此时，需求超过了生产能力，经济开始出现过热，物价不断上升，在固定汇率制度下人民币被严重高估。国民经济运行的主要问题是物价上涨，通货膨胀严重。

为了抑制通货膨胀，政府采取了紧缩性的财政政策和货币政策。在 1993 年两次大幅度调高利率后，1994 年、1995 年继续保持高利率，同时中央银行紧缩银根，减少货币供给。1996 年，为了进一步治理通货膨胀，财政政策持续紧缩，全社会及国有经济固定资产投资增加继续放缓。到 1996 年年末，通货膨胀得到了有效控制，经济实现了软着陆。在国际收支方面，我国的外汇储备逐年增加，官方储备余额保持盈余，加上我国成功地抑制了通货膨胀，因此，人民币汇率基本稳定，略有升值。

2. 亚洲金融危机影响阶段（1997～1998 年）

经过多年对通货膨胀的治理，1997 年我国经济出现了高经济增长、低通货膨胀的良好局面。但 1997 年亚洲金融风暴迅速席卷了东南亚国家，股市暴跌，汇率下降，生产停滞，经济出现负增长。1998 年中国经济形势发生急剧变化，亚洲金融危机的影响明显加深，长期以来盲目建设带来的结构不合理等深层次矛盾，在国际经济环境急剧变化和国内市场约束双重因素作用下，更加突出地显现出来：内需不振，出口下降，各类物价指数连续出现负增长，投资增长乏力，经济增长迅速回落，人民币汇率面临巨大的贬值压力。

1997 年，中央银行实行适度从紧的货币政策，同时为了增加流通中的货币供给，央行再次降低存贷款利率。在财政政策方面，仍然偏向紧缩性的措施，全社会固定资产投资增长率下降，通货膨胀得到完全抑制，同时保持了较高的经济增长率。1998 年，面对内、外部平衡的双重压力，政府采取了紧缩的货币政策，以维持人民币汇率稳定，并转向积极财政政策拉动经济增长。中央银行大幅减少货币供给，官方储备余额盈余急剧减少。货币政策成功地维持了人民币汇率的稳定，但这也使产品出口失去国际价格竞争优势，从而加深了国内经济的困难。为了拉动国内经济增长，在财政政策上，中央正式提出并逐步采用了扩张性的财政政策，取得了显著成效。财政收入稳定增长，金融运行平稳，外贸出口形式有所缓解。

但是，多年紧缩性政策积重难返，加之货币政策仍旧偏紧，经济增长速度放缓，失业增加。在国内均衡与国际收支平衡难以两全的情况下，政府运用货币政策维持了固定汇率，同时运用财政政策刺激国内经济增长。

3. 抑制通货紧缩、促进经济健康持续发展阶段（1999 年至今）

1999 年，亚洲金融危机不断蔓延，世界经济增长速度进一步放慢，我国出口产品的国际价格竞争优势降低。国内市场上有效需求不足，农民收入增长减缓，就业问题日益突出。2000 年以来，国际环境趋好，美国经济保持增长势头，东南亚经济开始复苏，我国经济逐渐摆脱亚洲金融危机的阴影，经济开始回升。存在的问题是需求增长的基础仍不稳固，社会需求增加不够稳固，失业率升高，经济中的结构矛盾突出等问题也持续困扰着我国经济。

1999 年在货币政策上，央行保持了一定的货币供给增长并再次调低存贷款利率。在财政政策上政府加大了扩张性财政政策的力度，在增发国债的基础上，又增加财政支出用于提高低收入人员和机关事业单位职工工资。在积极财政政策的作用下，经济状况出现好转，人民币汇率稳定，然而失业问题仍然没有解决，通货紧缩仍在持续。

2003 年前三个季度，虽然受到非典疫情的打击，我国经济仍然保持了较高增长速度，通货膨胀率继续走低，使人民币面临更大升值压力。货币供应量增长速度已处于非常高的水平。为了减少外汇占款对于基础货币投放的影响，避免货币供给量大幅增加而带来国内通货膨胀的压力和实际汇率的升值，央行不得不采取措施冲销外汇储备的流入。即当外汇市场出现供求不平衡时，中央银行买入或卖出外汇，从而相应地投放或收回基础货币。中央银行保持人民币汇率稳定，是以大量外汇储备为前提的。但是，随着外汇储备的大幅增加，外汇占款也相应增长，外汇占款成为基础货币供应的重要渠道。

第三节 蒙代尔-弗莱明模型

蒙代尔-弗莱明模型（Mundell-Fleming Model，M-F 模型）说明了资本是否自由流动以及不同的汇率制度对一国宏观经济的影响。这一模型是由哥伦比亚大学教授罗伯特·蒙代尔（Robert Mundell）和国际货币基金组织已故研究员马修斯·弗莱明（Marcus Fleming）在 20 世纪 60 年代建立的。

一、模型的基本框架

M-F 模型假定所分析的经济是一个资本完全流动的小型开放经济，且一般价格是固定的。由于假设条件意味着利率的固定，所以该模型可以集中分析汇率变动的影响。作为开放条件宏观经济学的一个基本概念框架，M-F 模型在国际经济理论领域内处于基础性地位。在 M-F 模型中隐含着一个著名论断：资本完全流动、固定汇率制和货币政策自主性是不可同时兼得的，即在选定了其中任何两者后必须以放弃第三者为代价。

资本的完全流动假设意味着在世界市场上可以无限制借贷，利率是由世界市场利率决定的。国内和国际金融借贷市场的任何微小利差都会引起资本的无限制流动，当国内利率高于国外水平时，资本会无限制地流入国内，出现资本账户和国际收支的盈余。反之，若国内利率低于国外水平时，资本流向国外，出现国际收支赤字。所以，这样一个经济中的利率 r 是由世界利率 r^* 决定的，可由下式表示：

$$r = r^*$$

资本的完全流动性可由简单的数学方程式表示，但它却包含了一个复杂的过程。设想，一国打算提高利率，采取紧缩的货币政策，导致利率上升。利率上升，引起国外资本的流入（如购买这个国家的债券），该国国际收支出现盈余。国外部门对国内部门资产的购买行为，导致汇率上升。这就迫使中央银行购买外币，抛出本国货币，以维持汇率固定不变。这样的干预，造成本国货币存量的增加，货币供给大于货币需求，利率下降。结果最初的货币紧缩被逆转了。当资本流入使国内利率回到了 r^* 时，这个过程结束。

结论是：在固定汇率制和资本完全流动情况下，一国无法采取独立的货币政策。国内利率 r 无法背离世界利率 r^*，实施独立货币政策的任何尝试都会导致资本流动，并且需要干预，直到使国内利率重新回到世界利率水平为止。

二、汇率制度与宏观经济政策

蒙代尔-弗莱明模型将国内封闭经济的 IS-LM 双重均衡模型扩展为对资本完全流动情况下的开放经济的均衡分析。只有在国内利率等于世界利率($r=r^*$)时，国际收支平衡。在其他任何利率水平下，都有大量的资本流动，使国际收支无法达到平衡。这样，中央银行必须进行干预，以维持利率不变。这种干预使 LM 曲线发生移动。

1. 固定汇率与宏观经济政策

我们先看固定汇率下 M-F 模型中货币政策的效果。如图 10-9 所示，假设经济在 E 点处于外部均衡。采取扩张性货币政策，使 LM 曲线右移，与 IS 曲线重新在 E_1 点相交。E_1 点出现国际收支逆差，为维持固定汇率，中央银行必须进行干预。中央银行放出外币，收回本币。结果货币供给减少，LM 曲线又向左上方回移。这个过程一直持续到经济在 E 点恢复最初的均衡为止。相反，任何紧缩性货币政策都会引起最初均衡偏离 EB 曲线，出现国际收支顺差。当 LM 曲线向左移动时，偏离了最初的均衡点，又会迫使货币存量扩张，并回到初始均衡状态。可见，在固定汇率制下，资本完全流动时，货币政策是无效的。

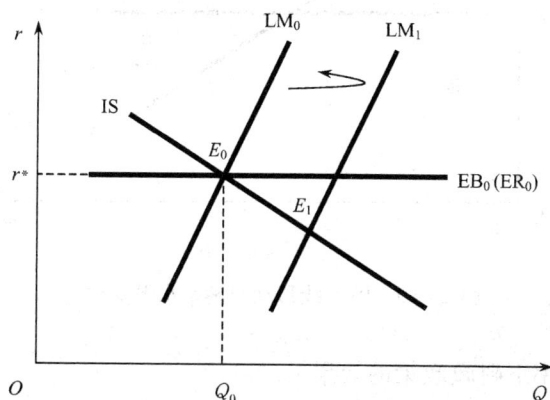

图 10-9 固定汇率下 M-F 模型中货币政策的效果

我们再看固定汇率下 M-F 模型中财政政策的效果。在不改变最初的货币供给情况下，财政扩张使 IS 曲线向右上方移动，导致利率和产出水平上升。利率提高引起资本流入，将使汇率升值。为维持汇率不变，中央银行不得不扩大货币供给。当货币供给量增加到足以使利率恢复到初始水平时，即 $r=r^*$ 时，均衡重新恢复。

资本完全流动虽然是极端的假设，但这种假设仍然有一定意义，模型的分析结果与一些国家的实际情况相似。基本论点指出，维护固定汇率制的承诺使货币存量内生化。原因是在固定汇率制下，中央银行必须提供固定汇率下所需要的外汇或本国货币。所以，即使是资本不完全流动，中央银行也无须顾虑维持固定汇率，中央银行变动货币供给的能力是有限的。

2. 浮动汇率与宏观经济政策

在完全浮动汇率制下，无须中央银行干预，外汇市场出清，外汇供求均衡，国际收支余额为零。任何经常项目赤字必须由资本流入加以弥补，经常项目的盈余由资本流出来平衡。汇率的调整保证经常项目与资本项目直至为零。因此，在完全浮动汇率制下，没有干预意味着国际收支余额为零，国际收支与货币供给之间没有任何联系。

假定价格不变，汇率是总需求的一个决定因素。汇率升值意味着本国商品相对变得更为昂贵，因此会恶化贸易收支，使本国商品需求下降，于是 IS 曲线向左移动。所以汇率是总需求的一个决定因素，汇率变动会使 IS 曲线移动。

如果本国利率高于 r^*，则资本流入引起本国货币需求增加，本币升值。所以任何高于 $r=r^*$ 线的点，都会引起汇率升值，使本国商品变得昂贵，总需求下降。因此，IS 曲线向左移动。反之，如果本国利率低于 r^*，IS 曲线向右移动。图 10-10 中的箭头表明总需求变化引起的 IS 曲线移动与利率水平变动的关系。

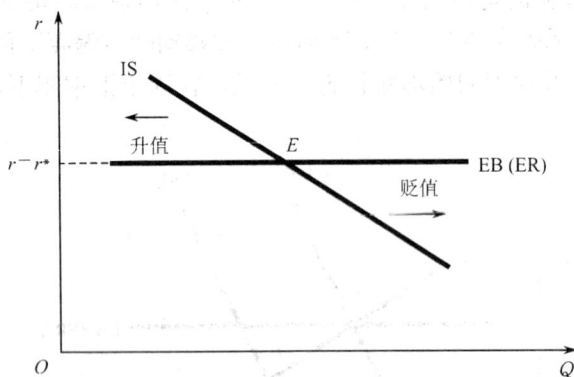

图 10-10   IS 曲线移动与利率水平变动

我们来看浮动汇率下财政政策的效果。

如图 10-11 所示，扩张性的财政政策使 IS 曲线向右移动，引起利率上升，本币升值，出口下降，进口增加。于是出现汇率升值的挤出，与前面提到的利率上升产生的挤出效应不同，它是减少净出口的挤出。最终，IS 曲线还要回到初始的均衡位置。可见，在浮动汇率和资本完全流动条件下，财政扩张包括外生变量因素对总需求的扰动，都不影响均衡产出。

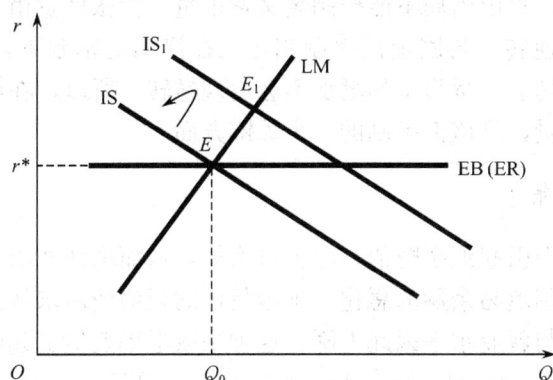

图 10-11　浮动汇率下 M-F 模型中财政政策的效果

图 10-11 中，汇率升值意味着 IS_1 曲线向回移动。假设国外需求增加，使产出增加，引起货币需求增加，导致利率上升，偏离国际利率水平。由此产生资本流入，形成对汇率升值的压力。汇率升值意味着进口价格下降，本国商品变得相对昂贵。需求从本国商品移开，造成净出口下降。汇率升值继续到 IS 曲线完全回移到其初始位置 E 点为止。这时，产出与收入才会达到与世界利率水平下的货币均衡相一致的水平。

我们再来看浮动汇率下货币政策的效果。

在浮动汇率制下，如果采取扩张性的货币政策，将导致收入的增加和汇率的贬值。如图 10-12 所示，经济中初始的均衡位置在 E 点，考虑增加名义货币量，由于价格是给定的，实际货币量的增加，使 LM 曲线向右移动到 LM_1，交 IS 曲线于 E' 点。在 E' 点，商品市场与货币市场处于均衡（在初始汇率水平），但利率却低于世界利率。利率的下降引起资本流出，汇率下降，本币贬值，净出口增加。于是导致 IS 曲线向外移动，一

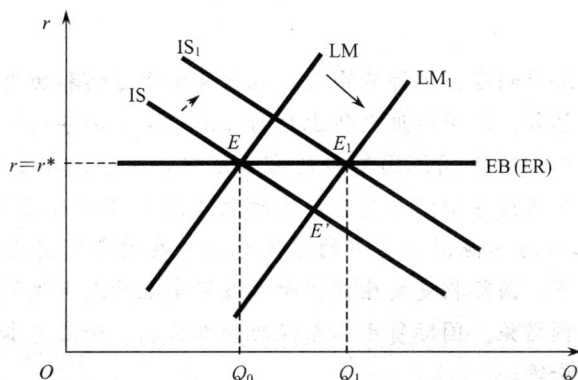

图 10-12　浮动汇率下 M-F 模型中货币政策的效果

直移动到贬值的汇率将需求与产出提高到 E_1 点所表示的水平为止。只有在 E_1 点才有与世界利率水平相适应的商品与货币市场的均衡。货币的扩张以及由此引起的汇率贬值，增加了净出口，改善了经常项目，维持了较高水平的产出和就业。

在固定汇率制下，货币当局不能控制名义货币量，扩张性货币政策只会导致储备的减少和货币量增加的逆转。与固定汇率制相比，在浮动汇率制下，中央银行不进行干预，因此，在外汇市场上，货币量的增加不会出现逆转。所以，在浮动汇率制下，中央银行能够控制货币存量，是该汇率制的一个关键方面。

3. 以邻为壑的政策

本国货币的扩张会引起汇率贬值，净出口增加，从而增加产出和就业。但是本国增加净出口对应着进口国贸易余额的恶化。本国货币的贬值使需求从国外商品转移到本国商品上，国外的产出与就业水平因此下降。这种采取汇率贬值引起的贸易余额的变动被称为以邻为壑政策（beggar-thy-neighbor policy）。这是输出失业，或以损害其余国家来创造本国就业的一种方式。

汇率贬值只是使需求从一个国家转移到另一个国家的主要方式，而不是改变世界总需求水平的方式。当各个国家的经济处于不同周期阶段时，经济衰退的国家实行贬值，将世界需求从处于繁荣阶段（过度就业）的国家转移到它自己的国家。这时汇率调整有助于减少各国对充分就业背离的程度。但是，当各国家经济周期处于同步，世界总需求不是处于正常水平时，汇率调整不能变动世界总需求水平，只是影响既定的世界需求在各国间的分配。

区域性的国家同盟在经历同样冲击时实行汇率调整，只能使需求在其间转移，并且具有以邻为壑的性质。这是欧洲走向货币同盟的原因之一。

个别国家实行汇率贬值，可以吸引世界需求，提高本国产出。如果各个国家都试图贬值，以吸引世界需求，各国会面临竞争性贬值，结果只是在世界各处转移世界需求，而不是增加全世界的支出水平。当世界范围内的总需求处于不正常的水平时，需要协调货币政策与财政政策，而不是通过贬值来提高各个国家的需求与产出。

➤ 本章小结

国际货币体系是汇率制度、国际货币金融机构及由于习惯和历史沿革形成的约定俗成的国际货币秩序的总和。汇率制度大体上分为固定汇率制和浮动汇率制。浮动汇率制是指一国银行不规定本国货币同他国货币的官方汇率，听任汇率由外汇市场自发地决定。从理论上说，只要实行浮动汇率制度，国际收支总是可以自动调整到均衡的状态。固定汇率制度是将本币与其他国家货币的兑换率维持在固定不变比例上的一种汇率制度。在固定汇率制度下，国际收支发生变化时存在汇率上升或下跌的压力，货币当局要维持汇率必须采取干预措施。国际货币体系经历金本位制、金汇兑本位制、布雷顿森林体系和牙买加体系等阶段。

开放经济下的宏观经济政策内容考察浮动汇率和固定汇率条件下宏观政策的作用机制。在固定汇率下，国际收支出现的顺差或逆差，政府通过控制货币供应量进行调整。

消除国际收支顺差，需要运用扩张性货币政策配合紧缩性财政政策；消除国际收支逆差，需要运用紧缩性货币政策配合扩张性财政政策。在浮动汇率下，为达到同样的经济目标，需采取比封闭经济中更大力度的财政政策，货币政策对于利率的作用效果也会减弱。

蒙代尔-弗莱明模型说明的是资本是否自由流动以及不同的汇率制度对一国宏观经济的影响。该模型所分析的经济是一个资本完全流动的小型开放经济，且一般价格是固定的。蒙代尔-弗莱明模型将国内封闭经济的 IS-LM 双重均衡模型扩展为对资本完全流动情况下的开放经济的均衡分析。只有在国内利率等于世界利率即 $r=r^*$ 时，国际收支平衡，在其他任何利率水平，都有大量的资本流动，使国际收支无法达到平衡。这样，中央银行必须进行干预，以维持利率不变。

➤ 关键词

汇率制度（exchange rate system）

对外经济政策（foreign economic policy）

蒙代尔-弗莱明模型（Mundell-Fleming Model）

➤ 思考题

1. 简述国际货币体系的历史演变过程。

2. 在固定汇率制度下，怎样运用财政政策和货币政策来消除国际收支中的逆差和顺差？

3. 在浮动汇率制度下，扩张性财政政策的作用机制如何？这一政策效应的实现机制是怎样的？与封闭经济中有何不同？

4. 在蒙代尔-弗莱明模型中，固定汇率制下的宏观经济政策的作用如何？

第十一章

经济增长理论

　　经济增长理论是宏观经济学中的一个重要组成部分，是在凯恩斯宏观经济学基础上进一步动态化研究的成果。人类对经济增长的研究从经济学建立时就开始了，因此，经济增长理论有古典和现代之分，这里重点介绍现代经济增长理论，主要有哈罗德-多马经济增长模型、新古典经济增长模型、新剑桥经济增长模型以及新经济增长模型。

第一节　经济增长理论概述

　　经济增长理论可以追溯到古典经济学，经济学的奠基人亚当·斯密研究的中心问题实际就是经济增长问题。现代经济增长理论是在凯恩斯主义出现之后形成的，它研究国民收入的长期增长趋势，是国民收入决定理论的长期化与动态化。在这一节中，将对经济增长理论所涉及的最基本的概念，以及经济增长理论发展的概况作一个必要的介绍。

一、经济增长的含义及度量

　　在经济学界，对经济增长的理解并不完全一致。经济增长可以简单地理解为一国生产的产品和劳务总量的增加，即 GDP 的增加。

　　1. 经济增长的含义

　　在现代经济增长理论中，经济增长被定义为：一个国家在一定时期内实际人均产出水平的提高（或人均实际产品和劳务的增加）。经济增长反映着一个国家一定时期生产能力扩张的速度。它的重要意义在于它决定着一定时期一个国家的人民生活水平和这个国家的国力。

　　具体来说，经济增长应包括两个方面的含义：一方面是指一个国家在一定时期内生产的产品和劳务的实际增加量或它们的实际增长率；另一方面是指在一定时期内，一个国家潜在的（或充分就业时的）生产能力的增加。由于生产能力的增长主要取决于一个国家人力资源、自然资源和资本积累的数量和质量及技术水平的高低，因此经济增长也包含着这些决定生产能力的诸因素的扩大和改进。

经济增长两方面的含义应该是一致的，实际的经济增长取决于潜在的生产能力（当然也取决于它的利用程度），而经济增长本身又使潜在生产能力增加。但考察不同国家的实际经济增长，我们发现，有的国家实际的经济增长与潜在生产能力的增加基本一致，有的国家实际经济增长与潜在生产能力的增加并不一致，表现为年均经济增长速度很高，但潜在生产能力增加的速度却较低。一个基本事实是，中国和韩国在20世纪50年代的人均国民生产总值都是50美元左右，中国年均经济增长速度不低于韩国，但经济增长到今天，中国人均生产能力远低于韩国已是不容回避的事实。这促使我们思考，我国传统的经济体制和经济增长方式有可能造成了我国经济增长中无效的增长。

2. 经济增长的度量

在计算经济增长时，一般我们用一定时期内国民生产总值（GNP）、国内生产总值（GDP）或国民收入（NI）来表示。但是为了准确、真实地计算经济增长速度，我们在使用这些经济指标时必须考虑到三个因素的影响。

一是价格因素。我们为了计算真实的经济增长速度，首先必须在使用的经济指标中排除通货膨胀的影响。也就是说，不能用现行的价格指标计算，而要用不变的价格指标计算。这样计算出的才是实际GNP、GDP或NI。

二是人口因素。为了反映人民生活水平的真实变动情况，我们还要将产出的实际增长用当时的人口数量来除，得出人均实际GNP、GDP或NI。

三是生产能力的利用程度。因为在衡量一个国家经济增长速度当中有生产能力的增长和产出增长的差别（时滞或实际差别），所以在表达经济增长速度时不能忽略这种不同。我们如果用生产能力的增长来解释一个国家的经济增长，往往忽略了实际生产当中常常出现的生产能力的闲置或半闲置状态。其实这样的指标往往不能真实地反映一个国家的人民生活水准的提高速度。在生产能力有很大程度的闲置时，生产能力的增长和产出的增长这两个指标会有所不同。这时用实际人均产出来反映经济增长，不能反映出生产能力的增长（这时这个国家的一部分经济增长是潜在的）；用生产能力实际增长来反映经济增长，就不能真实地反映实际产出增长（这时人民生活水准的改善可能得不到真实的反映）。这样，在经济增长统计指标当中还有一个概念，这就是所谓的"潜在的经济增长"，即如果全部生产能力充分利用可能达到的产值增长。

潜在的经济增长能够反映那部分没有得到利用的生产能力所应该提供的经济增长。因为如果一定时期内生产能力不能得到充分利用，那么一部分国民产出就不能被生产出来。换句话说，如果那一部分生产能力不处于闲置状态，这个国家的实际人均产出还应该更高。这部分产出没有被生产出来，不是由于生产能力的扩张不够，而是仅仅由于社会需求不足（或其他原因）。"潜在的经济增长"这个概念表明，人均生产能力提高了，但是由于一部分生产能力得不到利用，人均实际产出可能得不到提高。这部分生产能力表现为：既不能用于生产消费，也不能用于生活消费，即表现为一种"资源浪费"。为了反映这样的指标，有的国家用一定水准的失业率来衡量经济利用生产能力的程度。这个指标越小，表明经济达到其增长潜力的程度就越高。

二、经济增长的决定因素

经济增长是一个复杂的经济和社会现象。影响经济增长的因素很多，正确地认识和估计这些因素对经济增长的贡献，对于理解和认识现实的经济增长和制定促进经济增长的政策是至关重要的。因此，经济增长因素分析就成为现代经济增长理论的重要研究部分，很多西方学者都投入到这一研究中来。

1. 肯德里克的增长因素分析

20 世纪 50 年代以后，发达国家经济增长速度普遍提高。但是作为最具有优势的美国却落在除了英国以外的西欧、日本和原苏联的后面。这引起了美国的关注，并提出了影响经济增长的主要因素。

1961 年约翰·肯德里克（John Kendrick）发表的《美国生产率发展趋势》一文比较集中地反映了他的研究成果。1973 年他又进一步延续他的统计工作，并发表了《美国战后1948～1969 年生产率变化的趋势》。1977 年又发表了《理解生产率：生产率变动动态学导论》。在这些文章中，他对生产率概念进行了重新界定。

一是部分生产率。部分生产率是指产量和某一特定要素投入量的比，如产出-资本比 Y/K、产出-劳动比 Y/L 等。部分生产率只能衡量一段时间内某一特定生产要素的节约，但不能表示生产效率的全部变化，这是因为投入的生产要素结构变化会影响到生产效率的全部变化。

二是全要素生产率。全要素生产率是指产量和全部投入的生产要素量之比，也称为生产率。全部要素生产率是根据科布-道格拉斯生产函数的方法测算出来的。因为土地和资本都是非劳动性生产要素，所以肯德里克把土地归到资本中。这样全部投入的生产要素被简化为资本和劳动两种。

肯德里克认为，经济的增长源有两方面：一是全部生产要素投入量的增长；二是全部生产要素生产率的提高。任何一方的增长或提高都可以带来经济的增长。统计结果反映从 1889 年到 1957 年的 68 年中，美国私人生产部门全部生产要素的增长率每年平均增长 1.7%；而同期实际产值平均每年增长 3.5%。所以这段时期经济增长一半来源于劳动和资本投入量的增加，另一半来源于资本和劳动的生产率的提高。而 1958～1966 年，经济增长的主要贡献是全要素生产率，因为这段时期全部生产要素的生产率提高快于生产要素投入量的增长。

2. 丹尼森对经济增长因素的分析

美国经济学家和统计学家爱德华·丹尼森（Edward Dannison）也把经济增长因素分为两大类：生产要素投入量和生产要素生产率。关于生产要素投入量，丹尼森把经济增长看成是劳动、资本和土地投入的结果，其中土地可以看成是不变的，其他两个则是可变的。关于要素生产率，丹尼森把经济增长看成是产量与投入量之比，即单位投入量的产出量。要素生产率主要取决于资源配置状况、规模经济和知识进展。

具体而言，丹尼森认为，决定经济增长的因素分为七种，而这七种因素又归纳为两大类。一类是生产要素的投入量，有四种因素：就业人数及其年龄、性别构成；包括非全日工作的工人在内的工时数；就业人员的教育年限；资本存量的多少。第二类是要素生产率，有三种因素：资源配置、规模经济、知识的进展。

很显然，第一类因素涉及投入生产过程的生产要素的数量，它们决定着生产规模的大小；而第二类反映生产要素生产率的高低，它们决定着单位生产要素的使用效率。这两方面共同决定一定时期内一国的生产能力的大小，当然也决定总产量的多少。因此经济增长速度的快慢取决于这两个方面。

丹尼森进行经济增长因素分析的目的，就是通过定量的测定，把产量增长率按照各个增长因素所作的贡献，分配到各个增长因素上去，分配的结果用来比较长期经济增长中各个因素的相对重要性。

劳动力增加对经济增长的贡献相当大，其原因可以部分地从经济增长的分解式中得到解释，即劳动的产出弹性相对较大，所以劳动的增长率就有相对大的权重。另一个因素是规模经济，当经济运作的规模扩大时，每单位产量要求的投入更少，这主要是因为在小规模水平上使用技术的经济效率可能不高，但在更大的生产规模上则产生节约，从而带来规模经济效应。

此外，资源配置这一因素对要素生产率增加的贡献也不可忽视。例如，人们从薪水低的工作跳槽到薪水更高的工作，从而导致产量的增加或收入的增长。另一个重要情形是劳动力从农村到城市的就业而引起的生产要素的再配置。

根据丹尼森的分析，知识进展是发达资本主义国家最重要的增长因素。丹尼森所说的知识进展包括的范围很广。它包括技术知识、管理知识的进步和由于采用新的知识而产生的结构和设备的更有效的设计，还包括国内的和国外的有组织的研究、个别研究人员和发明家，或者从简单的观察和经验中得来的知识。丹尼森所说的技术知识，是关于物品的具体性质和如何具体地制造、组合以及使用它们的知识。他认为，技术进步对经济增长的贡献是明显的，但是只把生产率的增长看成大部分是采用新的技术知识的结果则是错误的。他强调管理知识的重要性。管理知识，是指广义的管理技术和企业组织方面的知识。在丹尼森看来，管理和组织知识方面的进步更可能降低生产成本，增加国民收入，因此它对国民收入的贡献比对改善产品物理特性的影响更大。总之，丹尼森认为，技术知识和管理知识进步的重要性是相同的，不能只重视前者而忽视后者。

3. 库兹涅茨对经济增长因素的分析

西蒙·库兹涅茨（Simon Kuznets）对经济增长因素的分析是运用统计分析方法，通过对国民总收入及其组成部分的长期估量、分析与研究进行各国经济增长的比较，从各国经济增长的差异中探索影响经济增长的因素。库兹涅茨在一系列关于经济增长的著作中提出的经济增长的因素主要是知识存量的增加、劳动生产率的提高和结构方面的变化。

第一，知识存量的增长。库兹涅茨认为，随着社会的发展和进步，人类社会迅速增加了技术知识和社会知识的存量，当这种存量被利用的时候，它就成为现代经济高比率的总量增长和迅速的结构变化的源泉。

第二，生产率的提高。库兹涅茨认为，现代经济增长的特征是人均产值的高增长率。为了弄清什么是导致人均产值的高增长率的主要因素，库兹涅茨对劳动投入和资本投入对经济增长的贡献进行了长期分析。他得出的结论是，以人均产值高增长率为特征的现代经济增长的主要原因是劳动生产率的提高。

第三，结构变化。库兹涅茨认为，发达的资本主义国家在它们增长的历史过程中，经济结构转变迅速。发达国家经济增长时期的总体增长和生产结构的转变速度都比它们在现代化以前高得多。库兹涅茨把知识力量因素和生产因素与结构因素联系起来，以强调结构因素对经济增长的影响。不难看出，库兹涅茨对经济增长因素的分析与丹尼森分析的一个不同之处是他重视结构因素对经济增长的贡献。库兹涅茨认为，不发达国家经济结构变动缓慢，结构因素对经济增长的影响比较小。

三、经济增长的类型

经济增长本身是一个客观存在的过程。经济增长的过程表现为各种生产要素、各种资源的组合和配置过程。要素的不同组合方式以及不同要素在经济增长中的不同作用，使经济增长呈现出不同的特征，从而有了不同的经济增长方式。

经济学界对经济增长方式有多种不同的划分，主要有以下几种。

第一，从经营方式或经济增长的效率角度把经济增长方式分为粗放型经济增长和集约型经济增长。粗放型经济增长就是靠大量投入资金、大量使用劳动力、大量消耗原材料和能源来支撑，其结果是高投入、高消耗、低质量，低效益。这种增长方式的特点是：片面追求数量、产值和速度，忽视增长的质量和效益；经济增长靠消耗大量资源，忽视要素生产效率的提高对经济增长的贡献。集约型增长是靠提高活劳动和物化劳动利用率来增加产品的生产量。它更注重生产要素效率的提高，通过增加技术含量对经济增长的贡献来提高生产质量和增加社会效益，其结果是低消耗、高质量、高效益。

第二，从扩大再生产的角度把经济增长方式分为外延型经济增长方式和内涵型经济增长方式。所谓外延型经济增长是指依靠增加生产要素的数量，即依靠增劳动力、增投资、增材料、扩大生产场所来扩大生产规模；所谓内涵型经济增长是指生产规模的扩大是靠技术进步，依靠生产要素的质量，依靠提高社会生产效率而取得的。由于这里所说的外延扩大再生产与粗放型经济增长、内涵扩大再生产与集约型经济再生产有相似之处，因此，有的学者认为外延型与粗放型、内涵型与集约型是可以互用的。

第三，从经济增长方式选择所依赖的主要因素划分，经济增长可以分为资本密集型经济增长和劳动密集型经济增长。

四、经济增长理论的产生与发展

经济增长理论可以追溯到古典经济学。现代西方经济增长理论的形成和发展首先应归功于 20 世纪 30 年代的凯恩斯革命和后凯恩斯主义者对凯恩斯理论的进一步发展，它直接产生于对凯恩斯主义经济学的修正和扩展。

1. 早期经济增长理论

亚当·斯密在其代表作《国富论》里，对经济增长进行了初步探讨，他的增长理论包括以下几个要点：一是经济增长表现为国民财富的增长。斯密把国民财富定义为构成一国全部劳动年产物的一切商品。显然，这一定义具有现代经济学通用的国民生产总值或国民收入的含义。二是国民财富的增长取决于两个条件：劳动生产率的高低和从事生产性劳动人数的多寡。这一思想也许并不深刻，但斯密进一步指出，影响劳动生产率的是分工，从事生产性劳动人数的多寡则和人口的增减有关，但更取决于资本的丰歉。这样，斯密就把经济增长和分工、人口数量以及资本积累联系了起来。三是人口数量的增加会引起劳动数量的增长，从而引起经济增长。除此以外，斯密指出，人口数量对分工也有影响。劳动分工的程度依赖于需求集中的程度，需求集中的程度受人口数量的制约。斯密同时也注意到了人口质量以及与此相关的教育对经济增长的促进作用。

斯密还论证了国外贸易与经济增长的关系。在他看来，国际分工通过自由贸易能促进各国劳动生产力的发展。对外贸易可以使一国的剩余产品实现其价值，从而鼓励人们去改进劳动生产力，努力增加其产量，使国民财富和收入都有所增加。同时，国外贸易还能增进消费者的利益，从而有利于国民经济的增长和发展。

大卫·李嘉图（David Ricardo）是古典经济学的完成者，他对经济增长的看法和斯密有很多共同之处。和斯密一样，他也认为经济增长表现为社会物质财富的增长，也认为社会财富的增长取决于劳动数量的扩大和劳动生产率的提高，也认为资本积累的扩大是国民财富增长的根本原因。与斯密理论的一个明显不同之处在于他对报酬递减律的强调。李嘉图认为，由于土地的数量有限、质量不同，农业生产的报酬是递减的，而这将对国民经济增长起约束作用。虽然生产技术的创新和进步可能抵消或延缓报酬递减趋势，但在所有的土地都被耕种之后，经济增长将逐渐放慢，而且越来越慢，最终进入停滞状态。

在经济增长前景问题上，托马斯·马尔萨斯（Thomas Malthus）似乎比李嘉图更为悲观。他认为，在一些国家里，远在生活资料的获得碰到真正困难，即土地报酬递减律对经济增长的制约发挥作用之前，资本的运用已经受到了限制，资本在相当长的一段时期内处于过剩状态。他将这种过剩状态归结于有效需求不足。

在马尔萨斯的理论中，总需求只包括消费需求，总供给主要来自资本的积累，总需求与总供给的关系也就是总消费与总积累的关系。因此，马尔萨斯关于有效需求的理论，就是关于总收入在二者之间的最佳分配比例的研究。他假定劳动者的工资只能维持生存，全部用于消费。资本积累使资本家和地主等富人阶层的消费或需求减少，这样，新增资本所提供的产品就有一部分找不到市场，总供给就会大于总需求，产品过剩，价格下跌，资本家的利润减少，积累和投资的动机和能力下降，经济出现停滞。根据这种观点，马尔萨斯认为土地、财产和收入的过度集中会降低有效需求，但地产和资本过于分散也不利于农业、工业和商业中的分工和技术创新，因而土地和财产的分散与集中的比例是经济增长中的重要问题。

马尔萨斯关于有效需求不足的分析是后来的凯恩斯革命的前奏。

2. 现代经济增长理论产生的背景

1936 年，凯恩斯《就业、利息与货币通论》的发表标志着西方经济学开始从微观、静态、定量和短期的分析方法的限制中走出来。凯恩斯关于国民收入的总量分析，尽管是短期、静态的，但是他的理论分析方法和提出的一些理论观点却为现代经济增长理论奠定了基础。

现代经济增长理论直接产生于对凯恩斯经济学的修正和扩展，或者是对凯恩斯经济学发展和完善的努力。凯恩斯的就业理论是一种短期分析；他关心的是宏观经济的均衡，不是增长；他的目的在于解决有效需求不足问题；他的理论在短期内可能成立，但是从长期看，他的理论体系很难说明现实经济活动。例如，在短期内，增加投资可以通过乘数原理增加有效需求，但是这里没有考虑储蓄，只强调了投资的作用。从长期看，储蓄还是投资的源泉，当然也是经济增长的源泉。如果不考虑储蓄，只考虑投资，恐怕财政赤字和债务负担终究要影响到经济增长。而且，投资不仅有需求效应，还有供给效应。从需求效应看，投资可以带来总收入和就业的增加；从供给效应看，投资的结果首先是生产能力的增加。在有效需求不足的情况下，生产能力达不到充分利用的程度，如果为了刺激有效需求而增加投资，结果很可能与凯恩斯推论相反：投资的增加—生产能力利用率进一步下降—资本的边际收益递减—投资下降—有效需求进一步下降—需要更多的支出来刺激投资—不断增加净投资—债务负担加重……因此，要研究投资活动的最终影响，必须把凯恩斯宏观经济理论中的短期静态方法转变为长期动态的研究。

第二节　经济增长模型

现代经济增长理论的重点在于研究经济稳定增长的长期条件，也就是在长期内如何达到较低的失业率和通货膨胀率，以及在适当的经济条件下的经济增长率这一目标，注重研究如何控制各种经济变量使其满足稳定增长条件。为了表述、说明各经济变量间的相互关系，经济学家们建立起各自的数学模型来概括经济增长理论。这些模型主要有：哈罗德-多马经济增长模型、新古典经济增长模型、新剑桥经济增长模型及新经济增长模型。

一、哈罗德-多马经济增长模型

哈罗德-多马模型是对凯恩斯总量模型（特别是 $I=S$ 公式）的动态化的结果。由于这个模型先后由英国的罗伊·哈罗德（Roy Harrod）和美国的埃弗西·多马（Evsey Domar）分别独立提出，因而被称为哈罗德-多马模型。

1. 基本假设前提

哈罗德-多马模型的假定前提可以概括如下。

一是储蓄率不变。$\dfrac{S}{Y}=s=$平均储蓄倾向。储蓄率不变意味着储蓄倾向不变，所以储蓄在国民收入中的比重不变：$\dfrac{\Delta S}{\Delta Y}=\dfrac{S}{Y}$。平均储蓄倾向决定着为了实现充分就业必须转化为投资 I 的储蓄 S 的量。

二是资本存量的增长不变。一国资本存量与总收入的比值用 v 表示，则 $\dfrac{K}{Y}=v$，也就是资本-产出比。假定资本存量的增长不变意味着经济增长过程中资本-产出比不变，因此 $\dfrac{\Delta K}{\Delta Y}=\dfrac{K}{Y}=v$ 不变。

还有一些其他的重要假设，如不存在政府干预；封闭的经济，不存在国际贸易；固定资本＋流动资本＝$K=I$，等等。

2. 哈罗德模型

哈罗德的经济增长理论主要内容包括两个方面：一是长期、连续实现充分就业均衡的条件；二是经济增长的不稳定特征。前者涉及三个经济增长率，后者涉及乘数原理和引致投资的关系。

1）哈罗德模型的三个经济增长率

哈罗德的第一个增长率为实际经济增长率：

$$G=\frac{s}{v} \tag{11-1}$$

式中，G 表示一定时间内国民收入的增长率 $\dfrac{\Delta Y}{Y}$；s 是储蓄率（$\dfrac{S}{Y}$）；v 表示资本-产出比，即 $v=\dfrac{\Delta K}{\Delta Y}=\dfrac{K}{Y}$。

在这里式（11-1）实际上是凯恩斯总量均衡基本公式 $I=S$ 的动态化表达，证明如下：因为 $I=S$，于是 $G=\dfrac{\Delta Y}{Y}=\dfrac{S/Y}{I/\Delta Y}=\dfrac{s}{v}$。

可见这个模型在经济增长中反映了实际投资与实际储蓄之间的恒等关系。这里 S 取决于 Y，I 取决于 ΔY，这是经济增长的基本关系，而经济增长率 G 取决于储蓄率 S 与资本-产出比 v 的比值，这被哈罗德称为实际经济增长率。

第二个增长率是有保证的经济增长率：

$$G_w = \frac{s_d}{v_d} \qquad\qquad (11\text{-}2)$$

式中，G_w 表示有保证的经济增长率；s_d 表示人们愿意进行的储蓄率；v_d 表示追求最大利润的厂商所满意的资本-产出率，$\frac{K}{\Delta Y} = \frac{I}{\Delta Y}$。哈罗德假定储蓄者的储蓄意愿总会实现，所以人们愿意进行的储蓄率等于实际储蓄率。由于这时的资本-产出比是资本家所满意的，因此，这时社会上的投资量也是资本家所愿意进行的投资。在这样的投资与储蓄水平下实现的经济增长率是有保证的。

第三个增长率是自然增长率：

$$G_n = n + a \qquad\qquad (11\text{-}3)$$

式中，G_n 表示自然增长率，是指潜在的或最大可能的经济增长率；n 表示劳动力增长率，a 表示技术进步率。哈罗德的"有保证的经济增长率"G_w 只涉及了实现产量增长所需要的资本量问题，不涉及人口增长和技术进步。但是，经济增长的潜力还在于"人口增长和技术进步范围内所允许达到的增长率"。

哈罗德的三个经济增长基本公式之间是什么关系呢？按照哈罗德的认识，假定经济一开始就处于充分就业状态，要长期保持充分就业，实际增长率就必须等于自然增长率：$G = G_n$；如果要维持稳定的经济增长，还必须充分利用生产能力，那么实际增长率就必须等于有保证的增长率：$G = G_w$；如果二者兼而有之，即长期保持充分就业的稳定经济增长（充分发挥潜能的经济增长）就必须使三个增长率都相等：$G = G_n = G_w$。

2）经济增长的不稳定原理

实际上，哈罗德的三个公式在现实中达到相等是很困难的。因为无论是 G 和 G_w 还是 G 与 G_n 之间都不存在内在的联系，它们常常是不相等的。但是一旦有两者之间不能相等，就无法调整到均衡状态，而且二者背离越来越大，其结果不是经济停滞就是长期通货膨胀。这是因为：

从 G 和 G_w 联系来看，如果二者相等（$G_w = G$），在储蓄率一定的情况下，必须有 v_d 等于 v，即资本家满意的资本-产出率＝实际的资本-产出率。但是前者取决于投资者的意愿，后者取决于很多不确定的因素，如利息率、生产要素价格等的影响。在实际经济活动中，市场的变动往往可改变投资者的心理判断。如果投资者主观上感到资本品短缺，或产品需求看好，就会引起投资需求增加，结果必然导致 $G > G_w$；反之，就会减少投资需求，投资不足，将造成 $G < G_w$。

当经济出现 $G > G_w$ 时，意味着 $v < v_d$，即实际的资本-产出率小于资本家满意的资本-产出率。这意味着资本家的资本、存货与增加的产出相比较少，因而会增加实际投资，从而超过计划投资，使收入进一步增加，从而 G 与 G_w 的差距进一步拉大，结果 G 背离 G_w 越来越远，当 s 不足以承受这样的投资需求增长时，经济增长处于通货膨胀状态。

反之，如果实际经济增长率小于有保证的经济增长率，即 $G < G_w$，表明实际投资小于计划投资。资本需求小于资本供给，总产量不能全部售出，存货增加，表现为生产

过剩。在这种情况下，由于成本提高，利润下降，生产进一步收缩。这样，不但原来的经济增长率不能维持，而且由此引起生产能力利用程度进一步降低，因此在相当长时间内不会出现经济增长，生产停滞和生产能力的闲置增加。

哈罗德认为，由于乘数原理和加速原理的共同作用，一旦实际经济增长偏离均衡经济增长，那么非但不能通过市场调节恢复到均衡路线上，反而会偏离均衡路线越来越远，从而形成累积性反均衡运动，即任何高于均衡经济增长的实际增长都会连续加速，任何低于均衡经济增长的实际经济增长都会连续减速。因此，经济增长具有内在的不稳定性。

从 G_w 和 G_n 的联系看，问题就更复杂了。决定 G_w 的两个变量 s_d 和 v_d 取决于微观经济行为，即内生变量；而 G_n 涉及社会、文化水平、教育等多种因素的影响，这两个经济增长率之间不存在内在联系。哈罗德认为，如果 $G_n>G_w$，经济会趋向于长期膨胀，因为这意味着劳动力供给大于劳动力需求，由于劳动力充足，工资趋向于偏低，利润因此会比较高，高利润将刺激投资的不断扩大。这样，企业力图增加资本存量，引起投资需求大于投资供给，资本品供求条件又引起资本品订货迅速增加，于是需求拉动的通货膨胀必然发生。可见，实际增长率大于有保证的增长率（$G>G_w$），则会出现自然增长率大于有保证的增长率（$G_n>G_w$），二者的后果一样，都会引起通货膨胀。

反之，如果自然增长率小于有保证的增长率（$G_n<G_w$），结果会相反，出现停滞和萧条。原因是劳动力供给不足，工资趋向于偏高，利润因此受到影响，低利润率会挫抑企业扩大投资的动力，这又必然减少企业对资本品的需求，资本品订货也会因此而加速减少，结果必然引起生产过剩，进而发生经济停滞和经济萧条。

在哈罗德的模型中，G、G_n 和 G_w 对初始均衡状态的细微背离都会引起越来越背离均衡状态的局面，更严重的是经济中没有内在力量能够使经济自动恢复到均衡状态。这就是著名的哈罗德"不稳定原理"，也被称之为"哈罗德刃锋"，即三个增长率不能有丝毫的背离，只能沿着三者相等的路线前进，就像走在一条像刀刃一样狭窄而危险的路上一样。之所以这样，就是由于加速原理的作用，一旦偏离，就会引发越来越大的背离。

如图 11-1 所示。（a）图中，由于某种原因，有保证的增长率发生了偏差，出现 $G>G_w$。结果订货增加，使实际增长率连续加速，最终导致实际增长率离有保证的增长率越来越远，以至很可能发生通货膨胀。（b）图则相反，如果实际增长率滑落到有保

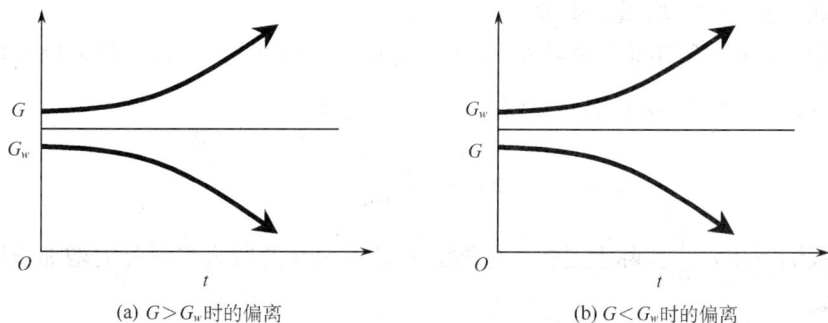

(a) $G>G_w$ 时的偏离　　　　　　(b) $G<G_w$ 时的偏离

图 11-1 哈罗德"不稳定"原理

证的增长率以下，即 $G<G_w$，订货就会有下降倾向，实际增长率因此将进一步下降，发生与有保证的增长率反方向的背离，其结果可能是经济萧条。

可见，动态经济模型与静态经济模型的区别正如哈罗德所说，静态均衡四周包围着向心力，而均衡增长路线四周包围着离心力。

3. 多马模型

多马模型与哈罗德的模型几乎一样，如果说有什么区别的话，那就是哈罗德更强调上一期收入水平变动对本期投资的影响；而多马则更强调本期储蓄完全转化为投资时，本期投资对下一期生产能力的影响。可以说，多马是向前看，而哈罗德是向后看，其实原理都一样。

多马强调投资有双重影响，一是需求效应，净投资通过乘数作用可扩大收入和就业；二是供给效应，投资可增加新的生产能力。多马认为，凯恩斯只强调了前者，而忽略了后者。多马强调投资引起的生产能力的增长，只有在下一期得到充分利用，投资者才愿意增加投资，所以下一期总需求必须与包括了新的生产能力在内的总供给一致。这就是经济增长的基础。

1）生产能力的增长

从供给方面来看，一个收入期的净投资为 I 时，它将导致的生产能力的增长，可以用 I 的潜在社会平均生产率来确定。其公式为

$$\delta = \frac{\Delta Y}{I} \tag{11-4}$$

于是

$$\Delta Y = I\delta \tag{11-5}$$

这个公式说明，一国潜在生产能力等于一定量投资所能增加的生产能力的程度。假定净投资为 70 亿元，投资的潜在社会平均生产率是 0.3，即每一元能增加 0.3 元的生产能力，则一国的总生产能力可达到 21 亿元：$I\delta=70\times0.3=21$ 亿元。

2）总需求的增长

投资对生产能力的影响与对国民收入的影响是不同的。这不仅因为投资可以通过乘数原理使总需求几倍于投资量；还由于在已知的边际储蓄倾向下，国民收入的增加不是投资的函数，而是投资增量的函数。

我们用 ΔY 表示每年总收入增量，ΔI 表示每年投资增量，a 表示任何已知的边际储蓄倾向，所以 $a=\frac{\Delta S}{\Delta Y}$。那么每年总收入增量公式就是

$$\Delta Y = \Delta I\left(\frac{1}{a}\right) \tag{11-6}$$

从公式中我们看出，$\frac{1}{a}$ 实际上是投资乘数。它说明每年总收入绝对量的增加取决于投资增量和乘数。

3）充分就业均衡增长

要使经济处于充分就业均衡状态，必须使总收入的增长等于生产能力的增长。换句

话说，只有总收入与生产能力按同比例增加，才能保持这种状态。前面已经证明每年潜在生产能力的增加量是 $\Delta Y = I\delta$，而每年总收入增加量是 $\Delta Y = \Delta I\left(\dfrac{1}{a}\right)$，由此可以得到充分就业均衡增长公式

$$\Delta I\left(\frac{1}{a}\right) = I\delta \tag{11-7}$$

如果在公式两边都乘以 a 并除以 I，便得到

$$\frac{\Delta I}{I} = a\delta \tag{11-8}$$

这就是多马的经济增长模型公式。这个公式的左边是投资的增长率，右边是边际储蓄倾向与资本效率的乘积。这个公式表明，要保持不断的充分就业，每年的投资就必须按 $a\delta$ 速度增长。

4. 多马模型与哈罗德模型的比较

哈罗德和多马继承凯恩斯有效需求决定均衡国民收入的理论来考察动态均衡的增长问题，所以在建立模型的构思和表述中突出强调需求一方在供求双方趋向平衡中对供给的作用。虽然在表述上略有不同，但是多马模型和哈罗德模型在实质上是一致的。

首先，这两个模型可以统一起来。多马模型指出：当经济实现均衡增长时，$\dfrac{\Delta I}{I} = a\delta$。因为 $a = s$，$\delta = \dfrac{\Delta Y}{I} = \dfrac{1}{v}$，所以

$$a\delta = \frac{s}{v} \tag{11-9}$$

于是

$$\frac{\Delta I}{I} = a\delta = \frac{s}{v} = G \tag{11-10}$$

可以看出，实际上两个模型的增长公式是相等的。据此，人们将哈罗德模型和多马模型合称为哈罗德-多马模型。

不仅如此，多马曾明确指出：符号 δ 表示我们所谓的投资的潜在社会平均生产率。这样，哈罗德模型和多马模型不仅公式可以相互替换，而且同样都包含了"不稳定原理"。

5. 哈罗德-多马经济增长模型的特点

哈罗德-多马模型虽然涉及决定经济增长的包括供求双方的一些主要变量，如劳动力、资本、储蓄、消费及技术进步带来的生产要素生产率的提高，但模型本身并不是解释现实生活中具体的增长情况，而是运用经济分析中动态均衡方法来考察社会经济扩大再生产的动态历程中，能够实现稳定状态的均衡增长需要具备什么条件，以及均衡的量值为多大。

哈罗德-多马模型的积极意义在于，这个模型发展了凯恩斯的短期静态的经济理论，使其长期化、动态化。它强调了资本积累率（储蓄率）在经济增长中的决定性作用，储

蓄不足会造成经济增长瓶颈。该模型也指出了在企业投资不足的时候，国家干预和宏观调控的必要性。另外，模型还提供了观察和分析国家或地区经济增长的方法和工具。在发展中国家的计划工作中，哈罗德-多马模型常被用来制定经济增长目标。例如，预定国民生产总值的年增长率为 7%，确定社会资本-产出率为 3，如果储蓄率能达到 3×7%＝21%，就可以实现预期的经济增长目标。

　　哈罗德-多马模型的突出特点是强调资本积累对经济增长的促进作用。其方法上的一个弱点是，它假定创造一个固定不变的资本-产出比率并假定资本和劳动之间不可替代的关系（例如，固定的生产要素投入比例）。对于一个模型而言这些假设是关键性的，但在现实的经济增长中是不恰当的。这些假设同时也引出了"不稳定原理"，它告诉人们，一个经济最好是在"刃锋"均衡增长中达到平衡。这种性质与现实的经济增长并不一致。因此，该模型的这两个假定后来受到了新古典学派和新剑桥学派的挑战。

二、新古典经济增长模型

　　针对哈罗德-多马模型的弱点，西方经济学家认为哈罗德的结论过于悲观，而且也不符合第二次世界大战后资本主义发展的事实。第二次世界大战以后西方各国的发展经验表明，各国的国民收入虽然有波动，但是并没有出现大起大落的情况。于是一些经济学家提出了不同的经济增长模型，其中最具代表性的是美国的罗伯特·索洛（Robert Solow）提出的新古典经济增长模型。它的最突出的特点是以新古典的价值论和分配论为理论基础的总量分析。

　　索洛认为，哈罗德-多马的关于有保证的增长率与自然的增长率之间的这种根本的对立实质上是来自于下述苛刻的假定的：生产在不变的要素比例的前提下发生。在生产中，劳动对资本不存在替代的可能性。如果这个假定被抛弃，那么，所谓不稳定的平衡的刃锋观念也就烟消云散了。

1. 索洛模型的假设前提

索洛模型的假设前提主要是：

（1）所有商品的价格都完全具有弹性；

（2）资本和劳动力两大生产要素之间存在替代关系；

（3）充分就业均衡是随时可以达到的，实际产出总是和潜在产出相等；

（4）只有一种商品被生产，这种商品既用于消费也用于投资；

（5）储蓄就是投资，储蓄被看做以固定储蓄率决定的当年收入的一部分。

2. 索洛-斯旺模型（Solow-Swan Model）

　　暂时不考虑技术进步，根据边际生产理论，各种生产要素的边际产品价值总和等于总产品价值。因此，总收入是各种生产要素的函数。生产方程式为

$$Y = F(K, L) \tag{11-11}$$

式中，Y 代表实际产出，K 代表资本投入，L 代表劳动投入。假定生产规模收益不变，

这个生产函数就是一个一次齐次函数。

根据式（11-11），我们得到经济增长率的公式为

$$\frac{\Delta Y}{Y} = a\frac{\Delta K}{K} + b\frac{\Delta L}{L} \tag{11-12}$$

式中，$\frac{\Delta Y}{Y}$ 为经济增长率，$\frac{\Delta K}{K}$ 和 $\frac{\Delta L}{L}$ 分别表示资本和劳动的投入增长率，a 和 b 分别代表资本和劳动对总产出的弹性。式（11-12）表明，经济增长率不仅有赖于物质资本和劳动的投入量，而且有赖于各自的产出弹性。有了这个公式，人们就可以通过调节生产要素投入的边际生产力，即调节资本-劳动的配合比例，来调节资本-产出比率，以实现理想的均衡增长。

这一结论由索洛和特雷弗·斯旺（Trevor Swan）在1956年分别独立提出，因此也称为索洛-斯旺模型。该模型通过资本-产出比率可变的新假设和引入市场机制，克服了哈罗德-多马模型中资本-产出比率不变所产生的"刃锋"问题，从而发展了哈罗德-多马模型。

3. 索洛-米德模型

索洛-斯旺模式以技术不变为假定，忽视了技术进步对经济增长的巨大贡献。针对索洛-斯旺模式中的缺陷，索洛在1957年发表了《技术变化和总量生产函数》一文，詹姆斯·米德（Sames Meade）于1961年出版了《一种新古典的经济增长理论》一书，对索洛-斯旺模式做了一些修正和补充，在模式中引入了技术进步和时间因素，从而将其发展为索洛-米德模型。

索洛仍以总量生产函数进行分析，但是他在生产函数中增加了一个因子，即技术变化。所谓技术变化，是生产函数任意一种形式变动的简称，经济的加速和减速、劳动力教育质量的改进、各种各样使生产函数变动的因素，都可以归入"技术变化"之中。可见，技术变化是随时间变化而使总量生产函数发生变化的各种因素，它包括技术进步、教育和劳动力素质的改善、体现着技术进步的新设备的生产率提高、生产的组织和管理的改良、规模经济等内容。而且，这种技术变化是体现在资本存量和劳动力质量中的。所以，在索洛的模式中，技术变化作为一个单项独立存在，记为 $A(t)$。

在建立经济增长模式之前，索洛重新假定：①生产要素的收入（价格）等于它们的边际产品（生产力）。这一假定体现了新古典经济学的原理，意味着资本-产出比是可变的，并且可以通过它的变化来改变资本和劳动的收益（价格），从而使资本和劳动的配合比例得到调整。②总量生产函数的变化是线性的。③技术变化是"中性"的。所谓"中性技术"，是指技术进步使产出水平提高了，但并不改变资本和劳动的边际替代率，即资本-劳动比不随技术进步发生变动，因而产出以规模收益不变、总量生产函数线性变化来增长。

在这些假定的基础上，索洛建立了一个技术进步条件下的新古典生产函数

$$Y = A(t)F(K,L) \tag{11-13}$$

式中，Y 代表总产量，K、L 代表资本和劳动要素投入，乘数因子 $A(t)$ 用来度量技术进步随

时间变动的累积效果。

根据上式，可以得到经济增长模型

$$\frac{\Delta Y}{Y} = \alpha \frac{\Delta K}{K} + \beta \frac{\Delta L}{L} + \frac{\Delta A}{A} \tag{11-14}$$

这就是简化了的索洛-米德模型。它表明，经济增长率取决于资本和劳动的增长率、资本和劳动各自的产出弹性，以及随时间变化的技术变化。很明显，它与索洛-斯旺模型的区别在于强调了技术进步对经济增长所起的作用，因而发展了前者。

4. 索洛余值

把式（11-14）简单变形，我们得到

$$\frac{\Delta A}{A} = \frac{\Delta Y}{Y} - \alpha \frac{\Delta K}{K} - \beta \frac{\Delta L}{L} \tag{11-15}$$

这就是技术进步的度量，也就是所谓的"索洛余值"。在 1957 年的论文《技术变化和总量生产函数》中，按照这样的等式逻辑，索洛对美国 1909～1949 年 GDP 进行了估计。结果他发现：这段时期美国平均 GDP 年增长率 $\frac{\Delta Y}{Y}$ 为 2.9%，其中 0.32% 是资本积累 $\alpha \frac{\Delta K}{K}$ 的贡献，1.09% 是来自劳动投入增加 $\beta \frac{\Delta L}{L}$，而其余的 1.49% 可以归功于技术进步 $\frac{\Delta A}{A}$。

但索洛的技术进步 $\frac{\Delta A}{A}$ 是外生因素，因为在索洛模型中，技术水平是给定的，因而是可以不考虑的因素。这是索洛模型的一个明显弱点，也是后来引起很大争议的问题。尽管存在致命的"内生化"问题，但是"索洛余值"的意义还是受到了西方经济学界的高度重视。正如很多人说的，索洛余值"衡量了我们忽略的东西"。

5. 新古典经济增长模型的特点

根据以上的分析我们可以看出，新古典经济增长模式在很大程度上补充、发展了哈罗德-多马模式，使新的模式不仅体现了凯恩斯经济学原理，而且渗入了新古典经济学关于经济增长的基本思想。总的来说，其特点有以下几个方面。

（1）假定生产要素具有相互替代性，使资本-产出比由固定不变成为可变。

（2）强调了市场机制对经济增长的调节作用，即资本和劳务的价格受市场上供需关系的影响，价格的变化会影响资本和劳务投入的多少，从而可以改变生产的要素结构。

（3）说明了经济增长过程中的收入分配趋势，资本投入的增加使资本边际生产率递减，从而利润率下降，而劳动投入的减少使劳动边际生产率相对增加，从而工资收益率上升，因而，收入分配有利于工人而不利于资本家。

（4）突破了"资本积累是经济增长的决定因素"观点在经济增长理论中长期占有的统治地位，第一次提出了"技术进步对经济增长具有最重要贡献"的观点，并且把技术进步因素单独立项，作为经济增长因素中最有意义、贡献最大的一个因素来分析，其意义是空前的。它引导人们开始重视技术进步、人力资源开发和企业家阶层的形成对经济发展的作用。

三、新剑桥学派的经济增长模型

新古典增长模型从 20 世纪 60 年代到 80 年代中期一直在经济增长的研究中占据主导地位，在这一期间，许多研究都是用数据分析来验证新古典增长理论的结论和推论。然而，新古典增长理论假定经济中的生产函数具有规模报酬不变的性质，即投入增加一倍，产出也相应增加一倍，这一假定往往与事实不符。此外，在新古典增长理论中，经济增长率是外生的，而许多西方经济学者认为，增长率的外生化是新古典增长理论最主要的缺陷。针对这些缺点，新剑桥学派提出了新的经济增长模型。

1. 基本假定与经济增长公式

新剑桥学派是以"两阶级模型"来分析经济增长规律的。在这个模型中，包含以下几个基本假定：

(1) 一个国家或一个经济中，只有两个阶级：资本家和工人；

(2) 资本家的收入完全来自利润(P)，工人的收入完全来自工资(W)；

(3) 每个阶级分别有固定的储蓄率，并且资本家的储蓄率(S_P)大于工人的储蓄率(S_W)，工人的储蓄率很小，几乎接近于零($S_P > S_W$，S_W 几乎为 0)；

(4) 长期内经济趋于充分就业均衡。

设国民收入为 Y，则有

$$Y = P + W \tag{11-16}$$

由于全社会只有两个阶级，所以整个经济的总储蓄为

$$S = P \cdot S_P + W \cdot S_W \tag{11-17}$$

于是全社会的储蓄率为

$$s = \frac{S}{Y} = \frac{P}{Y} \cdot S_P + \frac{W}{Y} \cdot S_W \tag{11-18}$$

即社会储蓄率等于两个阶级的收入份额与他们各自的储蓄率的乘积之和。其含义是：当资本-产出比 v 已定时，可以通过调整储蓄率 s 来实现经济的稳定增长$\left(G = \frac{s}{v}\right)$。而储蓄率的调整可以通过改变利润在国民收入中的比例$\frac{P}{Y}$或工资在国民收入中的比例$\frac{W}{Y}$来实现。这充分体现了新剑桥学派关于经济增长的基本观点：经济增长与收入分配密切相关。

进一步分析，经济增长率为 G，资本存量为 K，那么如果工人的储蓄率 $S_W = 0$，则

$$s = \frac{P}{Y} \cdot S_P \tag{11-19}$$

于是

$$G = \frac{s}{v} = \frac{P}{Y} \cdot S_P \cdot \frac{Y}{K} = \frac{P}{K} \cdot S_P \tag{11-20}$$

这就是经济增长的剑桥公式，它是以哈罗德-多马模式的经济增长率为基础得到的。式（11-20）表明经济增长取决于利润率和资本家储蓄倾向。这个公式的意义在于：

（1）通过资本家的储蓄倾向，建立了利润率与经济增长之间的正比关系；

（2）长期均衡经济增长可以通过调节分配以改变利润率来实现；

（3）只有资本家阶级的储蓄行为对经济增长具有绝对意义，"另一个阶级的储蓄倾向对经济增长几乎没有影响"（后来帕西涅迪进一步论证了即使工人阶级储蓄 S_W 不等于零，但由于 $S_W < S_P$，因此对经济增长产生决定性影响的还是资本家阶级的储蓄倾向 S_P）。

2. 罗宾逊的资本积累模型

琼·罗宾逊（Joan Robinson）在《资本积累》和《论经济增长理论》中系统地研究了经济增长与利润率之间的关系。她认为资本积累，从而经济增长的主要机制不在于调节 $\frac{K}{L}$，而是要调节利润率。她说，新古典用 $\frac{K}{L}$ 的提高和人均资本不变条件下（$\frac{K}{L}$ 不变）资本使用量扩大等概念毫无用处，凯恩斯的"资本家的动物精神"也不行。资本积累并非人的天性，而是一种社会行为。企业投资决策直接根源于其生存和发展的机制（这就是竞争精神）。所以在其他条件不变的情况下，资本积累主要取决于利润率。

1）资本积累与利润率的关系

由于投资越多利润率越高，所以投资或资本积累决定利润率。反过来预期利润率会通过影响投资决策而影响资本积累。一般的规律是：过去的投资决定现在的利润率，现在的利润率又影响企业家对未来利润率的预期，而未来利润率的预期直接影响现在的投资决策。如果预期利润率等于可实现的利润率，则投资量为使经济稳定增长所需要的数量；如果二者不相等，经济增长就会出现波动。

2）罗宾逊的经济增长模型

图 11-2 中横轴为资本积累率和经济增长率；纵轴是利润率。线 A 为可实现利润率曲线，表示对应各种可能的资本积累率可实现的利润率（根据剑桥公式，它是一条直线，其斜率等于 S_K）；曲线 I 是资本积累函数线，表示对应各种不同预期利润率可能的计划资本积累率，其凹状表明连续增加积累需要更大的利润率来引致。

图中 F 和 E 是两个均衡点。其中 F 点是一个非稳定均衡点。当经济位于 X 点时，利润率预期所引致的计划资本积累会大于生产该利润水平所需的资本积累，其结果是资本积累增长导致经济增长。如果经济位于 Q 点，利润率预期所引致的计划资本积累小于生产该利润水平所需的资本积累，结果就是经济萧条。只有 E 点决定了理想的资本积累率和经济增长率。

罗宾逊认为，利润率的变动不是无限的，而且对资本积累的影响也是有限的。利润率变动有一个有效区间，资本家可能接受的最低利润率是由企业的垄断程度决定的，而利润率的最高限度是由现存分配关系决定的。罗宾逊称之为"通货膨胀关口"。利润率

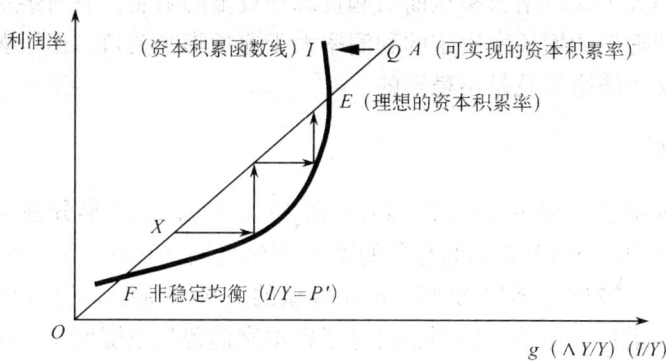

图 11-2　罗宾逊的经济增长模型

实际变动范围只能限于这两者之间。

考虑到利润率变动的有效区间，对图 11-2 的修正如图 11-3 所示。图 11-3 中，最高 r 是资本家所能接受的最低利润率；最低 r 是由分配关系所容许的最高利润率。

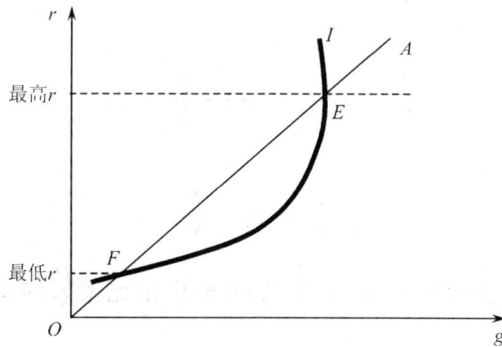

图 11-3　罗宾逊的修正模型

罗宾逊认为有两种增长率，一种是通过利润率引致的资本积累（投资）达到的理想资本积累率。另一种是可能的经济增长率，即由技术进步和劳动力增长所决定的增长率，也称自然增长率。罗宾逊认为，如果可能的增长率＝理想的增长率，经济就会出现增长的"黄金时代"。在这种情况下：①工资与劳动产出率（Y/L）同步增长；②技术进步。技术进步可划分为两种：一是由新发明引起创新；二是由分配关系引致的资本深化即 K/L 提高。这两种技术进步都会使经济中的不稳定因素增加。罗宾逊认为，只有中性技术进步才能使经济保持稳定的经济增长。

在资本积累中，如果利润中消费为零，那么适合经济增长的资本存量全部用于吸收劳动就业，因此是最佳经济增长，即黄金时代。但是在现实中，由于很多因素的作用，黄金时代很难达到。于是经济可能达到弱黄金时代，即适合于经济增长的资本存量不足以吸收全部劳动力就业。在这种情况下，失业的存在使马尔萨斯机制起作用，促使人口减少，最终经济能够实现理想的增长率。有时经济可能达到"受约束的黄金时代"，即理想的资本积累率大于人口增长率从而引起资源和资金的限制。有时经济还可能达到一种伪黄金时代，即理想的增长率决定的利润率大于通货膨胀关口。由于黄金时代很难达到，那么资本主义经济增长总是不稳定的。

3. 卡尔多模型

尼古拉斯·卡尔多（Nicholoas Kaldov）在 1957 年和 1962 年分别论述过两阶级的经济增长模型。其中，在 1962 年他与詹姆斯·米尔里斯（James Mirrlees）合作提出的模型更具有代表性，被称为 KM 模型。KM 模型的关键特征是，储蓄率可以灵活变化以得到稳定的经济增长。另外，模型还讨论了资本家消费与投资对于经济增长的影响。

1）基本公式

根据式（11-17）$S = P \cdot S_P + W \cdot S_W$，又因为 $Y = W + P$，$W = Y - P$，则有

$$S = S_W \cdot (Y - P) + S_P \cdot P$$
$$S = (S_P - S_W) \cdot P + S_W \cdot Y$$

公式两边都除以 Y，得到

$$\frac{S}{Y} = (S_P - S_W) \cdot \frac{P}{Y} + S_W$$

如果 $S = I$，则

$$\frac{I}{Y} = (S_P - S_W) \cdot \frac{P}{Y} + S_W$$

假定 $S_W = 0$，则

$$\frac{I}{Y} = S_P \cdot \frac{P}{Y} \tag{11-21}$$

式（11-21）表明，投资-产出比率 $\frac{I}{Y}$ 是利润-产出比率 $\frac{P}{Y}$ 的函数。这意味着当经济不平衡时，可以通过调节 $\frac{P}{Y}$ 来改变 $\frac{I}{Y}$。具体来说就是：当投资率 $\frac{I}{Y}$ 高于充分就业水平时，可以通过降低利润率 $\frac{P}{Y}$ 来促使经济达到均衡；反过来，当投资率低于充分就业水平时，可以通过提高利润率促进经济达到均衡。

根据这个推断，我们可以通过直接改变分配的办法来达到调节投资率的目的。因为在正常情况下，价格水平的变动取决于总需求，所以如果使投资率提高，则总需求增大，于是价格水平提高；而总价格水平的提高意味着工人实际工资和实际消费的下降（$\frac{W}{Y} \downarrow$）以及利润率的提高（$\frac{P}{Y} \uparrow$）。

2）资本家消费的调节

根据式（11-21），假定工人不储蓄，$S_W = 0$，那么，$\frac{I}{Y} = S_P \cdot \frac{P}{Y}$，所以有

$$I = S_P \cdot P$$
$$P = \frac{1}{S_P} \cdot I \tag{11-22}$$

式 (11-22) 中的 $\frac{1}{S_P}$ 是投资乘数，也就是支出乘数 K_I，它实际上等于 $\frac{1}{1-\text{MPS}}$ （MPC 是资本家的边际消费倾向）。这就意味着资本家边际消费倾向越大，乘数 $\frac{1}{1-\text{MPS}}$ 就越大，资本家得到的利润就会越多。因此通过刺激资本家消费，能够提高利润，而利润的提高又能够刺激投资的扩大；反之，减少资本家消费也能够减少投资。在经济处于不均衡状态时，对资本家边际消费倾向的调节可以得到恢复平衡的目的。当 $\frac{S}{Y}$ > $\frac{I}{Y}$ 时，增加 MPC 使得投资乘数 $\frac{1}{S_P}$ 提高，促进利润上升，于是 $\frac{I}{Y}$ 会提高。当 $\frac{S}{Y}$ < $\frac{I}{Y}$ 时，可以减少 MPC，促使 $\frac{1}{S_P}$ 下降，从而利润减少，则 $\frac{I}{Y}$ 会下降。

这种调节和对分配的调节一样可通过价格的变动实现。因为当 $\frac{S}{Y}$ > $\frac{I}{Y}$ 时，意味着总需求不足，商品市场价格会因此而下降，MPC 会因此而提高，于是投资乘数 $\frac{1}{S_P}$ 提高，引起利润提高，从而促进 $\frac{I}{Y}$ 提高，反之则 $\frac{I}{Y}$ 下降。

如果把以上两点综合起来，我们看到，由于特殊的分配关系，资本家增加投资和消费都能够增加资本家获得的利润，这正好应了卡莱茨基的一句名言："资本家得到他们所花掉的，工人花掉他们所得到的。"

这样，通过以上调节机制，使哈罗德-多马模型 $G=\frac{s}{v}$ 中的 $s\left(=\frac{S}{Y}\right)$ 成为可变的变量，于是实际经济增长率可以调节到均衡经济增长率水平，"刃锋问题"得到解决。

4. 新剑桥学派与新古典综合派的比较

与索洛模型相比可以看出，索洛模型说明了当经济增长处于不均衡状态时，市场对 K 和 L 价格的影响会使投资者改变 $\frac{K}{Y}$ （生产的技术条件），从而达到调节哈罗德-多马模型 $G=\frac{s}{v}$ 中 $v\left(=\frac{K}{Y}\right)$ 的作用；而罗宾逊和卡尔多模型通过说明资本积累与利润率的关系，找到了调节哈罗德-多马模型中 s 的机制。

总的来说，新剑桥增长模式把经济增长与收入分配结合起来，说明了经济增长中收入分配的变化趋势以及收入分配关系对经济增长的影响，从而得到与新古典综合派完全不同的结论。其主要观点有以下几种。

第一，在经济增长中收入分配有利于资本家而不利于工人。经济增长中收入分配的趋势是：利润在国民收入中的比重越来越大，工资在国民收入中的比重越来越小。这样，经济增长会加剧资本主义社会中利润和工资收入分配比例的失调。这一结论与新古典综合派关于经济增长过程中利润率下降（因为利润率取决于资本边际生产力，随着资本投入增加，资本边际生产力递减）、工资率将上升（因为资本-劳动比提高，劳动投入相对减少）的观点是完全相反的。

第二，经济增长加剧了收入分配的比例失调，收入分配比例失调反过来又影响了经济增长，并引起了资本主义的经济和社会问题。这一结论与新古典综合派认为经济问题根源于有效需求不足的观点大相径庭。

第三，要解决资本主义的经济与社会问题，根本的途径不是实现经济持续高速增长，而是实现收入分配的均等化。这一结论与新古典综合派提出的用经济增长来解决资本主义社会问题的观点和途径也大不相同。

第四，要实现经济稳定、均衡地增长，根本的办法不是调节资本-产出比或促进技术进步（如新古典综合派倡导的那样），而是调节储蓄率，即调整资本收入（利润）和劳动收入（工资）在国民收入分配中的比例。

四、新经济增长模型

20 世纪 80 年代经验研究的一些新发现促使了对索洛模型的修正，结果导致"新经济增长理论"的产生。因此，有人称索洛模型为"旧古典模型"，而称新经济增长模型为"新古典模型"。新增长理论最有代表性的经济学家就是罗默和卢卡斯。

1. 扩展的新古典模型

美国经济学家罗伯特·卢卡斯和保罗·罗默（Paul Romer）等提出在索洛模型的基础上加入人力资本的考虑。这样，资本的概念就应该有广义和狭义之分。广义资本包括物质资本和人力资本；狭义资本是指物质资本。当把人力资本加入模型，生产函数方程式变成

$$Y = K^\alpha H^\beta (AL)^{1-\alpha-\beta} \quad (\alpha+\beta<1) \tag{11-23}$$

式中，H 表示人力资本的存量。$\alpha+\beta<1$ 说明广义资本的规模报酬递减。资本比重的大小决定着生产函数，从而决定着报酬递减的速度。

扩展索洛模型的结果，加入了人力资本存量，经济向稳定状态过渡的过程更加缓慢了。国际上大多数国家之间的生活水平的差异都能用人力资本和物质资本的积累程度的差异来解释。但问题是，K 和 H 的指数相加的和小于 1，因此这个模型不是经济增长内生化模型，人均收入将按照外生决定的技术进步的速度增长。这表明，扩展的经济增长模型虽然能够解释不同国家之间生活水平的差异，但是仍然不能说明经济持续增长的原因。

2. 内生经济增长理论

1986 年，罗默发表的《报酬递增和长期经济增长》，开始了新经济增长理论的研究。他试图用新技术对经济增长的影响说明经济增长的内生性。罗默模型主要显示个别厂商发明的新知识如何"对其他厂商的生产可能区间产生一个正的外部效应，因为知识技术是不能完全专利化加以保护或永远不为人知的"，这就是新知识的"溢出效应"，也被称为新知识的"外部性"。新知识的"溢出效应"使得单个厂商资本存量的增加能够造成厂商知识存量的增加，而单个厂商知识存量增加可以造成整个经济整体知识水平的

提高。

1）单个厂商生产方程式与经济增长

对于单个厂商而言，加入新知识因素后，生产方程式（生产函数）可以写成这样：

$$Y_j = f(K_j, A_j L_j) \tag{11-24}$$

式中，A_j 表示单个厂商可获得知识量的指数。由于溢出效应，每个厂商技术水平 A_j 的变化和整个经济知识水平保持一致，并随着总资本存量 K 的变化而成比例地变化。如果用总资本存量 K 替换式(11-24)中的 A_j，式(11-24)便可以写成

$$Y_j = f(K_j, K L_j) \tag{11-25}$$

这个公式就是单个厂商 j 的生产方程式。它表示：如果所有厂商的生产力都具有正外溢效应，单个厂商各自扩张企业资本 K_j 的结果使整个经济的总资本存量上升。如果总劳动力存量 L 给定，那么，当总资本存量 K 与各个单个厂商的资本存量 K_j 一起上升时，整个经济总资本增加将会报酬不变。如果总劳动力存量 L 随着总资本存量 K 以相同比值增加，产出增长将大于这个比值。例如，K 和 L 投入增长两倍，那么产出增长就大于两倍。原因就在于知识成为生产方程式中的一个重要因素。这就是说，由于知识这个重要因素带来了边际产出递增的生产力，整个经济就在规模报酬递增条件下增长。

2）AK 模型：一个总量新经济增长模型

知识作为推动经济增长的动力，是体现在物质资本上还是体现在人力资本上，对此不同的经济学家有不同的看法。例如，罗默比较强调新知识与物质资本的联系；而卢卡斯的模型就表现出推动经济增长的主要动力是人力资本的积累。卢卡斯认为国家与国家之间社会水准差异的主要原因就是人力资本的差异。但是不管怎样，广义资本的概念包含了人力资本。

AK 模型是最简单的内生经济增长模型。假定技术水平 A 总是一个正数，人口增长率为零，广义资本（物质资本＋人力资本）是决定生产的唯一要素，那么产出水平就和广义资本存量成比例。假定资本的边际产出固定，永远是 A，人力资本与物质资本比例（人力资本/物质资本）固定，那么 AK 模型即

$$Y = AK \tag{11-26}$$

这个模型说明，如果不考虑人口因素，一个国家的收入水平是由技术水平和广义资本决定的。

假设所有的储蓄都被用于投资，那么资本积累就是

$$\dot{K} = sY - \delta K = sAK - \delta K \tag{11-27}$$

公式中的 $\dot{K}$ 代表资本积累率；sY 代表储蓄率；δ 是资本存量的折旧率；δK 就是资本折旧量。显然式（11-27）表明，当储蓄全部用于投资时，资本积累的速度就等于净投资增长率，也等于净技术水平和广义资本决定的收入增长率。我们调整式（11-27），又得到

$$\frac{\dot{K}}{K} = sA - \delta \tag{11-28}$$

因为式（11-28）表明产出水平 Y 是与社会总资本存量 K 成比例的，所以我们得到产出增长率的公式

$$g = \frac{Y}{Y} = sA - \delta \qquad\qquad (11\text{-}29)$$

式 (11-29) 表明,经济增长速度是投资率和技术水平的递增函数。只要 $sA > \delta$,即使没有外生的技术进步,经济也会持续增长。如果人口数量不变,式(11-29)则表明人均收入水平也是投资和技术水平的递增函数。因此,提高投资率和提高基础技术水平的政府政策就是加快经济增长速度的政策。AK 模型可以用图 11-4 说明。

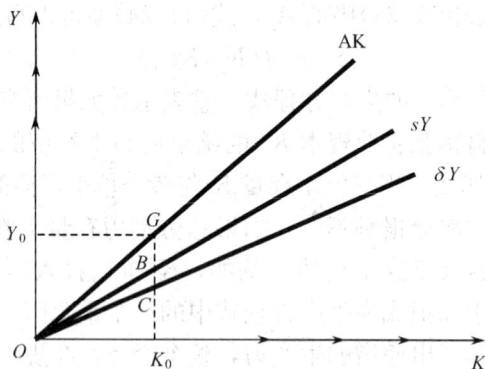

图 11-4 自发增长的 AK 模型

图 11-4 显示,如果经济开始时位于 G 点,并有资本存量 K_0,总产出水平为 Y_0,那么可以看出与 B 点对应的总投资大于 C 点对应的总折旧,所以资本存量将持续累积地增加。

3. AK 模型的发展

在 AK 模型中知识水平的增长因素是一个需要说明的问题。罗默提出一个技术水平真正内生化的模型,这个模型是建立在三个假设前提基础上的。

(1)经济增长的基本推动力是技术变动。技术变动是指生产过程中把生产要素转化为产出的知识技能的改进。

(2)技术变动是内生决定的,是由经济部门内部在受到利益刺激下的故意行为决定的。

(3)知识或思想是指"作为研究新思想的成本一旦投入,以后这些新思想就可以不费成本地重复使用"。因此一个企业或个人对它的使用不妨碍其他企业或个人对它的使用性。

事实上,新思想也会具有部分排他性,产品(新思想)的所有者可以通过一定的手段阻止那些没有付费的经济主体使用它。罗默说:"排他性是技术和法律体系的一个函数。"

这三个假设前提有两个重要意义:一是人均知识可以无限积累,因为新思想可以不费成本地重复使用;二是新知识的创造必然涉及利益溢出(外部性),因为新思想具有不完全排他性。以新思想为特征的经济具有"无限"发展和"不完全排他性",这两个特征表明，"产出水平不可能对于所有投入生产的生产要素总能保持总体规模报酬不变"。这实际上是肯定了规模报酬递增的存在和不完全竞争的现实性。

1995 年罗默完全放弃了他以前把技术作为一种公共产品的假设，认为这实际上是索洛模型的缺陷。他在新模型中把技术看做一种受私人控制的东西，因而技术具有某种程度的独占性和排他性。这样，技术进步就成为直接影响投资决策的内生因素。

新古典理论在解释不同国家之间的差距时强调物质差距（object gaps），而新经济增长理论则强调思想差距（idea gaps）。因此在新经济增长理论家看来，不同国家生活水平差距的主要根源在于由技术差异引起的生产力力差距。那些把自己孤立于思想自由流动潮流之外的国家面临经济停滞；而开放贸易政策有助于创新和经济增长，因为市场越大，对发展新思想的激励越大。

第三节　经济增长的极限

第二次世界大战后西方发达国家所经历的经济增长的"黄金时代"，一方面给这些国家带来了经济繁荣，另一方面也带来了严重的环境恶化、资源浩劫和贫富差别等一系列世界难题。1969 年，由富尔克斯瓦根基金资助、多尼拉·梅多斯（Doneua Meadows）指导的一个国际小组承担了罗马俱乐部的"关于人类困境研究计划"。这项研究的报告《增长的极限》公开出版后，引起很大震动并受到广泛关注。

一、增长的极限

《增长的极限》仔细研究了人类面临的影响经济增长的五大基本因素——人口、农业生产、自然资源、工业生产和环境污染，得出的结论是："如果世界人口、工业化、污染、粮食生产以及资源消耗按现在的增长趋势继续不变，这个星球上的经济增长就会在今后一百年内达到极限。最可能的结果是人口和工业生产能力这两方面出现颇为突然的、无法控制的衰退或下降。"根据五大基本因素与经济增长速度之间的关系，这篇报告中提出了一个推断上述结论的"世界模型"，这一模型表明，"假设在目前的制度没有重大改变的条件下，人口和工业的增长肯定最迟会在下一个世纪（21 世纪）以内停止"。

二、世界模型

为了了解人类社会经济增长的原因、增长的限度以及达到这些限度时人类社会经济系统的运转状况，世界模型描绘了人、粮食、投资、损耗、资源、产量之间的基本关系。

梅多斯等采取了四个主要步骤构建世界模型。第一，列出五个因素之间的重要因果关系，并找出反馈环路的结构；第二，用全球性资料把各种关系尽可能精确地用数量表示；第三，计算所有这些关系在一定时期内同时发生的作用，找出对全球系统作用最关键的因素；第四，检验目前为提高或改变全球系统作用的各种政策影响。在这四个步骤的工作基础上，梅多斯等得出了有关世界模型的标准运算图。

所谓"标准的"世界模型运算，是指在一些假设下计算出的各种因素的运动趋势。它假设历史上曾支配世界系统发展的那些物质的、经济的或社会的关系不发生重大改变的前提下，按照1900~1970年的历史资料计算各个变量。这个模型表明：粮食、工业产量和人口以指数增长，直至迅速减少的资源基础使工业增长不得不降下来。由于系统中的"自然延迟"，人口和污染在工业化的高峰以后继续增加一个时期。最后，粮食和医药服务减少导致死亡率上升，人口增长终于停止。

模型中各种指标大致与历史情况相符。其中人口从1900年的16亿增加到1970年的35亿，特别是1940年以后人口增长率提高加快；工业产量、粮食和人均服务以指数增长；而资源基数却在下降，1970年只是1900年的95%，而且此后因人口和工业生产的增长而急剧下降。梅多斯等认为这是一个过度发展和衰退的系统。按照这样的趋势发展，在2100年以前增长就会受到阻碍。

那么，假如由于工艺学方面的新发现或进步能够使资源数量增加一倍，世界模型会是什么样呢？在这样的假设下作出的世界模型是这样的：新的世界模型把1900年的资源储藏量增加了一倍，其他的指标和原来的一样。这样与前一个模型相比，资源不会那么快就消耗光。但是，"资源仍然消耗得厉害，尽管可以得到的数量增加了一倍，只因工业方面几年的指数增长就足以用掉那些增加的资源。因此，一旦资本集约的农业不可能进行，工业产量就减少，粮食生产又一次下降。这一次的运算中工业增长得足以使环境的自然吸收能力负荷过重。这样，死亡率由于污染和粮食缺乏而上升"。如此看来，世界系统如果没有控制和改善五个基本指标的能力，人类经济活动迟早要不可避免地达到极限。

三、技术进步与增长的极限

人类能不能通过技术进步来克服以上五个基本因素对经济增长的限制呢？梅多斯等的答案是否定的。虽然以往300年中，人类以一系列惊人的技术进步，明显加强了对人口和经济增长的限制，使人们对技术进步抱以乐观的态度。但是如果联系模型中的五个因素分析，就会发现技术进步并不能解决问题。

首先，即使人类能够以新技术，比如原子能，解决世界的资源问题，但是就像第二个世界模型一样，其他因素的增长趋势仍然会使世界系统走向增长的极限。因为"无限的"资源在世界系统中不是维持增长的关键。

其次，越来越多资源的消耗，只会带来越来越严重的污染。即使先进的技术能够控制工业污染，然而大规模安装污染控制装置会遇到技术上和经济上的限制。例如，一所糖厂减少污染的费用取决于清除有机废物的多少，清除全部废物要比仅从污水中去掉30%的废物多花100倍的费用。再如核动力的使用可能使矿物燃料消耗带来的污染，如二氧化碳和二氧化硫减少，但放射物质的污染却会增多。

最后，技术进步对于提高单位土地粮食产量的可能性是存在的。那么如果在能够解决污染和资源问题的情况下，先进的技术又能使平均土地产量增加一倍，能不能消除粮食危机？答案是仍然不能。因为这三种限制的消除会使人口和工业增长达到更高的水平，污染还会增加。而且土地过度（集约）地使用将导致土壤的腐蚀，粮食产量最终还是要降低。

可见人口和资本的增长如果不受以上因素的限制，很快就会在指数增长趋势的推动下达到增长的极限。而这两个因素的增长不但不受技术进步的限制，反而被技术进步推动。即使新技术和年龄控制能够使生殖率下降，但是由于资源和粮食的增加、污染的减少，人口和资本还会继续增长。这表明技术进步对于控制世界模型中的基本问题没有效果。

四、有计划地抑制增长

如何避免人类面临的增长危机？唯一的办法就是抑制人口和经济增长的速度。这两项指标要控制在什么程度上才能达到避免危机的目的？答案很简单：在世界系统中只要使反馈环路的正反两边相等就行了。具体而言，正负两种反馈环路的平衡要求人口中的每年出生率等于死亡率、工业投资率等于损耗率。如果饮食和医药的改善使死亡率大大下降，那么我们就必须想办法控制人口出生率，使出生率也下降到与死亡率相等的水平。

如果人类经济在相当长时期内能够保持平衡，至少要达到三个必要条件：①资本设备和人口数量不变。出生率和死亡率相等，投资率和损耗率相等。②出生率、死亡率、投资率和损耗率都保持在最低限度。③资本和人口水平以及二者比率根据社会各项数值予以调节。

因此为了维持到长远的未来，一个稳定的世界模型所要求的发展政策是：调整人口和工业增长率，逐渐达到出生率和死亡率相等、投资与资源损耗相等；为了减少资源损耗和污染，人类经济活动逐渐调整结构，多一些教育和卫生方面的服务，少一些物质产品的生产；减低工农业单位产量的污染；重视所有的人生产足够的粮食；农业资本优先用于使土地肥沃和保护土壤的投资，而不是用于迅速腐蚀和消耗土地肥力的投资；加强资本品的耐久性和延长其使用寿命，以减少废旧品等。

第四节　经 济 发 展

每一个国家既需要经济增长，也需要经济发展，经济发展不同于经济增长。经济发展比经济增长具有更广泛的含义，是指随着经济增长一同出现的经济结构、社会结构甚至政治结构的变化。经济发展的衡量指标有 GDP、NI 及其增长速度和平均增长速度等。经济发展战略可以分为内向型发展战略、外向型发展战略以及比较优势战略。可持续发展的提出就是应对经济发展所带来的一系列生态环境问题和面临的人口、能源、资源等一系列难题。

一、经济发展的内容

若要理解发展的"内在"含义，起码有三个基本组成部分或核心价值必须被注意到，即最低生活需要、自尊和自由。它们代表了所有个人和社会追求的共同目标，与人类的基本需求相联系。

首先，最低生活需要是指提供基本需求的能力。人类维持生命的基本需求包括食物、住所、健康和保护。经济发展的基本目标就是要提高生活质量，而没有整个社会持续的经济进步和生活质量的提高，人力资源的潜力就不能发挥出来。因此，增加人均收入、消灭绝对贫困、增加就业机会、减少收入上的不平等，就构成了发展的实际内容。

其次，美好生活的第二个公认的基本元素是自尊——一种觉得自己有价值、有尊严的感觉，一种觉得自己不仅仅是他人实现其目的的工具的感觉。所有的民族和社会都在追求某种自尊的基本形式——权威、个性尊严、荣誉或社会承认。随着发达国家"现代价值观"的扩散，有价值的尊严感越来越与物质价值相联系，即与拥有经济财富和技术力量相联系了。发展经济学家丹尼斯·古雷特（D. Goulet）曾经指出："中肯的观点是，欠发达是全世界大多数人口的命运。只要一个人的价值和能否得到别人的尊敬根据的是物质财富以外的标准，那么就有可能使人们安于贫困而不觉得受蔑视。相反，一旦社会流行的风气是把优裕的生活，包括物质福利当做尊严和尊敬的基本因素时，物质上'欠发达'的人们要感到受到尊敬和有尊严就变得困难了。……为了获得生活在欠发达状况中的社会所不能获得的尊严，而今第三世界正在寻求发展。……正因为发展是一个重要的、或许甚至是必不可少的获得尊严的途径，所以发展理所当然地成为一个目标。"

最后，发展的含义中还应包括自由的概念。这里的自由并不是政治或意识形态意义上的，而是一种更基本意义上的自由，是指人们从异化的物质生活条件中获得自由或解放出来，从自然、无知、悲惨的处境、各种惯例、教条主义信仰的社会奴役下获得自由。自由含有社会及其成员具有扩大的选择范围，以及在追求我们称之为发展的社会目标时外部限制最小化的意义。财富可以使人们获得他在贫困时不能得到的对自然界和周围物质环境具有更大的控制能力，财富还可以使人们获得更多闲暇的自由，得到更多的物质产品和劳务的自由，或者使人们摆脱物质需要的负担，而能得到参与丰富精神生活的自由。

概括起来说，发展是改进人民生活质量的过程，其基本目标是满足基本需要、提高人类尊严、扩大选择自由。

二、经济增长与经济发展

经济增长和经济发展这两个概念的英文分别是 economic growth 和 economic development，它们常被认为是可以相通互用的，而事实上两者并不完全相同。

1. 经济增长与经济发展的区别

第一，经济增长是一个"速度"指标。它反映的是一国社会财富增加的速度。因此，在测量上，我们一般用百分比，而不是用绝对数量来表示。而经济发展则是一个"水平"概念。它反映的是一国人民生活水准（甚至综合国力）的高度，即一个国家人均社会财富的拥有量。例如，我们常常在说一个国家的富裕程度时，并不用增长率来表示，而是用人均实际收入水平，即人均多少美元来表示。有些富裕国家即使某个时期经济增长速度可能并不高，甚至还比不上某些穷国，但是人均生活水平还是比较高，甚至要高得多。这就是经济发展程度的差别。

第二，只要生产能力和实际收入增长就称为经济增长；相比之下，经济发展则必须从很多方面来体现，如制度、结构、技术进步、自然条件、地理位置、资源配置和文化教育以及福利保障，甚至平均人口的寿命等。正因为如此，有不少经济学家说，某些国家只有经济增长而没有经济发展。这是因为这些国家经济增长速度可能很快，但并没有发生上述提到的诸方面，特别是经济结构的变化。再比如，我们常常听到不少经济学家把发达国家称为"工业国"或"后工业国"，而这样称有些发展中国家则显然不合适。严格来说，经济发展离不开经济增长，经济增长也是经济发展的条件和指标之一，但是经济增长不等于经济发展。

第三，从时间上看，经济发展是研究更长时期的经济变动，而经济增长则是研究一定时期内（一般是逐年的）经济活动的变动。从这个意义上看，经济发展和经济增长是相互联系的。一个国家只有不断实现经济增长，或提高经济增长速度，经济发展才有可能；反过来看，一个国家经济的长期发展有助于生产能力的积累和扩张，从而为加速经济增长提供良好的条件。正因为如此，经济学家在研究发展中国家的经济时，往往离不开对经济增长理论和实践的分析。但是这只是在研究经济发展的基本条件和途径，而并不是经济发展本身。在实践当中，有些国家单纯追求富裕，而不求发展；往往最终不能长久维持富裕。

可见，任何一个国家既需要经济增长，也需要经济发展。经济发展问题不仅仅是发展中国家面临的问题，也是发达国家面临的问题。尽管发达国家已经比较发达了，但是经济发展并没有达到顶点。战后以来发达国家经济比以往有了新的发展，这充分体现在技术进步、经济管理方式、生产结构和社会经济关系的变化、教育、研发以及人均收入等方面。

2. 经济增长与经济发展的关系

科学地把握经济增长与经济发展这两个概念的联系与区别是研究发展经济学理论的起点，也是理解全部经济发展理论的必要前提。从最一般的意义上看，经济增长是经济发展的基础，是社会进步首要的、必要的物质条件；经济发展是经济增长的结果。经济增长是手段，经济发展是目的。一般来说，没有经济增长就不可能有经济发展；有发展而无增长的情况一般是不可能出现的，在个别情况下即使出现（如经过某种急剧的变革，收入分配转为比较平等）也只能是短期的、局部的，而不可能是持续的、全面的。

人们常引证古巴的例子来说明这一点。据统计，古巴在 1960～1970 年和 1970～1975 年两个时期，实际国民总收入增长率分别为－0.6％和 1％。但自 1959 年起，古巴收入不均程度逐渐缩小，教育比过去普及，特别是医疗卫生条件有普遍的改善，绝大多数群众的健康水平有很大的提高。这是社会急剧变革所带来的结果，从长期看，它不可能在负增长或微弱增长的基础上进一步改善和提高。

问题的另一方面，是经济发展并不必然表现为经济增长自然演进的结果。一种情况是，经济增长与结构失调相伴随。表现为：产出增长的结果并没有使广大的劳动人民受益，而是造成了长期的两极分化日趋严重；产出有快速增长，但产出中相当大一部分无补于国计民生，是国民经济的虚耗；片面追求快速的产出增长，不顾及广大人民的福利，不考虑所付出的社会代价，等等。诸如此类的增长，不仅没有增进人民的福利，相反却损害了人民的福利，因而就不能被看做是发展。另一种情况是经济增长与经济依附相伴随。这可以从英国经济在 18 世纪和 19 世纪所发生的变化与 20 年前利比亚在勘探出大量石油以后所发生的变化的比较中加以说明。虽然这两个国家在历史的突变阶段都出现了人均收入的大幅度提高，但利比亚国民收入的提高主要依赖于由外国技术人员组成的外国公司的力量，他们的市场也基本依赖于美国和西欧国家。因此，尽管利比亚借石油输出和当年英国靠工业产品输出一样赚了很大一笔钱，但其坐享其成的依附经济格局和英国的"世界工厂"主导型格局有着本质的差异。从发展的实际含义及国际比较来看，利比亚当年的"起飞"模式亦不被描述为经济发展。

由上述分析可见，经济发展比之经济增长具有更广泛的含义，它是指随着经济增长一同出现了经济结构、社会结构甚至政治结构的变化，是指在国民生产总值或国民收入继续增长的基础上，低下的劳动生产率不断上升，沉重的人口压力渐渐减轻，比较严重的失业和就业不足的状况得以缓解，农业在国民经济中的比重趋于减少，不利的对外贸易格局得以改善，二元经济与社会结构逐步弥合，等等。简言之，经济发展意味着普遍存在于一般发展中国家的贫困、失业、收入不均、经济社会的结构状况的改善。

三、衡量经济发展的指标

从对经济发展过程的检验和比较的实证分析的角度看，发展的衡量指标比发展概念本身更重要。

1. 联合国社会发展研究所设计的综合指标

这项研究涉及选择最恰当的发展指标和对这些不同发展水平指标间的相互关系的分析。最初，他们考察了 73 项指标，最后从中选择了 16 项主要指标：

（1）出生时的预期寿命；
（2）2 万人以上地区人口占总人口的百分比；
（3）人均每日消费的动物蛋白质；
（4）中、小学生注册人数总和；
（5）职业教育入学比例；

（6）每间居室平均居住人数；

（7）每千人中读报人数；

（8）从事经济活动人口中使用电、水、煤等的百分比；

（9）每个男性农业工人的农业产量；

（10）农业中成年劳动力的百分比；

（11）人均消费电力的千瓦数；

（12）人均消费钢的公斤数；

（13）能源消费（折合人均消费煤的公斤数）；

（14）制造业在国内生产总值中的百分比；

（15）人均对外贸易额；

（16）工薪收入者在整个从事经济活动人口中的百分比。

2. 世界银行设计的世界发展指标体系

世界银行也设计了一套反映一国社会和经济发展主要特征的世界发展指标体系。与联合国社会发展研究所设计的综合指标有所不同，世界银行的发展指标是从几个方面分类加以考察，即首先是反映一国经济概况的基本指标，然后是反映生产、国内成本分摊、财政和货币账户、贸易和国际收支平衡、外部融资和人力资源等情况的指标。

3. 阿尔德曼-莫里斯的发展指数

美国经济学家阿尔德曼（I. Adelman）和莫里斯（C. T. Morris）提出的发展指数，是根据经济、政治和政治因素之间相互作用的方式来衡量发展的。这项研究根据40个变量，对74个国家进行了分组，用因素分析法考察了社会和政治变量与经济发展水平间的相互依赖关系，发现了某些关键性因素与经济发展水平之间的许多相关关系。生活质量指数（PQLI）是由莫里斯提出的一种综合指数。这种指数是预期寿命、婴儿死亡率和识字率的加权平均数。以100分作为总分，分数越低，则一个国家的发展状况越差。

四、经济发展战略

为了实现经济发展，各个国家都会制定一些发展战略。比如说侧重内向型发展的进口替代战略、侧重外向型发展的出口替代战略以及依据自身资源禀赋的比较优势战略等。

1. 进口替代战略

进口替代生产主要集中于食品加工、饮料、服装、鞋类、纺织工业等消费品工业。进口替代发展战略的核心是通过保护性关税和进口配额对国内进口替代品生产企业实行保护。

发展进口替代工业，首先要确定有广阔国内市场需求前景的、并一直是依靠进口的产品种类，然后，通过引进技术，合资、合作、或外商独资等形式发展国内进口替代工业。最后，为了保护这些新建立起来的产业，国家需要采取保护措施和政策予以支持，其中主要是保护关税。保护关税是指对同类进口产品课以高额关税，而对国内进口替代工业所需资本品、中间产品则实行优惠关税，甚至免税，以缓解进口替代品生产初期的成本过高问题。

从经济发展的历史来看，进口替代是各国为实现工业化而最早采取的策略。工业革命后兴起的美国、德国、法国等主要工业国家都是通过贸易保护措施发展本国工业的。第二次世界大战后，拉美国家，如阿根廷、巴西、墨西哥等国家也通过严厉的贸易保护措施推行进口替代战略，到20世纪60年代，进口替代发展战略已在拉美、非洲和一些亚洲发展中国家成为经济发展的首选战略。

如何评价进口替代战略对经济发展的推动作用，学术界一直有不同的看法。通常认为，进口替代战略一般需经历两个阶段：在第一个阶段主要是发展最终消费品工业，以替代这些产品的进口。进口替代工业主要集中在食品、服装、日用百货、小家电等消费品，形成进口替代的幼稚工业。随着幼稚工业的发展壮大，当所生产的消费品足够替代进口商品充分满足国内市场需求时，便进入第二个阶段。在这个阶段，进口替代工业从最终消费品的生产转向国内短缺的资本品、中间产品的生产，如机器制造、石油加工、钢铁等资本品和原材料。经过这两个阶段的发展，进口替代工业日趋成熟，为全面的工业化奠定了基础。

进口替代战略是发展中国家实现工业化的途径之一，事实也证明一些国家通过进口替代战略取得了很大成就，并且由进口替代转向出口导向并进入新兴工业化国家和地区的行列，如新加坡、韩国、更早时期的日本都是这方面的范例。但也有一些拉美、非洲和亚洲发展中国家虽然在实施进口替代战略方面取得一些成就，但对整个经济发展的带动作用并不大。

2. 出口替代战略

"出口替代"一词最早是由拉尼斯提出来的，指发展中国家用制成品替代初级产品作为主要的出口商品，以此加强本国工业的国际竞争力，推动经济增长，故又称为出口导向战略。其基本思路是：利用本国自然资源和劳动力丰富的比较优势，发展劳动密集型的制造业产品，并扩大这类产品的出口，以此增加就业，提高人均收入。由于输往国外产品的标准较高，因此可以利用出口来提高劳动生产率和技术水平。与进口替代战略相比，出口替代战略主要是发展加工业和制造业，扩大出口有利于改善贸易条件，并有利于克服进口替代战略所带来的国际收支恶化、经济效益低下、出口萎缩和经济内向化发展等问题，其中最主要的是，有利于纠正资源配置的扭曲状况，提高资源的利用效率。正是由于出口替代比进口替代有上述优势，20世纪60年代开始，拉美和一些东南亚国家和地区纷纷转向出口导向的外向发展战略，并取得了很大的成就。

实施出口替代战略的初期，一般是发展技术水平较低、生产技术较易掌握、资源相对易得的加工工业，如食品加工、原材料加工、服装、纺织品、鞋类及一般家用电器等。随着生产规模的扩大和国际市场环境的变化，出口替代工业逐渐转向技术复杂、市场潜力大的机电、电子、半导体、石化等现代高技术产业，在产业调整中，实现产业结构高级化。从出口替代工业的性质可以看出，发展这类工业需要较高素质的劳动力，需要工程技术和管理人员等人力资源条件，因此，一定数量的人力资本存量，是实施出口替代战略的基本条件。另外，国家的大小、资源禀赋、地理位置等也是需要考虑的重要因素。从实际情况看，在领土广阔和人口众多的发展中大国，要实行全面的外向发展战略是不现实的。一些幅员较小、海外交通便利的国家和地区，比较适宜发展出口导向的外向发展战略。因为这些小国或地区经济发展不平衡问题比较突出，在经济发展水平、基础设施条件、人力资源质量等方面存在很大差异的不同地区采用单一的发展战略不利于经济发展。相反，根据各地区的具体情况和比较优势来确定相应的发展战略更有利于经济发展。

因此，每个国家要根据自己的情况和国际经济条件选择适宜发展的战略。

3. 比较优势战略

比较优势理论认为，落后国家与发达国家之间的根本差别在于要素禀赋结构的差别。所谓要素禀赋结构，是指一个经济中自然资源、劳动力和资本存量的相对份额。自然资源通常是给定的。劳动力增加的速度取决于人口的增长率，各国之间没有太大的差异。唯一可以有巨大的增长差别的资源是资本。发达国家和发展中国家在人均资本的存量上有很大的差距；不同的国家在资本的积累率上也有很大的差距。比较优势战略就是按照本国经济要素禀赋的结构配置来选择发展自己的产业。

改革开放前，我国推行的资源密集型重工业优先发展战略是一种典型的赶超战略。不过，几乎所有实行赶超战略的国家或地区都没有达到赶超的目标。相反，一些没有采取赶超战略的发展中国家和地区却取得了快速缩小与发达国家的差距或赶上发达国家的成绩。日本和紧随其后的韩国、新加坡、中国台湾地区、中国香港地区等被誉为"东亚奇迹"的发展经验是最为显著的例子。

对于东亚奇迹的解释，其中的一个原因是，东亚这些国家和地区实际上遵行了比较优势发展战略，在它们经济发展的每个阶段都比较好地发挥了要素禀赋所决定的比较优势。在20世纪五六十年代，它们的劳动力相对丰富，资本相对稀缺，就以发展具备比较优势的劳动密集型产业为主。后来，随着经济发展，资本逐渐积累，人均拥有量提高，要素禀赋结构得以提升，才逐渐把产业结构提升到资本、技术密集型，乃至信息密集型产业。

要素禀赋结构的提高，即增加资本在要素禀赋结构中的相对丰富的程度。资本来自于积累，而社会资本的积累水平取决于经济剩余的规模，后者又依赖于生产活动的绩效。积累的水平还取决于储蓄倾向，储蓄倾向越高，社会资本的增加就会越多，要素禀赋结构的升级也就越快。按比较优势来选择技术，发展产业，换句话说，实行比较优势发展战略，是提升要素禀赋结构的最佳途径。

当一个国家劳动资源相对丰裕时，该国的比较优势就在于劳动密集型产业。如果这个国家遵循比较优势，发展劳动密集型为主的产业，由于生产过程中使用较多廉价的劳动力，节约昂贵的资本，其产品相对来说成本就比较低，因而具有竞争力，从而利润可以作为资本积累的剩余量也就较大。而当资本相对丰富、劳动力相对稀缺时，具有比较优势的产业就是资本密集型产业，发展资本密集型为主的产业就能创造出最多的剩余。

要使企业在作技术和产业选择时都能够对比较优势作出正确的反应，需要有一个能够充分反映各种生产要素相对稀缺程度的价格结构。即在劳动力相对丰富的条件下，劳动力价格应该相对便宜。只有在充分竞争的市场中，要素的相对价格才有可能准确反映要素的相对稀缺性。充分竞争的市场机制有利于一个发展中国家按比较优势来选择技术、发展产业，取得最大的经济剩余；而且，在发展中国家，资本最为稀缺，按市场供给和需求决定的资本价格即利率会相对高，因此，储蓄的倾向也会高。

与赶超战略相比，比较优势战略更能实现公平与效率的统一。推行比较优势战略，政府的首要任务是维持市场的充分竞争，使价格信号能够准确反映要素的相对稀缺性。除此之外，发展中经济体如果能按比较优势来发展经济，要素禀赋结构的升级将会相当迅速，从而要求产业结构和技术结构必须相应作出迅速的调整。为此，政府还能以制定恰当的产业政策的方式来促进经济的发展。

五、可持续发展战略

可持续发展（sustainable development）最早是由环境学家和生态学家提出来的。1978 年，国际环境发展委员会首次在有关文件中正式使用了可持续发展概念。从其产生的历史背景来看，可持续发展是作为对以往经济发展所带来的一系列生态环境问题和面临的人口、能源、资源等一系列难题的反应而提出来的。它是对过去单纯追求产量、产值增长的发展观的一种历史反思。

1. 可持续发展战略的提出

1987 年世界环境与发展委员会在其题为《我们共同的未来》报告中将可持续发展作为关键概念使用，并给了它 10 个以上不同的定义和指标，说明其内涵的丰富与复杂。围绕这个报告，发展中国家与发达国家进行了一系列对话和辩论，终于在 1989 年 5 月联合国环境署第 15 届理事会期间达成共识，认为可持续发展系数指满足当前需要而又不削弱子孙后代满足其需要之能力的发展。这一共识包含了子孙后代的需要、国家主权、国际公平、自然资源、生态抗压力、环境保护与发展相结合等重要内容。后经联合国全体成员共同努力，1992 年的环境与发展大会以"可持续发展"为指导方针，最后制定并通过了《21 世纪行动议程》和《里约热内卢宣言》等重要文件。会议号召成员国制定本国的可持续发展战略与政策，并加强合作，以推动《21 世纪行动议程》的落实。

比较系统地论述可持续发展理论的著作当推美国农业科学家布朗 1981 年出版的《建设一个可持续发展的社会》一书。该书分为两大部分：第一部分对土地沙化、资源耗竭、石油枯竭、粮食短缺四大问题进行了实证分析；第二部分为"走向持续发展的途径"，提出了控制人口增长、保护资源基础、开发可再生能源三大途径，并对"持续发展社会的形态"进行了多角度的描述，探讨了向持续发展社会过渡的途径、阻力和观念转变等问题。

　　概括起来，可持续发展战略的基本思路是：①改变单纯追求经济增长、忽视生态环境保护的传统发展模式。②由资源型经济过渡到知识技术型经济，综合考虑社会、经济、资源与环境效益。③通过产业结构调整与合理布局开发应用高新技术，实行清洁生产和文明消费，提高资源和能源的使用效率，减少废物排放等措施，协调环境与发展之间的关系，使社会经济的发展既能满足当代人的需要，又不致对后代人的需求构成危害，最终达到社会、经济、资源与环境的持续稳定的发展。

2. 可持续发展指标的构建

　　可持续发展指标和指标体系是可持续发展从理论到实践的重要纽带，国内外正对此展开深入的研究。根据其研究思路和研究方法，我们认为较有影响的可分为两类：环境经济学的思路与方法和社会经济统计学思路与方法。

1) 环境经济学方法

　　运用这种方法制定的可持续发展指标，就是将自然资源存量和人类活动造成的自然资源损耗和环境损失，通过评估测算方法用经济价值量进行计量，从而可以应用经济学收益——成本分析的基本方法决定资源的配置、评价人类活动的实际效果。

　　第一种是运用可持续发展原则修正单纯反映经济增长数量内容的 GNP 指标。传统的 GNP 指标仅能反映经济活动中最终产品的市场价值，不能反映影响社会福利水平和生活质量的外部效应，如环境损失对社会福利的影响。GNP 虽然计入了环境防御性支出（如与环境污染有关的医疗费用支出），但这与福利的含义是背离的。还有，GNP 只计入人类制造的资产的折旧，未计入资源环境资产的损耗和价值的减少。因此，有学者利用概念性公式给出了 GNP 的修正方法：

$$SSNNP=NNP-DE-DNC$$

式中，SSNNP（sustainable social net national product）为可持续的社会净国民生产总值，NNP（net national product）为净国民生产总值，DE（defensive expenditures）为防御性支出，DNC（depreciation of national capital）为自然资产折旧。显然这个公式并没有解决资源环境的经济计量问题，但它弥补了传统 GNP 指标不能反映经济发展所付出的环境代价的缺陷。

　　第二种尝试是创立可持续指标。艾吉尔将可持续定义为资源的合理配置使得总资产存量不会减少，以保证代际和代内的公平性。他将可持续分为强可持续性和弱可持续性两个概念。前者要求任何关键自然资产的使用都不应造成不可逆的损失，后者假定各种资产可以相互替代。换句话说，可持续性是指资产的储蓄率大于资产存量的消耗率，其中资产存量包括自然资产和人工资产。

　　第三种方法是新国家财富方法。1995 年 9 月 17 日，世界银行向全球公布了衡量可持续发展的新国家财富指标体系及其计算结果。新方法中国家财富的概念超越了货币和投资的范畴。国家实际财富为自然资产、人造资产、人力资产和社会资产四组要素之和。新财富方法改变了传统方法中的以人造资产作为确立财富主要标准的做法。在采用新方法时，人造资产在大多数国家的实际财富中只占 20% 或不到 20%。这一结果可以警醒人们去珍视和保护货币财富以外的自然资源和人力资源。

2) 社会经济统计学方法

可持续发展指标体系研究的关键是寻求适当的方法，将涉及经济、社会、资源和环境等多方面的众多因素所包含的信息进行适当的组合或关联。目前，国内外学者已提出了多种指标体系框架或模型，有些已有部分实测结果，有些由于包含某些难以量化的指标，尚停留在概念性设计阶段。现在已被广泛采用的指标体系是联合国开发计划署1990 年 5 月发表的第一份《人类发展报告》中公布的人文发展指数，它是由出生时的预期寿命、成人识字率和综合入学率、经修正的实际人均收入（采用购买方法折算成国际美元）四类指标合成得到的，用于衡量人类在发展方面已实现的福利水平。严格说这些指标含义并不等同于可持续发展，但它对于构建可持续发展指标有重要的启迪作用。

1994 年联合国国际人口与发展开罗会议通过的《行动纲领》中强调"可持续发展问题的中心是人"。联合国开发署制定的人文发展指标强调了人在发展中的中心地位。对实际人均收入指标的调整强调合理生活水平而非追求对物质的无限占有，这是对以占有或消费物质的多少作为衡量发展标志的传统价值观的否定，与可持续发展的原则相一致。

除了联合国开发署的人文指标外，国内外学者还提出许多不同类型的指标体系用以衡量可持续发展。这些指标体系各有侧重，围绕人类需求、资源利用、环境保护、经济与社会发展等方面而设立。但目前都处于研究和探索阶段，还没有形成统一的可持续指标体系。

3. 我国的可持续发展战略

我国的经济发展正处在工业化高速发展阶段，经济增长速度之快令世人震惊。但是，发展中的代价也是很大的，同世界其他国家相比，我国的发展和环境面临的问题更多、更复杂。

首先是人口数量庞大。中国现有的人口已经超过 13 亿，而且每年大约还要净增1500 万。据测算，新增国民收入的 1/4 被新增人口所消费。虽然中国政府把实行计划生育作为基本国策，并严格地执行，但是，在未来半个世纪中，还将增加 4 亿～5 亿人口。人口增长一直是我国经济发展和提高人均消费水平的约束。而且人口膨胀对资源和环境造成的影响，已经成为我国实现环境与经济协调发展的首要问题。

其次是资源相对短缺。中国国土面积居世界第三位，森林面积居世界第四位，矿产储量的潜在价值居世界第三位，可开发水能居世界第一位。但是，按 13 亿人口平均计算，我们远远低于世界平均水平。我国人均矿产资源、耕地面积、淡水资源、森林总量和草地面积，只有世界平均水平的 50%、32.3%、28.1%、14.3%、32.3%。不仅资源相对短缺，更为严重的是资源开采和利用不合理，这就更加剧了资源的危机。在经济增长的过程中，我们一直受到资源相对短缺的制约。

最后是生态变化与环境污染严重。人口膨胀，自然资源利用不合理，造成生态失衡、环境污染。据统计，我国大约有 4600 种高等植物和 400 种野生动物处于受威胁状态甚至有濒临灭种的危险，有 368 万平方公里的国土遭受水土流失的威胁。各种自然灾害频繁，削弱了自然生态环境的承载能力。环境污染问题更不容乐观。

要克服上述困难，我国只有选择可持续发展战略，制定科学的发展观，坚定不移地走可持续发展道路。具体来说，为了有效地推行可持续发展战略，我国需要作出各个方面的努力。

第一，应牢固树立人口意识和环境意识。计划生育和环境保护是可持续发展中最为基本的战略。计划生育是建立可持续发展社会的核心和重点；环境保护即控制污染和改善生态，是保证可持续发展的物质基础。中国政府坚决把实行计划生育和环境保护作为两项基本的国策长期坚持下去，并通过有效的措施严格贯彻执行。而这两个基本国策的实施有赖于全民族的觉悟和共同努力。

第二，应建立资源节约型的国民经济体系。走可持续发展道路，必须从根本上转变经济增长模式，变粗放型增长方式为集约型增长方式；变高投入、高消耗、低产出、低效益的发展模式为资源节约型、质量效益型、科技先导型的发展模式；变先建设后治理的做法为经济建设、资源利用、生态保护、污染治理的有机结合。

第三，应建立可持续发展的综合决策机制和协调管理机制。我国的可持续发展战略是在建立社会主义市场经济过程中实施的。只有依靠完善的法律体系、政策体系和强有力的执法监督，建立可持续发展的综合决策机制和协调管理机制，才能使可持续发展战略得到贯彻和落实。

第四，应充分发挥我国人力资源优势。我国各种物质资源的人均占有量，在世界上几乎都处于劣势，唯有人力资源具有优势。这不单单是指中国人口众多，更重要的是，几十年来，中国依靠自己的智慧和勤奋，独立地发展了自己的高新技术。在走向 21 世纪之际，这是我国可依靠的优势条件。当今世界，经济和社会的发展主要依靠科学技术来推动，经济竞争主要表现为科技的竞争，国力的强弱也主要体现在科技水平上。我国智力资源和人力资源的优势为走可持续发展道路进而跻身世界先进行列提供了条件和可能。这就要求全面贯彻科教兴国战略，并切实地把这个战略落到实处。

第五，应加强国际合作和交流。在世界经济日益形成相互联系相互依赖的新格局下，全球性环境问题已把人类命运紧密地连接在一起。在这种形势下，任何全球性环境问题的解决都有赖于各国之间的国际合作。这既为我国开展和加强国际间的合作与交流提出了不可推卸的责任，也为我国广泛地参与国际合作与交流提供了契机，我们将在承担国际义务的同时，不断地汲取世界先进科技，提高本国的水平。可以预计，国际环境合作将会成为中国实施可持续发展的一个新的推动力，成为中国实施可持续发展战略的突破口。

➤ 本章小结

经济增长通常被定义为一个国家在一定时期内实际人均产出水平的提高。它反映着一个国家一定时期生产能力扩张的速度，它包括了两方面的含义：一方面是指一个国家在一定时期内生产的产品和劳务的实际增加量或它们的实际增长率；另一方面是指在一定时期内，一个国家潜在的（或充分就业时的）生产能力的增加。经济增长一般用一定时期内 GDP 或 NI 来表示，但必须考虑价格、人口及生产能力的利用程度等因素。

在经济增长的决定因素方面，肯德里克认为增长源是全部生产要素投入量的增长和全部生产要素生产率的提高；丹尼森认为决定经济增长的因素为生产要素的投入量和要素生产率两大类；库兹涅茨提出经济增长的因素主要是知识存量的增加、劳动生产率的提高和结构方面的变化。

早期的经济理论中，亚当·斯密的增长理论包括：经济增长表现为国民财富的增长；国民财富的增长取决于劳动生产率的高低和从事生产性劳动人数的多寡；人口数量的增加会引起劳动数量的增长，从而引起经济增长。马尔萨斯关于有效需求不足的分析是后来的凯恩斯革命的前奏。

现代经济增长理论直接产生于对凯恩斯经济学的修正和扩展，模型主要有哈罗德-多马经济增长模型、新古典经济增长模型、新剑桥经济增长模型以及新经济增长模型等。

哈罗德-多马模型强调了资本积累率（储蓄率）在经济增长中的决定性作用，储蓄不足会造成经济增长瓶颈。哈罗德的经济增长理论主要包括两个方面：一是长期、连续实现充分就业均衡的条件；二是经济增长的不稳定特征。前者涉及实际增长率、有保证的增长率和自然增长率三个经济增长率，后者涉及"乘数原理"和"引致投资"的关系。

新古典经济增长模型的突出特点是以新古典的价值论和分配论为理论基础的总量分析。索洛-斯旺模型通过资本-产出比可变的新假设和引入市场机制，提出经济增长率不仅有赖于物质资本和劳动的投入量，而且有赖于各自的产出弹性。发展了的索洛-米德模型表明，经济增长率取决于资本和劳动的增长率、资本和劳动各自的产出弹性，以及随时间变化的技术变化。

经济增长的剑桥公式表明经济增长取决于利润率和资本家储蓄倾向。罗宾逊认为资本积累，从而经济增长的主要机制不在于调节资本-劳动比，而是要调节利润率。卡尔多模型表明储蓄率可以灵活变化以得到稳定的经济增长，并讨论了资本家消费与投资对于经济增长的影响。

新经济增长模型中，卢卡斯和罗默等提出在索洛模型的基础上加入人力资本的考虑。在新经济增长理论家看来，不同国家生活水平差距的主要根源在于由技术差异引起的生产力差距。

梅多斯研究了经济增长的极限问题，根据人口、工业化、污染、粮食生产以及资源消耗五大基本因素与经济增长速度之间的关系，提出的世界模型表明，假设在目前的制度没有重大改变的条件下，人口和工业的增长肯定最迟会在21世纪内停止。

为了解决梅多斯提出的增长极限问题，我们要坚持经济增长与经济发展的结合。对于中国来说，走可持续发展的道路是必然的选择。

➤ 关键词

经济增长（economic growth）

哈罗德-多马模型（the growth model of Harrod-Domar）

索洛经济增长模型（Solow's economic growth model）

> **思考题**

1. 哈罗德-多马经济增长模型的核心思想是什么？它的理论价值和缺陷在哪里？
2. 简述新古典经济增长模型的要点。
3. 简述新剑桥经济增长模型的要点。
4. 新经济增长模型与新古典经济增长模型的联系是什么？它最终有没有真正解决技术变动的内生化问题？
5. 经济增长和经济发展有哪些区别和联系？

第十二章

失业、通货膨胀与经济政策

失业和通货膨胀是当代经济中存在的主要问题，对于这两个问题，经济学家进行了详尽的研究。本章将对这方面的研究成果给予概括性的描述。

第一节　失　业　理　论

失业作为反映宏观经济状况的重要指标，对经济生活乃至整个社会生活产生着巨大的影响，时刻都受到政府的高度重视。当失业率较低时，政府会得到人们的信任，执政者会得到更多人的拥护；当失业率较高时，政府和当政者会受到人们的谴责。因此，任何政府都必须考虑失业的影响。

一、失业的影响

失业不仅是经济问题，也是社会问题。说是经济问题，因为它造成了劳动力乃至其他经济资源的浪费；说是社会问题，因为它使失业人员生活水平下降，影响着社会稳定。

1. 失业的经济损失

失业的最大损失就是实际国民收入的减少。有失业存在时，社会上可利用的资源（劳动力、土地、资本）并未能得到充分利用，直接造成资源的浪费。劳动力是最重要的生产要素，失业或劳动力闲置本身就是资源的浪费，而且劳动力这种经济资源具有自身的特点：本期可利用的劳动力不能移至下期使用，本期可利用的劳动力的闲置就是这部分资源的永久性浪费。在劳动者失业的同时，生产设备以及其他经济资源也常常会大量闲置，生产能力开工不足，这直接地减少了社会产品，降低了国民收入水平，经济中没有了本来应由这些失业者创造的商品和服务。失业率上升将使社会经济付出沉重的代价。失业率上升引起的产量损失不可能在失业率下降的时候得到补偿，人们不可能指望所有的工人在一年内干出两年的活，失去的将永远失去。

失业的另一个损失是人力资本的损失。人力资本是人受到的教育和获得的技能的价值。人力资本来源于所受的教育和工作中获得的经验，也包括长期形成的工作习惯和能力。失业对人力资本的损失是双方面的。一方面，失业者的已有人力资本得不到运用；另一方面，失业者无法通过工作增加自己的人力资本。长期的失业会大大降低人力资本的价值，因为人力资本闲置不用同样会折旧。

对失业造成的损失，社会各方面的承担是不平衡的，主要是由那些失业的人承担，尤其是那些在经济衰退时期刚刚进入工作岗位或即将进入工作岗位的人，是失业增加时最容易受到伤害的群体。

2. 失业的社会影响

从社会方面看，失业的影响虽然无法用货币单位表示，但这种影响却可能是非常巨大的。失业不但会使失业者及其家庭的收入水平和消费水平下降，而且会给人的心理造成巨大的创伤，带来一系列社会问题。失业者长期找不到工作就会悲观失望，甚至失去对生活的信念。

在过去，失业者只能靠自己的积蓄和亲朋的帮助维持生存，其悲惨境况是可想而知的。现代西方国家则普遍实行了失业保险制度，由政府给失业者一定量的失业救济金，这种失业保险制度在一定程度上缓和了失业的社会影响，但在高失业率长期持续的时期，仍会有很多人在用完失业救济金之后找不到工作，而且即使得到失业救济金也远不能抵消失业给失业者带来的损害。

高失业时期往往伴随着高犯罪率、高离婚率和其他各种社会骚乱，并使更多的人早衰早亡。失业率的上升往往会引起犯罪率的提高。可以说高犯罪率是高失业率的代价。此外，失业有损于失业者的自尊心，这也会引发许多社会与政治问题。因此，从社会学角度来看，失业不利于社会的稳定，如犯罪、自杀、离婚、吸毒等在很多情况下都与失业率的增加相关。

二、失业的经济学解释

失业是有劳动能力的人想工作而找不到工作的社会现象。所有那些未曾受雇以及正在变换工作岗位或未能按当时通行的实际工资找到工作的人都是失业者。就业者和失业者的总和，称为劳动力。失业人数占劳动力总数的百分比就是失业率。

1. 失业的类型

西方经济学家认为失业有下列几种类型：摩擦性失业（frictional unemployment）、结构性失业（structural unemployment）、周期性失业（cyclical unemployment）和季节性失业（seasonal unemployment）。

摩擦性失业是指那些具有某种熟练技术的工人的短期失业，是指从一种工作转换到另一种工作的过程中处于的失业状态，或刚进入劳动力市场的失业状态。在放弃旧工作和找到新工作之间的一段时间，工人会处于失业状态。这些工人掌握的技术并没有过时，对他们仍有广泛的市场需求。

结构性失业是指由某个行业的衰落或某种技术的废弃而产生的失业。结构性失业者所掌握的技术由于科技进步和产业结构的变换已经被废弃，不能满足就业机会的需要。这些人会在较长的时间内找不到工作，要重新就业就必须经过再学习和新的技术培训。

周期性失业是指经济周期阶段性的波动造成的失业。在经济繁荣时周期性失业下降而在经济衰退时周期性失业上升。周期性失业不仅与整体的经济表现密切相关，而且也因为造成的失业比例大，可能会产生严重的社会问题，经济学家和政府最为关注。

季节性失业是指由某些行业的季节性特征导致的失业。某些行业的生产具有季节性，对劳动的需求在不同季节会发生增减。

2. 充分就业下的失业率

在上述几种失业中，周期性失业和季节性失业称为需求不足的失业或非自愿失业（involuntary unemployment），都是因产品的需求量相对于产量不足或减少而造成的失业。当需求相对不足时，销售就会落后于生产，存货增加，厂商就会减少生产、解雇工人，造成失业。

另外的摩擦性失业和结构性失业通常称为自愿失业（voluntary unemployment），它们虽然可以通过加强工作信息传递和技术培训等措施减少，却不可能根本消除。由于局部经营不善和局部市场波动的存在，以及每年都会有一部分人要转换工作，摩擦性失业就不可能被消除。同时，技术会不断进步，产品会不断更新，这总会不断造成一些旧技术被废弃，旧行业衰落。因此，结构性失业也是不可能被消除的正常性失业。只有需求不足的失业（非自愿的失业）可以通过政府的努力加以消除。

西方经济学家认为，只要消除了需求不足的失业，即没有非自愿失业的存在，国民经济就算达到了充分就业状态。可见在充分就业状态下，失业率并不等于零，它相当于摩擦性失业率与结构性失业率之和。这就是"充分就业下的失业率"的概念，也称自然失业率：

$$充分就业下的失业率＝摩擦性失业率＋结构性失业率$$

在宏观经济学中，充分就业的国民收入以及充分就业的总产量等概念通常被看做不同经济状态的分水岭。

3. 失业的原因

失业的原因看上去好像很清楚：过多的劳动力和过少的工作岗位之间的矛盾造成的。而经济学家用微观经济学分析劳动市场，大多数研究结果认为，失业的出现是因为工资缺乏弹性使劳动市场不足以出清。

如图 12-1 所示，横轴为劳动数量，纵轴为市场工资率。在竞争性的劳动市场上，市场均衡点为 E，工资水平为 W^*，劳动市场出清。此时的参加工作的劳动数量为 L^*，即为充分就业量。另有 L_T-L^* 数量的工人，他们虽愿意工作，但要求有较高的工资，也就是说他们不愿意在现有市场工资率下工作，他们是自愿失业的。而图 12-2 所示的是工资水平为 W' 时劳动供给超过劳动需求的数量，即非自愿性失业。

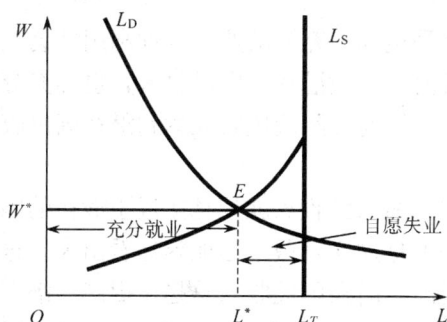

图 12-1 劳动市场的供求与自愿性失业　　图 12-2 劳动市场的供求与非自愿性失业

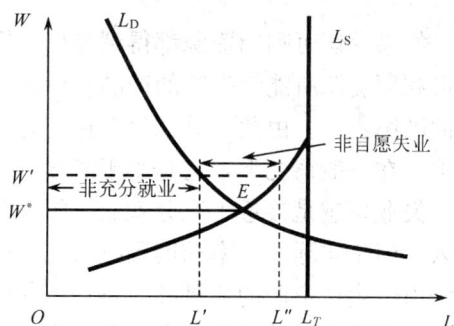

　　如果实际工资水平是决定劳动供求的唯一因素，从而也就是调节劳动市场使之实现均衡的唯一因素；并且工资对劳动市场的调节是迅速的、及时的。那么，劳动市场均衡时的就业量一定是充分就业量。因为如果存在失业，工资水平一定迅速下降，导致厂商增雇工人，失业消除；如果存在劳动的超额需求，工资水平一定迅速上升，导致劳动的超额需求消除。因此，在工资的调整之下，劳动市场会及时趋于均衡，即实际就业量一定是充分就业量。这时存在的失业就只能是自然失业。

　　工资黏性理论假设货币工资在短期内具有黏性。工资黏性就是在某一时期内不能变动的货币工资水平，它以合约的形式由劳动供求双方签订，不能由某一方任意更改。货币工资的黏性使劳动市场难以及时出清，这样产生的失业就不一定全是自然失业了。另外，如果实际物价水平低于预期物价水平，实际工资率就高于其均衡的水平，由于货币工资率不能及时根据物价水平来调整，即工资是黏性的，所以失业率就会高于自然失业率。强调工资黏性在失业形成中作用的经济学家一般也认为自然失业率是不变的，或者变动极慢，实际失业率的波动总是围绕着自然失业率，失业的波动主要来自于工资决定机制。如果大部分失业波动产生于工资黏性，那么，总需求管理就可以减少失业波动的程度。通过使总需求稳定增长，并使物价水平接近预期的水平，经济就可以接近于充分就业水平。工资黏性理论的支持者主张国家干预经济，新凯恩斯主义正是持这种观点的。

　　货币工资刚性是指货币工资不随劳动需求和供给变化而迅速作出相应的调整，特别是当劳动的需求低于供给时，货币工资仍不能下降。由于人们存在一种货币工资只能上升不能下降的心理要求，而且，工会和最低工资法的存在一定程度上保证了这种心理要求的实现。所以，在现实中工资有一个最低限度，这个最低限度也是整个社会的保留工资。无论劳动市场的供求如何变动，货币工资也不会低于这一水平，这就是工资的向下刚性。在工资刚性的条件下，即使工资可以对劳动力供求的变化作出反应，其调整过程也是非常缓慢的。这种工资刚性的存在，使部分工人无法受雇，从而形成失业。

三、奥肯法则

如果一切可利用资源都得到充分利用，也就是达到了充分就业。这种利用社会上一切可利用资源所能够生产的产品和劳务的最大量值，叫做潜在的国民收入，也称充分就业的国民收入。由此可见，只有达到充分就业，才能使实际国民收入达到潜在国民收入水平，在一般情况下，它总小于潜在国民收入。

失业率越是接近于充分就业时的失业率，实际的国民收入就越是接近于潜在的国民收入。但是实际失业率和国民收入之间的关系并不是这样直截了当地容易看出来。这是因为由于生产资源的数量和质量在不断增加和提高，潜在国民收入总趋于提高。潜在国民收入增长则是劳动生产率和劳动力共同增长的结果，尤其是劳动生产率提高的结果。因此，实际国民收入增长必须快于潜在国民收入增长，否则就不能保持失业率不变。

那么实际国民收入增长和失业率变动之间的关系，有没有规律可循？美国经济学家奥肯在 20 世纪 60 年代提出了奥肯法则，说明的就是失业率与实际国民收入增长率之间的经验统计规律。奥肯法则表明的是：相对于潜在的国民收入而言，实际国民收入每减少 2%，失业率会增加 1%；反之，实际国民收入每增加 2%，失业率会减少 1%。

例如，如果初期实际国民收入是潜在国民收入的 100%，当实际国民收入下降到潜在国民收入的 98% 时，失业率就会上升 1%。

奥肯法则表明了失业率与实际国民收入增长率之间是反方向变动的关系。需要注意的是，实际国民收入增长率与失业率之间 2∶1 的关系只是一个平均数，是根据经验统计资料得出来的，在不同的时期并不是完全相同的。

奥肯法则得出的一个重要的结论是：实际国民收入必须保持与潜在的国民收入一样的增长速度，以防止失业率的上升。

无论是由何种原因引起的非自愿失业，都会对社会经济产生不良影响。因此，政府应采取措施努力增加就业、降低失业水平。为此，西方国家政府从自身发展和稳定大局出发，为实现充分就业目标，正在着手调整宏观经济政策，来促进生产和增加就业。

四、促进充分就业的措施

任何国家都将治理失业问题作为宏观就业政策的一个重要部分，主要从增加劳动力的需求、改善劳动力的供给及完善市场机制等方面制定并实施了综合治理对策，在一定程度上促进了失业问题的缓解。

1. 增加社会的劳动力需求

一国就业状况取决于该国的国民经济运行水平，在劳动力总量不变的情况下，国民经济运行水平越高，社会总需求水平越高，意味着社会对劳动力的需求也越多，劳动力的失业率就会降低。各国采取的宏观政策主要包括：实施积极的产业政策，如引导和扶持国民经济主导产业和就业吸纳能力强的产业的发展，充分发挥它们对其他产业发展的带动和扩散效应，促进国民经济水平的提升和经济结构的转变，进而增加社会对劳动力的需求，降低失业率；实施扩张性财政政策，加大政府在直接购买和公共工程建设方面的支出，政府购买的增加直接增加对社会产品的需求，刺激相关行业的发展，促进社会对劳动力的需求增加，而公共工程建设项目则直接创造就业岗位；实施扩张性的货币政策包括降低利息率、扩大社会信贷规模，通过降低企业投资成本，吸引企业扩大投资规模和生产规模，带动就业岗位的增加。

2. 改善社会的劳动力供给

改善劳动力供给的措施主要包括控制劳动力的供给数量和提高供给质量两方面，使得劳动力的质量与劳动力市场的需求相匹配。

控制劳动力供给量的方法主要是扩大劳动力受教育的覆盖面，延长劳动力的教育年限，这一方面可以推迟他们进入劳动力市场的年龄，起到直接缓解失业的作用，另一方面可以提高素质，降低他们将来失业的可能性；另外，还应鼓励向境外输出青年劳动力以缓解国内就业压力。

提高劳动力供给质量的方法是开展职业技能培训，建立并充实职业教育和训练制度以缓解结构性失业。通过政府和各种非政府渠道，加强对职业教育的支持，使更多的人能够有条件接受教育，提高失业者的技能，使之与企业需求相适应。还要扩大劳动者接受正规教育的机会，政府增加对高等教育和研发计划的投资，设立各种奖学金以减轻学业优秀但贫穷的学生的负担，着眼于为贫困学生创造更多接受高等教育的机会等。一些发展中国家如巴基斯坦和柬埔寨等也发起了扫除文盲运动，以提高人口素质和劳动生产率。

3. 完善劳动市场的供求机制

劳动市场的机制不完善对就业的影响主要包括以下几个方面：由于工作机会、工作报酬、资质鉴别等方面的信息不畅通产生的信息失灵，降低了找到工作的概率，培训领域的信息不对称使失业者的技能与企业需求相脱节；由地域、经济状况、种族差异及劳动力市场制度等因素造成的市场人为分割，限制了劳动力的自由流动和就业机会的获得；另外，社会保障体系的不健全会进一步恶化就业状况。

在调节劳动力市场供求方面，灵活调整的价格发挥着至关重要的作用，确保市场实现均衡。政府可以利用各种形式的收入政策直接或间接地调控工资水平，这种政策有助于消除由实际工资水平过高引起的失业。20世纪80年代以来，各国都开展了以市场化为导向的改革，西欧等国放松了对劳动力市场的管制，包括取消最低工资限制、削弱工会组织的垄断势力；转型国家和发展中国家进行了市场经济体制改革，逐渐缩减国家干预的范围和强度，逐步消除分割各种市场的制度性障碍（放松对垄断行业的管制；打破城乡、地区之间的户籍等制度性障碍），完善以价格机制为核心的市场体系，促进劳动力在城乡及地区之间的自由流动，以消除市场失灵造成的非自愿失业。

建立多种就业服务机构，对就业服务部门实行专业化管理，为失业者及时提供有效的求职信息，也可以在一定程度上缓解失业。就业服务部门的工作内容主要包括：职业介绍、信息咨询、指导服务、职业培训等。例如，政府可以为劳动者提供有关劳动力市场的信息，或鼓励、支持私人机构提供这种信息服务，使劳动力更容易、更迅速地获得有关工作机会的信息，缩短他们寻找工作所需要的时间，降低摩擦性失业。这些机构还为不利群体（如青年、妇女、残疾人等）提供就业服务。

在市场经济体制国家，失业是不可避免的现象。完善的社会保障体系作为国家的最后一道防护网，保证失业者能够维持基本的生存，避免了社会动荡。因此，无论是发达国家，还是发展中国家，都将社会保障体系的建设和完善作为一项长期、重要的任务。近年来，西方各国的经济决策者普遍认为，现行失业保险津贴制度急需改革，在保留功能的同时，恢复市场的激励措施促进失业者的再就业。因此，各国对失业保险制度进行了改革，严格领取条件，缩短救济时间，降低津贴金额，用压缩下来的失业保险经费建立具有促进再就业的各种职业教育与培训机构，从简单地保护失业者转为促进他们再就业。

第二节　通货膨胀理论

在西方经济学界，对通货膨胀的解释，大致上有物价派和货币派两种。物价派主要是凯恩斯主义经济学家，他们用物价总水平的持续上升的过程来定义通货膨胀；货币学派用货币数量的过度增长来定义通货膨胀，弗里德曼认为"通货膨胀总是个货币现象"。与通货膨胀相对应的是通货紧缩，它是指物价总水平持续和显著地下降。通货膨胀与通货紧缩之间的分界线是物价稳定，即物价水平既不上升也不下降的状态。

一、通货膨胀的影响

通货膨胀的影响非常广泛。通货膨胀发生时，商品的价格和工资并不同比例方式变化，也就是说，相对价格会发生变化。相对价格的不断变化，对经济的影响主要体现在两个方面：一是收入和财富在不同的阶层之间的再分配；二是不同商品的产出和相对价格的扭曲，甚至是整个经济的产出和就业的扭曲。因此，各国的中央银行反对通货膨胀的决心是一致的。

1. 通货膨胀的再分配效应

为了独立地观察价格变动对收入分配的影响，我们暂且假设实际产出是固定的。此外，在分析研究之前，还要区分货币收入和实际收入。货币收入就是一个人所获得的货币数量；而实际收入则是一个消费者用他的货币收入所能够买到的物品和劳务的数量，实际收入是以货币收入和物品、劳务的价格为转移的。通货膨胀的再分配效应就是通过不同阶层实际收入的变化实现的。

首先，通货膨胀是不利于靠固定的货币收入维持生活的人的。对于固定收入阶层（如靠领救济金和退休金的人）来说，其收入是固定的货币数额，落后于上升的物价水平。其实际收入因通货膨胀而变少，他们接受每一元的收入的购买力将随价格的上升而下降。而且，由于他们接受的货币收入没有变化，因而他们的生活水平必然相应地降低。相反，那些靠变动收入维持生活的人，则会从通货膨胀中得益，这些人的货币收入会走在价格水平和生活费用上涨之前。例如，在雇主与工人之间，通货膨胀将有利于雇主而不利于工人。因为工人的工资一般比较固定，而雇主则可以从通货膨胀中获利。

其次，通货膨胀对储蓄不利。随着价格上涨，存款的实际价值或购买力就会降低。那些口袋中有闲置货币和存款在银行的人受到严重的打击。同样，像保险金、养老金以及其他固定价值的证券财产等，它们本来是用作未雨绸缪和蓄资防老的，在通货膨胀中，其实际价值也会下降。

最后，通货膨胀还会在债务人与债权人之间发生收入再分配的作用。具体地说，通货膨胀靠牺牲债权人的利益而使债务人获利。假如某甲向乙借款 1 万元，一年后归还，而这段时间内价格水平上升一倍，那么一年后甲归还给乙的 1 万元相当于借时的一半。这里假定借贷双方没有预期到通货膨胀的影响。但是，如果一旦预期到通货膨胀，则上述的再分配就会改变。在政府与公众之间，通货膨胀常常是有利于政府而不利于公众。这就是因为政府往往是大债务人，而居民户是债主。同时，在通货膨胀期间，人们要多缴些税，这不但是因为他们的货币收入提高了，而且还由于他们进入较高的纳税级别。

2. 通货膨胀的产出效应

价格水平会影响国民经济的产出水平，国民经济的产出水平会随着价格水平的变化而发生变化。20 世纪 70 年代以前，较高的通货膨胀率一直伴随着较高的就业和产出水平。当通货膨胀发生时，价格是明显上升的，由于追求短期利益，企业为提高产量，扩大生产，增加就业。但统计资料表明，长期来说，通货膨胀与产出的增长之间存在着一种类似倒"U"形的关系。表 12-1 显示了最近的一项涉及许多国家的研究，结果表明，低通货膨胀的国家的经济增长最为强劲，而高通货膨胀或通货紧缩国家的增长趋势则较为缓慢。

表 12-1　通货膨胀与经济增长[①]

通货膨胀率（％/年）	人均 GDP 的增长（％/年）
−20～0	0.7
0～10	2.4
10～20	1.8
20～40	0.4
100～200	−1.7
1000 以上	−6.5

注：这是从 127 个国家综合得出的经验显示：最快的经济增长与低通货膨胀率相联系；通货紧缩和温和的通货膨胀伴随着缓慢的经济增长；恶性通货膨胀则与经济大幅下滑并行——转引自萨缪尔森、诺德豪斯的《经济学》（第 17 版）第 552 页，中国邮电出版社

二、通货膨胀的原因

对通货膨胀产生的原因，有着多种理论解释。凯恩斯主义主要是从需求方面解释和说明通货膨胀的，提出需求拉起的通货膨胀。伴随西方经济运行中出现的通货膨胀与失业同时存在的停滞膨胀问题，经济学家又提出了成本推动的通货膨胀理论。

1. 需求拉起的通货膨胀理论

这是从总需求的角度来分析通货膨胀的原因，认为通货膨胀的原因在于总需求过度增长，总供给不足。而对于引起总需求过大的原因又有两种解释：一是消费、投资、政府支出或净出口等实际因素引起总需求变动的影响；二是货币供给对总需求的影响。

凯恩斯认为，当经济中实现了充分就业时，表明资源已经得到了充分利用。这时，如果总需求仍然增加，就会由于过度总需求的存在而引起通货膨胀。可以用膨胀性缺口这一概念来说明这种通货膨胀产生的原因。膨胀性缺口是指实际总需求大于充分就业总需求时，实际总需求与充分就业总需求之间的差额。如图 12-3 所示，AD_F 为充分就业的总需求，实际国民收入达到了充分就业的水平 Q^*，价格水平为 P^*。如果这时的实际总需求增加到了 AD'，但因为国民收入已经达到了充分就业水平，无法再增加，价格水平上升到 P'，这样就由总需求过度引起了通货膨胀。实际总需求 AD' 与充分就业总需求 AD_F 的差额 KE 就形成了膨胀性缺口。

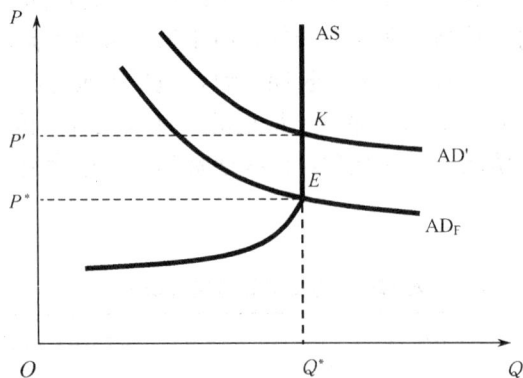

图 12-3　需求拉起的通货膨胀

需求拉起的通货膨胀的另一个主要因素是货币供给的快速增加。货币供给的快速增加使总需求增长，而后者又使价格水平上升。当货币供给增长率超过实际产量增长率时，无论失业率在 4% 还是 10%，通货膨胀必然出现。出现长期的需求拉起的通货膨胀，货币流通速度难于确定，AD 增长率超过产量增长率，在 AD 增长的推动力中就只有超额的货币供给。超额的货币供给不但促使通货膨胀率上升，而且产生通货膨胀预期，导致市场利息率上升，驱使所有的名义价值上升。

2. 供给推动的通货膨胀理论

这是从总供给的角度来分析通货膨胀的原因。供给就是生产,根据生产函数,生产取决于成本。因此,从总供给的角度看,引起通货膨胀的原因在于成本的增加,成本的增加意味着只有在高于从前的价格水平时,才能达到与以前同样的产量水平,即总供给曲线向左上方移动。在总需求不变的情况下,总供给曲线向左上方移动使国民收入减少,价格水平上升,这种价格上升就是成本推动的通货膨胀。如图 12-4 所示,在总需求曲线 AD 没变的情况下,原来的总供给曲线 AS_0 向左上方移动到 AS_1,这时,价格水平由 P_0 上升到 P_1,且国民收入减少到 Q_1。这就是由成本增加所引起的,是成本推动的通货膨胀。

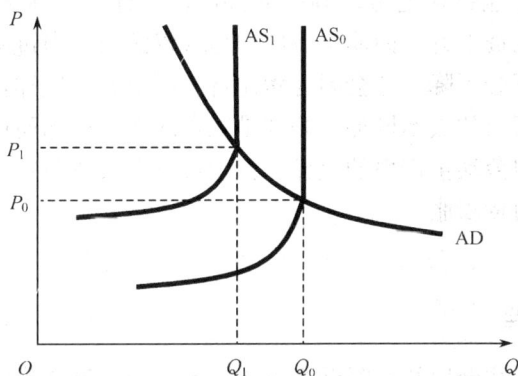

图 12-4 成本推动的通货膨胀

引起成本增加的原因并不相同,因此,成本推动的通货膨胀又可以根据其原因的不同而分为工资推进的通货膨胀和利润推进的通货膨胀。工资推进的通货膨胀认为,工资是成本中的主要部分,工资的提高会使生产成本增加,从而价格水平上升。在劳动市场存在着工会的卖方垄断的情况下,工会利用其垄断地位要求提高工资,雇主迫于压力提高了工资之后,就把提高的工资加入成本,提高产品的价格,从而引起通货膨胀。工资的增加往往是从个别部门开始的,但由于各部门之间工资的攀比行为,个别部门工资的增加往往会导致整个社会的工资水平的上升,从而引起普遍的通货膨胀。而且,这种通货膨胀一旦开始,还会形成"工资-物价螺旋式上升",即工资上升引起物价上升,物价上升又引起工资上升。这样工资与物价不断互相推动,形成严重的通货膨胀。

利润推动的通货膨胀又称价格推动的通货膨胀,指市场上具有垄断地位的厂商为了增加利润而提高价格所引起的通货膨胀。在不完全竞争的市场上,具有垄断地位的厂商控制了产品的销售价格,从而就可以提高价格以增加利润。

经济学家认为,工资推动和利润推动实际上都是操纵价格的上升,其根源在于经济中的垄断,即工会的垄断形成工资推动,厂商的垄断引起利润推动。除了工资和利润上升的推进,原材料和能源等涨价也会使成本提高,使总供给曲线向左上方移动,引起通货膨胀。

　　除了上述需求拉起和供给推动，许多经济学家还把总需求与总供给结合起来分析通货膨胀的原因。他们认为，通货膨胀不是单一的总需求或总供给的作用，而是这两者共同作用的结果。

3. 结构性通货膨胀理论

　　这种理论从各生产部门之间劳动生产率的差异、劳动市场的结构特征和各生产部门之间收入水平的赶超速度等角度分析了由于经济结构特点而产生通货膨胀的过程。

　　例如，由于经济发展中存在扩展部门和非扩展部门的不同，扩展部门正在扩大，需要更多的资源与工人，而非扩展部门已在收缩，资源与工人过剩。由于在现实中，非扩展部门的资源与工人不能迅速地流动到扩展部门，这样，扩展部门由于资源与人力短缺，资源价格上升，工资上升。而非扩展部门尽管资源与人力过剩，但资源价格不会下降，尤其是工资不仅不会下降，还会因为攀比行为而上升。这样，就会由于扩展部门的总需求过度和这两个部门的成本增加，尤其是工资成本的增加而产生通货膨胀。

　　其他不同生产部门劳动生产率的差异、劳动市场上失业与空位并存的特点等都会引起不同情况的结构性通货膨胀。

三、通货膨胀的治理

　　通货膨胀的治理往往会以暂时降低产出为代价，因为反通货膨胀的基本方法就是降低总需求的增长。虽然大多数经济学家都认为降低总需求的增长可以通过削减货币供给增长和在短期中运用财政政策来实现，但在降低通货膨胀率的具体主张上存在着分歧。

1. 凯恩斯主义的观点

　　凯恩斯主义经济学家认为，紧缩性的货币政策可以降低通货膨胀率，但是这需要花费很长的时间，而在这一时期中，产出和就业会明显低于长期均衡水平。这意味着采用紧缩性的货币政策来控制通货膨胀，会引起经济萧条，从而需要付出产出和就业方面的成本。

　　在凯恩斯主义者看来，绝大多数商品的价格是生产成本的反映，而生产成本中比例最大的是劳动成本。因此，价格的变动主要是货币工资水平变动的结果。凯恩斯主义认为，工资变动的主要原因，是工资水平和价格水平在过去的变化趋势，因此，工人对通货膨胀率预期的调整是很慢的，因此对工资水平要求的调整也是很慢的。这意味着，紧缩性的需求管理政策对货币工资水平，进而对价格水平，不会有明显的影响。于是，产出和就业低于长期均衡水平的时间也就会比较长。换言之，紧缩性的需求管理政策控制通货膨胀的代价很大。

　　由于用紧缩性的需求管理政策来控制通货膨胀会引起巨大的产出和就业代价，因此，凯恩斯主义经济学家主张，为了控制通货膨胀，应该采取适度从紧的货币政策，再用工资-物价指导、工资-物价管制，以及促进工资和物价稳定的税收计划等收入政策手段来配合。政府对工资水平进行指导，目的是使货币工资增长率和整个经济的平均劳动生产率的增长速度相同，这样，平均的劳动成本将保持不变；政府对价格水平进行指导，目的是使劳动生产率的增长速度高于平均水平的行业的价格水平下降，同时允许劳动生产率的增长速度低于平均水平的行业的价格水平上升，这样，平均价格水平将保持稳定。

2. 货币主义的观点

货币主义者认为，虽然用降低货币供给这样的紧缩性货币政策来控制通货膨胀会产生产出成本，但是这种成本并不像凯恩斯主义所认为的那样巨大。当然，在中央银行实施紧缩性货币政策时，应该遵循渐进主义的方针，采取逐渐降低货币供给量的方法，否则会加剧产出损失。这样，当货币供给增长率稳定地降低时，会降低通货膨胀率，并降低工人要求的货币工资水平，从而能够使失业率顺利地回到自然失业率水平上。

货币主义不主张采用收入政策来控制通货膨胀率。他们认为，收入政策手段并不能有效控制工资和物价的上涨，而且，这些政策措施还会引起资源配置的低效率和不平等问题。另外，实施收入政策的成本对工人和厂商来说是很大的。

3. 理性预期学派的观点

在理性预期主义者看来，降低通货膨胀不会发生任何的成本。根据理性预期理论，假定中央银行降低货币供给的增长率，人们立即就会意识到通货膨胀率将会相应降低，于是工资水平和价格水平都会作出相应的调整。在工资水平和价格水平调整过程中，产出和就业水平保持不变。因此，理性预期学派主张使用降低货币供给增长率的方法来控制通货膨胀。如果政府的政策是稳定的和可以信赖的，那么，当政府实施紧缩性的货币政策来控制通货膨胀时，人们关于通货膨胀的预期调整也就是比较快的。在这种情况下，调整过程虽然也需要时间，但是要比凯恩斯主义所认为的少得多。因此，控制通货膨胀的产出成本也就小得多。

4. 供给学派的观点

减税是供给学派政策主张的核心，这是因为减税可以增强人们工作和储蓄的积极性，同时也会增强厂商投资的积极性。结果，产出、就业和总供给都会增加，并促进价格水平的下降。同时，人们的通货膨胀率预期也会迅速下降，引起工资水平和价格水平的增长率下降以及利率的下降。但至少从短期看，供给学派这种主张的效果是很小的。但供给学派毕竟使经济学界和政府开始重新重视供给方面的研究，并开始重视其政策的长期稳定性和经济增长的长期条件。

第三节 失业与通货膨胀的关系

凯恩斯描绘的总供给 AS 曲线呈倒 L 形，总供给曲线的平行部分低于充分就业，垂直部分正好处在充分就业位置上,这样通货膨胀与失业就不会同时存在。但是,在宏观经济运行中,通货膨胀与失业却同时存在,本节通过菲利普斯曲线分析通货膨胀与失业的相互关系。

一、菲利普斯曲线

1958 年,英国伦敦经济学院教授菲利普斯根据英国 1861~1957 年失业率和工资变动率情况的统计资料,利用数理统计方法计算出一条货币工资变动率与失业率的依存关系曲线,这就是后来被西方经济学家奉为替政府提供了"一张政策选择的菜单"的著名的菲利普斯曲线。在第五章我们解释工资黏性时,已经给出了菲利普斯曲线的数学推导。

英国经济学家菲利普斯收集和研究了英国 19 世纪 80 年代至 20 世纪 50 年代的有关资料,发现名义工资率变动与失业率之间具有稳定的负相关的关系,并描绘出最初的菲利普斯曲线来描述失业率与货币工资率相互变动关系。如图 12-5 所示,用竖轴表示工资变动率,横轴表示失业率,菲利普斯曲线向右下方倾斜。菲利普斯发现,失业率大约在 6%~7% 时,工资是稳定的,失业率低于该水平,工资上升;失业率高于该水平,工资下降。

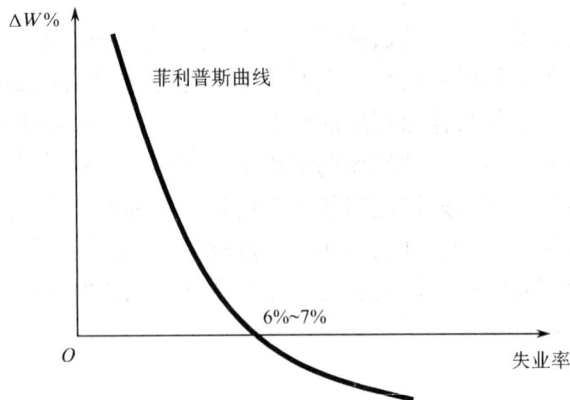

图 12-5   反映名义工资变化率与失业率关系的菲利普斯曲线

由于工资是产品成本中主要组成部分,所以工资增加会直接转换为价格上升,这样菲利普斯曲线可以用来表示通货膨胀率与失业率之间的反方向变化关系。一般来说,工人们希望工资与劳动生产率保持相同的比例增长。只有工资上涨率与劳动生产率的上升率相同时,价格才不变,只要工资上涨的速度超过劳动生产率提高的速度,价格水平就会上涨。例如,劳动生产率提高 2%,这会使单位产品的劳动成本降低 2%,如果工资也恰好上升 2%,价格就不会发生变化;如果工资上升的幅度超过 2%,就会引起价格上升。如此,工资与价格的关系可用下式表示:

$$\Delta P\% = \Delta W\% - \Delta(Q/L)\%$$

式中,$\Delta P\%$ 为一般价格的变动率,$\Delta W\%$ 为工资变动率,$\Delta(Q/L)\%$ 为劳动生产率的变动率。根据这一公式，若工资上升 6%，劳动生产率上升 2%，价格可预期上升 4%。如图 12-6 所示，用竖轴表示通货膨胀率，横轴表示失业率，可以描绘出表示通货膨胀率与失业率呈反方向变化的菲利普斯曲线。在劳动生产率每年以 2% 提高的正常情况下，反映通货膨胀率与失业率关系的菲利普斯曲线可由图 12-5 中的原菲利普斯曲线垂直减少（下降）2% 得到。

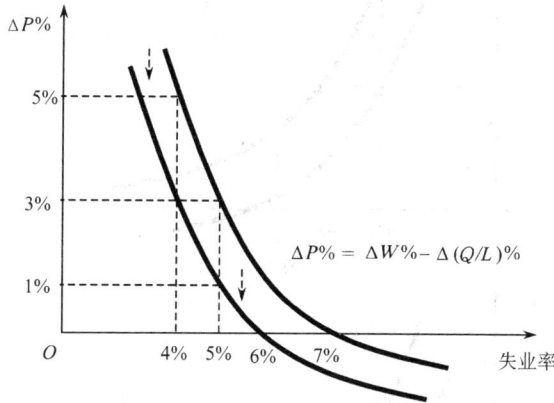

图 12-6　反映通货膨胀率与失业率关系的菲利普斯曲线

当劳动生产率以年 2% 的比例上升时，菲利普斯曲线垂直向下移动 2%，在失业率为 6% 时，价格是稳定的，这一假设数字表示在 6% 的失业率时，工资与劳动生产率同步增长，不会引起通货膨胀。该曲线的重要性在于它可以表明当失业率低于使价格稳定的比率时，可引起的通货膨胀的上升幅度。若将失业率控制在 5%，则会有 1% 的通货膨胀率（相应的是 1%＋2%＝3% 的名义工资上涨率）；若将失业率控制在 4%，则会有 3% 的通货膨胀率（相应的是 3%＋2%＝5% 的名义工资上涨率）。

菲利普斯曲线为政策制定者提供了一个可供选择的菜单，若容忍 1% 或 3% 的通货膨胀率，则可以达到和保持一个 5% 或 4% 的低失业率。

二、移动的菲利普斯曲线

菲利普斯曲线所表明的是：通货膨胀率与失业率之间存在着相互替代的关系，以较高的通货膨胀率为代价，可以得到较低的失业率。整个 20 世纪 60 年代，新古典综合派对菲利普斯曲线表示的这种关系深信不疑。但 20 世纪 70 年代的滞胀打破了这种简单的替代关系。批评者认为，这种通货膨胀与失业相互交替的结果只存在于短期。失业率的下降只是暂时的。

假定使价格稳定的自然失业率为 6%，如果打算通过增加总需求使失业率下降到 4%，根据图 12-7 中（a）图所示的菲利普斯曲线，工资必须以 5% 的比率上升，这意味着要雇用大量的摩擦性失业工人。假定劳动生产率以每年 2% 的速度提高，与 4% 的失业率相应的通货膨胀率应为 3%（图 12-7 中（b）图）。工人工资提高的 5% 中，应剔除3%的膨胀因素，他们的实际工资仅提高了2%，最初5%的工资提高仅仅是名义上的。

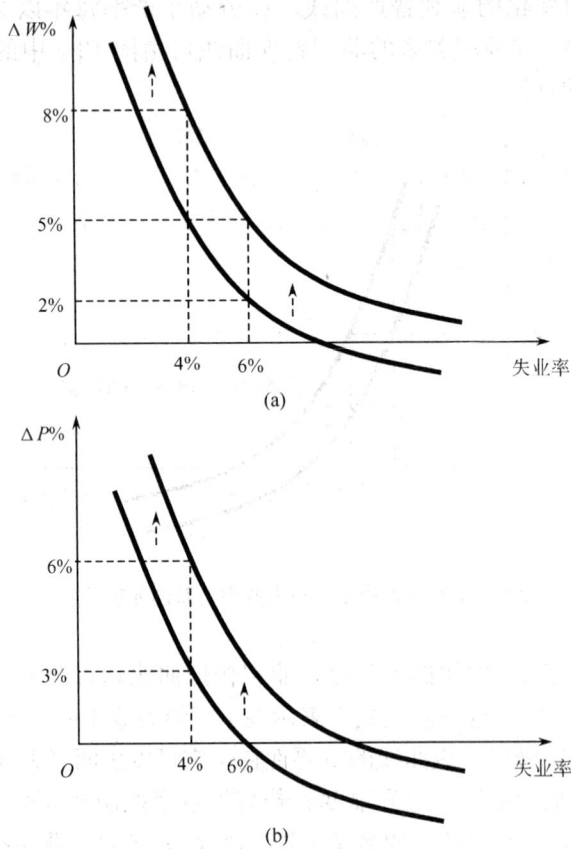

图 12-7　向上移动的菲利普斯曲线

在（a）图中，2%的工资上涨应与6%的失业率组合在一起。工人迟早会明白他们被5%的名义工资上升所愚弄，他们的实际工资只上升了2%。工人的选择只有两个：要么要求实际工资也上升5%，要么放弃现在的工作，使失业率回到6%。这意味着，或者将名义工资提高到8%，使失业率达到4%；或者保持5%的名义工资上涨率，使失业率回到6%。如图12-7中（a）图所示，这两种情况都出现在原菲利普斯曲线的右上侧，这表明反映工资变动率与失业率关系的菲利普斯曲线向右上移动了。与此相应，4%的失业率不再与3%的通货膨胀率相适应，而是与6%的通货膨胀率相适应，3%的通货膨胀率与6%的失业率相适应。如图12-7中（b）图所示，反映通货膨胀率与失业率关系的菲利普斯曲线也向右上移动了。现在，如果仍坚持4%的失业率，其代价就不再是3%的通货膨胀率，而是6%的通货膨胀率了。当工人得知通货膨胀率已达6%时，他们就会发现自己的实际工资仍然只上升了2%（8%的名义工资上涨率减去6%的通货膨胀率），于是新一轮工资谈判就会开始。

这样，在长期，菲利普斯曲线面临向上移动的压力，调整的结果是较高的通货膨胀率和较高的货币工资增长率，失业率没有变。新古典综合派便开始用菲利普斯曲线的右上移动来解释失业率和通货膨胀之间的长期关系。这条向右上方移动的菲利普斯曲线称为预期扩大的菲利普斯曲线。

三、长期的菲利普斯曲线

通货膨胀预期使工人们为保持实际工资标准的努力，将菲利普斯曲线向上推得越来越高。从美国 20 世纪 60～80 年代年通货膨胀率与失业率相互变动关系组合点的移动来看，实际情况表明了菲利普斯曲线不断向上移动的趋势。

上述分析意味着在长期菲利普斯曲线是一条垂直线，如图 12-8 中对应 6％失业率的垂直虚线，6％的失业率被认为是均衡的失业率。虽然扩张性政策通过其对价格的效应有可能使失业率低于这一比率，但工资率最终会赶上来，迫使失业率返回自然失业率水平。根据这种观点无法作出用较高的通货膨胀率来换取较低的失业率的选择，除非在短期存在通货膨胀与失业的暂时替代，在长期最终会以等于通货膨胀率的货币工资率的上升而结束，最后返回由垂线所表明的均衡失业率上。长期菲利普斯曲线是一条垂线，表明失业率与通货膨胀率之间不存在交替关系。

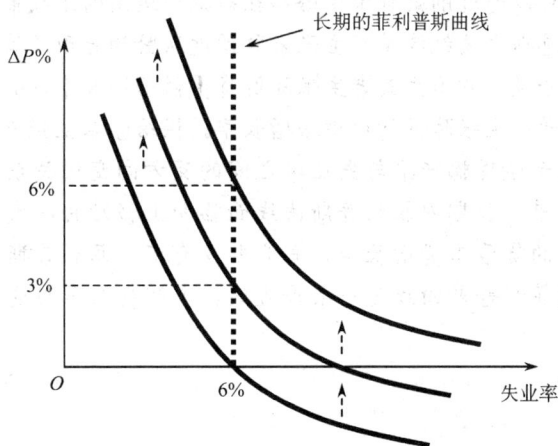

图 12-8　长期的菲利普斯曲线

而且在长期，经济中能实现充分就业，失业率是自然失业率。因此，垂直的菲利普斯曲线表明，无论通货膨胀率如何变动，失业率总是固定在自然失业率的水平上。以引起通货膨胀为代价的扩张性财政政策与货币政策并不能减少失业。这就是宏观经济政策的长期无效性。

➢ 本章小结

失业的存在造成社会上可利用资源的浪费，因此失业最大的经济损失就是实际国民收入的减少；失业的另一个损失是人力资本的损失。对失业造成的损失，社会各方面的承担不平衡，主要由失业者承担。失业不但会使失业者及其家庭的收入水平和消费水平下降，而且会给人的心理造成巨大的创伤，带来一系列社会问题。失业有摩擦性失业、结构性失业、周期性失业和季节性失业等几种类型。周期性失业和季节性失业称为非自愿失业。只要消除了非自愿失业，国民经济就算达到了充分就业状态。大多数研究认为，失业的出现是因为工资缺乏弹性使劳动市场不足以出清，主要解释理论有工资黏性理论和工资刚性理论。工资黏性理论假设货币工资在短期内具有黏性，货币工资率不能及时根据物价水平来调整，所以失业率就会高于自然失业率；货币工资刚性是指货币工资不随劳动需求和供给变化而迅速作出相应的调整，使部分工人无法受雇，从而形成失业。奥肯法则说明了失业率与实际国民收入增长率之间的经验统计规律，即失业率与实际国民收入增长率之间是反方向变动的关系。奥肯法则表明的是：相对于潜在的国民收入，实际国民收入每减少 2%，失业率增加 1%；反之，实际国民收入每增加 2%，失业率减少 1%。失业的治理主要从增加劳动力的需求、改善劳动力的供给及完善市场机制等方面制定并实施综合治理对策。

通货膨胀对经济的影响主要体现在两个方面：一是再分配效应，指通货膨胀会引起收入和财富在不同的阶层之间的再分配；二是产出效应，指通货膨胀会使不同商品的产出和相对价格扭曲，甚至会使整个经济的产出和就业扭曲。根据产生的原因，通货膨胀的解释有需求拉起的通货膨胀、成本推动的通货膨胀和结构性通货膨胀等。大多数经济学家都认为消除通货膨胀可以通过削减货币供给和在短期中运用财政政策来实现，但在具体主张上存在着分歧。凯恩斯主义经济学家主张采取适度从紧的货币政策，并配合促进工资和物价稳定的收入政策手段；货币主义者主张降低货币供给增长率，并降低工人要求的货币工资水平；理性预期学派主张降低货币供给增长率；供给学派主张采取减税措施。

菲利普斯曲线表示通货膨胀率与失业率之间的反方向变化关系，为政策制定者提供了一个可供选择的菜单。长期内菲利普斯曲线面临向上移动的压力，调整的结果是较高的通货膨胀率和较高的货币工资增长率，失业率没有变。菲利普斯曲线不断向上移动的趋势，意味着在长期菲利普斯曲线是一条垂直线，表明失业率与通货膨胀率之间不存在交替关系。

➤ 关键词

通货膨胀（inflation）
失业（unemployment）
经济政策（economic policy）

➤ 思考题

1. 解释下列概念：充分就业下的失业率、奥肯法则、需求拉起的通货膨胀、成本推进的通货膨胀、结构性通货膨胀。
2. 失业对经济有什么影响？失业的原因是什么？治理失业政府应采取什么措施？
3. 通货膨胀对经济有什么影响？通货膨胀的原因是什么？经济学家在治理通货膨胀上存在的分歧有哪些？
4. 菲利普斯曲线说明什么关系？长期菲利普斯曲线的形态怎样？是怎样形成的？

后 记

　　经济学是有生命力的，经济学教材也是有生命力的，有生命力的东西就一定要新陈代谢，但教材的新陈代谢却往往与作者的生命绑在一起。上帝不允许任何一位即使是最伟大的经济学家活得更长一些，最好的教材也可能会因为作者离去而中断。如果希望有一本不断更新、不断进步的教材，或许唯一的办法就是让它成为师生们自己的教材，教师和学生都可以通过一定的程序参与教材的编写和修订。

　　本教材是一本开放的教材，随着时间的推移和经济学的发展，教材的内容会不断更新和进步，编写队伍也会有调整和变化。我们也将通过网络与所有关心教材建设的教师、学生及其他朋友加强沟通，使得教材更有活力。

　　本教材自 2005 年首次出版以来，深受广大读者的欢迎。今年，本教材编写组在吸收了各方面意见的基础上，结合经济学界出现的一些新情况和新问题，修订出版了第二版。

　　本教材的编写单位有：南开大学、天津师范大学、天津财经大学、天津商学院、天津科技大学。参加编写的主要人员有：刘骏民、万全、杜木恒、王树春、刘晓欣、姚国庆、卢照坤、李俊青、陈瑞华、李宝伟、段彦飞、李德贵、张平。除此之外，叶华博士、刘艳靖博士、李自磊博士也参加了部分章节的修订工作。我们衷心希望更多的高等院校成为我们教材的编写单位，更多的教师加入我们的编写队伍。

　　编写组在此要特别感谢对本教材提出宝贵意见的广大师生和各界朋友。由于水平所限，第二版教材也难免有不足和错误之处，希望继续得到广大师生和读者的指正。

教材编写组

2013 年 1 月